EICHSTÄTTER STUDIEN

NEUE FOLGE

Band XLVII

Welche Philosophie braucht die Theologie?

D1732354

EICHSTÄTTER STUDIEN

Im Auftrag von Professoren
der Theologischen Fakultät
der Katholischen Universität Eichstätt
herausgegeben von Bernhard Mayer
und Michael Seybold

NEUE FOLGE

BAND XLVII

Welche Philosophie braucht die Theologie?

VERLAG FRIEDRICH PUSTET
REGENSBURG

Welche Philosophie braucht die Theologie?

Herausgegeben von
Alexius J. Bucher

VERLAG FRIEDRICH PUSTET
REGENSBURG

Die Deutsche Bibliothek – CIP-Einheitsaufnahme
Ein Titeldatensatz für diese Publikation ist bei
Der Deutschen Bibliothek erhältlich.

ISSN 0170-9402
ISBN 3-7917-1794-4
© 2002 by Verlag Friedrich Pustet, Regensburg
Umschlag: Christoph Albrecht, Rotthalmünster
Druck und Bindung: Friedrich Pustet, Regensburg
Printed in Germany 2002

Inhalt

Welche Philosophie braucht die Theologie?

Antworten eines theologisch-philosopischen Symposions

Geschichtliche Perspektive

Biblische Perspektive

Handlungsorientierte Perspektive

Sprachliche Perspektive

Welche Philosophie braucht die Theologie?

Alexius J. Bucher

Einladung zum Symposion

1. Eine Anstrengung des philosophischen und theologischen Begreifens

Wenn nach „Fides et Ratio" (Nr.105)[1] eine neue Aufmerksamkeit für die philosophischen Implikationen des Wortes Gottes gefordert wird, dann bedingt dies eine neue Anstrengung für den Dialog zwischen moderner Philosophie und gegenwartsbezogener Theologie.

Der Lehrstuhl für Praktische Philosophie und Geschichte der Philosophie innerhalb der Theologischen Fakultät der Katholischen Universität Eichstätt hat diesen Imperativ angenommen und im Februar des Heiligen Jahres 2000 zu einem Arbeitssymposion für die Osterwoche 2001 Philosophen und Theologen nach Eichstätt eingeladen.

Frustriert von früheren Erfahrungen diverser Theologie- und Philosophiekongresse, bei denen meist in gedrängter Redezeit bestenfalls Arbeitsergebnisse mitgeteilt, kaum diskutiert, geschweige denn evaluiert werden konnten, sollte das geplante Symposion durch einen themenbezogenen internetgestützten Gedankenaustausch vorbereitet werden.

Die leider auch innerhalb der theologischen Fakultäten herrschende themenbezogene Sprachlosigkeit zwischen den unterschiedlichen Teildisziplinen der gleichen Fakultät sollte durch innerdisziplinäre und interdisziplinäre kollegiale Dialoge aufgebrochen werden.

Die Tagungsteilnehmer wurden bereits vor dem Symposion über die jeweiligen Thesen des Kollegen nicht nur informiert, sondern konnten sich mit den Autoren aus der Perspektive ihres eigenen Faches auseinandersetzen. Weil dies geschah, wurden in der Vorbereitungsphase des Jahres 2000, die im Internet veröffentlichten Arbeitstexte diskutiert und überarbeitet.

Das Symposion war geplant als Forum persönlicher Begegnungen und Ort lebhafter Diskussion.

---

[1] Vgl. Joh. Paul II., Fides et Ratio, Enzyklika an die Bischöfe der Katholischen Kirche über das Verhältnis von Glaube und Vernunft, hg. v. Sekretariat der Deutschen Bischofskonferenz, Bonn 1998.

In acht formellen und zusätzlich vielen informellen Arbeitskreisen und Plenums-
debatten, moderiert von vier nur auf diese Aufgabe konzentrierten Kollegen, wurde eine weitere Verdichtung jener Probleme erreicht, die im innertheologischen
Gespräch unter besonderer Berücksichtigung der Philosophie den Teilnehmern als
dringlich erschienen. Eine kritische Distanz zu den vorbereiteten fachspezifischen
Statements wurde gefördert und zu frühe Diskurs-Harmonie verhindert; verblie-
bene, unbedachte Problemnischen wurden aufgedeckt.

Das Symposion verstand sich nicht als Abschluss, sondern bestenfalls als Zwi-
scheninstanz für weitere fachspezifische Ausformulierungen möglicher Antworten
auf die eingangs gestellte Projektfrage.[2]

2. Das anvisierte Ziel des Symposions

Der thematische Rahmen des Symposions wurde in eine Frage gefasst, die an alle
Teildisziplinen der Theologie – Dogmatik, Fundamentaltheologie, Exegese, Kirchengeschichte, Pastoraltheologie, Moraltheologie, Kirchenrecht etc. – gerichtet
wurde:

Welche Philosophie braucht die Theologie?

Dies bedingte sowohl eine gezielte Einladung an Fachvertreter der unterschiedlichen innertheologischen Teildisziplinen, wie auch an Fachvertreter jener Philosophien, die Interesse an theologierelevanten Sachthemen bekundeten, bzw. in den
notwendigen Fragehorizont gegenwartssensibler Theologie gerieten.

Dass nicht jede geladene Disziplin der Theologie, und dass nicht jeder angefragte
philosophische Dialogpartner der Einladung folgte, hat zeitweise die einladende
Institution verunsichert, letztlich jedoch in der Überzeugung gestärkt, sich zumindest in anfänglicher Weise einer notwendigen wissenschaftlichen Aufgabe zu stellen.

Der vorbereitende Diskurs zwischen den geladenen Teilnehmern spielte sich
meist per Austausch im Internet, Kleingruppentreffen oder telefonisch ab. Arbeitstexte wurden gegenseitig mitgeteilt, diskutiert und überarbeitet.

---

[2] Damit reiht sich das geplante Projekt in einen Diskurs ein, wie er in folgenden Publikationen bereits geführt wird: R. Bucher (Hg.), Theologie in den Kontrasten der Zukunft – Perspektiven des Theologischen Denkens, Graz u.a. 2000; H.-J. Höhn (Hg.), Krise der Immanenz. Religion an den Grenzen
der Moderne. Religion – Kultur – Philosophie, Frankfurt a.M. 1996; S. Bohlen/I. Feige/A.U. Müller/C.
Ruff (Hg.), Denkend vom Ereignis Gottes sprechen. Die Bedeutung der Philosophie in der Theologie,
(Tagungsberichte der Katholischen Akademie Freiburg), Freiburg i.Br. 1997.

Ein erstes wichtiges Ergebnis der Gespräche betraf das spezifische Verständnis der Frage: ‚Welche Philosophie braucht die Theologie?'.
Von Anfang an war klar, dass diese Frage in doppelter Richtung gestellt werden musste.

Bei jeder wissenschaftliche Disziplingrenzen überschreitenden Frage müssen beide Disziplinen sowohl als Fragesubjekt wie auch als Frageobjekt auftreten. Der Diskurs bewegt sich nie auf einer Einbahnstraße, schon gar nicht in einer dominierenden Fragerichtung. Die interdisziplinäre Fragerichtung, hier: zwischen Theologie und Philosophie, aber auch die innerdisziplinäre Fragerichtung, hier: z.B. zwischen Exegese, Dogmatik, Pastoral, bzw. Ethik, Logik, Philosophiegeschichte, verweisen immer in eine doppelte Richtung.

Die disziplinierte Ancilla-Funktion jedes wissenschaftlichen Diskurses beruht auf Gegenseitigkeit.

Die theologischen Teildisziplinen, aufgefächert in systematische wie praktische, historische wie exegetische Abteilungen nutzen vielfältig unterschiedliche philosophische Theorien und Praktiken.
Die philosophischen Teildisziplinen decken ihrerseits die weite Skala tradierter bis postmoderner Systeme ab. Entsprechend finden traditionelle historische wie pluralistisch gegenwärtige philosophische Konzeptionen innertheologische Resonanz. Soziologische, hermeneutische, strukturalistische, konstruktivistische oder literarturwissenschaftliche Methoden erfahren theologische Attraktivität. Humanwissenschaften scheinen die Nachfolge der traditionellen Rolle der Philosophie innerhalb der Theologie eingenommen zu haben.

3. Die Diskursfronten einer theologierelevanten Philosophie

Die traditionellen Philosophien, die ursprünglich das Fundament theologierelevanter philosophischer Lehrstühle bildeten, sehen sich in einem aufreibenden Zweifrontenkrieg.

Einerseits stehen sie in einer Auseinandersetzung und in einem Entwicklungsprozess mit den Philosophien der Moderne und Postmoderne, verschärft durch die Selbstbehauptung eurogenetischer Philosophien im Kontext globaler Kulturphilosophien.
Andererseits stehen sie in Auseinandersetzung und in einem Entwicklungsprozess mit den Theologien, die vielfältig posttraditionelle Philosophien methodisch

und inhaltlich bereits integrieren, verschärft durch die Evaluation einer Theologie in der Wirkgeschichte des Zweiten Vatikanischen Konzils.[3]

Während moderne Theologie zumindest prinzipiell um ihre Philosophieverwiesenheit weiß, auch wenn sie die Philosophiepluralität meist sehr unkritisch nutzt, so scheint gegenwärtige Philosophie Theologie weder als Teilgebiet philosophischer Reflexion noch als kompatible Bezugswissenschaft zu brauchen, noch zu gebrauchen.
Die Frage ‚Braucht Philosophie eine Theologie?‘ bzw. ‚Welche Theologie ist akzeptierter und akzeptabler Dialogpartner für eine Philosophie der Gegenwart‘ muß neu gestellt werden, will die Frage ‚Braucht Theologie eine Philosophie?‘ bzw. ‚Welche Philosophie ist akzeptierter und akzeptabler Dialogpartner für eine Theologie der Gegenwart?‘ neu beantwortet werden.

Der anstehende Diskurs kann nicht ausschließlich unter Theologen ausgetragen werden. Die anstehenden Diskursfragen sind auch keineswegs ein Problem katholischer Theologie allein. Daher wurden zum Symposion nicht nur katholische Theologen geladen.

4. Das ursprüngliche Forschungsziel des Symposions

Als dramatisch entwickelte sich die Konzentration des ursprünglichen Forschungsziels auf die dann [nach monatelanger Internetdiskussion und persönlichem Gedankenaustausch tatsächlich] erreichten Erkenntnisergebnisse.

Als Methodik des Symposions wurden zunächst zwei Ansätze gewählt:
Ein analytischer Ansatz: Was ist gegenwärtig der Fall im Grenzgebiet von Theologie und Philosophie?
Ein perspektivischer Ansatz: Was müßte, könnte Neues im Grenzgebiet von Theologie und Philosophie erarbeitet werden?
Die thematische Vorgabe formulierte zunächst ebenfalls zwei Ansätze:
Ein philosophischer Ansatz: Welches sind die Zeichen der Zeit, und wie werden sie philosophisch vermittelt?
Ein theologischer Ansatz: Wie können diese Zeichen der Zeit im Lichte verantwortlicher Glaubensreflexion begriffen werden; oder welche Konsequenzen fordern sie von der Theologie?

---

[3] Zum Fragestand der Philosophie in der Gegenwart siehe: R. Fornet-Betancourt (Hg.), Quo vadis, Philosophie? – Antworten der Philosophen, (Dokumentation einer Weltumfrage), Aachen u.a. 1999.

Im laufenden Diskurs der Vorbereitung fächerten sich die eingangs gestellten Anfragen disziplinbezogen mannigfaltig auf.

Zentral schoben sich folgende Fragen in die Diskussion:

Welche Philosophien werden derzeit angewendet in der Systematischen Theologie (Dogmatik, Fundamentaltheologie u.a.), in der Praktischen Theologie (Pastoraltheologie, Moraltheologie, Religionspädagogik u.a.), in der Historischen Theologie (Kirchengeschichte, Kirchenrecht u.a.), in der Exegetischen Theologie (Altes Testament, Neues Testament)?

Warum hat sich die Theologie von ihrem traditionellen Bezug zur Philosophie gelöst und verstärkt Bezüge zu den Humanwissenschaften aufgebaut?

Warum leistet Philosophie nicht mehr, was Theologie heute braucht? Was geht der Theologie verloren? Was geht der Philosophie verloren, wenn sie die Gottesfrage verweigert und die Glaubenserfahrung nicht reflektiert?

Ist die alte wechselseitige Partnerschaft, wenn nicht sogar ursprüngliche Einheit von Theologie und Philosophie zu retten, ist sie wünschenswert, hat sie eine realistische Chance? Wie könnte eine solche Partnerschaft sich gestalten? Und wie sieht sie konkret derzeit aus?

5. Die Tendenz zur Bestandsaufnahme des Faktischen

Bei allem verständlichen und dringlichen Wunsch, die Diskursnot zwischen Philosophie und Theologie zu wenden, d.h. bei aller Hoffnung auf wissenschaftlich notwendige Utopien, konzentrierten sich die Projektgespräche mehr und mehr auf Bestandsaufnahme und Reflexion des gegenwärtigen faktischen Betriebes auf dem Sperrgebiet oder auf der Spielwiese zwischen Theologie und Philosophie.

Folgende Fragen schoben sich in den Mittelpunkt.

Welche Philosophien werden von den für die Theologie offenen Philosophien angeboten, welche von den Theologen in ihrer Teildisziplin genutzt?

Welche Philosophien vermitteln derzeit der Theologie ihre Methoden? Wie stellen sich die Teildisziplinen der Theologie zu den pluralen philosophisch-epistemologischen methodischen Angeboten? Wie weit wurde dadurch die Einheit der Theologie gefährdet oder neu entworfen?[4]

---

[4] Vgl. zu diesem Fragenkomplex auch: A. J. Bucher, Hat die Teologie ein Projekt?, in: J. Pfeiffer (Hg.), Das 20. Jahrhundert. Konfigurationen der Gegenwart, (Eichstätter Kolloquium; 7), Regensburg 1998, S. 147-164.

Welche Forderungen und Anfragen seitens der Theologen werden an moderne Philosophen gerichtet? Gibt es Forderungen seitens der Philosophen an die Theologie? Welche Theologie nimmt diese Forderungen ernst?

Mit welchen Philosophen setzen sich Theologen auseinander, um sie für theologische Problemfelder zu erschließen? Welche Philosophen beschäftigen sich derzeit mit einer theologiekompatiblen Philosophie? Welche philosophischen Systeme bieten sich an?

Mit welchen Theologen setzen sich Philosophen auseinander, um sie für philosophische Problemfelder zu erschließen? Welche Theologen beschäftigen sich mit einer philosophiekompatiblen Theologie? Welche theologischen Systeme bieten sich an?

6. Die Bescheidung auf Anfänge

Der themenzentrierte Gedankenaustausch und jeweils dokumentierte Erkenntnisfortschritt in der Phase der Projektierung des Symposions führte schließlich dazu, die anfangs gestellte Frage bescheidener zu formulieren. Bescheidener und wissenschaftsmethodisch auch sinnvoller schien den Symposionteilnehmern, die ‚einladende' Frage des Symposions „Welche Philosophie braucht die Theologie" vorwiegend, wenn auch nicht ausschließlich als von der Theologie gestellte Frage zu lesen. Auch sollte eine Reduktion dadurch geschehen, sich zunächst der gegenwärtigen Berührungsflächen zwischen Theologie und Philosophie zu versichern.

Dass dies nur geleistet werden durfte einschließlich eines versuchten Ausblicks auf eine frag-würdige Zukunft von Theologie und einer keineswegs selbstverständlichen Philosophie, prägte schließlich die Atmosphäre des Symposions der Osterwoche 2001.

Die ursprüngliche ‚einladende' Frage wurde verändert zur Frage: *Welche Philosophie (ge)braucht die Theologie?*

Die Klammer soll andeuten, dass keiner der Symposionteilnehmer sich nicht der Dringlichkeit weiterer Folgefragen bis hin zur ursprünglichen Zielfrage bewusst gewesen wäre.

Dass in der österlichen Symposions-Woche sich die Visitation Eichstätts durch den Bischof von Brixen, Nikolaus von Kues, zum 550-sten male jährte, verstanden die Teilnehmer der Arbeitssitzungen als historisch stimulierenden Akzent. Schließlich lag nicht im geringen Maße die wissenschaftliche Bedeutung des Cusaners darin, die Theologie seiner Zeit durch einen Dialog mit den modernen Wissenschaften seiner Epoche zu bereichern und damit auch die Philosophie seiner Zeit auf neue, unendliche Horizonte zu verweisen.

Die Ergebnisse dieses Eichstätter Projektes, die in diesem Band veröffentlicht werden, referieren keineswegs den Forschungsstand des Symposions. Dank kritischer Auseinandersetzung unter den Projektteilnehmern und wesentlich provoziert von den ausführlichen schriftlichen Supervisionsbeiträgen der vier Moderatoren im Anschluss an das Treffen in Eichstätt, wurden in den drei Monaten nach dem Symposion von den geladenen Teilnehmern eine endgültige, die Einwände und Ergänzungen der Kollegen berücksichtigende Veröffentlichung erstellt.

Dass mit dieser Veröffentlichung kein Zwischenbericht, bestenfalls ein Anstoß eines philosophisch-theologischen weit hin noch offenen aber dringlichen Diskurses vorliegt, ist sich der Herausgeber und Initiator dieses Symposions eindringlich bewußt. Zu viele Teildisziplinen und Perspektiven einer umfassenden thematischen und epistemologischen Pluralität konnten nicht bearbeitet und bislang nur sehr vorläufig konnten die anvisierten Teildisziplinen von Theologie und Philosophie angerissen werden.

7. Die denkwürdigen Perspektiven eines offenen Diskurses

Aus diesen Überlegungen ergab sich auch eine spezifische Zuordnung der veröffentlichten Beiträge.

Die erarbeitete Begrifflichkeit dessen, was eine theologische und was eine philosophische Methodik bedeutet, bzw. eine inhaltlich Zuordnung philosophischer und theologischer Thematik ließen eine Textaufteilung in traditioneller Schematisierung - philosophisch und theologisch, theoretisch und praktisch - nicht mehr gerechtfertigt erscheinen.

Es geht in jedem Beitrag in systematischer Absicht und mit praktischen Projektionen um eine philosophisch-theologische Erörterung.

Unterschiedlich boten sich nur die jeweiligen fach- und standortspezifischen Perspektiven an, unter denen das gemeinsame thematisch inhaltliche Anliegen anvisiert wurde und fachspezifische Annäherungen versucht wurden. Aus diesen Überlegungen erklärt sich die vielleicht zunächst überraschende praktische Zuordnung der Einzelbeiträge, je nach geschichtlicher, biblischer, handlungsorientierter oder sprachproblematisierter Ausgangsdisziplin.

Doch wenn eine wissenschaftlich sich verstehende Theologie spätestens seit ihren Turbulenzen unter den Bedingungen einer aufgeklärten Moderne sich nicht in fundamentalistische Isolation oder existentielle Bedeutungslosigkeit verkriechen will, bzw. verdammt wird, muss sie sich einer postmodernen Realität stellen. Weil Theologie aber auch Philosophie ihrerseits Teil eines mehrpoligen Kommunikations-, Rezeptions- und Kreativitätsgeflechtes sind, gehört ein argumentativer Mehrfrontendiskurs nicht nur zur Selbstbehauptung der Disziplin, sondern auch zur Vermittlungs-, Akzeptanz- und Kreativitätschance jeder Wissenschaft.

Unter dem Druck dieser Erkenntnis mußte der Dialog unter den Bedingungen einer gewandelten Philosophie wie gewandelten Theologie begonnen werden. Eine Fortsetzung ist überlebenswichtig, sowohl für ein verantwortetes Denken wie für ein reflektiertes Glauben.

Abschließend gilt ein besonderer Dank den fast zwei Jahre am Projekt mit debattierenden Kollegen, die in eigener Verantwortung das Resultat ihrer Forschungen diesem Band zur Verfügung stellten. Nicht geringer sei der Dank an die so zeitraubende wie bescheidene Hintergrundarbeit der vier Moderatoren - Prof. Dr. Dr. Raul Fornet-Betancourt, Prof. Dr. Maximilian Forschner, Dr. Dr. Maria-Barbara von Stritzky und Prof. Dr. Ulrich Willers M.A. -, deren kritische Einwände und kompetente Nachfragen nachweislich erfahrbar den laufenden Diskurs belebt und qualifiziert haben.

Den Mitarbeitern meines Lehrstuhles sei herzlich gedankt für ihr inhaltliches wie organisatorisches Engagement bei der Vorbereitung und Durchführung des Symposions.

Mein Dank gilt insbesondere Herrn PD Dr. theol. habil. Ferdinand Rohrhirsch, dem Oberassistenten des Lehrstuhles, Frau Anni Lehenmeier, der Verwaltungsangestellten des Lehrstuhles, und den studentischen Hilfskräften. Für die technische Organisation und Durchführung des Symposions wie für die Erstellung der Reprovorlage und Drucklegung des vorliegenden Bandes bin ich Herrn Dipl.-Theol. Patrick Kummer M.A. zu großem Dank verpflichtet.

Alle Teilnehmer am Eichstätter Projekt und Symposion würden sich freuen, wenn der begonnene Dialog zielbewusst weitergeführt werden könnte. Jeder Leser dieses Bandes ist als kritischer Partner willkommen.

Alexius J. Bucher

Brauchen wir einen Cusanus 2001?

Vorgeschichte

Es war einmal eine alte Königin. Ihr Name war Sophia, geborene Philo. Sie wurde Urmutter vieler stolzer Kinder und Enkelkinder des Wissens und Forschens, so ward sie Stammhalterin manch metaphysischer oder rein empirisch gezeugter Geschlechter. Sie war Lebensabschnitts-Partnerin sämtlicher Größen des Seins.

So wurden von ihr – nacheinander oder gleichzeitig – Theos, Kosmos und Anthropos erotisch umworben. Gelegentlich zur rechten Hand vermählt und hoch verehrt, gelegentlich zur linken Hand verschämt und ausgehalten.

Teils frohen Herzens, teils unaufgeklärten Sinnes schnitten die Töchter und Söhne die Nabelschnur zum nährenden Mutterboden durch. Sie verließen das Haus ihrer königlichen Zeugung und flüchteten in die Vereinzelung, meist wissend, was sie da schafften und nicht ohne den Versuch, selbst die Mutterrolle für alles, was wichtig und richtig sei, zu behaupten.

1. Cusanus will die Einheit und Freiheit der Kirche organisieren

1.1 Um einen Cusanus für heute bitten?

Zu Zeiten, in denen die Philosophie aus Ärger über ihre einzelwissenschaftlichen Ziehkinder ihre Grundlagenversorgung einstellte und sich demonstrativ vor allem um die Dichter und Denker bemühte, stellt der spanische Philosoph Jose Ortega y Gasset, anlässlich des hundertsten Todestages von Johann Wolfgang Goethe 1932 seinen Festvortrag unter die Fürbitte: „um einen Goethe – für heute – bittend"!

Zu Zeiten, in denen die Theologie eine Ancilla-Funktion der modernen Philosophie kaum erkennt oder anerkennt, könnte der 600. Geburtstag des Cusaners zur Fürbitte anregen: „Um einen Cusanus für heute bittend"!

Die Fürbitte scheint weder dem Philosophiehistoriker trivial noch dem Theologen von vornherein zynisch.

Kann überhaupt ein gelernter Kirchenjurist, ein Hierarch und Parteigänger des Papstes ein interessanter Theologe und brillanter Philosoph sein?

Einer der qualifiziertesten Weiterdenker Cusanischer Welt- und Glaubensdeutung, Giordano Bruno, hat diese Frage bejaht.

In „De Pace fidei" (1453) spricht der Cusaner von der Legitimität faktischer Vielheit der Religionsausübung und der Legitimität der faktischen Vielheit pluralistischer Glaubensreflexionen.[1] Dies entbindet die Theologen nicht, die Einheit von Glaube und Denken aufzuzeigen; aber mit dem Hinweis, diese Einheit im Horizont des Denkens zu entdecken.

In einem Brief um 1460 des Nikolaus an den Bischof von Eichstätt – nach demütigenden Erfahrungen in Bruneck mit Herzog Sigmund – fragt der Brixener Moselaner skeptisch: „Ob die weltliche Macht der Kirche tatsächlich die Freiheit der Kirche und vor allem die Freiheit der notwendigen geistigen Reformen sichern könne?"

1.2 Wozu motiviert Cusanus?

Die Bedingungen für eine geistige Reform zu erfragen ist sicher eine Zeitfrage. Diese Frage verflüchtigt sich nicht dadurch ins Überzeitliche, dass sie sich zu jeder denkbaren Zeit jeweils neu stellt.
    Zumindest dann,
    - wenn es stimmt, dass Theologie ein Geschäft auf und in bestimmter Zeit darstellt und
    - wenn es stimmt, dass die Modi unseres Denkens – Begreifens, Urteilens und Schließens und die Inhalte unseres Erkennens – zunächst und zuerst in bestimmter Zeit gelten,
    dann bleibt die Reformfrage des Cusaners keine Frage.

Er hat die Revolutionen seiner Epoche – die Umwälzungen der Lebenswelt unter den Bedingungen der aufdämmernden Neuzeit – erahnt. In visionärem Ausblick deutet er an, dass neues Denken gefordert ist, wenn neue Sichten der Wirklichkeit im Lichte bewährter Glaubenstraditionen gedeutet werden sollen.
    Cusanus lässt es aber nicht bei vagen Andeutungen, wenn er fordert, dass neue Erfahrungen auch die Theologie neu herausfordern, ihre traditionellen Denkmodi und Erkenntnisse den Bedingungen und Anforderungen einer neuen Epoche auszusetzen. Herausfordern – von wo heraus?

---

[1] Vgl. Cusanus, Nicolaus, Der Friede im Glauben, übersetzt v. R. Haubst, Trier 1982.

Offenbar: Ehrwürdige Denkgebäude zu verlassen, und in neue Häuser des Begreifens, Urteilens und Schließens sich einzudenken – sei die Notwende an der Zeitenwende. Teils innovativ begeistert, teils schmerzhaft berührt nahm er Abschied von einer für das 13. und 14. Jahrhundert so erfolgreichen Theologie.

Neue Modi des Denkens und neue Erkenntnisse aus dem vertikal und horizontal unendlich erweiterten Erfahrungsbereich Welt zu nutzen, um eine Theologia Christiana vorlegen zu können, sah der Cusaner als ‚conditio sine qua non' an den Bruchstellen zur Neuzeit.

Vielleicht überrascht seine eindeutig ekklesiologische Motivation: Eine derartig evaluierte Theologie sei notwendig, wenn:

(1) die Einheit der Kirche unter den Bedingungen einer sich andeutenden neuzeitlichen Pluralität und wenn

(2) die Freiheit der Kirche gegen innerekklesiologische ideologische Verkürzung, wie auch außerkirchliche wissenschaftliche wie machtpolitische Vereinnahmung – behauptet werden soll.

2. Die Philosophie redet über Gott und die Welt

2.1 Early Modern Europa, das Musterbuch der Moderne

Überraschenderweise tauchte zuerst in der amerikanischen Literatur zur Thematik „Early Modern Europa" von Peter Clark[2] die These auf: Die europäische frühe Moderne sei ein Musterbeispiel, geradezu ein Musterbuch der Moderne.

In den gegenwärtigen Modernitätstheorien wird diese Behauptung mehrheitlich anerkannt, allerdings nur auf Technik, Wirtschafts- und Wissenschaftsfragen konkretisiert.

Winfried Schulz[3] transferiert, ich meine repatrisiert diese These zurück in die Philosophiegeschichte und konstatiert: Die Grundkonflikte der Neuzeit seien exakt um und bei Cusanus aufgebrochen!

Exemplarisch-thematisch könnten genannt werden:

- Freiheit des Gewissens,
- Gleichheit der Menschen,
- Kontrolle der Macht und
- Ambivalenz von Technik und Medien.

---

[2] Vgl. Clark, Peter, The early modern town. A reader, London ²1977.
[3] Vgl. Schulz, Winfried, Dogmenentwicklung als Problem der Geschichtlichkeit der Wahrheitserkenntnis. Eine erkenntnistheoretisch-theologische Studie zum Problemkreis der Dogmenentwicklung, Rom 1969.

Doch nicht nur thematisch flammt ein neuer Gigantenkampf auf. Auch neue Giganten treten in die Arena: Neue Subjekte mit plausibler Definitionskompetenz treten auf, neue streitbare Instanzen mit Interpretationskompetenz kämpfen um ihren Anspruch, Autoritäten neuer Problemlösungen zu sein.

Die Konsequenzen strukturieren noch heute unsere Epoche:
- eine Konfessionalisierung der Theologie,
- eine Pluralisierung der Philosophie,
- eine Globalisierung der Ökonomie und
- eine Politisierung der Gesellschaft
sind die Folge.

Unter den Bedingungen dieser denkbaren Kulturtheorie spekuliert das Ende der Moderne, wie und ob die pluralistisch entstandenen Weltdeutungskonzeptionen – gegenseitig kompatibel oder beliebig, exklusiv oder additiv, plausibel oder autoritär – eine neue Epoche aufdämmern lassen.

Die vorläufige Moderne im Ablauf des vergangenen Jahrhunderts wurde durch globale politische, ökonomischen, technologischen Krisen atombombensicher, armutsresistent und demokratieaversiv vollendet.

2.2 Philosophie zwischen Selbstbehauptung und Zerknirschung

Die nachläufige Moderne zu Beginn unseres neuen Jahrhunderts könnte den Eindruck vermitteln, Philosophie sei wieder en vogue, jedenfalls gemäß den Feuilletons großer Meinungsblätter und aufgeregter Nachtstudios.
    Ein Philosoph hat sogar Platons Ziel erreicht und wird Minister. Der Philosoph als Experte ist für jedes „für und wieder" gut.
    In Sophies neuer Welt agiert Seneca für Gestresste. Auskunfsintellektuelle a la Sloterdijk haben das Image von Gurus.

Es ist wahrlich eine postmoderne Lust, Orientierungen zu vermarkten. Dennoch gilt:
    Auch modernste Philosophie läßt sich nicht auf eine Art Feinmechanik für problematisierten Zeitgeist samt entscheidungsdringlichem Zubehör reduzieren auch wenn dies Funktionären in allen denkbaren Institutionen und Hierarchien machtpolitisch wünschenswert erscheint und Risiken und Nebenwirkungen in bewährter politischer oder konfessioneller Kontrolle aufgehoben wären.

Es gilt auch:

Eine verunsicherte Universalität und ein Plausibilitätsverlust neuzeitlicher Rationalitätsmodi prägen die philosophische Grund-Stimmung.

Dem widerspricht nicht der Eindruck, dass idolae theatri oder modern medii fröhliche Urstände feiern.

Hinter dem Spott des philosophischen Hoffnarren, könnte die Larve eines skrupulös angefochtenen Selbstbewusstseins entdeckt werden.

Dennoch: Trotzt aller zerknirschter Selbstbescheidung – zumindest jener, die für moderne Philosophie reden und geradestehen wollen – stimmt sicher auch:

Philosophie entwirft auch heute in systematischer Weise Theorien (oder zumindest modellhafte Diagramme) für bestimmte Wirklichkeitsbereiche.

Philosophie liefert Tatbestandsbeschreibungen getrennt nach Disziplinen; mit hohem Stellenwert für Politik, Ethik, Kultur und darin mit großen auffallendem Interesse für Religion.

Philosophie tritt – eingestanden oder geleugnet – mit Anspruch auf; auch dann, wenn kaum ein Philosoph diesen Anspruch, weder auf Dauer noch universal erschöpfend voll einlöst!

Philosophie will Medium für Fundierungs- und Orientierungsprinzipien sein: Gerade auch in postmoderner, pluralistischer Relativität bringt sie ihre Zeit signifikant zum Ausdruck. So spricht sie keineswegs willkürlich, sondern unwillkürlich auch von Gott, wenn auch oft gleichsam „wie in einer Wolke". Die Zeitrelevanz einer gegenwärtigen Philosophie hat weder Religion ausgeklammert, noch die Gottesrede aus dem Blick verloren.

Nur: Die Zeit fragt nicht, sie ist in einer bestimmten Weise entschieden. Das definiert ihre vorgegebene Faktizität. Sie gibt Antworten vor. Die Philosophie bemüht sich herauszufinden, welche Fragen damit beantwortet sind, welche offen bleiben und ob Fragen noch gar nicht entdeckt wurden.

3. Die Theologie reflektiert die Welt im Lichte des Gottes Jesu

3.1 Christlicher Glaube reflektiert sich wissenschaftlich

Für eine Theologie, die sich spätestens seit dem 13. Jahrhundert als Wissenschaft begreift, als solche anerkannt wurde und sich institutionell in Universitäten etablierte, dürfte diese Faktenfrage keine Überraschung sein.

Neben Soziologen, Ethikern, Ethnologen, Psychologen und was sich sonst noch bemüht, eine einleuchtende Theorie über eine nachweisliche Praxis zu entwerfen, werden auch Theologen gefragt:

Hat die Theologie eine Kompetenz, sich am Suchen der Fragen zu beteiligen?
Hat die Theologie eine Kompetenz, Fragen und Antworten zu qualifizieren?

Hat die Theologie eine Kompetenz, neue Antworten auch außerhalb ihrer heiligen Bezirke plausibel zu machen, und damit über Gott und die Welt nicht nur zu reflektieren, sondern weltbildend und von Gott sprechend innovativ einzugreifen?

Oder gibt es Gründe, aus diesem Kampf-Spiel auszusteigen und neue Szenarien aus neuen Perspektiven zu entwickeln?

Was wäre die Bringschuld einer Theologie heute?

Unreduzierbar hat sich nun mal seit der Aristotelesrezeption des Mittelalters faktisch der christliche Glaube in der Weise der Wissenschaft reflektiert.

Genauso ist Faktum, dass christlicher Glaube sein Denken als Wissenschaft bis heute durchgehalten und immer schon transformiert und evaluiert hat.

Mit der Entwicklung einer wissenschaftlichen Theologie beansprucht der Glaube, sich im Bereich der Wissenschaft als Glaube und im Bereich des Glaubens als systematisches Denken behaupten zu können.

Theologie ist nicht Glaube selbst, sondern Reflexionsprodukt des Menschen, der glaubt. Theologie ist daher kein übergeschichtlicher Königsweg des Wissens unmittelbar vor oder gar mit den Augen Gottes, sondern eine Wissenschaft unter den oft mühseligen Bedingungen geschichtlicher Existenzen.

Eine Institution, die sich vorrangig mit Glaubensreflexion und immer auch deren historischen Wandel befasst, wird sich selbst nicht diesem Wandel auf Dauer entziehen können.

Auffallend ist, dass innerhalb des modernen Wissenschaftsbetriebes der Anspruch der Theologie leidlich unumstritten ist. Der Streit der Fakultäten wird bestenfalls als Finanzproblem geführt.

Die profane Ruhe an der Wissenschaftsfront zur Theologie hat zumindest auch einen profan wissenschaftlichen Grund. Und dies berührt nicht unbedeutend die vielfältige Disziplinunterteilung der Theologie als ganzer.

3.2 Die Konfiguration der Gegenwart definiert das Arbeitsraster der Theologie

Die beunruhigende Ruhe im Streit um den Wissenschaftscharakter der Theologie ist Konsequenz eines gewandelten Wissenschaftsbegriffes. Der Wandel begann spätestens bei Rene Descartes.

Nicht mehr der Gegenstand, sondern die Methode qualifiziert Wissenschaft. Wissenschaft geschieht dort, wo via systematischer Denkleistung, sprich Methode, ein nach praktikablen Prinzipien geordnetes Ganzes an brauchbarem Wissen aufgebaut wird.

Der Gegenstand – die „Bakterien am Türgriff der Mensa" oder „der Gott der katholischen Europäer" – disqualifiziert oder qualifiziert kaum mehr die wissenschaftliche Dignität. Bestenfalls stellt sich die Frage nach dem Nutzen dieser oder jener Gegenstandswahl.

Die Ent-Würdigung des Gegenstandes in Relation zum methodologischen Niveau einer Wissenschaft führt dazu, die verschiedenen Disziplinen einer Theologischen Fakultät zu deregulieren.

Die Einzeldisziplinen der Theologie suchen instinktsicher ihr wissenschaftliches Heil, also ihre methodische Rechtfertigung, in angestrebter Nähe zu den ihnen methodisch verwandten Profanfächern. Der Exeget wird zum respektierten Kollegen des Literaturwissenschaftlers; der Kirchengeschichtler nutzt mehr den oder dem Profanhistoriker als den Dogmatiker; dem Kirchenrechtler sind die neuesten Methoden seines Profanjuristen vertraut, die seines fundamentaltheologischen Kollegen gelegentlich schleierhaft bis verdächtig. Der Moraltheologe orientiert sich hinsichtlich seines wissenschaftlichen Selbstbewusstseins mehr am Ethiker, als dass ihm pastoraltheologische Methoden oder Erkenntnisinhalte nützlich erschienen. Und wer in seiner eigenen Disziplin dennoch beginnt, historische, exegetische, juristische, biblische gar praktische Exkurse einzubauen, hat bereits größte Schwierigkeiten innerhalb dieser ausgeliehenen Fachmethodik auf der Höhe der Forschung sich zu bewegen bzw. gerät oft mit seinen Erkenntnisergebnissen in eklatanten Widerspruch zum hauseigenen nicht Fach- sondern Fakultätskollegen; ein Widerspruch, der nicht zuletzt am Methodendissens indiskutabel erscheint.

Die Klugen unter den Befürwortern des innertheologischen Diskurses meiden daher meist den Methoden-Streit und schweigen. Die Klügeren sehen ihn abgewälzt auf den Rücken der Studenten und wollen nicht schweigen.

Die Pluralität moderner philosophischer Positionen und die Divergenz einzelwissenschaftlicher Methodik bringen babylonische Sprachspiele in den innertheologischen Disziplinen-Diskurs.

Wenn es heute Menschen gibt, die aus bewährter Glaubenserfahrung der Überzeugung sind, dass es gut und richtig, würdig und heilsam sein könnte, von Gott zu reden, und die Gegenwart im Lichte des Gottes Jesu zu reflektieren und zu konstituieren, dann müssen Modi gegenwärtigen Denkens und Methoden dieser Aussageweisen eine zeitgerechte Theologie artikulieren.

Die Menschwerdung göttlicher Wahrheit in Fleisch und Blut läßt sich doch nicht als Kontrastphänomen bewundern, in dem etwas ganz Großes ganz klein wird. Es geht vielmehr um den schlichten Versuch Gottes, sich verständlich zu machen.

Bei allem, was Theologie auch noch prinzipiell ist: sie ist fundamental kommunikativ.

Wo sollte diese Kommunikation passieren? Die Konfigurationen unserer Zeit, d.h. das Profil unserer Epoche definiert das Arbeitsraster von Theologie. Gegenwart prägt sich ein und aus, nicht nur als mögliches Objekt einer theologischen Reflexion, sondern Gegenwart artikuliert sich auch als Subjekt theologischer Reflexion.

4. Wir überprüfen die Modi und Methodik unserer Reflexion

4.1 Die vorläufige Selbstbescheidung unseres Fragestandes

Die einladende und einleitende Frage „Welche Philosophie braucht die Theologie" schillerte in unterschiedliche Richtungen.

- Sie argwöhnte ein Defizit gegenwartstypischer Philosophien im epistemologischen Alltag zeitgemäßer Theologie;
- sie signalisierte den vielfachen Gebrauch gegenwartstypischer Einzelwissenschaften in unterschiedlichen theologischen Disziplinen mit dem Verdacht unbedachter Konsequenzen für die Einheit der Theologie; oder
- sie riskierte die Vermutung, ob nicht auch die moderne Philosophie sich von ihrer alten Gottesrede ohne philosophischen Relevanzverlust verabschieden kann.

Der abgelaufene Diskurs in der Phase der Vorbereitung drängte eine Klammer in die Symposionfrage: Welche Philosophie (ge)braucht die Theologie?

Die Verbescheidung unserer Projekt-Frage drängt sich auf.

4.2 Die vier Phasen unserer Projektarbeit

Zunächst soll damit nur ein arbeitspraktischer Vorschlag dargelegt, jedoch keinesfalls jeglicher epistemischer Pluralismus vermieden oder die dringliche Bi-Direktionalität eines philosophischen und theologischen Diskurses unterdrückt werden.

Welche Philosophie wird jeweils in den mitarbeitenden theologischen Disziplinen tatsächlich gebrauch, im Sinne von praktiziert?

Das führt zurück zu den Passagen der gemeinsamen Arbeit:

- Die Themenfindung, erste Projektphase, dazu aufgefordert Ende Juli 2000, mit Themenaustauschen und Korrekturen, war bereits ein Signal, wieviel Eigendynamik das Thema innerhalb und unter den theologischen Disziplinen ausgelöst hat.

- Die Thesenzusendung, zweite Projektphase, Mitte Januar 2001, ließ innovative Akzentverschiebungen bemerken.

- Diese kreative Dynamik sollte auch zum Diskursprinzip unserer Arbeitssitzungen gehören und die dritte Projektphase charakterisieren.

Bei aller notwendigen deduktiven Explikationen und bei aller erkennbaren Kompatibilität und modulhafter Vernetzung der Thesenpapiere, bergen die verschiedenen Texte zueinander unterschiedliche Brüche, nicht nur perspektivische Pluralität.

Divergierende, unbefragt gebliebene Selbstverständlichkeiten zwischen den Thesenpapieren bieten ein spannendes Potential für eine gepflegte Streitkultur.

Unsere Moderatoren sind gefordert. Es sollte beim gegenseitigen Falsifizieren oder Verifizieren, lebensweltlich gesprochen: beim kollegialem Schulterklopfen oder Kopfschütteln nicht bleiben.

Neue Denkwege auszuleuchten, die uns heute noch im Dunkel liegen, würde am ehesten den Begriff Projekt rechtfertigen.

Sollte das gelingen, dann bliebe Zeit, unter Einbezug des jeweiligen beim Symposion provozierten Erkenntnisfortschrittes, die Thesenpapiere zu Aufsätzen auszuarbeiten und in einem Sammelband einer weiteren kritischen Öffentlichkeit auszusetzen. Eine vierte Projektphase stünde damit bevor.

Mit der Veröffentlichung des vorliegenden Bandes wurde die dem Symposion folgende Arbeitsphase, unter Einbezug der Kritikpapiere von vier Moderatoren und der kollegialen Kritik der Symposionsteilnehmer, abgeschlossen.

5. Die Eule von Athen und die Taube vom Jordan

Brauchen wir wirklich Neo-Historismen?

Brauchen wir wirklich für weitere Arbeitsphasen eines zeitgemäßen philosophisch-theologischen Diskurses einen Cusanus redivivus, einen Nikolaus 2001? Oder bräuchten wir einen neuen Augustinus, Thomas, Schleiermacher, Rahner etc als Wegführer? Oder am besten und traditionellsten: „sowohl als auch"?

Sind vielleicht Neo-Historismen in postmoderner Gleichgültigkeit und im Nebeneinander sogar erforderlich, weil ebenso diachron wie synchron sich gezeigt hat, dass nie ein Denkmodus einer Kulturepoche je die Erfahrung des Glaubens ausgeschöpft hat; jede begriffene Decke immer zu kurz greift?

Oder: Braucht es u.U. sogar widersprüchliche Denkmodelle, um den Reflexionsbereich einer Glaubenserfahrung in den Denkmodus zu transferieren, analog den erkenntniskritischen Doppelmodellen moderner Naturwissenschaften?

Natürlich ist solches Fragen antihistorisch. Es leugnet die Geschichtlichkeit unserer zeitbemessenen Aufgabe und unterfordert die theologische Zukunft!

Welche Wissenschaft ist den geschichtsverwiesener als jene, die auf eine Person, ein Datum, eine Biographie und eine Tradition gegründet und bis an die Grenzen von Raum und Zeit ausgelegt ist?

Gepanzert soll Pallas Athene aus dem Haupt des Zeus herausgesprungen sein. Ein Urmythos der Unangreifbarkeit der Weisheit und der göttlichen Voraussetzungslosigkeit der Wissenschaft.

Aber: die Eulen der Athene fliegen erst, wenn der Alltag geschafft ist.

Ob das Arbeitsergebnis des Symposions den Flügelschlag der Eule ahnen lässt, und vielleicht auch den Windhauch einer Taube vom Jordan, bleibt eine offene Frage an jene, die das Problembewusstsein des Symposions ähnlich kritisch beunruhigt, wie die nach Eichstätt geladenen Philosophen und Theologen.

Antworten eines theologisch-philosophischen Symposions

Geschichtliche Perspektive

Martin Thurner

„Der Glaube ist der Ursprung des Denkens."[1]
Philosophie als Weg der Gottsuche
nach Nikolaus von Kues

Einleitung: Warum braucht der Glaube das Denken? – Warum braucht das Denken den Glauben?

„Welche Philosophie braucht die Theologie?" – dies ist die Titelfrage des Symposions. Es findet nicht zuletzt statt aus Anlass des 550. Jahrestages der Visitation des Bistums Eichstätt durch Nicolaus Cusanus – und fällt noch dazu in das Jahr seines 600. Geburtstages. Tatsächlich entspricht die Themenstellung dem Geist des Cusanus. Sein Denken lässt sich als eine besonders profunde Antwort auf unsere Ausgangsfrage interpretieren. Die Profundität dieser Antwort beruht darauf, dass er sie auf eine noch tiefere Frage zurückführt: Der Scheidung zwischen theologischem und philosophischem Rationalitätstypus und deren nachträglicher Verhältnisbestimmung vorausgehend, stellt sich bei ihm ein ursprünglicheres Problem: Warum bedarf der zunächst als affektive Grunderfahrung erlebte Glaube überhaupt einer rationalen Vermittlung durch das Denken? Cusanus sucht also nach einer *Radikalisierung* – einer Verwurzelung und zugleich Intensivierung – *des Denkens im Glaubensleben*. Mit dieser Radikalisierung kann Cusanus unsere Frage nach der Bestimmung einer Philosophie, die der Theologie gemäß ist, ebenso radikal klären. Er beantwortet sie von jenen Bestimmungen her, die dem Wesen der Philosophie selbst ursprünglich zuinnerst eigen sind. Die Vermittlungsfunktion der Philosophie im Glaubensvollzug reflektiert Cusanus, indem er aufweist, wie das Denken durch seinen Bezug zum Glauben nicht erst nachträglich bestimmt wird, sondern immer schon wesenhaft bestimmt ist. In den von Cusanus aufgedeckten, tieferen Begründungsstrukturen des gegenseitigen Verwiesenheitsverhältnisses von Glauben und Denken kehrt sich die ‚Philosophiebedürftigkeit' der Theologie schließlich um. Dies geschieht in der Entdeckung, dass primär das Denken den Glauben braucht, weil es ursprünglich auf ihn zurückgeht. Diese schwierigen Gedankenzusammenhänge konzentriert Cusanus gemäß seinem (antischolastischen) Programm einer „kurzen und leichten Theologie" (*theologia*

---

[1] *De docta ignorantia* III, 11: h [= Heidelberger kritische Akademie-Ausgabe der *Opera omnia*, Leipzig-Hamburg 1932ff] I, S. 151, Z. 26 (N. 244, Z. 3): *fidem initium esse intellectus.*

brevis et facilis)[2] auf eine einfache Formel: „Der Glaube ist der Ursprung des Denkens." Nichts ist daher naheliegender, als diese Aussage zum Titel des vorliegenden Beitrages zu machen und sie in den folgenden Ausführungen aus dem Gesamtkontext des cusanischen Denkens heraus zu interpretieren.[3]

1. Die Grund-Aporie der christlichen Glaubenserfahrung als Ursprung der Denkbewegung des Cusanus

Die zitierte Bestimmung des Glaubens als Ursprung des Denkens findet sich an prominenter Stelle. Sie steht im ersten philosophischen Hauptwerk des Cusanus, *De docta ignorantia*, und zwar in jenem 11. Kapitel des dritten Buches, das die letzte Sinneinheit des gesamten Werkes einleitet[4] und mit *Mysteria fidei* (Geheimnisse des Glaubens) überschrieben ist. Schon allein an dieser formalen Stellung als Schlussstein des gesamten cusanischen Gedankengebäudes wird deutlich, dass die Erhellung der Glaubensgeheimnisse der eigentliche Zielgrund des philosophischen Gedankenganges der *docta ignorantia* ist. Zur Interpretation dieser Aussageneinheit ist es daher sinnvoll, sie auf den Ausgangspunkt des Denkweges zurückzubeziehen und beide einander wie Frage und Antwort zuzuordnen.

Doch wie lässt sich der Ausgangspunkt von *De docta ignorantia* identifizieren? Die Deutung des Werkes als gedankliche Reaktion auf eine Ausgangsfrage findet nicht zuletzt darin ihre Bestätigung, dass sich der entscheidende Hinweis darauf nicht in der Schrift selbst findet, sondern in einem Begleittext, der die Entstehung der Schrift reflektiert. Im vorausgeschickten Widmungsbrief an seinen Freund und Lehrer Kardinal Cesarini schlägt Cusanus selbst den Bogen von den gedanklichen Ergebnissen des Werkes zurück zu der Ausgangssituation, die sie allererst notwendig machte: *Empfange nun, ehrwürdiger Vater, was ich schon längst auf den verschiedenen Wegen der Lehrmeinungen intensiv zu finden versucht habe, jedoch*

---

[2] *Idiota de sapientia* II: h [2]V, N. 29, Z. 115ff.

[3] Ein Großteil der Literatur zum Glaubensverständnis des Cusanus und der darin implizierten Verhältnisbestimmung zum philosophischen Denken ist verzeichnet und kritisch diskutiert in: Martin Thurner, *Gott als das offenbare Geheimnis nach Nikolaus von Kues* (= Veröff. d. Grabmann-Inst. 45), Berlin 2001, 222-224; vgl. dort (220-300) auch das Kapitel: *Das offenbarungsphilosophische Glaubensverständnis*. Mit anderen Schwerpunktsetzungen als in der vorliegenden Interpretation wird die Thematik bearbeitet in der hervorragenden Studie von Ulli Roth, *Suchende Vernunft. Der Glaubensbegriff des Nicolaus Cusanus* (= Beitr. z. Gesch. d. Phil. u. Theol. d. Mittelalters, NF 55), Münster 2000; vgl. dazu die Rezension des Verf. in: Phil. JB 108/I (2001). Außerdem: Klaus Reinhardt, *Glaube und Wissen bei Nikolaus von Kues*, in: Katholische Ärztearbeit Deutschlands (Hg.), Vernunft und Glaube – Nachfrage bei Nikolaus von Kues, Ostfildern 2000, 17-30. – Hanna-Barbara Gerl-Falkovitz, *Vernunft und Glaube bei Nicolaus Cusanus*, ebd. 31-39.

[4] Vgl. dazu die Anm. zu N. 244 von *De docta ignorantia* III von Hans Gerhard Senger, in: Ders. (Übers. u. Hg.), Nikolaus von Kues, Die belehrte Unwissenheit. Buch III. Lateinisch-deutsch (= Phil. Bibl. Meiner 264c), Hamburg 1977, 141.

nicht eher finden konnte, als bis ich bei meiner Rückkehr aus Griechenland auf
dem Meerwege dahin gelangte – meiner Meinung nach durch ein Geschenk von
oben - vom Vater der Lichter, von dem alle guten Gaben kommen –, das Unbe-
greifliche in nicht begreifender Weise in belehrter Unwissenheit zu erfassen im
Überstieg der unzerstörbaren Wahrheiten, die nach menschlicher Erkenntnis-
weise erkennbar sind"[5].

Hier stellt Cusanus die Grundgedanken der *docta ignorantia* als das beglü-
ckend gefundene Ergebnis einer langen Suche dar, die auf den Wegen der traditionellen Lehrmeinungen erfolglos geblieben war. Damit gibt er indirekt zu verstehen, dass der Suche ein Problem zugrunde lag, zu dessen Lösung er sich philosophische Inhalte und Methoden neu erarbeiten musste. Was verrät der zitierte
Text aber inhaltlich über diese Ausgangsaporie? Ihre wesentlichen Bestimmungs-
momente lassen sich aus dem Verhältnis zur philosophischen Methode ableiten,
die Cusanus zu ihrer Bewältigung entwickelt. Wenn Cusanus die *docta ignorantia*
als Methode beschreibt, das Unbegreifliche zu erfassen, so gibt er damit ein Zwei-
faches zu verstehen: Als das Unbegreifliche ist die im Denken zu bewältigende
Ausgangssituation nicht intellektueller Natur, sondern eine affektive Erfahrung,
in welcher sich eine das Denken transzendierende Wirklichkeit paradoxerweise
vergegenwärtigt, indem sie sich entzieht. Von diesen Wesensbestimmungen her
entspricht die Anfangsproblematik des cusanischen Denkens genau der Grunderfahrung des christlichen Glaubens. Da der Gläubige Gott stets als anwesend und
abwesend zugleich empfindet, ist die Glaubenserfahrung von einer inneren Wider-
sprüchlichkeit bestimmt, zu deren Lösung sich der Mensch notwendigerweise auf
den Weg des philosophischen Denkens begeben muss. Die cusanische These vom
Glauben als dem Ursprung des Denkens bewahrheitet sich somit zuerst in einem
Sinn, der jener von Platon[6] und Aristoteles[7] hervorgehobenen, denkursprünglichen
Bedeutung der Staunenserfahrung analog ist: Der Glaube ist deshalb Ursprung des
Denkens, weil er in seiner aporetischen Erfahrungswirklichkeit den Menschen un-
mittelbar bedrängt und so zuallererst zum Denken bewegt.

2. Das Denken als die Suche nach der Allgegenwart des verborgenen Gottes

Das Denken kann die Aporie der Glaubenserfahrung lösen, indem es in Gottes
Verborgenheit seine Anwesenheit einsichtig werden lässt. Aus ihrem Ursprung
im Glauben wird Philosophie nach Cusanus damit zum Weg der *Gottsuche* (vgl.

---

[5] Ediert im Anhang von *De docta ignorantia*: h I, S. 163, Z. 6-11 (N. 263, Z. 3-9).
[6] Vgl. Theait. 155 d 2f.
[7] Vgl. Met. 982 b 10-18.

seine Schrift *De quaerendo deum*). Das Denken findet Gott in seiner Verborgenheit, indem es entdeckt, dass *Gott [nicht] nicht gefunden werden kann*, weil er
überall ist.[8] Das Ziel der Suchbewegung des Denkens ist es demnach, die *Allgegenwart* Gottes zu finden. Damit gelangt das Denken schließlich zur Einsicht,
dass Gott mit seiner Allgegenwart schon *bevor* der Mensch ihn zu suchen beginnt,
die Bedingungen dafür geschaffen hat, dass er leicht gefunden werden kann. Mit
der Entdeckung, *wie der verborgene Gott all das darbietet, durch das wir zu ihm
hin bewegt werden*[9], erkennt das Denken, wie es die Zielerfüllung seiner Bestimmung als Gottsuche einer vorgängigen, *gnadenhaften* Selbsterschließung Gottes
verdankt. Diese Ermöglichung des Denkens durch die Gnade Gottes reflektiert
Cusanus, wenn er im zitierten Widmungsbrief sagt, sein philosophischer Gedanke
sei ihm zuteil geworden *durch ein Geschenk von oben – vom Vater der Lichter,
von dem alle guten Gaben kommen.*

3. Der Aufweis des Glaubens im Denken

In der Einleitung zum Vortrag ist die These aufgestellt worden, Cusanus nehme
eine Radikalisierung des Denkens im Glauben vor. Eine erste Sinndimension dieser These hat sich in den bisherigen Überlegungen gezeigt: Das Denken ist insofern im Glauben verwurzelt, als es zur Bewältigung von dessen Ausgangsproble-
matik ursprünglich notwendig wird, um die Allgegenwart des verborgenen Gottes
zu suchen. Eine zweite, tiefere Bedeutungsebene der These von der Radikalisierung des Denkens im Glauben deutet sich nun in der Bestimmung der Dimension
an, in der das cusanische Denken die Allgegenwart des im Glauben erfahrenen
Gottes findet: Cusanus weist sie nicht primär in der äußeren Objektwelt auf, sondern *im Denken selbst*. Der entsprechende Gedankengang findet sich bei Cusanus
im unmittelbaren Kontext seiner zentralen These vom Glauben als Ursprung des
Denkens und stellt deren argumentative Explikation dar. Darin zeigt sich, was
Cusanus mit seiner Bestimmung des Glaubens als Ursprung des Denkens letztlich
intendiert: Er will das Denken nicht nur im Sinne seines zeitlichen Entstehens aus
den Aporien des Glaubenslebens anfanghaft hervorgehen lassen, sondern darüber
hinaus auch die verwirklichte Wesensgestalt des Denkens in einem tieferen Sinn
ständig systematisch im Glauben begründet wissen.

---

[8] *De quaerendo deum* 1: h IV, N. 31, Z. 15-17.
[9] *De quaerendo deum* 2: h IV, N. 35, Z. 1f.

3.1 Die Voraussetzung von Erkenntnis-Prinzipien als Glaubensakt

Dies leistet er im *Docta-ignorantia*-Kapitel über die *Geheimnisse des Glaubens*. Die Formel vom Glauben als Ursprung des Denkens stellt er thesenhaft an dessen Anfang und erklärt sie mit folgenden Worten: *In jeder Disziplin wird nämlich etwas als erste Prinzipien vorausgesetzt [praesupponuntur], die allein durch den Glauben [sola fide] angenommen werden; aus diesen wird die Einsicht in das zu Behandelnde gewonnen. Jeder nämlich, der zu wissenschaftlicher Kenntnis aufsteigen will, muss an all das glauben, ohne das ein Aufstieg unmöglich ist. Isaias sagt ja: „Wenn ihr nicht glaubt, werdet ihr nicht erkennen" (vgl. Jes 7, 9 nach Vulg.: nisi credideritis, non intelligetis)*[10]. Zur Vergewisserung des Glaubens im Denken greift Cusanus hier das aristotelische Motiv der ersten Denkprinzipien auf und reflektiert es mit Hilfe der platonischen Praesuppositionsmethode. Er fügt dabei die zentralen Gedanken der beiden bestimmenden Traditionen der Philosophiegeschichte zu einer Synthese, um ihnen – und damit dem philosophischen Denken insgesamt – eine ebenso einfache wie unerwartete Einsicht über seine Wesenswirklichkeit zu offenbaren: Weil das Denken nur im Voraussetzen von Prinzipien seine Erkenntnisziele erreichen kann, vollzieht es sich selbst im Grunde als Glaubensakt.

3.2 Die geheimnishafte Selbstevidenz der Wahrheit

Die für das Denken wie den Glauben gleichermaßen befremdende Identifikation der Voraussetzung von Erkenntnis-Prinzipien mit dem Glaubensakt wird von Cusanus in den folgenden Überlegungen des Kapitels auf verschiedenen Stufen begründet. Die Bestimmung der ersten Erkenntnisprinzipien als Gegenstand des Glaubens ergibt sich zunächst aus der Perspektive des nach Erkenntnis strebenden, endlichen Subjekts: Um zu Einsichten zu gelangen, muss der noch Unwissende die Erkenntnismittel zunächst allein im Glauben (*sola fide*) annehmen und sich allein im Glauben daran halten, weil er sie noch nicht in deren innerer Wahrheit durchschauen kann.

Doch der tiefere Grund für die Glaubensannahme der Erkenntnisprinzipien liegt nicht in der Endlichkeit des erkennenden Subjekts, sondern in der unendlichen Wesenswahrheit dieser Prinzipien selbst. Das wahre und nur insofern erkenntnisermöglichende Wesen der ersten Prinzipien begründet Cusanus, indem er sie als mehr oder weniger vollkommene Partizipationsweisen der *Wahrheit selbst* begreift: *Es ist offenkundig, was für Folgen ein Fehler in den Prinzipien*

---

[10] *De docta ign.* III, 11: h I, S. 151, Z. 26 - S. 152, Z. 9 (N. 244, Z. 3-16).

*und ein schwaches Fundament nach sich ziehen. Es gibt aber keinen vollkom-
meneren Glauben, als die Wahrheit selbst.* Warum die *Wahrheit selbst* – wie Cusanus hier sagt – mit dem *vollkommensten Glauben* identisch ist, ergibt sich aus
ihrer innersten Wesensbestimmung, an der die ersten Erkenntnisprinzipien grad-
weise teilhaben: Weil die Wahrheit *selbstevident* ist, ist sie paradoxerweise gerade
in ihrer absoluten Intelligibilität von nichts anderem her begreifbar und daher nur
im Glauben anzunehmen. Gerade in ihrer wesenhaften Selbstoffenbarung entzieht
sich die absolute Wahrheit in jenes Geheimnis, das nur im Glauben zugänglich ist.

3.3 Das Koinzidenzwissen der docta ignorantia als Glaubenseinsicht

Eingangs wurde die These aufgestellt, dass das gesamte cusanische Denken ursprünglich die Sinnbestimmung hat, die aporetische Erfahrung des Glaubensgeheimnisses zu erklären. Bisher wurde dies nur für den Schlussteil der *Docta ignorantia* bewahrheitet, wo Cusanus das Denken ausdrücklich auf den Glauben zurückführt. Nun gilt es, aufzuzeigen, wie Cusanus die in den vorhergehenden Teilen der Schrift grundgelegten zentralen Begriffe seines Denkens als philosophische Bestimmungen der im Glauben angenommenen Wahrheitsprinzipien reflektiert und damit seine ganze Philosophie in den Dienst der Glaubenseinsicht stellt.

Dies sei zunächst für seinen Grund-Gedanken der Koinzidenz der Gegensätze
gezeigt: Der zu Beginn der *Docta ignorantia* konzipierte Zusammenfall von
Größtem und Kleinstem erweist sich am Schluss des Werkes als Eigenschaft des
Glaubens. Wenn man die absolut selbstevidente Wahrheit als den Inhalt des Glaubens erkennt, so erweist sich der *größte Glaube* zugleich als der *kleinste*, weil er
mit der *höchsten Gewissheit ohne allen Zweifel in was auch immer* zusammenfällt.[11] Aus der Bestimmung der im Glauben angenommenen Wahrheit als von
nichts anderem her begreifbarer Gewissheitsevidenz, ergibt sich sodann, dass das
wissende Nicht-Wissen der *docta ignorantia* der dem Glauben entsprechende Er-
kenntnismodus ist.

Auch das für die ontologische Zuordnung von Gott und Welt konzipierte Be-
griffspaar *complicatio/explicatio* (Einfaltung und Ausfaltung) wird von Cusanus
schließlich auf die Glaubenseinsicht zurückbezogen, um das Verhältnis von
Wahrheitsglauben und Vernunfteinsicht zu reflektieren. Weil die im Glauben
empfangene Wahrheitsevidenz *alles Erkennbare in sich einfaltet, ist die Vernunfterkenntnis die Ausfaltung des Glaubens.*[12] Im Gedanken, dass das Glaubens-
prinzip gleich dem biblischen Senfkorn in seiner unscheinbaren Kleinheit die un-

---

[11] *De docta ign.* III, 11: h I, S. 154, Z. 25-27 (N. 248, Z. 17-21).
[12] *De docta ign.* III, 11: h I, S. 152, Z. 4 (N. 244, Z. 10).

begrenzte Möglichkeit seiner Hervorbringungen der Kraft nach in sich enthält[13], antizipiert Cusanus die Grundgedanken seiner späteren Spekulationen über das absolute Können. Mag Cusanus bestimmte Konzepte seiner Philosophie dann auch scheinbar unabhängig vom Kontext der Glaubenseinsicht weiterentfalten, sie finden, gemäß der These vom Glauben als Ursprung des Denkens, stets darin ihren eigentlichen Sinngrund.

4. Die Rückführung der Intellektwahrheit auf das Leben des Glaubens

Obwohl in den bisherigen Ausführungen die cusanische Bestimmung des Glaubens als Ursprung des Denkens in ihrer umfassenden Bedeutung vom Anfang bis zum abschließenden Ergebnis der cusanischen Denkbewegung nachvollziehbar wurde, scheinen ihre verschiedenen Bedeutungsdimensionen auf den ersten Blick unvereinbar zu sein: Unterläuft zwischen Anfang und Ende des Denkweges des Cusanus nicht eine unerlaubte Äquivokation des Ursprungsbegriffes, wenn dieser am Anfang die dem Denken zeitlich vorausliegende Erfahrung beinhaltet, am Ende aber die systematische Begründung des Denkens in der absoluten Intelligibilität der Wahrheitsevidenz reflektiert? Zerbricht die Synthese des cusanischen Glaubensbegriffs nicht wieder, wenn er in seiner Bestimmung als Ursprung des Denkens Affektivität und Intellektualität zugleich umfassen soll? – Im Gegenteil: Es zeigt sich die letztgültige Stärke der spekulativen Glaubenseinsicht Cusanus', wenn es ihm darin schließlich gelingt, die Identität der affektiven und intellektuellen Grundvollzüge des Menschen in ihrem göttlichen Ursprung einsichtig zu machen.

Die ursprüngliche Einheit von Affektivität und Intellektualität im Glauben begründet Cusanus wiederum in doppelter Perspektive, einmal ausgehend vom sich gläubig auf die Wahrheit beziehenden Erkenntnissubjekt und dann im Hinblick auf das innere Wesen der geglaubten Wahrheit selbst. Für den Menschen ist die Glaubenswahrheit deshalb Objekt höchster intellektueller Gewissheitserkenntnis und intensivsten affektiven Erlebens zugleich, weil er ihre Selbstevidenz nicht in einem rational-diskursiven Begründungsakt begreifen, sondern nur unmittelbar, in intuitiver Passivität, im ekstatischen Akt der *visio mystica*, empfangen kann. Doch die Affektivität beschreibt nicht nur die Weise, wie die intellektbegründende Wahrheit sich dem Menschen im Glauben mitteilt, sie ist in einem tieferen Sinn der innere Grund für das sich offenbarende Wesen der Wahrheit selbst. Die für das Wesen der Wahrheit konstitutive Selbstidentität ist die Widerspiegelung ihres inneren Lebens, in welchem sie die Gleichheit ihrer selbst ständig aus keinem an-

---

[13] Vgl. *De docta ign.* III, 11: h I, S. 155, Z. 5f (N. 249, Z. 8f).

deren Grund als aus reiner Freude an sich selbst hervorbringt. Die Wahrheit des
Intellekts wird von Cusanus damit in ihrer Selbstevidenz auf eine Selbstoffenbarungsbewegung zurückgeführt, die in der grundlosen Selbstaffirmation eines affektiven Freudenlebens gründet. Die intellektbegründende Wahrheit kann deshalb
nur in der Glaubenserfahrung empfangen werden, weil ihr ursprüngliches inneres
Wesen die absolute Liebe ist.

Diesen tieferen Ursprung der Intellektwahrheit in der Affektivität des im Glauben erfahrbaren, absoluten Liebes-Lebens reflektiert Cusanus, indem er die *Wahrheit selbst* schließlich mit *Jesus* als dem *fleischgewordenen Vernunftgrund aller
Vernunftgründe* identifiziert[14], und Jesus als die vom Vater gezeugte *Gleichheit*
der absoluten Wahrheit aus dem innertrinitarischen Freudenleben Gottes selbst
hervorgehen lässt.[15]

5. Explikationen auf verschiedenen Feldern

Die systematische Begründung seines Verständnisses des Glaubens als Ursprung
des Denkens wird von Cusanus in seinem ersten philosophischen Hauptwerk, der
1440 abgeschlossenen *Docta ignorantia*, umfassend geleistet. Darauf aufbauend
kann sich Cusanus nun in seinen folgenden Schriften darauf konzentrieren, bestimmte Implikationen und Konsequenzen seiner ebenso neuartigen wie weittra-
genden spekulativen Glaubenseinsicht zu entfalten. In Anlehnung an die von
Cusanus für seine Gedankenentwürfe gewählte Metapher der *Jagdzüge nach
Weisheit auf verschiedenen Feldern*[16] soll nun in drei signifikanten Bereichen
aufgespürt werden, wie die originelle Explikationskraft seines *intellectus fidei*
Cusanus zu den ebenso subtil distinguierten wie ergiebigen Gedankengängen der
Schriften seiner Reifezeit befähigt.[17]

---

[14] *De docta ign.* III, 11: h I, S. 154, Z. 7 (N. 247, Z. 20).
[15] *De docta ign.* I, 8: h I, S. 17, Z. 19-21 (N.22, Z. 2f).
[16] Vgl. dazu die Spätschrift *De venatione sapientiae*; zur Jagdmetapher insbesondere die *Adnotatio*
zu N. 1, Z. 1: h XII, S. 147-149.
[17] Eine Deutung des *Idiota* aus der gleichnamigen Schriftengruppe von 1450 als Gestalt des
‚einfältigen' Glaubens (im Sinne des unmittelbaren Bezuges auf die alle Vielfalt von Einzelerkennt-
nissen in absoluter Einfachheit einfaltende Wahrheit) ist bereits in anderem Zusammenhang vorgenommen in: Martin Thurner, *Die Einheit von Selbst-, Welt- und Gottesbezug nach Nikolaus von Kues*,
in: Die Einheit der Person. Beiträge zur Anthropologie des Mittelalters. Richard Heinzmann zum 65.
Geburtstag, hg. v. M. Thurner, Stuttgart u.a. 1998, 373-397.

5.1 Kirche und Religion(en): De pace fidei

Um zu verstehen, wie Cusanus aus seinem Glaubensbegriff ein völlig neues Verständnis von Kirche und Religion(en) entfaltet, muss der Denkweg seiner Glaubenseinsicht kurz im Hinblick auf Ausgangspunkt, Methode und Ziel rekapituliert werden. Die Interpretation des Widmungsbriefes zur *Docta ignorantia* ergab, dass Cusanus sowohl biographisch als auch philosophisch von einer Erfahrung ausgegangen ist, die sich als Grundaporie des christlichen Glaubens bestimmen ließ. Eine etwa auch nur methodisch vorgenommene Ausklammerung der eigenen christlichen Glaubenserfahrung ist dem cusanischen Denken ebenso fremd, wie eine dementsprechende Unterscheidung von ‚natürlich'-philosophischen und ‚übernatürlich'-dogmatischen Denkinhalten. Da es prinzipiell fraglich ist, ob die eigenen intellektuellen Grundvollzüge überhaupt dem bestimmenden Einfluss der individuellen religiösen Grundüberzeugung entzogen werden können, verleiht dieses bewusste Bekenntnis zur persönlichen spirituellen Erfahrung als Voraussetzung der philosophischen Vernunft dem cusanischen Denken ein hohes Maß an innerer Wahrhaftigkeit und Glaubwürdigkeit. Dieser explizite Rückbezug des Denkens auf die christliche Glaubenserfahrung als Ausgangsbedingung könnte aber den Eindruck erwecken, dass die cusanische Philosophie lediglich für den bereits bekennend gläubigen Christen Signifikanz hätte und demzufolge für einen voraussetzungslos-philosophisch argumentierenden Dialog mit anders- oder nichtgläubigen Menschen nicht brauchbar wäre.[18] Dabei wird aber übersehen, wie Cusanus das Verhältnis von Glauben und Denken als Bezug wechselseitiger Intimität konzipiert. Die innere Einheit von Glaubensleben und philosophischer Reflexion kommt bei Cusanus nur unter der Bedingung zustande, dass er der christlichen Glaubenserfahrung dieselbe Allgemeinheit zu-erkennt wie der menschlichen Vernunftnatur. Möglich und geleistet wird dies im Prozess der Glaubenseinsicht. Im Rückgang des natürlichen Vernunftvollzugs auf seine Ermöglichungsbedingungen bringt es Cusanus jedem denkenden Menschen zu Bewusstsein, dass er sich von prinzipiellen Voraussetzungen her vollzieht, die er nicht selbst begründend hervorbringen, sondern nur im Glauben als gegeben annehmen kann. Cusanus universalisiert den Glaubensbegriff, indem er aufweist, dass jeder Mensch im Grunde seines natürlichen Vernunftvollzuges einen Glaubensakt vollzieht. Damit wird der Anspruch prinzipiell aufgegeben, den Glauben an bestimmte, innerliche oder äußerliche Bedingungen zu knüpfen, die nicht mit der Wesensnatur eines jeden Menschen schon von vornherein gegeben seien. Das explizit artikulierte christli-

---

[18] Wertvolle Anregungen zur Präzisierung dieses für die Grundstruktur des cusanischen Glaubensverständnisses zentralen Punktes verdanke ich den kritischen Nachfragen von Maximilian Forschner bei den Diskussionen des Eichstätter Symposions.

che Glaubensbekenntnis unterscheidet sich somit nicht mehr inhaltlich von der allgemein-menschlichen Grunderfahrung, wohl aber qualitativ. Es zeichnet sich dadurch aus, dass darin die Grundverfassung menschlicher Intellektnatur zu ihrem vollkommenen Selbstbewusstsein gelangt ist. Das Ergebnis der cusanischen Glaubenseinsicht, wonach im natürlichen Wesensvollzug aller Menschen der christliche Glaube bewusst oder unbewusst vorausgesetzt wird, ermöglicht und fordert nun als Konsequenz eine neue Grenzbestimmung jener Struktureinheiten, in welchen die gläubigen Menschen gemeinschaftlich verbunden sind, nämlich von Kirche und Religionen.

Wie unmittelbar Cusanus sein spekulatives Kirchenverständnis aus seiner philosophischen Glaubenseinsicht folgen lässt, zeigt sich bereits äußerlich im Blick auf die Systemstelle, an der Cusanus die betreffenden Aussagen einfügt. Die Überlegungen zur Kirche finden sich in der Gliederung der *Docta ignorantia* in einem mit *De ecclesia* überschriebenen Kapitel, das unmittelbar auf das *Mysteria fidei*-Kapitel folgt und mit dem dritten Buch das Werk als Ganzes abschließt.[19] Die Originalität des cusanischen Kirchenverständnisses und seine Kontinuität zu den Glaubensreflexionen ist darin begründet, dass Cusanus die Kirche ebenso wie den Glauben im Ausgang von der allgemeinen Wesensbestimmung des Menschen als *intellectualis natura* philosophisch expliziert.[20] Ebenso wie den Glaubensakt kann Cusanus auch die Zugehörigkeit zur kirchlichen Gemeinschaft als von jedem Menschen notwendig vorausgesetzt aufweisen. Methodisch geschieht dies wiederum durch den selbstreflektorischen Regress des menschlichen Intellekts auf die Ermöglichungsbedingungen seines Selbstvollzuges. Mit allem Verlangen strebt jede menschliche Intellektnatur danach, die *allgemeinen, unzerstörbaren und bleibenden Wahrheiten* zu schauen. Diese können aber nur *erfasst werden in Jesus Christus* als der Selbstoffenbarung der absoluten Wahrheitsevidenz.[21] Deshalb ist jeder Intellekt im Prozess seiner Selbstverwirklichung immer schon in die Gemeinschaft derer eingefügt, die sich gläubig auf das in Christus mitgeteilte Wahrheitsgeheimnis beziehen. Die Kirche wird so begrifflich definierbar als *Einung der vernunfthaften Geister auf ihr Haupt Christus hin.*[22]

---

[19] Zur Interpretation des Kirchenkapitels der *Docta ignorantia* unter besonderer Berücksichtigung seiner Stellung als Schlussstein des gesamten Gedankengebäudes der Schrift vgl. Martin Thurner, *Kirche als 'congregatio multorum in uno' nach Nikolaus von Kues. Versuch einer transzendentalphilosophischen Deduktion*, in: Für euch Bischof, mit euch Christ. Festschrift für Friedrich Kardinal Wetter zum siebzigsten Geburtstag, hg. v. M. Weitlauff und P. Neuner (St.Ottilien 1998) 485-510; und als selbstkritische Weiterführung dieses Interpretationsansatzes: Martin Thurner, *Gott als das offenbare Geheimnis nach Nikolaus von Kues*, Berlin 2001, 453/458.

[20] Vgl. *De docta ign.* III, 12: h I, S. 159, Z. 2f; S. 161, Z. 9-14.

[21] *De docta ign.* III, 12: h I, S. 161, Z. 2-6.

[22] *Sermo XXI*: h XVI, N. 2, Z. 9; vgl. auch N. 3, Z. 15.

Die kirchliche Einheit an der Universalisierung des Glaubensverständnisses teilhaben zu lassen, gelingt Cusanus, indem er die Gliederung der Gemeinschaft der Gläubigen als unterschiedliche Teilhabegrade an der intellektbegründenden Wahrheitsevidenz begreift.[23] Diese Begründung der Kirchenzugehörigkeit in einem natürlichen Grundvollzug des Menschen ermöglicht es Cusanus, die Grenzen der kirchlichen Gemeinschaft auch auf all jene Bereiche auszudehnen, in denen die Kirche noch nicht in ausdrücklichem Bekenntnis und sichtbarer Institutionalität empirisch-konkret fassbar geworden ist. Diesen grenzüberschreitenden Schritt vollzieht Cusanus in seinen Reflexionen über Verschiedenheit und Einheit der Religionen, wie er sie in der religionsdialogischen Schrift *Über den Frieden im Glauben* entfaltet.[24] In der einigermaßen reichhaltigen Literatur zu diesem Werk wurde bisher nicht berücksichtigt, dass das Religionsverständnis des Cusanus als Konsequenz der Glaubens- und Kirchenkapitel der *Docta ignorantia* entfaltet wird und argumentativ in strenger Strukturparallelität dazu durchgeführt wird.

Wie sein Glaubens- und Kirchenverständnis konzipiert Cusanus auch die Idee des Religionsfriedens im Ausgang von der philosophischen Allgemeinbestimmung des Menschen als wahrheitsfähige Vernunft: *Da jedoch die Wahrheit eine einzige ist, und von einer freien Vernunft unmöglich nicht begriffen werden kann, sollte die ganze Verschiedenheit der Religionen zu dem einzigen rechten Glauben geführt werden.*[25] Den Zusammenhang der hier benannten drei Konstitutivelemente seiner Religionsauffassung (Vernunftnatur, Verschiedenheit der Religionen, Einheit des Glaubens) weist Cusanus methodisch wiederum im selbstreflektorischen Rückgang des Intellekts auf die Voraussetzungen seiner Selbstverwirklichung auf. Da die Unsterblichkeit in der beseligenden Schau der ewigen Wesenswahrheiten das Sinnziel der menschlichen Vernunftnatur ist, diese ihr aber nur von der ewigen göttlichen Wahrheit selbst her mitgeteilt werden kann, ist der religiöse Bezug zu Gott jedem Menschen mit seiner Vernunftnatur wesenhaft und zuinnerst eingeboren.[26] Der Einheitsfrieden unter den verschiedenen Religionen wird mit der Einsicht möglich, dass in allen dieselbe intellektbegründende Wahrheit in mehr oder weniger vollkommenen Partizipationsgraden vergegenwärtigt wird. Da aber die vollkommen selbstevidente Offenbarkeit des göttlichen Wahrheitsgeheimnisses allein im Glaubensakt angenommen werden kann, ist der *eine Glaube* der gemeinsame Voraussetzungsgrund der *verschiedenen Religionen.* Der Gedankengang von *De pace fidei* besteht darin, dass Cusanus den philosophisch expli-

---

[23] Vgl. *De docta ign.* III, 12: h I, S. 157, Z. 22 - S. 159, Z. 17.

[24] Dazu neuerdings (mit weiteren Literaturangaben): Walter Andreas Euler, *Die Schrift* De pace fidei *des Nikolaus von Kues*, in: Edith Stein Jahrbuch 7 [= Die Weltreligionen, Bd. 2] (2001) 165-173.

[25] *De pace fidei* 3: h VII, N. 8, Z. 10-12.

[26] Vgl. *De pace fidei* 13: h VII, N. 42, Z. 9-13; N. 45, Z. 8-12. Vgl. auch *De coniecturis* II, 15: h III, N. 147, Z. 6.

zierten christlichen Glauben ausdrücklich mit seinen spezifischen Inhalten Trinität und Inkarnation als die Voraussetzung (*praesuppositio*) aller anderen und in allen anderen Religionen in einer Weise einsichtig macht, der schließlich die Vertreter aller Religionen zustimmen.[27]

Die Versöhnung aller Religionen in der Einheit des christlichen Glaubens basiert auf einer Voraussetzung, von der Cusanus selbst weiß, dass sie letztlich erst im Eschaton gegeben sein wird: Erst in der nicht mehr durch die zeitlich-sinnliche Veränderung getrübten Schau der reinen Wahrheit wird die Identität der im christlichen Glaubensbekenntnis angenommenen Offenbarung mit der intellektbegründenden Wahrheit und demzufolge die verborgene Einheit der verschiedenen Religionen mit dem einen Glauben allen Menschen einsichtig werden. Dieser ,eschatologische Vorbehalt' ist der tiefere Grund dafür, dass Cusanus sein in *De pace fidei* auch die Vielheit der Religionen integrierendes Kirchenverständnis im *De ecclesia*-Kapitel der *Docta ignorantia* vorwiegend unter der Perspektive der endzeitlichen *ecclesia aeternaliter triumphantium* ausführt.

5.2 Erkenntnisbegründung im Gebetsdialog: De visione dei

Im Abstand von wenigen Wochen verfasste Cusanus im Herbst des Jahres 1453 nach *De pace fidei* – stets neben seiner zeitaufwendigen und konfliktreichen Tätigkeit als Bischof und Reichsfürst von Brixen – die Schrift *De visione dei*. In den beiden Werken gelingt es Cusanus, die subtile Spekulationskraft seines Denkens zu zwei Höhepunkten ganz unterschiedlicher und unverwechselbarer Art reifen zu lassen. Deutet man die beiden geradezu entgegengesetzt orientierten Gedankengänge als Explikationen der Glaubenseinsicht der *Docta ignorantia*, so lässt sich deren verborgene innere Zusammengehörigkeit als gegenläufige Konsequenzen des cusanischen Glaubensverständnisses aufzeigen. In der Kirchen- und Religionsauffassung hat Cusanus das Integrationspotential seiner spekulativen Gleichsetzung des Glaubensaktes mit dem erkenntnisbegründenden Rückbezug auf die ersten Wahrheitsprinzipien erst in eine seiner beiden möglichen Gedankenrichtungen ausgeschöpft. Die Entdeckung des Glaubens im natürlichen Grundvollzug eines jeden Menschen ermöglichte es Cusanus, die Glaubenswirklichkeit in einer dementsprechend orientierten Denkbewegung nach außen hin zu entgrenzen. Die cusanische Glaubenseinsicht birgt aber noch die Möglichkeit zu einer dazu komplementären, nach innen gerichteten Vertiefung. Dieselbe denkerische Grundannahme, welche die Überwindung von äußeren Grenzen im Glauben ermöglichte, erlaubt es auch, den Glauben primär als eine Grunderfahrung zu verstehen, wel-

---

[27] Vgl. *De pace fidei* 4: h VII, N. 10, Z. 11f.

che sich in der personalen Innerlichkeit eines jeden Menschen als mystisches Geschehen ereignet. Diese in der Identifikation mit den natürlichen Wahrheitsprinzipien philosophisch begründete Verinnerlichung des Glaubens meditiert Cusanus in *De visione dei.*

Indem Cusanus den Glaubensakt als den Rückbezug auf die Ermöglichungsbedingungen der Erkenntnis reflektiert, kann er ihn deshalb in der Innerlichkeit eines jeden Menschen verorten, weil die (apriorischen) Voraussetzungen des Erkenntnisvollzuges (in) jedem Intellekt immer schon zuinnerst vor-gegeben sind und prinzipiell nicht erst von außen dazukommen können. Durch die Identifikation mit den Glaubensannahmen vertieft er aber auch das philosophische Verständnis des erkenntnistheoretischen Aprioris selbst. Indem Cusanus die natürlichen Wahrheitsprinzipien als Glaubensannahmen denkt, kann er zu Bewusstsein bringen, dass die vom Intellekt zu seiner Selbstverwirklichung benötigten Voraussetzungen nicht von ihm selbst hervorgebracht und begründet werden können. Weil die Wahrheit vom Menschen nicht umfassend begriffen, sondern nur in einem passiven Akt intuitiv-mystischer Schau empfangen werden kann, bleiben die eigenen apriorischen Ermöglichungsbedingungen für den Intellekt stets ein unverfügbares Geschenk. Die Aufgabe der Selbstverwirklichung des eigenen intellektuellen Potentials verlangt demnach vom Menschen eine Disposition, in der er sich für die Annahme der aus grundloser Liebe geschenkten Selbstmitteilung der göttlichen Wahrheit öffnet. Dies geschieht im Vollzug des Gebetes. Als in die Innerlichkeit des Menschen gekehrte Konsequenz seiner spekulativen Glaubenseinsicht entdeckt Cusanus die erkenntnisbegründende Bedeutung des Gebetes als jenes Grundvollzuges, in welchem jeder Mensch demütig, gehorsam und vertrauensvoll die Voraussetzungen für seinen intellektuellen Selbstvollzug erbittet und empfängt.[28] In *De visione dei* artikuliert Cusanus diese Zusammenhänge ausdrücklich: *Durch den Glauben nähert sich die Vernunft dem Wort, durch die Liebe wird sie mit ihm vereint. [...] Das Wort Gottes aber ist in ihr und es ist nicht nötig, dass sie es draußen sucht, da sie es in sich finden und durch den Glauben zu ihm herankommen kann. Durch Gebet vermag sie zu erreichen, dass sie immer näher zu ihm kommen kann, denn das Wort lässt den Glauben wachsen, indem es sein Licht mitteilt.*[29]

---

[28] Zur erkenntnisbegründenden Deutung der ‚Glaubenstugenden' von Demut, Gehorsam, Vertrauen und Hoffnung bei Cusanus vgl. Martin Thurner, *Gott als das offenbare Geheimnis nach Nikolaus von Kues*, Berlin 2001, 196; 266; 297-300.
[29] *De visione dei* 24: h VI, N. 113, Z. 7-12. – Gedankentief reflektiert wird die erkenntnisbegründende Bedeutung des Gebets von Cusanus auch innerhalb seiner Philosophie der Gabe, wie er sie in seiner Schrift *De dato patris luminum* entfaltet, vgl. dort v.a. die Gedankengänge in Cap. 5: h IV, N. 119, Z. 1 – N. 120, Z. 9 sowie in Cap. 1: h IV, N. 92, Z. 1 - N. 93, Z. 4; N. 94, Z. 15-21; N. 96, Z. 1-6.

Wenn der Intellekt im selbstreflektorischen Regress die eigenen Wahrheitsbedingungen in sich als Geschenk vorfindet, so erlaubt dies den Rückschluss darauf, dass seine bittende Öffnung für deren Empfang erfüllt worden ist. Indem Cusanus die Erkenntnisbegründung an den Gebetsvollzug zurückbindet, kann er zu Bewusstsein bringen, dass der Konstitutionsprozess endlicher Subjektivität im Grunde ein dialogisches Geschehen ist. Die erkenntnisbefähigende Wahrheitsmitteilung kann nämlich nur durch das Zusammenwirken von menschlicher Gebetsbitte und göttlicher Ant-Wort gelingen. Die dialogische Selbstwerdung des Menschen im inneren Gottesbezug gegenseitigen Ansprechens und Zuhörens wird in *De visione dei* nicht nur theoretisch festgestellt.[30] Nach einigen grundlegenden begrifflichen und methodischen Klärungen vollzieht Cusanus auch im äußeren Duktus der Schrift selbst die Verinnerlichungsbewegung zur Gebetsbetrachtung im Dialog zwischen göttlichem und menschlichem Du.

Wenn der Intellekt sich im Gebetsdialog immer mehr in den eigenen Konstitutionsprozess vertieft, so erfährt er schließlich, dass sein göttlicher Wahrheitsgrund eine Wesens-Qualität aufweist, durch deren Teilhabe der Mensch selbst wesenhaft nobilitiert wird. Wenn dem Intellekt die Erkenntnisprinzipien durch den Zuspruch des göttlichen Wortes zuteil werden, so muss die Wahrheit in ihrem innersten Wesen als sprachfähige Wirklichkeit gedacht werden. Diese Konsequenz zieht Cusanus in der Entdeckung, dass am Ursprung des göttlichen Wahrheitswortes das personale *Antlitz* Gottes selbst gesehen wird. Weil in der dialogischen Gebets-Begegnung mit dem göttlichen Antlitz der Mensch selbst zur Würde der Person erhoben wird, kann Cusanus als Implikation seiner spekulativen Glaubenseinsicht auch die Personwürde des Menschen philosophisch begründen. Denn im grundlos freien Offenbarungsgeschehen des eigenen Antlitzes gibt Gott dem bittenden Menschen mit sich selbst zugleich Alles und macht ihn dadurch in Würde und Freiheit mit sich gleich: *Wem es vergönnt ist, dein Angesicht zu schauen, der sieht alles offen und nichts bleibt ihm verborgen. Er weiß alles. Alles hat jener, o Herr, der dich hat, und alles hat der, der dich sieht. Denn niemand sieht dich, als nur derjenige, der dich hat. Aber niemand kann dir nahekommen, da du unnahbar bist. Niemand also wird dich erfassen, außer du schenkst dich ihm.*[31]

---

[30] Vgl. *De visione dei* 10: h VI, N. 38, Z. 6 – N. 39, Z. 11.
[31] *De vis.* 7: h VI, N. 25, Z. 1-5. Zur gebetsdialogischen Begründung der menschlichen Freiheit vgl. Klaus Kremer, *Gottes Vorsehung und die menschliche Freiheit*, in: Mitteilungen und Forschungsbeiträge der Cusanus-Gesellschaft 18 (1989) 227-252.

5.3 Theologische Spekulation als Spiel: De ludo globi

Cusanus reflektiert die philosophische, den natürlichen Erkenntnisvollzug ermöglichende Wahrheit als Glaubensannahme. Damit kann er zur Einsicht führen, dass zwei komplementäre Eigenschaften, die gemeinhin vom Offenbarungsglauben ausgesagt werden, in einem tieferen Sinn der Wahrheit des Denkens zuzusprechen sind. Wenn die intellektbegründende Wahrheit nur im Glauben empfangen werden kann, so bedeutet dies, dass sie wie jede Glaubensannahme zwar unbegreifbar bleibt, diese ihre undefinierbar-unendliche Fülle aber stets geschenkt und frei mitteilt. Indem Cusanus die Wahrheit des Denkens als Glaubensgabe vergewissert, kann er den Gedanken der negativen Unbegreifbarkeit der Wahrheit in einer positiven Wendung wahren. Die Gegebenheit einer für das endliche Denken unerreichbaren Wahrheit wird von Cusanus spätestens seit den *Idiota*-Schriften positiv als die Bedingung dafür begriffen, dass der menschliche Intellekt in seinem Selbstverwirklichungsprozess potentiell unendlich fortschreiten kann und dabei kreativ immer präzisere und leichtere Sinn-Bilder (*Aenigmata*) der Wahrheit hervorzubringen vermag.

Die Wesensbestimmungen wie die Selbsterfahrung eines ursprünglich im gläubigen Bezug auf die unendliche Wahrheitsmitteilung gründenden Denkens bringt Cusanus selbst in einer seiner letzten Schriften aenigmatisch zur Darstellung. Im *Dialogus de ludo globi* (1462/1463) vermittelt sich das (cusanische) Denken in seiner unendlichen Annäherungsbewegung an eine sich in ihrer Unbegreifbarkeit mitteilenden Wahrheit im und als *Spiel*.[32] Diese abschließende Selbstvergewisserung eines in der Glaubensannahme der Wahrheit gründenden Denkens erfolgt in der Invention und selbstreflektorischen Rückinterpretation eines sinnenfällig-konkreten Spieles. Dieses Spiel besteht darin, eine eingedellte und darum spiralförmig rollende Kugel auf einem aus konzentrischen Kreisen bestehenden Spielfeld dem Mittelpunkt möglichst nahe zu bringen.

In Beschaffenheit und Bewegung ist die Spielkugel Gleichnisbild für die Wesenswirklichkeit des menschlichen Intellekts: Die konkave Delle macht die Differenz zur vollkommenen, absolut runden Kugelform aus und somit die kreatürliche Endlichkeit des Menschen sichtbar. In der verbleibenden Kugelmaterie und ihrer schwerebedingten Tendenz nach unten ist die Leiblichkeit des Menschen figuriert, die unsichtbare Bewegung der Kugel spiegelt die Wirksamkeit der *anima intellec-*

---

[32] Zu einer Interpretation des cusanischen Globusspielgedankens als *„aenigmatische Selbstvermittlung des sich in seiner Begründung im Glauben begreifenden [cusanischen] Denkens"* vgl. Martin Thurner, *Theologische Unendlichkeitsspekulation als endlicher Weltentwurf. Der menschliche Selbstvollzug im Aenigma des Globusspiels bei Nikolaus von Kues*, in: Mitteilungen und Forschungsbeiträge der Cusanus-Gesellschaft 27 (2001) 81-128.

tiva.[33] Daraus folgt, dass im Lauf der Kugel und der dabei beschriebenen Bahn der Erkenntnisvollzug endlicher Intellektualität ins Bild kommt. Die je nach Beschaffenheit von Kugel und Spielfläche sowie nach Intensität des Bewegungsimpulses in Bahn und Ruhepunkt unaufhörlich variierenden Würfe entsprechen den in je singulärer Distanz zum Absoluten verbleibenden menschlichen Erkenntnisbestrebungen, in denen der endliche Intellekt die in ihrer Unendlichkeit für ihn unerreichbare Wahrheit nach dem Maß seiner individuellen Kapazität einschränkt.[34] Je höher der Intellekt in seiner Transzendenzbewegung über die Sinnlichkeit hinaufsteigt, desto leichter wird ihm der Erkenntnisvollzug selbst, denn mit zunehmender Vergeistigung nähert er sich immer mehr der im Glauben zugänglichen Offenbarkeit der absoluten Wahrheit, die im Globusspiel durch den mit Christus identifizierten Mittelpunkt des Spielfeldes versinnbildlicht ist.[35] Die tiefste Sinn-Bestimmung eines im Glauben als seinem Ursprung begründeten Denkens wird hier von Cusanus schließlich in der Leichtigkeit des Spiels vermittelt: Sie besteht darin, ermöglicht vom gläubigen Transzendenzbezug, in der Freude an einem gleichermaßen unaufhörlichen wie grenzenlosen Aufschwung die unendliche Wahrheit anzuspielen.

Schlussüberlegung: Welches Denken braucht der Glaube?

Zurück zum Rahmenthema des Symposions! Im Ausschreibungstext nehmen die Veranstalter auf das Eichstätter Cusanus-Jubiläum Bezug und stellen folgende Verbindung zur Fragestellung des Symposions her: *„Die wissenschaftliche Bedeutung des Cusaners liegt vor allem darin, die Theologie seiner Zeit durch einen Dialog mit den modernen philosophischen Wissenschaften zu bereichern, und damit auch die Philosophie seiner Zeit auf neue, unendliche Horizonte zu verweisen".* Die bisherigen, historisch-systematisch gehaltenen Ausführungen sollten diese Aussagen kommentierend bestätigen. Das Symposion ist aber primär nicht historisch ausgerichtet, sondern soll den gegenwärtigen Dialog von Philosophie und Theologie möglichst innovativ befruchten. Dies ist Verpflichtung und Ermutigung zugleich, abschließend den kühnen Versuch zu wagen, am Beispiel des Cusanus – frei nach Nietzsche – den *Nutzen* der Historie für das philosophisch-theologische Leben der Gegenwart zu demonstrieren. Der *Nachteil* einer solchen Wendung des *monumentalisch-antiquarischen* in ein gegenwarts*kritisches* Interes-

---

[33] *De ludo globi* I: h IX, N. 25, Z. 1.
[34] Vgl. *De ludo globi* I: h IX, N. 4, Z. 6 – N. 6, Z. 12.
[35] Vgl. *De ludo globi* I: h IX, N. 51, Z. 12 – N. 53, Z. 13.

se[36], besteht in der bereits von Nietzsche konstatierten Gefahr einer *„fehlerhaften Nutzanwendung* [von Vergangenem] *auf Gegenwärtig[st]es"*.[37] Diese Gefahr wird im Kontext meiner Ausführungen noch dadurch verstärkt, dass erstens kaum jemand die gegenwärtigen Entwicklungen in Philosophie und Theologie angemessen überblicken kann, und ich zweitens meine von daher schon dürftig fundierten Vorschläge bei nicht weiter begründeten Thesen belassen muss. All diese Nachteile lassen sich aber wieder in Vorteile ummünzen, wenn sie dann zur Anregung für einen im konstruktiven Sinn widersprüchlichen Diskurs werden.

Der eben zitierte Text aus dem Konzept des Symposions über die Relevanz des Cusanus für unsere aktuelle Fragestellung gibt mir eine klare Linie vor. Er benennt zuerst den *„Dialog* [des Cusaners] *mit den* [seinerzeit] *modernen philosophischen Wissenschaften"*. Tatsächlich hat Cusanus die Neuerungen der geistesgeschichtlichen Strömungen seiner Zeit nicht nur rezipierend zur Kenntnis genommen, sondern – bis hin zur Entwicklung neuer naturwissenschaftlicher Methoden – aktiv mitgestaltet. Dies gelang ihm dadurch, dass er auf den ersten Blick unvereinbar scheinende Traditionen, wie beispielsweise die spätmittelalterliche Mystik der deutschen Klöster und die frühneuzeitliche Kulturrenaissance des italienischen Humanismus, auf der höheren Ebene seines Weitblickes einer neuen, fruchtbaren Synthese unterzog. Im Bereich seines im engeren Sinn spezifisch philosophischen Denkens zeigt sich diese Grundtendenz darin, dass er sich nicht für eine der alternativen philosophischen Richtungen und Traditionen seiner Zeit entschied, sondern deren tieferen Einheitsgrund suchte: Wie etwa sein Freund Kardinal Bessarion, vermied er im damaligen Streit zwischen Platonikern und Aristotelikern eine einseitige Parteinahme, indem er die partielle Wahrheit beider anerkannte und zur Gesamtschau seines neuen Koinzidenzdenkens zusammenfügte. Damit gelang es ihm, alle bedeutenden philosophischen Strömungen seiner Zeit in den Dienst der Glaubenseinsicht zu stellen, die im Koinzidenzwissen der *docta ignorantia* ja letztlich angestrebt wird. Sein „Dialog mit den modernen philosophischen Wissenschaften" diente letztlich dazu, wie es in der nächsten Aussage des Symposionprogramms heißt, *„ die Theologie seiner Zeit zu bereichern"*.

Was lässt sich nun von der Weise, wie Cusanus die Theologie seiner Zeit bereicherte, lernen, für eine mögliche Weise, wie wir die Theologie unserer Zeit von den modernen Wissenschaften her bereichern könnten? Zu allererst, dass die Theologie die ihr gemäße philosophische Wahrheit nicht in *einem* partikulären philosophischen Gegenwartsstrom allein suchen soll, mit dem sie bald in ein bedeutungsloses Abseits getrieben würde. Der Universalitätsanspruch des christ-

---

[36] Friedrich Nietzsche, *Unzeitgemäße Betrachtungen* II; *Vom Nutzen und Nachtheil der Historie für das Leben* 2: Krit.-Stud.-Ausg. (hg. Colli-Montinari) I 258, 10f.
[37] Friedrich Nietzsche, *Die Geburt der Tragödie. Versuch einer Selbstkritik* 6: Krit.-Stud.-Ausg. (hg. Colli-Montinari) I 20, 29.

lichen Glaubens ist als Vermögen zugleich die Aufgabe, die eigene Wahrheit in *allen möglichen* Gegenwartsphilosophien zu finden. Wer vermeint, die *pluralen* Wahrheitsansprüche der Gegenwart widersprächen der *einen* christlichen Wahrheit, der nimmt jenen *„unendlichen Horizont"* der christlichen Wahrheit nicht (für) wahr, von dem der Programmtext des Symposions treffend sagt, Cusanus habe *„die Philosophie seiner Zeit darauf verwiesen"*.

Der Versuchung, den Platonismus bzw. Aristotelismus des 15. Jahrhunderts und deren Vermittlung bei Cusanus mit gegenwärtigen philosophischen ‚-ismen' zu parallelisieren, sei widerstanden zugunsten des vielleicht noch reizvolleren Versuchs, einige auratische Vorzeichen moderner Philosophien im Kontext der cusanischen Glaubenseinsicht ausfindig zu machen: Die Analytische Philosophie wie Postmoderne über ihre Differenzen hinweg gemeinsame Vorliebe für formalistische Denk- und Sprachspiele findet bei Cusanus eine reiche Vorwegnahme. Die cusanischen Schriften strotzen geradezu von mathematischen, sprachlichen, figürlichen und sonstigen artifiziellen Beispielbildern, und er selbst stellt sein Denken in der Spätschrift *De ludo globi* als Spiel dar. Wenn er dabei aber nicht beim Spiel als Zweck an sich selbst stehen bleibt, so verweist der tiefere Grund dafür auf jene Bedeutung, die dem Grundanliegen der gegenwärtigen phänomenologischen Philosophie im cusanischen Denken entspricht. Die Denkspiele sind selbst im ursprünglichen Sinne phänomenologisch, weil darin das *erscheint*, was in ihnen in unaufhörlicher Freude immer neu angespielt wird: Die sich in ihrem innersten Wesen selbst *zeigende* und somit im tiefsten Sinn phänomenologische *Wahrheit* des Denkens selbst.

Und hierin besteht die eigentliche Bedeutung der Feststellung des Symposiontextes, dass Cusanus vom Glauben her *„ die Philosophie auf ihre unendlichen Horizonte verweist"*: Die von jeder Philosophie in ihrer intellektuellen Suchbewegung bereits immer schon in wissendem Nicht-Wissen vorausgesetzte Wahrheit kann die Philosophie nicht in einem begrifflichen Vermittlungsakt selbst hervorbringen, weil sich ihr die Wahrheit in ihrem selbstevidenten Wesen immer schon vorgängig geoffenbart hat. Wenn die Philosophie die sie ermöglichende Wahrheit immer schon in einem Akt gläubiger Annahme ihrer Gewissheitsevidenz empfangen hat, verdankt sie sich eigentlich jener ursprünglichen Dimension der Wahrheit, die die Theologie ausdrücklich zu ihrem Inhalt macht. Cusanus klärt den Glauben darüber auf, dass er nicht bestimmte partikulare Wahrheiten beinhaltet, sondern die *Wahrheit selbst* in ihm sich zeigt.

Die cusanische Entdeckung, dass der Glaube die unbegreiflichen Voraussetzungen der philosophischen Wahrheit zum Inhalt hat, muss das Verhältnis der Theologie zu philosophischen Wahrheitsansprüchen neu bestimmen: Das Bewusstsein, das Wesen der Wahrheit selbst zum Inhalt zu haben, gibt dem Glauben im Dialog mit den Philosophien die zweifelsfreie Sicherheit, dass die eigene

Wahrheit die epistemologischen Kriterien welches philosophischen Systems auch immer niemals unterläuft, sondern vielmehr übertrifft, weil sie diese zu allererst begründet. Die cusanische Bestimmung der Glaubenswahrheit als Ursprung des Denkens gibt den, im Umgang mit den Philosophien oft zu zaghaften Theologen damit den begründeten Mut, die Auseinandersetzung mit jedem philosophischen Wahrheitsanspruch aufnehmen zu können. Vollends verkennt die Theologie nach Cusanus den allein ihr im Glauben ursprünglich gegebenen, selbstoffenbaren Präsenzmodus der Wahrheit, wenn sie den Glauben auf das epistemologische Niveau einer ‚Hypothese' zurückstuft, über deren Wahrheit oder Falschheit dann eine bestimmte Philosophie zu entscheiden hätte.

Im selben Moment, wie die Wahrheit des Glaubens den Theologen über alle philosophischen Wahrheitsansprüche erhebt, erzieht sie ihn paradoxerweise aber auch zu intellektueller Demut: Weil der Glaube im Unterschied zu den Philosophien um die Herkunft der Wahrheit aus der absoluten Selbstoffenbarungsbewegung weiß, ist es ihm auch bewusst, dass die Wahrheit in ihrer Selbstmitteilung für den Menschen stets unverfügbar bleibt. In seiner Rückführung des Denkens auf die im Glauben empfangene Wahrheit zeigt Cusanus die Gründe dafür auf, warum die Theologie zu allen Zeiten und so auch heute den Geheimnischarakter des ihr allein anvertrauten selbstoffenbaren Wesens der Wahrheit pervertiert, wenn sie die unendlich-unmittelbare Evidenz der Wahrheit durch die Kategorien bestimmter philosophischer Systeme in dogmatisch-thetische Partikulargehalte eingrenzt. Begrifflich-sprachliche Vermittlungsgestalten der Glaubens-Wahrheit sind unter den Bedingungen der Endlichkeit des Menschen nach Cusanus zwar unbedingt notwendig, sie kommen aber nie über ihre Bestimmung als *konjekturale* Anspielungen auf die unerreichbare Wahrheit hinaus.

Mit der Einsicht, dass der Glaube zwar nichts geringeres als die Wahrheit im ursprünglichen Modus ihrer Selbstoffenbarung geschenkt bekommen hat, sie aber trotzdem nie zum Besitz seiner sprachlich-intellektuellen Ausdrucksformen machen kann, verweist Cusanus den Theologen nicht nur den eigenen begrifflichen Vermittlungsversuchen gegenüber zur Demut, sondern auch im Verhältnis zu den Wahrheitsansprüchen anderer Aussagekategorien. Nach Cusanus muss und kann der Theologe anerkennen, dass die Glaubenswahrheit nie nur auf die eigenen Formulierungen beschränkt werden kann, sondern prinzipiell in jeder Philosophie, Wissenschaft, Kultur, ja sogar in jeder noch so fremden Religion zu finden ist (vgl. seine Schrift *De pace fidei*). Ebenso wenig wie die Selbstoffenbarung des einen Glaubensgeheimnisses der Wahrheit, in einer Vielzahl, als angeblich geheimnishaft nicht weiter zu hinterfragenden Einzelaussagen angemessen zu vermitteln ist, ebenso wenig kann die Glaubenswahrheit für eine bestimmte Gruppe angeblich allein in ihr lebender Menschen reserviert werden. Die Wahrheit des Glaubens zeigt sich – so Cusanus – ursprünglich in jedem Intellekt unmittelbar, in satzhaften Aussagen und sich darüber identifizierenden Glaubensgemeinschaften nur vermittelt. Die dem Bewusstsein des Theologen, die Wahrheit selbst als unverfügbares Geschenk bekommen zu haben, angemessene philosophische Erkenntnishaltung, bringt Cusanus auf eine präzise Formel: *docta ignorantia.*

An den Schluss meiner Ausführungen gehört der Hinweis darauf, wie die tiefste Einsicht der cusanischen Reflexion auf den Glauben als Ursprung des Denkens eine Herausforderung nicht nur für Philosophie und Theologie, sondern für das Bewusstsein der Gegenwart überhaupt ist: Die von Cusanus, in seinem spekulativen Glaubensbegriff, auf höchstem gedanklichen Niveau reflektierte, ursprüngliche Einheit und gegenseitige Durchdringung von Intellektualität und Affektivität ist heute aktueller denn je, weil diese beiden Grundvollzüge gegenwärtig in fast schon allen Bereichen des menschlichen Lebens zu unvereinbaren Alternativen auseinanderdriften. In seiner Rückführung der Wahrheit des Denkens, auf das im Glauben erfahrbare, göttliche Freudenleben, macht Cusanus auf beeindruckende Weise deutlich, wie die Anerkennung der Affektivität in Philosophie und Theologie nicht etwa einer Verwässerung der Intellektualität, sondern vielmehr einer Radikalisierung derselben gleichkommt. Letztlich braucht also nach Cusanus der Glaube ein Denken, das mit der Entdeckung des Glaubens als seines Ursprungs fähig wird, die eigenen affektiven Wurzeln nicht nur zu sehen, sondern immer neu in spielerischer Freude zu verlebendigen, und so seiner ursprünglichen Bestimmung entspricht, den lebendigen Gott zu finden.

Literatur

Aristoteles, Werke, hg. v. O. Gigon, Leipzig 1978.

Cusa, Nicolai de, Schriften des Nikolaus von Kues, Lateinisch-deutsch, hg. v. P. Wilpert u.a., Leipzig Hamburg 1932-2000.

Euler, Walter Andreas, Die Schrift De pace fidei des Nikolaus von Kues, in: Edith-Stein-Jahrbuch 7 [= Die Weltreligionen, Bd. 2] (2001) 165-173.

Dangelmayr, Siegfried, Vernunft und Glaube bei Nikolaus von Kues, in: Theologische Quartalschrift 148 (1968) 429-462.

Gerl-Falkovitz, Hanna-Barbara, Vernunft und Glaube bei Nicolaus Cusanus, in: Katholische Ärztearbeit Deutschlands (Hg.), Vernunft und Glaube – Nachfrage bei Nikolaus von Kues, Ostfildern 2000, 31-39.

Haubst, Rudolf, Streifzüge in die cusanische Theologie (= Buchreihe der Cusanus-Ges. - Sonderbeitrag), Münster 1991.

Hopkins, Jasper, Glaube und Vernunft im Denken des Nikolaus von Kues. Prolegomena zu einem Umriss seiner Auffassung (= Trierer Cusanus-Lecture 3), Trier 1996.

Kremer, Klaus, Gottes Vorsehung und die menschliche Freiheit, in: Mitteilungen und Forschungsbeiträge der Cusanus-Gesellschaft 18 (1989) 227-252.

Nietzsche, Friedrich, Sämtliche Werke. Kritische Studienausgabe, hg. v. G. Colli, München u.a. 1980.

Platon, Sämtliche Werke, hg. von F. Schleiermacher, Reinbek bei Hamburg 1963f.

Reinhardt, Klaus, Glaube und Wissen bei Nikolaus von Kues, in: Katholische Ärztearbeit Deutschlands (Hg.), Vernunft und Glaube – Nachfrage bei Nikolaus von Kues, Ostfildern 2000, 17-30.

Roth, Ulli, Suchende Vernunft. Der Glaubensbegriff des Nicolaus Cusanus (= Beitr. z. Gesch. d. Phil. u. Theol. d. Mittelalters, NF 55), Münster 2000.

Thurner, Martin, Gott als das offenbare Geheimnis nach Nikolaus von Kues (= Veröff. d. Grabmann-Inst. 45), Berlin 2001.

---, Theologische Unendlichkeitsspekulation als endlicher Weltentwurf. Der menschliche Selbstvollzug im Aenigma des Globusspiels bei Nikolaus von Kues, in: Mitteilungen und Forschungsbeiträge der Cusanus-Gesellschaft 27 (2001) 81-128.

---, Die Einheit von Selbst-, Welt- und Gottesbezug nach Nikolaus von Kues, in: Die Einheit der Person. Beiträge zur Anthropologie des Mittelalters. Richard Heinzmann zum 65. Geburtstag, hg. v. M. Thurner, Stuttgart u.a. 1998, 373-397.

---, Kirche als ‚congregatio multorum in uno' nach Nikolaus von Kues. Versuch einer transzendentalphilosophischen Deduktion, in: Für euch Bischof, mit euch Christ. Festschrift für Friedrich Kardinal Wetter zum siebzigsten Geburtstag, hg. v. M. Weitlauff und P. Neuner, St. Ottilien 1998, 485-510.

Thomas Böhm

Die innovative Rolle der Philosophie bei der Modellbildung christlicher Dogmen in der Alten Kirche

1. Einleitung

„Die Ergebnisse der Philosophie sind die Entdeckung irgendeines schlichten Unsinns und Beulen, die sich der Verstand beim Anrennen an die Grenze der Sprache geholt hat. Sie, die Beulen, lassen uns den Wert jener Entdeckung erkennen."[1] Gerade der Entdeckungszusammenhang an Sprachgrenzen bedeutet im Kontext der Frage, welche Philosophie die Theologie (ge-)braucht, daß sich die Theologie im Aufweis der für sie selbst zentralen Deutekategorien der Wirklichkeit an einer Leit-Wissenschaft orientieren kann, die in sich selbst eine Reflexion auf Sprache und deren Grenzen darstellt. Dabei unterscheiden sich Theologie und Philosophie hinsichtlich ihres *Wahrheits*gehaltes nicht voneinander, wenn darunter eine Totalität von Propositionen (Sachverhalten) verstanden wird, bei der die Totalität selbst wiederum als maximale Proposition bestimmt ist. Die Differenz von Theologie und Philosophie besteht vielmehr darin, wie der *Gehalt* der Wahrheit näher gefaßt wird, indem in der Theologie die Wirklichkeit, die für beide Wissenschaften ein und dieselbe ist, in ihrer letzten - und das heißt: höchsten Bestimmtheit gedacht ist.[2] Diese in höchster Bestimmtheit gedachte Wirklichkeit steht im Sinne einer verantworteten und verantwortbaren theologischen Wahrheit im pragmatischen Diskurs einer lebensweltlichen Öffentlichkeit, von der her der Symbolgehalt als „gruppenspezifisch konkretisierende Merkform"[3] ihre Bedeutung gewinnt. Die hier als Problemanzeige genannte Sprachgrenze, die im Diskurs zwischen Theologie und Philosophie als notwendig erscheint, gewinnt bei der Frage, welche Philosophie die Theologie (ge-)braucht, eine besondere Bedeutung. Denn R. Fornet-Betancourt moniert in seinem „Statement" als eines der fundamentalen Theoriedefizite, daß offensichtlich die interkulturelle Kritik am wissenschaftlichen Paradigma des Abendlandes und vor allem an der Okzidentalisierung des christlichen

---

[1] L. Wittgenstein, Philosophische Untersuchungen, § 119.
[2] Vgl. B. Puntel, Wahrheitsbegriff, bes. 37f.
[3] P.L. Oesterreich, Fundamentalrhetorik, 79, der hier vor allem mit dem Begriff „Lebenswelt" von A. Schütz/Th. Luckmann, Strukturen der Lebenswelt I, ausgeht.

Glaubens ausgerichtet sei.[4] Um diesen Prozeß einer Okzidentalisierung des Glaubens jedoch von seiner Genese her zu verstehen, ist der geschichtliche Kontext der Ausformung des Glaubens in sich selbst zu betrachten, ohne bereits dem Verdikt einer abendländischen Sichtweise zu verfallen. Wenn hier nach der innovativen Rolle der Philosophie bei der Modellbildung christlicher Dogmen gefragt wird, also unter dem oben genannten Okzidentalisierungsprozeß eine historisch orientierte Perspektive eingenommen wird, gerät der gruppenspezifische Symbolgehalt der in höchster Bestimmtheit gedachten Wirklichkeit ins Blickfeld und von hier aus die Paradigmen dieser Wirklichkeitsdeutung, die in einem weiteren Sinne auch als „Kulturwissenschaft in historischer Absicht"[5] gedeutet werden könnte.[6]

Sofern hier die geschichtliche Genese von Modellbildungen christlicher Dogmen untersucht werden soll, muß man sich aufgrund der historischen Fragestellung - anders als etwa die Praktische Theologie[7] - dem Thema wie folgt nähern: Welche Philosophie *gebraucht* die Theologie - oder aus der Perspektive des Althistorikers bzw. Patrologen: Welche Philosophie *gebrauchte* die Theologie.

Wenn auch von unterschiedlichen Entwürfen ausgehend, könnte im Anschluß an M. Koßler, der bei einer immanenten Grenzbestimmung zwischen Philosophie und Theologie die Philosophie als Reflexion auf erste Prinzipien und die Grundlagen von Erkennen und Handeln verstand[8], und F. Rohrhirsch, der im Anschluß an M. Heidegger die Rolle der Philosophie als An-Denken an den Ursprung-begriff[9], folgendes konstatiert werden: Theologie braucht und gebraucht Philosophie insofern, als sie auf die Reflexion über das endliche Erkennen bezogen ist und somit auch auf die Bestimmung des Begriffs. Wie jede Wissenschaft braucht die Theologie die Philosophie als Grundlagenwissenschaft, und zwar *notwendig*, um das noch uneingelöste Potential begrifflich zu präzisieren und diese begriffliche Präzision hinsichtlich der Leistungsfähigkeit von Sprache selbst zu relativieren. Dies geschieht vor allem unter dem Vorbehalt soteriologischer und ekklesiologischer Prämissen: dem Aufbau des Volkes Gottes (so z.B. für den Diskurs in der Praktischen Theologie[10]). Damit ist die Rolle der Philosophie bei der Dogmenentwicklung *nicht* oder nicht vorrangig als *ancilla theologiae* zu beschreiben, wie dies im folgenden näher dargelegt werden soll. Dabei kann im Rahmen der hier zu entfaltenden Darstellung nach einigen einleitenden Bemerkungen der geschichtliche Überblick nur anhand eines Einzelfalles untersucht werden. Aus der geschichtli-

---

[4] Darauf hat R. Fornet-Betancourt in seinem Statement hingewiesen.
[5] O.G. Oexle, Geschichte als Historische Kulturwissenschaft, 37.
[6] Darauf hat M.-B. von Stritzky in ihrem Statement hingewiesen.
[7] Vgl. dazu den Beitrag von R. Bucher.
[8] Vgl. den Beitrag von M. Koßler.
[9] Vgl. die Ausführungen von F. Rohrhirsch.
[10] Vgl. dazu in diesem Band den Beitrag von R. Bucher.

chen Dimension, d.h. der konkreten Rekonstruktion eines Diskurses sollen Strukturelemente *dieses* Diskurses erhoben werden. Abschließend lassen sich aus den gewonnenen „Daten" versuchsweise Thesen erstellen für die Frage: Welche Philosophie *braucht* die Theologie?

2. Die geschichtliche Entwicklung der Trinitätslehre

2.1 Vorbemerkung

„Der Abschied von den Fleischtöpfen Griechenlands fällt vielen Theologen schwer."[11] Mit Hilfe der griechischen Metaphysik Theologie betreiben zu wollen, ist - so A.J. Bucher - angesichts eines modernen nach-metaphysischen Diskurses kaum noch zu vertreten, denn: „Eine Theologie, die von aposteriorischen Wahrheitszusagen und Weltdeutungen ausgeht, hätte nie auf eine metaphysisch legitimierte philosophische theologia naturalis ihr Fundament bauen dürfen."[12] Gerade eine solche Einschätzung trifft in verstärktem Maße die Entwicklung der altkirchlichen Entfaltung zentraler Aussagen wie das in Konstantinopel (381) formulierte trinitarische Glaubensbekenntnis, das vor allem die kappadokische Theologie rezipiert, die ihrerseits aus unterschiedlichen Intentionen und divergenten philosophischen Modellen eine Antwort auf die neo-arianische Position besonders des Eunomius von Cyzicus darstellt.[13]

Im folgenden soll nach einer sehr knappen Problemskizze der Entwicklung der Gotteslehre bis zum 4. Jahrhundert die Auseinandersetzung zwischen Eunomius von Cyzicus und Basilius von Cäsarea dargestellt werden. Aus den dort gewonnen Erkenntnissen hinsichtlich der philosophischen Modelle werden grundsätzliche Erwägungen und Thesen zur Rolle der Philosophie bei der Modellbildung christlicher Dogmen abgeleitet, die es erlauben, „die Fleischtöpfe Griechenlands" als zeitadäquate Modi eines Verständnisses christlicher Aussagen zu begreifen.

2.2 Knapper Überblick bis zum 4. Jahrhundert

In nachapostolischer Zeit setzte u.a. im Zuge gnostischer Strömungen in der Gotteslehre eine Rezeption philosophischer Begrifflichkeiten ein, wonach Gott (der Vater) als ungeworden, unveränderlich, ohne Werden, ohne Leiden usw. begriff-

---

[11] A.J. Bucher, Weltkind, 67.
[12] Vgl. A.J. Bucher, Weltkind, 66.
[13] Z.B. V.H. Drecoll, Entwicklung, 45-146; ausführlich R.M. Hübner, Genese, und F.X. Risch, Pseudo-Basilius.

lich gefaßt wurde. Wenn auch der Sohn (Christus) das Heil der Menschen bewirken soll (soteriologisches Argument), zugleich aber der jüdische Monotheismus betont ist, stellt sich die Frage, wie der Sohn im Verhältnis zum Vater gedacht werden soll, ohne den Monotheismus aufzugeben. Versucht wurde dies einerseits – neben doketischen Strömungen – durch den Monarchianismus, andererseits durch den Subordinatianismus. Nimmt man jedoch an, daß die Beziehung von Vater und Sohn monarchianisch gedacht wird, ergibt sich daraus das Problem, daß das Leiden des Sohnes zugleich auch den Vater betrifft (Patripassianismus), wodurch eine Spannung zur Leidensunfähigkeit und Unwandelbarkeit Gottes entsteht, wenn dieser begrifflich auf der Ebene der philosophischen Gotteslehre gefaßt wird.

Solange kein begriffliches Instrumentarium von Seiten der Christen entwickelt ist, um Identität *und* Differenz von Vater und Sohn unter Wahrung des Monotheismus auszusagen und zugleich die Konsequenz der Veränderlichkeit und Leidensfähigkeit Gottes zu vermeiden, bestand unter Rückgriff auf mittelplatonische Philosopheme einer Vermittlungsinstanz zur Welt die Möglichkeit einer Beibehaltung des Monotheismus bei gleichzeitiger Aussagbarkeit einer Göttlichkeit des Sohnes nur darin, den Sohn oder Logos als zweiten Gott zu begreifen, der dem ersten Gott (Vater) untergeordnet ist (Subordinatianismus); dies berührt dann weder den strikten Eingottglauben noch den philosophischen Gottesbegriff (Justin, Origenes, Arius).

2.3 Die Diskussion zwischen Eunomius und Basilius

2.3.1 Eunomius

Deutet man Platons Philosophie (besonders dessen Parmenides) innerplatonisch prinzipientheoretisch, wie dies bereits in der Alten Akademie bei Speusipp nachweisbar und im Mittelplatonismus verbreitet war, ergibt sich daraus, daß das Eine in sich jeder Bestimmbarkeit enthoben ist, obwohl und gerade weil es alles von ihm Differente bestimmend begründet (so vor allem die prinzipientheoretischen Deutungen der ersten Hypothesis des platonischen Parmenides bei Plotin, Porphyrios und Proklos). Die sich daraus ergebenden Konsequenzen wurden im 4. Jhd. besonders von Eunomius auf die Problematik angewandt, die sich aus dem Subordinatianismus ergeben. Die Stoßrichtung zielt bei Eunomius gegen das Lager der Homöusianer, dem ursprünglich auch Basilius von Cäsarea angehörte. Die Homöusianer vertraten eine Gleichheit von Vater und Sohn hinsichtlich der ousia (ὁμοιότης κατ' οὐσίαν)[14]. Wer aber zwei gleiche οὐσίαι behaupte, lehre auch zwei absolute Götter. Nach Eunomius steht dies jedoch in deutlichem Widerspruch zum Glauben an den *einen* wahren Gott.[15] Folglich muß man gerade bei diesem Eingottglauben einsetzen.

Das Bekenntnis zum *einen* Gott (εἷς θεός) ergibt sich für Eunomius aus der natürlichen Erkenntnis und dem Zeugnis der Väter. In einem ersten Schritt versucht nun Eunomius zu klären, wie der Begriff der Einheit zu verstehen ist. Gott kann als der eine weder durch sich selbst noch einen anderen geworden sein. Wäre er nämlich *geworden*, müßte man eine Ursache für das Werden und somit für die Existenz Gottes annehmen. Denn die Ursache oder das Schaffende (τὸ ποιοῦν) muß logisch *vor* dem Verursachten oder Geschaffenen sein. Sodann behauptet Eunomius, daß der eine Gott *vor* allem sein müsse; weil er nicht geworden ist, muß er als das Ungewordene (τὸ ἀγέννητον) oder als ungewordene *ousia* betrachtet werden. Um diese Behauptung abzusichern, fragt Eunomius: Kann das Erste früher oder später als es selbst sein oder kann etwas anderes als das Erste vor dem Ersten sein? In der neueren Forschung wird hervorgehoben, daß eine solche Aussage völlig absurd sei.[16] Auffällig ist jedoch, daß die heftigsten Gegner des Eunomius, etwa Basilius und sein Bruder Gregor von Nyssa, diese *Herleitung* nicht angreifen. Der Schwerpunkt ihrer Argumentation liegt auf den *Konsequenzen*, die sich aus der Ungewordenheit Gottes ergeben.

Bereits Platon hatte genau das von Eunomius aufgeworfene Problem in der sog. ersten Hypothesis des Parmenides behandelt. Platon untersuchte die Konsequenzen aus der Hypothesis: „wenn *Eines* ist [...]", was folgt daraus für das Eine selbst? Es kann weder gleichaltrig mit sich selbst noch jünger oder älter als es selbst sein. Mit der Frage nach dem Alter wäre nämlich impliziert, daß das Eine selbst an der Zeit teilhaben müßte. Wenn es an der Zeit teilhat, ist das Eine auch zusammengesetzt und nicht mehr das reine Eine.[17] Gerade in der Zeit des Eunomius haben sich die Platonausleger wie Plotin, Porphyrios und Iamblich mit dieser Frage beschäftigt. Proklos berichtet, daß einige Neuplatoniker die Begriffe „älter" und „jünger" als ontologische Folgeordnung deuteten[18], wie sich dies z.B. für Iamblich nachweisen läßt. Bereits Aristoteles hebt hervor, daß Platon die Begriffe „früher" und „später" in dem Sinne verstanden habe, daß etwas Früheres ohne anderes existieren könne, jenes aber nicht ohne das Frühere.[19]. Das Allgemeine und in der ge-

---

[14] Vgl. Apol. 19-22. Für Eunomius ist die Rede von der ὁμοιότης nichts anderes als zu sagen, sie hätten eine Gleichheit (ἰσότης); vgl. Apol. 11 und 26.

[15] Vgl. Apol. 21f; vgl. dazu R.M. Hübner, Genese (Anm. 4), 40.

[16] Vgl. z.B. Th.A. Kopecek, Neo-Arianism, II 312.

[17] Vgl. Platon, Parm. 140e.

[18] Vgl. Proklos, In Parm. 1216,37-1217,13.

[19] Aristoteles, Met. 1019a2-4.

danklichen Ableitung Ursprünglichere ist somit ontologisch vorgeordnet; darüber hinaus kann das Ursprüngliche oder der Ursprung nicht-reziprok gedacht werden: der Ursprung bedarf des Nachgeordneten oder des aus ihm Entsprungenen nicht. Folglich kann das Eine oder die Einheit als von der Vielheit unabhängig und zugleich als Grund der Vielheit gedacht werden.[20]

Die Einheit Gottes, der Monotheismus, läßt sich nach Eunomius gegenüber den Homöusianern nur durch Heranziehung philosophischer Argumentationsstrategien sichern, näherhin durch die Überlegungen, wie sie im Umkreis des Iamblich erarbeitet worden sind. Die Ungewordenheit Gottes bzw. seine Unerzeugtheit erfordert aber im Sinne des Eunomius, sich der Bedeutung der Sprache selbst bewußt zu werden. Denn die Herleitung der Unerzeugtheit, der Agennesie Gottes aus dem Einheitsbegriff ist nach Eunomius gerade nicht eine menschliche Erfindung. Vielmehr *ist* die Unerzeugtheit das Sein Gottes, seine οὐσία.[21] Auf diese, wohl ebenso aus der neuplantonischen, zu Platons *Kratylos* stammenden Diskussion sei hier verzichtet. Zentral ist, daß Eunomius aus der Ungewordenheit Gottes folgern kann, daß der Sohn von Gott different sein muß, da er als Erzeugnis ein Geschöpf ist (κτίσμα, ποίημα). Nur durch die Erkenntnis, was der richtige Gottesbegriff ist und wie dieser sprachlich zu fassen ist, kann der Mensch sein Heil erlangen. Die Soteriologie ist für Eunomius in die Erkenntnislehre integriert.

2.3.2 Basilius

Neben seinen Überlegungen zur Sprache versucht Basilius vor allem unter Rückgriff auf die pseudo-basilianischen Schriften *Adversus Eunomium IV-V* eine Unterscheidung zwischen ousia und hypostasis zu treffen.[22]

An einem zentralen Text des Basilius wird dies besonders deutlich (AE I 15,1-11.26-37):[23] „Wir finden, wenn wir darüber nachdenken, daß uns nicht bei der Erforschung dessen, was etwas sei (τοῦ τί ἐστιν), der Begriff des ‚Unerzeugten‘ begegne, sondern vielmehr - um es etwas gezwungen auszudrücken - bei der Erforschung dessen, wie etwas sei (τοῦ ὅπως ἐστιν). Denn wenn unser Verstand nachforscht, ob Gott, der über allem ist, irgendeine Ursache über sich habe, dann aber keine erdenken kann, so nennt er die Anfanglosigkeit (τὸ ἄναρχον) seines Lebens ‚unerzeugt‘. Denn wie wir, wenn wir vom Menschen reden und zum Beispiel sagen: ‚Jener stammt von diesem ab‘, nicht das, was einer sei (τὸ τί ἐστι), angeben, sondern woher er stamme (τὸ ὅθεν γέγονε), ebenso bezeichnet auch, wenn wir von Gott reden, das Wort ‚unerzeugt‘ nicht das, was er sei, sondern daß er nirgendwoher (μηδαμόθεν) sei. [...] Wie nun bei den Menschen das ‚aus einem‘ (τὸ

---

[20] Zum gesamten Kontext vgl. ausführlicher Th. Böhm, Theoria, 109-114.
[21] Vgl. Apol. 8.
[22] Vgl. Th. Böhm, Basil.
[23] Übers. nach R.M. Hübner, Genese, 43.

ἔκ τινος) nicht die *ousia* sein kann, so kann man auch nicht beim Gott des Alls das ‚unerzeugt‘, was so viel ist wie das ‚aus niemandem‘, als *ousia* bezeichnen. Wer jedoch behauptet, das ‚ursprunglos‘ (τὸ ἄναρχον) sei die *ousia*, der macht es ebenso wie einer, der auf die Frage, welches die *ousia* Adams sei und welche Natur (φύσις) er habe, antworten wollte: er stamme nicht aus der Verbindung von Mann und Frau, sondern sei von der Hand Gottes geformt worden. - Aber ich frage doch nicht nach der Weise der Entstehung, könnte man erwidern, sondern nach dem stofflichen Substrat des Menschen selbst (οὐχὶ τὸν τρόπον τῆς ὑποστάσεως ἐπιζητῶ [...] ἀλλ' αὐτοῦ τοῦ ἀνθρώπου τὸ ὑλικὸν ὑποκείμενον), welches ich aus der Antwort bei weitem nicht erfahre. Das ergibt sich auch für uns aus dem Wort ‚unerzeugt‘: Es belehrt uns mehr über das ‚wie‘ (τὸ πῶς) Gottes als über seine Natur selbst".

In AE I 15 bezeichnet *Ousia* das Seins-Substrat oder die Natur Gottes, die *hypostasis* den Existenzmodus (τρόπος τῆς ὑποστάσεως). Vater und Sohn haben eine gemeinsame *ousia* (οὐσία κοινή). Gemeinsam ist beiden das Seins-Substrat (τὸ ὑποκείμενον). Der Unterschied von Vater und Sohn ergibt sich in der Weise der Realisierung, die für jeden eigentümlich und charakteristisch ist.[24] Der Vater ist unerzeugt, d.h. er existiert ohne Prinzip und Ursache des Seins. Der Sohn hat als Erzeugter das Prinzip des Seins und die Ursache der Existenz im Vater, von dem er ins Sein gebracht wird.[25] Vaterschaft und Sohnschaft, Unerzeugtheit und Erzeugtheit charakterisieren die Eigentümlichkeiten von Vater und Sohn.[26] Sie sind kennzeichnende Weisen der Eigenständigkeit von Vater und Sohn in der *ousia* der *einen* Gottheit.[27] Ousia wird von Basilius meist im stoischen Sinne als Subsistenz jenseits aller Determination gebraucht, als undefniertes Substrat.[28] Im Unterschied zur Stoa nimmt Basilius jedoch zwei *ousiai* an, für das Geschaffene und den Seinsbegriff Gottes.[29]

Zusammenfassend ergibt sich: Durch die Theologie des Eunomius wurde Basilius gezwungen, sich von der Position der Homöusianer zu lösen. Denn Eunomius hatte behauptet, daß die Unerzeugtheit die *ousia* Gottes sei, die Erzeugtheit dagegen die *ousia* des Sohnes. Der Sohn sei somit seinsmäßig Gott ungleich. Um der Herausforderung des Eunomius zu begegnen, verwies Basilius auf die Unerkennbarkeit der göttlichen *ousia*. Die Unerzeugtheit beziehe sich nicht auf das Was der *ousia*, sondern auf das Wie, d.h. auf die Eigentümlichkeit des Vaters, die von der des Sohnes unterschieden sei. Die inhaltliche Bestimmung, wie sich die Eigen-

---

[24] Basilius, AE I 19,27-44.
[25] Basilius, AE II 17,12-58.
[26] Basilius, AE II 28,27-42.
[27] Basilius, AE II 29,1-24.
[28] Vgl. R.M. Hübner, ep. 38, 480-483.
[29] Basilius, AE I 25,34f; vgl. auch Aristoteles, Cat. 3b33-37; 4a8-9.

tümlichkeiten von Vater und Sohn angeben lassen, ergibt sich notwendig aus den Vorgaben des Eunomius. Neu ist die formale Bezeichnung des Wie der Realisierung durch die Konzeption des τρόπος τῆς ὑποστάσεως. Wenn die *Hypostasis* von der *ousia* unterschieden wird, um die Weise der Realisierung auszudrücken, aber doch etwas an der *ousia* sein soll, stellt sich konsequent die Frage, unter welche Seinskategorie die Hypostase fällt.[30] Basilius nimmt an mehreren Stellen auf die aristotelische Kategorienschrift Bezug: danach bestünden folgende drei Seinsmöglichkeiten: der Bereich der sogenannten ersten ousia oder ersten Substanz, des in sich stehenden Seienden (z.b. der Mensch Sokrates), der Bereich der Akzidentien und der Bereich des begrifflichen Seins. Würde man die Hypostasen als Akzidentien (συμβεβηκότα) auffassen, wäre die Eigenständigkeit der Hypostasen aufgehoben und man würde zu dem in den Augen des Basilius verhaßten Sabellianismus gelangen. Würde man jedoch unter der Hypostasis die erste Substanz verstehen, würde man drei eigenständige Götter einführen; das Ergebnis wäre ein Tritheismus, was Basilius aber gerade zu verhindern sucht. Dann läßt sich aber auch der von Basilius verwendete Begriff *ousia* trotz mancher aristotelischer Reminiszenzen nicht mehr als erste Substanz verstehen, da dies die Eigenständigkeit der *Hypostasen* aufheben oder zu einer Quaternität Gottheit - Vater - Sohn - Geist führen würde. Aber auch der Versuch, die *ousia* als zweite Substanz nach Art des genus-Begriffs zu deuten, wird von Basilius stets zurückgewiesen.[31] Mit Hilfe der hier vorgestellten Kategorien der klassischen Metaphysik ist die Formel „eine ousia - drei Hypostasen" nicht faßbar. Sie führt notwendig in die Aporie. Vielmehr ist diese Formel eine in philosophische Begrifflichkeit gefaßte Metapher.[32]

3. Auswertung und Thesen

Die hier anhand der Diskussion zwischen Eunomius und Basilius exemplarisch aufgezeigte Verwendung philosophischer Fragestellungen und der philosophischen Terminologie lassen m.E. folgende Schlußfolgerungen oder Thesen zu:

1) Der für die Modellbildung christlicher Dogmen notwendige Diskurs ist vom jeweiligen Leitbild und dem dort verorteten Diskussionsniveau, das gerade erreicht ist, bestimmt. Dabei verweist das Leitbild auf die philosophische Ex-

---

[30] Vgl. R.M. Hübner, Genese, 47-49.
[31] Vgl. Basilius, ep. 361,19f; DSS XVII 41,16-25.
[32] R.M. Hübner, Genese, 47-49; zur Metapher bei Basilius vgl. C. Osborne, Literal or Metaphorical, 163-170.

plikation über die Sprache mit Begriffen, Indikatoren, Eigennamen usw.[33], mit denen ein theologischer Sachverhalt erklärt werden soll. Diese Form der Explikation von theologischen Propositionen bzw. Sachverhalten bedeutet jedoch nicht, daß z.b. die Philosophie alleine diese „Funktion" in der Antike übernommen hat, sondern die Begrifflichkeit entstand über den binnentheologischen Diskurs hinaus auch durch die Rhetorik, Grammatik usw. Und diese aus dem zeitgenössischen Diskussionszusammenhang stammende Begrifflichkeit etwa der spätantiken Philosophenschulen reduziert den Prozeß der Modellbildung theologischer Sachverhalte auch nicht auf abstrakte Zusammenhänge, die in sich ohne einen Bezug zur Lebenswelt erörtert worden wären. Denn Philosophie der Spätantike ist weder eine isoliert betriebene eigene Wissenschaft gewesen[34] noch ist der dortige Diskurs eine intellektuelle Spielerei. Vielmehr stellt sich Philosophie als Lebensform dar, wie sich dies exemplarisch an Plotin oder Porphyrios zeigen ließe. Eine Betrachtung (Theoria) mit dem Ziel einer reflexiven Verinnerlichung zum Einen hin bedeutet den wahren Glückszustand, der selbst bei einer abstrakt gedachten Reflexion und theoretischen Unterweisungen über das wahre Seiende oder das Eine selbst nur durch eigene Anstrengungen erreicht werden kann, damit „der Unterricht in uns zu ‚Natur und Leben' wird"[35].

Dieser Zusammenhang von christlicher Theologie und der über den binnentheologischen Bereich hinausreichenden Sprache zeigte sich bei der Diskussion zwischen Eunomius und Basilius an der seit dem Konzil von Nizäa (325) nicht gelösten Frage, wie das Verhältnis von Vater und Sohn bzw. Gott und Logos bestimmt werden soll. Gegen die hier vorgestellte These ließe sich einwenden, daß in der Trinitätstheologie Lösungsmodelle entwickelt wurden, die gerade das bereits philosophisch Erreichte umgehen, wie dies im 4. Jahrhundert z.B. auf einigen homöischen Synoden versucht wurde (so etwa bei der vierten sirmischen Formel im Jahre 359[36]). Auf solchen Synoden betonten die homöischen Bischöfe, man solle die Begrifflichkeit οὐσία wegen ihres unbiblischen Charakters vermeiden. Aber selbst in diesem Fall grenzt man sich explizit von Entwürfen der Homöusianer oder Anhomöer ab und rezipiert implizit (*ex negativo*) das bereits Gesagte.

Daraus ergibt sich: Neue theologische Modelle entwickeln sich nur in Abgrenzungsprozessen gegenüber alternativen Modellen, die dann erst als nicht glaubenskonform (häretisch) eingestuft werden.

---

[33] Auch M. Forschner hat dies in seinem Statement zur Sprache gebracht.

[34] Vgl. dazu einführend P. Hadot, Philosophie als Lebensform, 170f.

[35] P. Hadot, Philosophie als Lebensform, 36; für den gesamten Zusammenhang sind die Ausführungen von P. Hadot, Philosophie als Lebensform, passim, grundlegend.

[36] Vgl. dazu H. Chr. Brennecke, Homöer, 20f.

2) Restriktiv-restaurative Modelle und innovative Entwürfe treten dabei nie in Reinform auf. Zwar kann man restriktiv bzw. restaurativ den Diskurs vermeiden, indem man philosophische Begrifflichkeiten als unbiblisch ausblendet oder unter Berufung auf die Väter oder frühere Konzilien ein Problem als gelöst ansieht.[37] Dieser Prozeß ist aber nach den obigen Überlegungen auf den jeweils geführten Diskurs verwiesen und von dessen Problemhorizont bestimmt. Aber selbst bei innovativen Modellen, wie dies hier anhand der Auseinandersetzungen von Eunomius und Basilius erörtert wurde, findet ein Rekurs auf die Bibel und die Theologen besonders des 4. Jahrhunderts statt.

3) Innovative Modelle werden argumentativ durch Begriffsbestimmungen und Begriffsklärungen gewonnen, die aus der Philosophie, Rhetorik, Grammatik usw. stammen, z.b. bei Eunomius die Erörterung des Problems der Einheit Gottes und der Bestimmung des Zeitbegriffs. Diese Diskussion verweist auf Iamblichs Deutung der ersten Hypothesis des platonischen Parmenides bzw. deren Problematisierung bei Basilius anhand stoischer und aristotelischer Philosopheme. Für Basilius mündet dies, wie gezeigt, implizit in die Grenzen des philosophischen und theologischen Diskurses, das Begreifen der Unbegreiflichkeit Gottes[38], so daß für ihn trinitarische Modelle eher in den Bereich der Metaphorik gehören. Diese Redeweise könnte mit P.L. Oesterreich von oratorialen Topoi her interpretiert werden, wonach ein hintergründiges Lebensweltbild ein identitätstragendes Überzeugungsuniversum bildet, das Horizont, Reservoir und Geltungsfundament ist. Dies wäre neben den Geltungsansprüchen insofern plausibel, als das Lebensweltbild im Rahmen persuasiver Rede den Interpretationsrahmen abgibt, innerhalb dessen Segmente des Auslegungshintergrundes aktualisiert werden, die zur Deutung einer Situation bzw. eines Sachverhaltes relevant sind (Horizont). Zugleich liefert das Lebensweltbild Deuteschemata, die sprachlich verfaßt und somit sozial objektiviert sind (Reservoir). Dabei liegt keine bloß applikative Reproduktion sozialer Deutemuster vor, sondern eine Anwendung in individueller Variation.[39] Die hier entwickelte Analyse macht zwar deutlich, wie Geltungsansprüche in ihrer sozialen Objektivierung zustandekommen. Aber gerade der Versuch, propositional über Begriffe, Indikatoren usw. „Gegenstände" zu erfassen, verweist intern auf Aspekte einer Sache, die im theologischen Kontext benannt werden sollen, für die je-

---

[37] Zum Väterargument vgl. neuerdings die noch nicht publizierte Habilitationsschrift (Bochum) von Th. Graumann, Die Kirche der Väter.

[38] Zur Problematik vgl. Th. Böhm, Unbegreiflichkeit und besonders ders., Unbegreiflichkeit Gottes.

[39] Vgl. P.L. Oesterreich, Fundamentalrhetorik, 77-80; ferner ders., Homo rhetoricus, und die Kritik von F.-H. Robling, Hypostasierte Anthropologie.

doch in der begrifflichen Sprache kein Wort vorhanden ist, mit dem der zu thematisierende Sachverhalt angemessen erfaßt werden kann. Die aus dem Bereich der Philosophie, Rhetorik, Grammatik usw. stammenden Begriffe verweisen damit lediglich auf einen Sachverhalt, der mit der verwendeten Begrifflichkeit angezeigt, nicht jedoch in sich selbst bestimmt werden kann. Nach antiker rhetorischer Tradition ist darunter eine Rede im übertragenen Sinne gemeint, also eine metaphorische Redeweise.[40] Diese metaphernorientierte Theorie einer indirekten Mitteilung, die z.B. von Theorien semantischer Abweichungen, der kontextbedingten Verschiebung eines linguistischen Sinnes oder pragmatischen Theorien unterschieden ist[41], könnte und müßte im Gefolge von H. Blumenberg weiter entfaltet werden.[42] Dabei ordnet Blumenberg die absolute Metapher dahingehend ein, daß die Metaphern als genuine Modelle die Erkenntnis befördert haben und daß bei einem Schwund der Metaphysik die Metaphorik verstärkt auf den Plan tritt. Über diesen Ansatz hinaus wäre darauf hinzuweisen, daß bereits in einer Zeit, als die Metaphysik einen Geltungsanspruch einnehmen konnte, die von der Philosophie gelieferte Begrifflichkeit hinsichtlich ihrer konzeptionellen Reichweite in Frage gestellt wurde.

4) Innovative philosophische Modelle sind selektiv, perspektivisch und dekonstruktivistisch. Dies zeigt sich an der Diskussion zwischen Eunomius und Basilius darin, daß z.B. Eunomius Iamblichs Philosophie zur Deutung des Verhältnisses von Einheit und Zeitlichkeit heranzog. Diese Position ist selektiv und perspektivisch, weil Iamblich in der Auslegung der ersten Hypothesis des platonischen Parmenides die Unaussprechbarkeit des *ersten Prinzips* behauptet, Eunomius jedoch - wohl auch aus anderen neuplatonischen Quellen zu Platons Kratylos - von der Eineindeutigkeit und damit Reziprozität von Einheit und Benennbarkeit Gottes aufgrund einer Namensoffenarung ausgeht: Der Name Agennesie *ist* die Ousie Gottes.[43] Zugleich behauptet Iamblich in einem erst in jüngster Zeit rekonstruierten Text, daß die Einheit (das zweite Eine) in sich triadisch strukturiert ist.[44] Auch dadurch beschneidet Eunomius das von ihm zunächst favorisierte Modell. In diesem Sinne dekonstruiert er es mit Hilfe einer Theorie der Namensoffenbarung.

---

[40] Vgl. dazu W. Künne, Im übertragenen Sinne, 182.
[41] Ausführlich zu den Problemen W. Künne, Im übertragenen Sinne.
[42] Vgl. H. Blumenberg, Paradigmen zu einer Metaphorologie. Zu unterschiedlichen Ansätzen vgl. einführend H. Weinrich, Metapher.
[43] Ausführlich dazu Th. Böhm, Theoria, 108-122.
[44] Auf die genauen Zusammenhänge werde ich an anderer Stelle im Detail eingehen.

5) Das Kriterium für die Applikation philosophischer Modelle ist die Bibel. Diese These kann in der patristischen Literatur ausgiebig nachgewiesen werden und braucht in diesem Zusammenhang nicht weiter entfaltet zu werden.[45]

6) Das Kriterium eines Rückbezugs auf die Bibel ist, um diese Aussagen auf jeweils zu erörternde theologische Probleme zu applizieren und das innovative philosophische Potential zu strukturieren, selbst von externen Kriterien bestimmt. Zum einen wird in der Auslegung vom biblischen Kontext abstrahiert, zum anderen setzen Literalsinn, Textkombinationen oder die Allegorese selbst ein Interpretationsmodell voraus, das z.B. im Falle der Allegorese aus der Homerauslegung besonders in Alexandrien stammt und wiederum philosophisch bestimmt ist.[46] Dabei kann die Allegorie als lineare Metapher aufgefaßt werden, in der das Differenzlose (Gott) in der in sich differenten Sprache im Modus der Andersheit ausgesagt wird.

4. Welche Philosophie braucht die Theologie?

Glaube im Modus des Denkens ist unter der Hinsicht von Stringenz und Kohärenz notwendig auf den philosophischen Diskurs verwiesen. Die Leistung der historischen Theologie als intensive Reflexion auf die Geschichte sucht darin nicht die zitierbare Autorität als Entlastung des eigenen Denkens, sondern ein Element von Wahrheit, das auch die gegenwärtige geistige Situation sachlich zu bestimmen imstande ist.[47] Aus der hier entwickelten Analyse ist für die Theologie eine Streit-*kultur* erforderlich, in der das endliche Denken notwendig bei der *Begriffsbestimmung* auf die Philosophie verwiesen ist, um in neuen, zeitlich bedingten Kontexten neue Modi der Aussagbarkeit des Glaubens zu gewinnen und somit alte Modelle hinsichtlich ihrer Geltungsansprüche zu befragen, und zwar auch die „Fleischtöpfe Griechenlands".

Quellen

Aristoteles, Metaphysica, ed. W. Jaeger, Oxford [11]1992.
---, Categoriae et Liber de Interpretatione, ed. L. Minio-Paluello, Oxford 1961.
Basilius von Caesarea, De spiritu sancto. Über den Heiligen Geist, ed. H.J. Sieben, Freiburg - Basel - Wien 1993 (FC 12).

---

[45] Vgl. z.B. B. Studer, Schola christiana, 195-294 mit reichen Belegen.
[46] Vgl. Chr. Schäublin, Untersuchungen; B. Neuschäfer, Orig.; Th. Böhm, Allegory and History.
[47] Vgl. W. Beierwaltes, Verantwortung, 119.

---, Contre Eunome, tome II, ed. B. Sesboüé, G.-M. de Durand, L. Doutreleau, Paris 1983 (SC 305).

---, Contre Eunome, tome I, ed. B. Sesboüé, G.-M. de Durand, L. Doutreleau, Paris 1982 (SC 299).

---, Lettres III, hg. v. Y. Courtonne, Paris 1966.

Eunomius, Liber apologeticus, in: Eunomius, The Extant Works. Text and Translation by Richard Paul Vaggione, Oxford 1987, 1-75 (OECT).

Platon, Parmenides, in: Opera II, ed. I. Burnet, Oxford 1964 (reprint).

Proklos, Opera inedita quae primus olim e codd. mss. Parisinis Italicisque vulgaverat nunc secundis curis emendavit et auxit Victor Cousin, Paris 1864 (ND: Hilderheim 1961).

Literatur

Beierwaltes, Werner, Verantwortung, in: Christophorus 40 (1995) 116-125.

Blumenberg, Hans, Paradigmen zu einer Metaphorologie, in: ABG 6 (1960) 7-142.

Böhm, Thomas, Allegory and History, in: Ch. Kannengiesser (Hg.), Handbook of Patristic Exegesis, Leiden (im Druck).

---, Unbegreiflichkeit, in: HWPh 11 (im Druck).

---, Unbegreiflichkeit Gottes bei Origenes und Unsagbarkeit des Einen bei Plotin - Ein Strukturvergleich, in: L. Perrone, Colloquium Origenianum octavum (im Druck).

---, Basil of Caesarea, *Adversus Eunomium* I-III and Ps.Basil, *Adversus Eunomium* IV-V, in: StPatr 37 (2001) 20-26.

---, Theoria Unendlichkeit Aufstieg. Philosophische Implikationen zu *De vita Moysis* von Gregor von Nyssa, Leiden - New York - Köln 1996 (SVigChr35).

Brennecke, Hanns Christof, Studien zur Geschichte der Homöer. Der Osten bis zum Ende der homöischen Reichskirche, Tübingen 1988 (BHTh 73).

Bucher, Alexius J., ‚Das Weltkind in der Mitten‘. Vom theologischen Interesse an der Philosophie, in: G. Müller (Hg.): Das kritische Geschäft der Vernunft. Symposion zu Ehren von Gerhard Funke, Bonn 1995, 55-74.

Drecoll, Volker Henning, Die Entwicklung der Trinitätslehre des Basilius von Cäsarea. Sein Weg vom Homöusianer zum Neonizäner, Göttingen 1996 (FKDG 66).

Graumann, Thomas, Die Kirche der Väter, Habilitationsschrift Bochum 2000.

Hadot, Pierre, Philosophie als Lebensform. Geistige Übungen in der Antike, Berlin 1991.

Hübner, Reinhard M., Zur Genese der trinitarischen Formel bei Basilius von Caesarea, in: M. Weitlauff/P. Neuner (Hgg.), Für euch Bischof, mit euch Christ. FS F. Kardinal Wetter, St. Ottilien 1998, 123-156.

---, Gregor von Nyssa als Verfasser der sog. Ep. 38 des Basilius. Zum unterschiedlichen Verständnis der οὐσία bei den kappadozischen Brüdern, in: J. Fontaine/Ch. Kannengiesser (Hgg.), Epektasis. Mélanges patristiques offerts au Cardinal Jean Daniélou, Paris 1972, 463-490.

Kopecek, Thomas A., A History of Neo-Arianism, 2 Vols, Cambridge (Mass.) 1979.

Künne, Wolfgang, „Im übertragenen Sinne". Zur Theorie der Metapher, in: Conceptus 17 (1983) 181-200.

Neuschäfer, Bernhard, Origenes als Philologe, Basel 1987.

Oesterreich, Peter L., Homo rhetoricus (corruptus). Sieben Gesichtspunkte fundamental-rhetorischer Anthropologie, in: J. Kopperschmidt (Hg.), Rhetorische Anthropologie. Studien zum Homo rhetoricus, München 2000, 353-370.

---, Fundamentalrhetorik. Untersuchungen zu Person und Rede in der Öffentlichkeit, Hamburg 1990 (Paradeigmata 11).

Oexle, Otto G., Geschichte als Historische Kulturwissenschaft, in: W. Hardtwig/H. U. Wehler (Hgg.), Kulturgeschichte heute, Göttingen 1996 (GuG Sonderh. 16).

Osborne, Catherine, Literal or Metaphorical? Some Issues of Language in the Arian Controversy, in: L.R. Wickham/C.P. Bammel/E.C.D. Hunter (Hgg.), Christian Faith and Greek Philosophy in Late Antiquity. Essays in Tribute to George Christopher Stead, Leiden - New York - Köln 1993, 148-170 (SVigChr 19).

Puntel, Bruno, Der Wahrheitsbegriff in Philosophie und Theologie, in: ZThK.B 9 (1995) 16-45.

Risch, Franz Xaver, Pseudo-Basilius, Adversus Eunomium IV-V. Einleitung, Übersetzung und Kommentar, Leiden - New York - Köln 1992 (SVigChr 16).

Robling, Franz-Hubert, Hypostasierte Anthropologie. Fünf kritische Thesen zum Homo rhetoricus Oesterreichs, in: J. Kopperschmidt (Hg.), Rhetorische Anthropologie. Studien zum Homo rhetoricus, München 2000, 371-382.

Schäublin, Christian, Untersuchungen zu Methode und Herkunft der antiochenischen Exegese, Köln - Bonn 1974.

Schütz, Alfred/Luckmann, Thomas, Strukturen der Lebenswelt, Bd. 1, Frankfurt 1979.

Studer, Basil, Schola christiana. Die Theologie zwischen Nizäa (352) und Chalkedon (451), Paderborn - München - Wien - Zürich 1998.

Weinrich, Harald, Metapher, in: HWPh 5 (1980) 1179-1186.

Wittgenstein, Ludwig, Philosophische Untersuchungen, Frankfurt 1971.

Bernhard Steinhauf

Eine Geschichte für sich selbst?
Zur Theorievergessenheit der Kirchengeschichte

Der Titel der nachfolgenden Überlegungen enthält bereits eine These und mit dem Begriff der „Theorievergessenheit" einen impliziten Vorwurf. Obwohl die zur Diskussion gestellten Thesen zuvorderst das Ziel einer Bestandsaufnahme verfolgen, ist jene Bestandsaufnahme, wenn sie in der dialogischen Form eines Kolloquiums geschieht, beinahe notwendig auch perspektivisch auf Entwicklung und Veränderung hin angelegt, d.h. sie enthält auch normative Elemente, die in einer vorausgehenden Bestandsaufnahme wurzeln.

Versucht man, in einem ganz allgemeinen Sinn den gegenwärtigen Status der Kirchengeschichtsschreibung unter philosophischen und wissenschaftstheoretischen Gesichtspunkten zu charakterisieren, so ist festzuhalten: Die historische Theologie produziert bis heute – und dies zu einem guten Teil unbewusst – die Geschichte der Kirche „neben" der Allgemeinen Geschichtswissenschaft als eine Spezialgeschichte, als eine „Geschichte für sich selbst". Sie tut dies, ohne sich dabei wissenschaftstheoretisch, etwa durch eigene Hermeneutik, eigene Methoden oder einen exklusiven Gegenstand als selbständige wissenschaftliche Disziplin zu legitimieren. Sie bedarf nicht aus einem allgemeinen interdisziplinären Interesse dringend der Philosophie, sondern um ihre Geschichtsschreibung theologisch verantwortet und diskursfähig zu gestalten. Was bedeutet dies näher hin für die Kirchengeschichtsschreibung und welche Konsequenzen ergeben sich für sie daraus hinsichtlich ihrer theologischen und philosophischen Implikationen?

Sprachlosigkeit als Folge mangelhaften Selbstbewusstseins.

Meine Grundthese besagt, dass auf die Frage nach einer Bestandsaufnahme zum gegenwärtigen Verhältnis von Philosophie und Theologie im Blick auf die Kirchengeschichte ein eher desolates Bild zu zeichnen ist. Kirchengeschichte präsentiert sich nicht erst gegenwärtig als eine eigentümlich isolierte Wissenschaft. Sie ist nicht nur doppeldeutig im Sinne der objektiven und subjektiven Bedeutung des Genitivs „historia ecclesiae" („die von der Kirche als Subjekt produzierte Geschichte" versus „die Geschichte mit dem Gegenstand, dem Objekt Kirche").

Die auf die Philosophie hin gewendete Gretchenfrage trifft in den Reihen der Kirchenhistoriker zumeist auf Ratlosigkeit und das nicht selten in Kombination mit unüberhörbaren apologetischen Zwischenrufen. Versuche, hier mit der Feststellung, „dass bei uns viel zu viel über Geschichtsschreibung theoretisiert statt

echte Geschichte betrieben würde" (Jedin)[1], einfach hin und grundsätzlich Ver-
ständnislosigkeit für die Anfrage zu demonstrieren, sind glücklicherweise selten
geworden. Dennoch ist die Kirchengeschichte im Dialog mit benachbarten Wissenschaften (d.h. nicht nur im Dialog mit der Philosophie) erstaunlich sprachlos.
Zugespitzt formuliert: Sie ist in einem sehr eingeschränkten Maße überhaupt diskursfähig.

Dort, wo, wie z.B. im Fall des mentalitätsgeschichtlichen Ansatzes, Ergebnisse
oder Methoden benachbarter Disziplinen rezipiert werden, geschieht dies nicht
selten mit einem kaum verhohlenen aber unangebrachten stolzen Bewusstsein,
etwas völlig Neuartiges oder gar Revolutionäres zu unternehmen. Eine solche
Haltung verdrängt und verdeckt aber gleichzeitig ein tatsächlich fundamentales
Problem, das der Kirchengeschichte seit der Zeit ihrer Entstehung als historisch-
kritische Disziplin anhaftet. Gemeint ist ein im Wortsinn mangelhaftes Selbstbewusstsein, d.h. das Fehlen eines philosophisch begründeten Wissens um die eigenen Grundlagen und die eigene Identität. Um diese Identität zu finden, zu beschreiben und diskursiv vermitteln zu können, bedarf die Kirchengeschichte nicht
allein einer theologischen Selbstreflexion, sondern beinahe notwendig der (ge-
schichts)philosophischen Herausforderung. Bezeichnenderweise stellt umgekehrt
die Kirchengeschichte keine philosophische Herausforderung für die Geschichtsphilosophien der Allgemeinen Geschichtswissenschaft dar.[2]

1. Propädeutik erschöpft sich nicht in der praktischen Methodenlehre

Theologie, mindestens soweit sie sich als historische Theologie bzw. Kirchengeschichte versteht, hat ein eindeutiges und beinahe unbestrittenes Defizit in der philosophischen Reflexion ihrer Grundlagen. Dieses Defizit ist selbst historischer
Natur und weist zeitlich und sachlich in die Phase des Wandels der Kirchengeschichte von der ehemaligen theologischen Hilfswissenschaft hin zur eigenständigen „historisch-kritischen Disziplin".[3]

---

[1] H. Jedin, Zur Aufgabe des Kirchengeschichtsschreibers, in: TThZ 61 (1952) S. 65-78, hier: 68;
wiederabgedr. in: Ders.(Hg.): Kirche des Glaubens, Kirche der Geschichte. Ausgewählte Aufsätze und
Vorträge. Bd. 1: Zur Kirchengeschichtsschreibung/Italien und das Papsttum/Abendland und Weltkir-
che, Freiburg/Br. 1966, 21-35.
[2] Selten nur wurde der Blick der Profangeschichte auf die Kirchengeschichtsschreibung einmal
ausdrücklich thematisiert wie z.B. von J. Vogt, Universalgeschichte und Kirchengeschichte in unserer
Zeit. Die Neuorientierung der Kirchengeschichtsschreibung aus profanhistorischer Sicht, in: ThQ 155
(1975) 175-186, oder F. Wagner: Zweierlei Maß der Geschichtsschreibung: Profanhistorie oder Kirchengeschichte, in: Saeculum 10 (1959) 113-123.
[3] Vgl. dazu ausführlich: B. Steinhauf, Die Wahrheit der Geschichte. Zum Status katholischer Kirchengeschichtsschreibung am Vorabend des Modernismus, (= Bamberger Theologische Studien 8),
Frankfurt M. 1999.

Das Defizit, von dem hier die Rede ist, eignet nicht in exklusiver Weise und allein der Kirchengeschichte, sondern – wenngleich in unterschiedlicher Weise und mit unterschiedlichem Gewicht – auch anderen theologischen Disziplinen. Es meint zudem nicht primär einen Mangel an methodischer Reflexion im Sinne eines quasi technischen Handwerks. Im Gegenteil: hier neigen vor allem die historischen und exegetischen Disziplinen der Theologie dazu, sich etwa im Vergleich zu den praktischen Disziplinen aufgrund ihres eigenen handfesten methodischen Anspruchs zu der – wie es Studierende zuweilen formulieren – „harten" Fächern der Theologie zu zählen. Gemeint ist mit dem Defizit vielmehr eine gleichermaßen theologisch wie auch philosophisch verantwortete Reflexion ihrer wissenschaftstheoretischen Grundlagen. Ein binnentheologischer Vergleich von Theoriedefiziten ist bei deren Bewältigung wenig hilfreich, und zwar so lange nicht, wie nicht die Stellung der Theologie in der Gesamtheit der Wissenschaften in den Blick kommt, d.h. nicht nur ihr aktueller Status, sondern auch der ihrer Wissenschaftsgenese. In diesem Zusammenhang wird schnell deutlich, dass wesentliche Gründe und Ursachen für das genannte Theoriedefizit zu einem guten Teil in die wissenschaftsgeschichtliche und kirchenpolitische Situation des 19. Jahrhunderts verweisen.[4]

2. Fehlende Vergangenheitsbewältigung

Die lehramtlich verordnete Theologie neuscholastischer Prägung wies in der Form, wie sie im späten 19. und frühen 20. Jahrhundert vorherrschend wurde, der Kirchengeschichte eine verstärkt apologetische Funktion zu; zunächst im Rahmen der konfessionellen Polemik, darüber hinaus in anti-aufklärerischer und antiliberaler Ausrichtung. Als Konsequenz dieser Funktionalisierung isolierte sich die historische Theologie von der sich etablierenden sog. Allgemeinen Geschichtswissenschaft und begründete so ihre heutige eigentümliche Sonderstellung zwischen den Polen Theologie und Geschichtswissenschaft. Sie hat sich weitgehend mit ihrem Sonderstatus abgefunden.

Die Wissenschaftsgeschichte der Theologie und mit ihr diejenige der Kirchengeschichtsschreibung kennt seit der Antike durchaus zahlreiche und gedanklich hochstehende Versuche, sich ein wissenschaftstheoretisches Fundament zu geben und sich darin gleichzeitig in ein Verhältnis zur philosophischen Vernunft zu setzen. Dies gilt, um nur Stichworte zu nennen, für ihre hellenistische Phase ebenso

---

[4] Die Kirchengeschichtsschreibung folgt hier einem Prozess der Emanzipation einzelner Fächer der Theologie zu eigenständigen wissenschaftlichen Disziplinen mit eigenen Regelsystemen. Dieser Prozess setzt für die Exegetischen Disziplinen bereits früher ein und reicht in seinen sachlichen Wurzeln bis in die Zeit des Humanismus zurück.

wie für die karolingische Bildungsreform, für die enormen gedanklichen Anstrengungen der Scholastik ebenso wie für die vergleichsweise wenig erfolgreichen Ansätze für eine katholische Aufklärung. Ausgelöst wurden diese Versuche jeweils von einer je verschiedenen philosophischen Herausforderung (u.a. Gnosis, Stoa, Neuplatonismus, Aristotelesrezeption, Humanismus, Aufklärung usw.).

Auf die im Vergleich dazu qualitativ völlig neuartige philosophische Herausforderung der Moderne sowohl im Bereich der empirischen Human- und Naturwissenschaften, als auch und vielleicht in einem noch höheren Maße auf die Herausforderung der neuzeitlichen Menschenbild- und Gesellschaftsentwürfe antwortete die Theologie dagegen – möglicherweise in Analogie zur Kirche - nicht mit einer eigenständigen und neuen Auseinandersetzung um ihre theoretischen Grundlagen. Diese Reaktion ist um so bemerkenswerter, als das Neuartige der Herausforderung der Theologie durch die neuzeitliche Philosophie nicht zuletzt in der radikalen Reduzierung bislang gemeinsamer metaphysischer Prämissen lag. Sie zog es stattdessen – nachhaltig beeindruckt von der kirchenpolitischen Lage nach Revolution und Säkularisation - mehrheitlich und lehramtlich dazu aufgefordert vor, auf das System der Scholastik, genauer, auf die anachronistische Neuauflage der Theologie des Aquinaten gleich einem Bollwerk gegen die Flut der Neuerungen zu rekurrieren. Das Ergebnis dieses Versuchs führte - über Syllabus und Antimodernisteneid - zu einer weitgehenden Isolierung der Theologie im Konzert der Wissenschaften.

Eine analoge Erscheinung zu diesem Prozess der Gettoisierung kann im Entstehen des katholischen Milieus als einer Sonder- und Gegenwelt im gesellschaftlichen Zusammenhang gesehen werden. Für die Kirchengeschichte bedeutete dieser neue Zustand dort, wo sie sich nicht mehr als apologetische und theologische Hilfswissenschaft verstand, in der Konsequenz, einen gedanklichen Spagat zwischen der Theologie und der Geschichtswissenschaft zu leisten.

3. Ein Scheinproblem wird zum Ersatzproblem

Seit mehr als einem halben Jahrhundert kreist die binnentheologische Diskussion um die wissenschaftstheoretische Verortung des Fachs Kirchengeschichte beinahe ausschließlich um die Frage, ob und inwieweit das Fach der Geschichtswissenschaft oder/und der Theologie zuzurechnen sei.
Die Diskussion wird dabei ebenso gedankenreich wie aber letztlich ergebnislos geführt.

Das Bewusstsein der eigenen Isolation ist in den theoretischen Anteilen der kirchenhistorischen Literatur verstärkt seit der Mitte des 19. Jahrhundert dokumentiert und schlägt sich, je nach Autor, entweder in apologetischen oder in theologiekritischen Äußerungen über Wesen, Ziel und Gegenstand seines Fachs nieder. Diese Äußerungen erfolgen bis in die Mitte des 20. Jahrhunderts beinahe ausnahmslos als formelhafte Bekenntnisse entweder zum Dogma oder zur Dogmenkritik, nicht aber als bewusste erkenntnistheoretische Reflexion.[5] Die Diskussion innerhalb der Kirchengeschichte mündete damit beinahe bruchlos in die nach dem Krieg neu angestoßene Diskussion, wo das Fach Kirchengeschichte zwischen den Polen Theologie und Geschichte zu verorten sei.[6] Dieser Umstand verdeutlicht einerseits ein anhaltendes Unbehagen der Kirchenhistoriker angesichts einer fehlenden Standortbestimmung ihres Fachs. Er offenbart aber gleichzeitig, dass eine Bewältigung der eigenen Wissenschaftsgeschichte im Sinne einer nach wie vor notwendigen wissenschaftstheoretischen Auseinandersetzung mit der philosophischen und gesellschaftlichen Herausforderung der Moderne bislang noch nicht ernsthaft angegangen, geschweige denn gelöst wurde. An die Stelle dieser Aufgabe trat die Diskussion über ein sekundäres Problem: gemeint ist das Scheinproblem einer Janusköpfigkeit der Kirchengeschichte.

[5] Der Grund für diesen Sachverhalt ist wesentlich darin zu sehen, dass der einer kirchenhistorischen Darstellung zugrundeliegende jeweilige Kirchenbegriff als Voraussetzung einer Theologie der Geschichte eben der Dogmatik entstammt und nicht historisch gewonnen ist.

[6] Die Diskussion der Nachkriegszeit wurde zuletzt in umfassender Weise aufgearbeitet von S. Storck: Kirchengeschichtsschreibung als Theologie. Theorien der Kirchengeschichtsschreibung in der deutschsprachigen evangelischen und katholischen Theologie seit 1945, Hamburg 1993 (mit ausführlichen Literaturangaben).

Nach dem Zweiten Weltkrieg wurde die Diskussion von dem Beitrag G. Ebelings: Kirchengeschichte als Geschichte der Auslegung der heiligen Schrift, Tübingen 1947, neu angestoßen. Zahlreiche Autoren haben sich bisher daran beteiligt, zu verweisen ist auf die Beiträge u.a. von G. Alberigo, R. Aubert, M. Battlori, M. Beintker, K. Bornkamm, W. Brandmüller, N. Brox, J. Cobb, V. Conzemius, A. Dunkel, A. Franzen, J. Gadille, E. Gutwenger, E. Iserloh, H. Jedin, H. Karpp, W. Kasper, K. Koch, O. Köhler, R. Kottje, J. Lortz, P. Meinhold, H. Lutz, C. Mönnich, W. Pannenberg, F. Platzer, B. Plongeron, H. Rahner, K. Rahner, F. Rapp, J. Ratzinger, K. Repgen, G. Ruppert, E. Saurer, K. Schatz, A. Schindler, H. R. Seeliger, M. Simon, P. Stockmeier, E. Stöve, K. Thieme, W. Trillhaas, C. Uhlig, J. Vogt, G. B. Winkler oder H. Zimmermann.

Vgl. ferner eigene diesem Thema gewidmete Symposien wie z.B. „Grundfragen der kirchengeschichtlichen Methode - heute. Internationales Symposion des Römischen Institutes der Görres-Gesellschaft in Verbindung mit der C.I.H.E.C und dem Pontificio Comitato di Science Storiche, 24.-27.6.1981 in Rom, in: RQ 80 (1985) 1-258. Auf eine inhaltliche Analyse dieser systematisch geführten Diskussion muß im Rahmen unserer Fragestellung verzichtet werden. Sie blieb zwar nicht streng auf den Bereich katholischer Kirchengeschichtsschreibung begrenzt, wohl aber auf den Bereich Kirchengeschichtsschreibung als solcher. Die konfessionelle Unterscheidung neuerer Autoren ist dabei weniger im Blick auf deren theologischen Standort bedeutsam, als vielmehr im Blick auf den Gegenstand und den Inhalt der Untersuchungen: Protestanten widmen sich in der Regel protestantischen Autoren, Katholiken katholischen Autoren.

4. Propädeutik als Torso oder: das eine Auge der Theologie

Während sowohl im Rahmen der Allgemeinen Geschichtswissenschaft als auch im Rahmen der Philosophie verstärkt seit Humanismus und Renaissance kontinuierlich eigenständige geschichtsphilosophische Entwürfe entwickelt und rezipiert wurden, beschränkt sich die kirchengeschichtliche Propädeutik bis heute im Wesentlichen auf eine knappe handwerkliche Methodenlehre, erweitert um eine meist extensive Quellen- und Bücherkunde.

Eine eigenständige geschichtsphilosophische und wissenschaftstheoretische Entwicklung, wie sie die profane Geschichtswissenschaft seit und vielleicht mehr noch wegen ihrer Herauslösung aus dem Zusammenhang der Theologie genommen hat, ist im Bereich der Kirchengeschichte nicht zu verzeichnen. Die methodischen Einleitungskapitel auch neuester kirchenhistorischer Einleitungen in die Kirchengeschichte[7] knüpfen in Aufbau, Inhalt und Duktus erstaunlich eng an die Vorgaben des späten 19. und frühen 20. Jahrhunderts an, für die z.B. die Frage nach dem geschichtsphilosophischen Selbstverständnis wenigstens in der Propädeutik ihrer Lehrbücher und auf den ersten Blick keine Rolle zu spielen scheint. Noch immer stehen an ihrer Stelle bibliographische Hinweise und Bücherkunden in einer Form und einem Umfang im Vordergrund, die zwar die Bedürfnisse der Forschungssituation vergangener Jahrhunderte anschaulich beleuchten,[8] die aber die qualitativ und quantitativ radikal andere Situation der Gegenwart zu ignorieren scheinen. Selbst eine ausgedehnte Sammlung von Internet-links ist nichts anderes als eine (in der Regel kurzlebige) Fortsetzung der klassischen Bibliographie und ersetzt deshalb keineswegs eine Einleitung in die historische Urteilsbildung oder in die Theorie der Geschichte.

Aus dem quantitativen Problem des Mangels an bibliographischer Information ist das qualitative Problem der Orientierung in einem kaum noch zu überblickenden Angebot an bibliographischer Information geworden. Der Faktor der individuellen Urteilskompetenz hat an Bedeutung zugenommen. Die Wahl z.B. einer Geschichtsdarstellung aus einer bestimmten geistigen Provenienz scheint Gefahr zu laufen, zu einer Angelegenheit der historischen Intelligenz entsprechender IT-Experten zu werden, die sich auf die Konstruktion entsprechender Suchmaschinen vernetzter Datenbanken spezialisiert haben. Die Gefahr dezisionistischer Ent-

---

[7] Vgl. etwa auf protestantischer Seite Christoph Markschies: Arbeitsbuch Kirchengeschichte, Tübingen 1995, oder auf katholischer Seite zuletzt Manfred Heim: Einführung in die Kirchengeschichte, München 2000.

[8] Zu verweisen ist hier u.a. auf die sehr unterschiedliche Qualität der Forschungseinrichtungen und Bibliotheken, die vor dem Hintergrund sehr beschränkter Möglichkeiten bibliographischer Recherche nur mit einem verhältnismäßig hohen Aufwand auszugleichen war und deshalb die gedruckte Fachbibliographie als Hilfsmittel für die Forschung nahezu unentbehrlich machte.

scheidungen, bei denen Autoren wie z.b. Augustinus, Hegel, Comtes, Marx oder auch Rosenberg nicht mehr unter geschichtsphilosophischen Rücksichten differenziert werden – und dies zeigt sich bis in die Praxis der akademischen Lehrveranstaltungen – ist aber im Pluralismus geschichtsphilosophischer Entwürfe in der Neuzeit ungleich größer geworden, als dies für die Zeit einer in vergangenen Jahrhunderten sehr viel konsensfähigeren allgemeinen, da weniger differenzierten Geschichtstheologie zu konstatieren war.

5. Betriebsamkeit statt Reflexion

Erst seit wenig mehr als einer Generation finden neuere methodische Ansätze aus den Bereichen der „profanhistorischen" Alltags-, Sozial-, Mentalitäts-, Gesellschafts- oder Wirtschaftsgeschichte usw. vermehrt Eingang in die Kirchengeschichtsschreibung. Sie beschränkt sich darin weitgehend auf die Rezeption u.a. soziologischer, psychologischer und statistischer Methoden der modernen Humanwissenschaften im Bereich der Geschichte und dies zudem mit einer deutlichen zeitlichen Verzögerung im Vergleich zur gängigen Praxis der Allgemeinen Geschichtswissenschaft. Bei allen Unterschieden ist diesen Ansätzen unter wissenschaftstheoretischer Rücksicht gemeinsam, dass sie sich als Überwindung historistischer Geschichtsschreibung verstehen.[9]

Viele Berührungsängste der Theologie zu ihren Nachbardisziplinen und speziell der Kirchengeschichte zur Allgemeinen Geschichtswissenschaft sind in den vergangenen Jahrzehnten deutlich abgebaut worden. Beachtenswert ist allerdings, dass diese Berührungsängste nicht in jeder Hinsicht in gleichem Maße zurückge-

---

[9] Zur Problematik einer genauen Begriffsbestimmung des Begriffs „Historismus" sei aus der Fülle der Literatur stellvertretend nur auf wenige jüngere Monographien und die dort verzeichnete neuere Literatur verwiesen, so z.B. H. Blanke (Hg.): Von der Aufklärung zum Historismus: Zum Strukturwandel des historischen Denkens, München 1984; P. Rossi: Vom Historismus zur historischen Sozialwissenschaft. Heidelberger Max Weber-Vorlesungen 1985, Frankfurt/M. 1987; O. G. Oexle: „Historismus". Überlegungen zur Geschichte des Phänomens und des Begriffs, in: Jahrbuch der Braunschweigischen Wissenschaftlichen Gesellschaft (1986), 119-155; Ders.: Geschichtswissenschaft im Zeichen des Historismus.Studien zu Problemgeschichten der Moderne, Göttingen 1996; V. Steenblock: Transformationen des Historismus, München 1991 (Lit. S. 184-205); Ders.: Zur Wiederkehr des Historismus in der Gegenwartsphilosophie, in: ZPhF 45 (1991) 209-223; U. Muhlak: Geschichtswissenschaft im Humanismus und in der Aufklärung: Die Vorgeschichte des Historismus, München 1991; F. Jaeger/J. Rüsen: Geschichte des Historismus. Eine Einführung, München 1992; J. Rüsen: Konfigurationen des Historismus. Studien zur deutschen Wissenschaftskultur, Frankfurt/M. 1993 (Zu den weiteren diesbezüglich relevanten Veröffentlichungen Rüsens vgl. das Literaturverzeichnis der vorliegenden Arbeit); A. Wittkau: Historismus, Zur Geschichte des Begriffs und des Problems, Göttingen 1992, ²1994. O. G. Oexle: Geschichtswissenschaft im Zeichen des Historismus, Göttingen 1996; H. Tausch (Hg): Historismus und Moderne, Würzburg 1996, Dazukommen verschiedene Studien zu einzelnen Historikern, welche den Zusammenhang des Historismus implizit erörtern.

gangen sind: Analog zur immer noch vorherrschenden propädeutischen Selbstverständnis der Kirchengeschichte sind nach und nach wohl handwerklich neue methodische Ansätze rezipiert worden, nicht jedoch die kontroversen philosophischen Diskussionen etwa um Ursprung, Sinn, Ziel und Movens der Geschichte. Hier lässt sich in dem ganz überwiegenden Teil kirchenhistorischer Darstellungen hinter einer großen Zurückhaltung hinsichtlich ihrer geschichtstheologischen oder geschichtsphilosophischen Interpretation ihrer Befunde die Existenz einer beinahe vollständig unreflektierten Theologie der Geschichte erahnen.[10]

6. Vom Diskursstau in die Legitimationskrise?

Die Kirchengeschichtsschreibung bedarf dringend einer Antwort auf die Frage danach, ob und welche Theologie bzw. Philosophie sie (ge)braucht. Eine Reflexion ihrer erkenntnistheoretischen Grundlagen und der metaphysischen Prämissen kam für sie bis heute ebenso wenig in den Blick, wie der Entwurf einer eigenständigen Geschichtstheologie bzw. einer Geschichtsphilosophie, die neuzeitlichen Standards geschichtsphilosophischer Reflexion Rechnung tragen oder gar befördern könnte.

Dieser Sachverhalt ist um so prekärer, als die Kirchengeschichte gerade durch den für sie wichtigen jeweiligen Kirchenbegriff, d.h. durch ihren gedanklichen Zusammenhang mit der Theologie gefordert ist, Rechenschaft über ihre gedanklichen Prämissen und Instrumente und ihre zu einem großen Teil unreflektierten geschichtstheologischen Implikationen abzulegen und nicht nur durch ihre institutionell gegebene Einbindung in den Kontext der Theologie. Dies gilt vor allem deshalb, weil theologische Inhalte dogmatischer Natur in einer offenen Gesellschaft, wie sie Popper in seiner grundlegenden Analyse nannte, weder aus sich heraus evident noch unmittelbar konsensfähig sind. Als solche sind sie nicht prinzipiell inkommunikabel, aber sie müssen im wissenschaftlichen Diskurs vermittelt werden, d.h. sich der philosophischen Kritik stellen. Angesichts der hermeneutischen Grundstruktur der Geschichtswissenschaft kann nur das begriffliche und logische Instrumentarium der Philosophie das Medium darstellen, das, wenngleich keinen inhaltlichen Konsens, so doch mindestens eine formale Diskursfä-

---

[10] Indiz dafür ist in der binnentheologischen Perspektive dafür der Umstand, dass trotz der großen ökumenischen Fortschritte der letzten Jahrzehnte bis heute eine ökumenische Kirchengeschichte fehlt, die ihrem ökumenischen Anspruch gerecht zu werden vermag. Selbst die von R. Kottje und B. Moeller initiierte dreibändige ökumenische Kirchengeschichte ist eher als ein erster Versuch in diese Richtung zu werden, denn als ein wirklicher ökumenischer Durchbruch. Auch in der Sicht ihrer Initiatoren stellt sie sich eher als konfessionell additiv denn als tatsächlich ökumenisch dar.

higkeit zu garantieren und allein darin die Vermittlung theologischer Aussagen unter den Bedingungen der Wissenschaft zu ermöglichen vermag.[11]

7. Glaube ist noch keine Theologie

Wenn Hubert Jedin noch vor einer Generation betonte, dass die Kirchengeschichte „ihren Gegenstand von der Glaubenswissenschaft empfängt und im Glauben festhält",[12] so verweist dies letztlich noch immer auf die Präsenz des vielleicht einzigen rezeptionsgeschichtlich in großem Maßstab wirksam gewordenen geschichtsphilosophischen Entwurfs des Christentums: auf Augustinus.[13]

Es herrscht in der neueren Kirchengeschichtsschreibung ein Konsens darüber, dass die historische Arbeit weder als vermeintliche Hilfswissenschaft dogmatischen Vorgaben zuarbeiten noch einem theologischen Systemdenken erliegen darf. Was bedeutet es vor dem Hintergrund dieser Einsicht aber, dennoch eine Geschichtstheologie zu entwerfen, die ihre Entsprechung in der Geschichtsphilosophie hätte?

Allein der Blick auf den viel und kontrovers diskutierten Gegenstand der Kirchengeschichte, „die Kirche", macht deutlich, dass es bislang noch nicht gelungen ist, einen konsensfähigen historischen Kirchenbegriff zu entwickeln. Der einer konkreten historischen Darstellung meist implizit zugrundeliegende Kirchenbegriff offenbart nämlich nicht selten eine unreflektierte Übernahme eines Kirchenbegriffs „aus dem Glauben" wie H. Jedin formulierte. Zudem spielt es eine wesentliche Rolle, welche der ganz unterschiedlichen ekklesiologischen Aussagen aus der vielfältigen 2000-jährigen Tradition der Kirche dabei jeweils zugrundegelegt werden.

Zum einen bedeutet die Annahme eines unreflektierten Kirchenbegriffs, der historischen Arbeit einen dogmatischen Akt vorauszusetzen und damit den Boden der Konsensfähigkeit nicht nur kirchenhistorischer Arbeit zu verlassen. Zum anderen stellen dogmatische Inhalte den Gegenstand systematischer, näher hin dogmatischer Theologie dar, nicht aber den Gegenstand historischer Forschung. Im Gegenteil: eine solche Übernahme des Gegenstands der Kirchengeschichte aus dem Glauben versperrt geradezu die Möglichkeit zur Entwicklung einer Ge-

---

[11] Vgl. dazu etwa: O. Weiss: Religiöse Geschichte oder Kirchengeschichte? Zu neuen Ansätzen in der deutschen Kirchengeschichtsschreibung und Katholizismusforschung - Ein Forschungsbericht, in: Rottenburger Jahrbuch für Kirchengeschichte 17 (1998) S. 289-312.
[12] H. Jedin: HKG, Bd. 1, Einleitung, 2.
[13] Auf die Geschichtstheologie Augustins soll und kann im Zusammenhang unserer Fragestellung unter inhaltlichen Rücksichten nicht näher eingegangen werden. Es genügt an dieser Stelle, sie in formaler Hinsicht als besonders wirkmächtigen Entwurf zu konstatieren.

schichtstheologie. Eine solche kann erst und nur dann den Anspruch erheben, wissenschaftlich begründet, d.h. konsensfähig und zugleich falsifizierbar zu sein, wenn sie den Grundbedingungen jeder Wissenschaft folgt (Begriffliches Urteil, Logik, Empirie, Kritikfähigkeit usw.). Eine Übernahme des Kirchenbegriffs aus dem Glauben allein vermag also keine wissenschaftliche Geschichtstheologie zu begründen.

Dessen ungeachtet hat die Dogmen- und Theologiegeschichte durchaus einen heuristischen Wert bei der Bildung und Entwicklung geschichtstheologischer Hypothesen. Unter den zahlreichen geschichtstheologischen Entwürfen des Christentums konnte sich historisch nachhaltig bislang nur diejenige Augustins durchsetzen. Auf einen geschichtstheologischen Entwurf, der die Kirche und Gesellschaft auch unter den Bedingungen der Moderne – d.h. nicht nur für sich selbst, sondern im Zusammenhang der gesamten scientific community – ebenso konsensfähig reflektiert, wie derjenige Augustins für die Zeit der Spätantike und des Mittelalters, kann die Kirchengeschichtsschreibung also langfristig nur bei der Strafe einer „wissenschaftlichen Exkommunikation" verzichten.

8. Geschichtsphilosophie als Desiderat

Das scheinbare Ende der Nationalstaatlichkeit (?) als normatives Paradigma gesellschaftlichen Strebens, die als politische Bestrebung des 19. Jahrhunderts zum Motor geschichtsphilosophischer Erneuerung im Zeichen des Historismus wurde sowie die politische Desavouierung der Marxistischen Geschichtsphilosophie regen heute zu einem Paradigmenwechsel im Bereich der Theorie der Geschichte an. Dies stellt nicht nur für die Geschichtswissenschaft, sondern auch für Theologie und Philosophie eine Chance dar, ihrerseits über einen Paradigmenwechsel im Bereich ihrer historischen Leitideen nachzudenken.

Die Allgemeine Geschichtswissenschaft war nach ihrer Trennung von der Kirchengeschichte – sei es als bürgerlich-liberale Geschichtsschreibung, sei es als marxistische Geschichtsschreibung – bereits von Anfang an genötigt, aber zugleich auch willens und in der Lage, sich ihre eigenen geschichtsphilosophischen Fundamente zu schaffen und im Laufe der Jahrzehnte weiter auszudifferenzieren. Die politische, ökonomische und ökologische Zeitgeschichte des ausgehenden 20. Jahrhunderts nötigt heute jedoch dazu, die Tragfähigkeit jener geschichtsphilosophischen Entwürfe des 19. Jahrhunderts erneut und grundsätzlich in Frage zu stellen und gegebenenfalls zu korrigieren.

Nach einer vergleichsweise ruhigen Phase, in der die Geschichtswissenschaft sich eher der Entwicklung methodischer Neuansätze und neuen Fragestellungen zuwandte, verheißt der gegenwärtige politische, kulturelle, soziale und ökologische Umbruch im Globalen für die nähere Zukunft ein erneutes Interesse an grundsätzlichen Fragen der Geschichtsphilosophie. Die Kirchengeschichte ist in diesem Prozess nicht weniger als die allgemeine Geschichtswissenschaft dazu aufgerufen, ihren Beitrag zur Gestaltung des neuen Diskurses zu leisten. Sie ist jedoch – wie es scheint – auf diese Aufgabe gegenwärtig noch nicht besonders gut vorbereitet.

9. Theologie oder Philosophie: Wer gibt den nächsten Denkanstoß?

Zu den vordringlichsten Aufgaben einer künftigen Kirchengeschichtsschreibung gehört wenigstens die Rezeption der geschichtsphilosophischen Tradition der Allgemeinen Geschichtswissenschaft im Sinne eines wissenschaftstheoretischen „aggiornamento". Ein gewisses Problem stellt in diesem Zusammenhang der Umstand dar, dass auch im Rahmen bürgerlich liberaler Geschichtsschreibung vielleicht seit Hegel kein wirklich neuer Gesamtentwurf einer Philosophie der Geschichte vorgelegt worden ist.[14] In der zweiten Hälfte des 20. Jahrhunderts ist als philosophische Tendenz neben der Abkehr von historistischen Geschichtsphilosophien lediglich eine Wende von vorherrschenden Aszendenztheorien zu Deszendenztheorien zu verzeichnen. Das größere Augenmerk richteten die letzten Generationen der Historiker – mit Ausnahme der Geschichtsschreibung des historischen Materialismus –[15] auf Fragen der Methodenlehre im engeren Sinn.

---

[14] Selbstverständlich ist die Reflexion über die Theorie und Philosophie der Geschichte kontinuierlich weitergeführt worden – ohne allerdings, dass ein Entwurf nachhaltig rezipiert worden wäre. Nützliche Überblicke finden sich neben F. Stern (Hg.): Geschichte und Geschichtsschreibung. Möglichkeiten, Aufgaben, Methoden. Texte von Voltaire bis zur Gegenwart, München 1966, für die Kirchengeschichte bei B. Moeller: Kirchengeschichte: deutsche Texte 1699-1927, Frankfurt/M. 1994, vgl. ferner die breiter angelegte Quellensammlung programmatischer Texte zur Geschichtstheorie und Historik von W. Hardtwig (Hg.): Über das Studium der Geschichte, München 1990.

[15] Wenigstens in der Endphase marxistischer Geschichtsschreibung in den späten 80er Jahren des 20. Jahrhunderts wurde diese sich z.B. in der ehemaligen DDR der Notwendigkeit einer Neuorientierung sowohl im Bereich der Theoriebildung bewusst, vgl. zu den Prinzipien marxistischer Erkenntnistheorie und deren Umsetzung in den verschiedenen Zweigen der Wissenschaft: R. Rochhausen u.a. (Autorenkollektiv): Bildung und Entwicklung natur- und humanwissenschaftlicher Theorien, Berlin (Ost) 1983; wie auch in der Geschichtsdarstellung, in welcher der in den 80er Jahren in der DDR vollzogene „Umbau des Geschichtsbildes" seinen Ausdruck findet (vgl. Erläuterung des letzten, im Herbst 1989 (!) in Ostberlin erschienenen, nicht mehr zur Ausführung gelangten Lehrplanes Geschichte: A.-D. Krause u.a.: Lehrplan, insbes. Kap. 2: Zur inhaltlichen Profilierung des Lehrganges, 15-36, sowie Kap. 4.1: Orientierungen des Lehrplanes und strategische Sicht des Lehrers, 48-53.
  Zur historischen Erörterung des Themas vgl. etwa H. Schleier (Hg.): Fortschritt und Reaktion im Geschichtsdenken der ersten Hälfte des 19. Jahrhunderts, Berlin 1988; oder K. O. Arentin/G. A. Ritter: Historismus und moderne Geschichtswissenschaft. Europa zwischen Revolution und Restauration 1797-1815. 3. Deutsch-sowjetisches Historikertreffen in der Bundesrepublik Deutschland. München 13.-18. März 1987, Stuttgart 1987. Zur Problematik vgl. ferner G. Adriany: Neue marxistische Geschichtsschreibung in Ungarn, in: ZKG 96 (1985) 395-404.

Will die Kirchengeschichte einen sachgerechten und richtungsweisenden Beitrag in der Diskussion um künftige Geschichtsmodelle leisten und darin ihre isolierte Sonderstellung überwinden, so bedarf sie dazu dringend des Instrumentariums der philosophischen Vernunft als einer conditio sine qua non eines jeden wissenschaftlichen Diskurses. Unter inhaltlichen Rücksichten wird es für sie erforderlich sein, den genannten Entwurf einer Geschichtstheologie unter den Bedingungen der Moderne nicht nur für sich selbst und weiterhin isoliert voranzutreiben, sondern sie sollte diesen auch in Beziehung setzen zu den bereits existierenden Geschichtsphilosophien der Moderne. Sie hat dazu große Defizite aufzuholen, die weit in die Wissenschaftsgeschichte des 19. Jahrhunderts zurückreichen. Gehört jener Nachholbedarf zu den Voraussetzungen einer künftigen Kirchengeschichtsschreibung, so wird es zu ihren neuen Aufgaben gehören, die Entwicklung einer philosophisch verantworteten Geschichtstheologie in einem kontinuierlichen Dialog mit den Theorien der aktuellen und künftigen „profanen" Geschichtswissenschaft aufzunehmen. Sie hat dazu heute die Chance, dieser Aufgabe nicht noch einmal überhaupt nicht oder verspätet gerecht zu werden.

10. Von der Partizipation zur Interaktion

Die Kirchengeschichte bedarf ebenso, wie dies von der Theologie als ganzer gilt, des interdisziplinären Dialogs mit den Human- und Sozialwissenschaften: Umgekehrt stellt sich das Verhältnis allerdings keineswegs als durchgängig paritätisch dar. Das entscheidende Problem, das einer unverzüglichen Einlösung dieser Forderung entgegenzustehen scheint, ist eine ernüchternde Feststellung: Die Theologie und mit ihr die Kirchengeschichte gelten im Allgemeinen als keine Partnerinnen mehr, von der große Teile der Wissenschaften durch interdisziplinäre Zusammenarbeit neue methodische oder inhaltliche Impulse erwarten. Damit ist auch der sachliche Grund für den oben konstatierten Sachverhalt formuliert, dass das Streben der Theologie nach Interdisziplinarität deshalb in der Praxis auch für die nähere Zukunft auf ein Verhältnis der Partizipation an den Ergebnissen ihrer Nachbarwissenschaften beschränkt bleiben wird. Aber auch jene Entwicklung der Theologie von ihrem einstigen Status als einer mit allen Wissenschaften verknüpften Wissenschaft, ja von ihrem Status als „Einheitswissenschaft", hin zu ihrer heutigen Stellung als exotisches „Orchideenfach", bedarf der Erklärung.

Als fundamentales Hindernis für die Theologie, die vielzitierte interdisziplinäre Vernetzung mit ihren benachbarten Disziplinen auch in der Praxis umzusetzen, besteht in der heute von außen zuweilen nur noch schwer zu erkennende Einheit und Konsistenz der Theologie. Ihre Teildisziplinen scheinen übertragbar auf und damit subsistierbar durch eben jene Wissenschaften, mit denen sie Interdisziplinarität anstrebt.

Für die Kirchengeschichte – als einem Bestandteil des Komplexes „Theologie" – bedeutet das etwa, dass gerade ihr theologischer Aspekt von der Allgemeinen Geschichtswissenschaft als etwas nicht gedanklich Fremdes und daher interdisziplinär Reizvolles gesehen wird. Ihr theologischer Aspekt wird von den Geschichtswissenschaften vielmehr als etwas sachlich Fremdes angesehen. Kirchengeschichte erscheint im Licht des Ideologieverdachts als etwas theologisch-dogmatisches und genau aus diesem Grund als etwas Unhistorisches, als etwas „Geschichtsfremdes", das für einen interdisziplinären Austausch reizlos bleibt. Kirchengeschichte stellt sich unter dieser Rücksicht entweder als systematische Theologie im Mantel der Historie oder eben als pseudotheologische Disziplin dar, als eine Form theologisch vereinnahmter Geschichtsschreibung, die sich nach einer intellektuellen Bereinigung ihrer theologischen „Verunreinigung" wieder in klassische Geschichte auflöst und aus diesem Grund für die Geschichtswissenschaft keinen interdisziplinären Ansatzpunkt bietet.

Theologie wird für die philosophisch betriebene Geschichtswissenschaft als Partnerin des interdisziplinären Austauschs nur dann erkennbar, wenn sie ihr zweites Auge, das historische, wie J. I. von Döllinger es einmal nannte, nicht verschließt, d.h. auch historisch denkt. Dann und erst dann könnte eine Theologie der Geschichte für die philosophische Geschichtsschreibung zu einer Herausforderung und damit interessant werden. Sie wäre dann keine „Geschichte für sich selbst", sondern eine eigene Geschichte unter und mit anderen.

11. Folgerungen

Kirchengeschichte muss ihre Dialogfähigkeit durch die Entwicklung eines eigenen und differenzierten wissenschaftstheoretischen Profils erlangen. Dieses muss mit der Allgemeinen Geschichtswissenschaft kompatibel sein und zugleich ihr theologisches Spezifikum philosophisch vermittelbar, d.h. diskursfähig machen. Ein solcher Entwurf ist nur dann richtungsweisend, wenn er nicht exklusiv dogmatisch, sondern philosophisch reflektiert erfolgt, d.h. wenn er sich gerade nicht im neuscholastischen Sinne in vorgegebene Antworten einer spätantiken Geschichtstheologie erschöpft, die ohne Rücksicht auf eine veränderte Zeitsituation der Moderne wiederholt werden. Richtungsweisend wird ein solcher Entwurf erst dann, wenn er sich in formaler Hinsicht mindestens auch der methodischen Prinzipien bedient, denen sich bereits die Scholastik verpflichtet wusste. Diese folgte in ihrem methodischen Programm nicht dem Entwurf einer systematischen Dogmatik als einer Antwort in kontradiktorischer und zugleich apologetischer Absicht. Sie unternahm vielmehr den Versuch, auf der Basis gemeinsamer philosophischer Prämissen das Ziel zu verfolgen, konträre Ansichten und Kontroversen in der Form der Quaestio, d.h. als Fragen diskursiv und argumentativ zu entscheiden.[16] Sie bedarf dazu der Herausforderung durch die Philosophie.

Weitergedacht: Theologie und Philosophie im Gespräch

1. Zum Dialog der Wissenschaften: Die Erfahrungen auch der exegetischen Disziplinen der Theologie scheinen die oben genannte Grundthese aus kirchenhistorischer Sicht zu bestätigen: Die Kirchengeschichte besitzt ebenso wie die exegetischen Disziplinen bereits binnentheologisch eine ganz geringe Relevanz. Diese fehlende Relevanz setzt sich nicht nur in unmittelbarer Weise und im Blick auf eine interdisziplinäre Verknüpfung des mit den philologischen und historischen Nachbarwissenschaften in unmittelbarerer Weise fort. Sie tut es auch insofern mittelbar, als sie die Relevanz der Theologie als Gesprächspartnerin der benachbarten philosophischen und humanwissenschaftlichen Wissenschaften als solche und als ganze relativiert.

Welche Schlussfolgerungen ergeben sich aus dieser Beobachtung? Eine gedankliche Konsequenz aus dem genannten Befund besteht in der Einsicht, dass eine hinreichende Selbstreflexion der Theologie hinsichtlich ihrer Teildisziplinen und deren Verhältnis zueinander nicht nur bisher noch nicht gegeben ist, sondern vielmehr permanent neu zu leisten ist. Erst auf dieser Grundlage kann dann die Außenperspektive der philologischen und historischen Nachbardisziplinen mit dem Ziel differenziert und analysiert werden, überhaupt erst die grundlegenden Voraussetzungen für einen interdisziplinären Dialog zu gewinnen. Unter dieser Rücksicht ist zu überlegen, ob die mit dem Symposion gestellte Frage: „Welche Philosophie (ge)braucht die Theologie?" für den Bereich der Kirchengeschichte vorerst gedanklich zurückgestuft werden muss: Sie lautet dann zunächst: „(Ge)braucht die Kirchengeschichte überhaupt eine Philosophie? – oder genügt ein unreflektierter und z.T. diffuser Kirchenbegriff als geschichtsphilosophische Voraussetzung?"

2. Erst wenn diese rhetorisch anmutende Frage bewusst bejaht ist, kann sie sich in einem zweiten Schritt der weiterführenden Frage „Welche Philosophie (ge)braucht die Kirchengeschichte?" widmen: Die vorneuzeitlichen, d.h. die verschie-

---

[16] Vgl. Die Disputatio. Überlegungen zu einer historischen Form theologischer Streitkultur, in: G. Kraus/H.-P. Schmitt (Hgg.): Wider das Verdrängen und Verschweigen. Für eine Streitkultur in Theologie und Kirche, Frankfurt 1998, 33-46 (= Bamberger theologische Studien 7).

denen mittelalterlichen, spätantiken und antik-apokalyptischen Geschichtsphilosophien haben ebenso wie die modernen Geschichtsphilosophien ihre Bedeutung für
eine gegenwärtige Geschichtsphilosophie in dem Maße verloren, insoweit sie die
politischen Verhältnisse ihrer Zeit reflektieren, d.h. insoweit es sich dabei nicht
um Geschichtsphilosophie im eigentlichen Sinn, sondern um Geschichtsdenken
handelt. Aber auch die Paradigmen der geschichtsphilosophischen Diskussion des
19. Jahrhunderts, wie z.b. die Begriffe Nationalstaat, bürgerliche Freiheit oder
Klassenkampf haben ihren Ort und ihre Bedeutung in der gegenwärtigen Diskussion mindestens gewandelt, z.t. sogar verloren: Denn, so ist zu fragen, was bedeutet der klassische und die Politik des 19. Jahrhunderts bestimmende Begriff
des Nationalstaates heute vor dem Hintergrund von sozialen, kulturellen, wirtschaftlichen und politischen Globalisierungsprozessen? In welcher Weise und in
welchem Ausmaß hat sich vor dem Hintergrund der Erfahrung der totalitären Systeme des 20. Jahrhunderts heute, d.h. am Beginn des 21. Jahrhunderts, die Bedeutung der Forderung nach bürgerlichen Freiheiten, Demokratie und Menschenrechten gewandelt? Welcher Stellenwert kommt dem geschichtsphilosophischen
Paradigma des Klassenkampfes vor dem Hintergrund des politischen Zusammen-
bruchs fast aller sozialistischer und kommunistischer Systeme heute zu?

3. Theologie und Interdisziplinarität. Wenn, wie es scheint, das geschilderte Problem einer tatsächlichen interdisziplinären Vernetzung der Theologie tatsächlich
existiert, dann ist in der Außenperspektive (nicht nur) der Philosophie der Begriff
Interdiziplinarität als solcher anzufragen: Bezeichnet das Problem der Theologie,
interdisziplinäre Forschung und Lehre zu realisieren, die mehr sein will als nur ein
Verhältnis der Partizipation der Theologie an den Ergebnissen ihrer benachbarten
Wissenschaften, nicht zugleich auch mehr als nur ein bloß wissenschaftstheoretisches und/oder methodologisches Problem? Erweist sich das theoretische Problem nicht in der Weise als ein mindestens auch praktisches Problem, indem es
die Notwendigkeit aufzeigt, auch über die organisatorischen und institutionellen
Grundlagen theologischer Forschung nachzudenken?

In der Konsequenz dieser Anfrage hätten Theologie und Philosophie über eine
Transformation der universitären und sonstigen akademischen Institutionen ihrer
Wissenschaft nachzudenken. Das traditionelle Modell einer in die klassischen
Fakultäten gegliederten Universität wäre demnach daraufhin zu überprüfen, ob es
den geeigneten Rahmen für interdisziplinäre Forschung bildet oder eine solche
umgekehrt nicht sogar behindert. Denkbar wäre in diesem Zusammenhang etwa
das Modell einer universitären Organisation, deren Grundprinzip nicht mehr durch
den Kanon der in ihr zusammengeschlossenen Fächer, sondern durch andere Prinzipien gegeben wäre, wie z.B. bestimmte Fragenzusammenhänge, gemeinsame
methodische Zugänge, gemeinsame Untersuchungsgegenstände oder ähnliches.

Die einzelne Institution, in der sich Forschung und Lehre vollziehen, wäre dann nicht mehr die klassische theologische oder philosophische Fakultät und in ihr ein Institut für historische Theologie bzw. ein Institut für Philosophiegeschichte, die gelegentlich und eher akzidentell in Fragen gemeinsamen Interesses kooperierten. An ihre Stelle träten im Sinne jener Transformation der Institutionen eine Mehrzahl von Einrichtungen, deren Kohärenz gerade nicht akzidentiell, sondern im Prinzip und damit substantiell durch Fragen, Gegenstände oder Methoden gemeinsamen Interesses bestimmt wäre. Die gegenwärtig bereits erfahrbare Umgestaltung der universitären Landschaft mit der zunehmenden Bedeutung verschiedener „Zentren", besonderen Fragen gewidmeter Institute, „Kooperationen", Graduiertenkollegs oder Sonderforschungsbereichen verleiht dem Gedankenanstoß zusätzliche Plausibilität.

Die Anfrage scheint eine im Wortsinn radikale Interdisziplinarität, eine Interdisziplinarität als Prinzip zu fordern, um durch sie dem Problem jener nur vermeintlichen Interdisziplinarität zu begegnen, die sich bei näherer Betrachtung als ein Verhältnis der Rezeption oder Partizipation einer einzelnen Wissenschaft an den Ergebnissen anderer Wissenschaften darstellt.

Im Gegenzug ist allerdings zu fragen: Ist Interdisziplinarität als Prinzip, d.h. in ihrer radikalen Form konsequent überhaupt denkbar und praktizierbar? Das Faszinierende an dieser Forderung ist, dass sie eine flexible, assoziativ organisierte Wissenschaftsorganisation verspricht, die in der Lage ist, in immer neuen, vernetzten Konstellationen „ad hoc" sowie durch Perspektiven-, Fächer- und Methodenvielfalt ausgetretene Pfade der Forschung zu verlassen und dabei nicht nur völlig neue Fragestellungen, sondern auch synergetische Effekte zu erzielen.

Denkt man im Sinne der Anfrage konsequent weiter, so stellen sich jedoch rasch Zweifel ein, ob eine solche Form der Interdisziplinarität nicht schon bereits den Keim dafür in sich trägt, sich selbst aufzulösen. Ohne die Substanz der Fächer, die sich aus einer je spezifischen Perspektive und eigenen Methoden einem Gegenstand nähern, löst sich Interdisziplinarität in Nichts auf mit dem Ergebnis, dass die ehemaligen Partner interdisziplinärer Forschung sich zu eigenständigen neuen Fächern entwickeln.

Zu fragen wäre darüber hinaus nicht nur für die Theologie, sondern auch für die Philosophie, worin denn eine solche spezifische theologische bzw. philosophische Methode bestünde und ob man darüber hinaus von einer gemeinsamen Perspektive jener Fächer, sei es der Theologie oder auch der Philosophie, überhaupt sprechen kann. Kurz: Welches wäre der spezifische Beitrag z.B. der Theologie für die Philosophie und umgekehrt?

An diesem Punkt schließt sich unmittelbar eine weitere Frage an, die das Dilemma der Theologie unübersehbar vor Augen führt: Theologie vollzieht zuweilen eine Gradwanderung zwischen Integralismus und Auflösung. Integralistisch wird sie dort, wo sie sich ganz in der Tradition mittelalterlicher Denkformen im Sinne einer Einheitswissenschaft versteht. Als solche versteht sie sich nicht als Theologie im strikten Sinne, sondern im Blick auf ihre Teildisziplinen potentiell gleichzeitig auch kompetent als Gesellschafts-, Kultur- und Lebenswissenschaft, als philosophische Lehrmeisterin, als politische, soziale, ökonomische Ratgeberin usw. – und damit für „Gott und die Welt" zuständig. Ein solches Modell ist angesichts der tatsächlichen Position von Theologie und Philosophie im Kontext der scientific community nicht nur anachronistisch, sondern auch realitätsfern und zudem praktisch nicht durchführbar. Auch wenn ihr – eher untergründig – ein universaler Anspruch der Weltdeutung eigen ist, muss man nüchtern festhalten: Theologie ist wenigstens faktisch nicht der Inbegriff und die Summe allen Wissens über „Gott und die Welt" und – selbst in der Beschränkung aus den Bereich der Geisteswissenschaften – ist nicht in der Lage, die Fragen aller Wissenschaften zu beantworten. Während lehramtliche Dokumente des 19. Jahrhunderts noch die Aufsichtsfunktion der Theologie über die Philosophie betonen, wurde ihre Trennung von den Naturwissenschaften in einem für das Konzept einer Einheitswissenschaft schmerzhaften Prozess im 19. Jahrhundert bereits abgeschlossen.

Der radikalen Forderung nach der Theologie als Einheitswissenschaft steht der Theologie auf der anderen Seite des Grates drohend die Frage nach ihrer Einheit als Wissenschaft, d.h. nichts Geringeres als die Frage nach ihrer Substanz gegenüber. Das gleiche Problem der Frage nach den verschiedenen Wissenschaften und ihres Zusammenhangs im interdisziplinären Dialog stellt sich für die Theologie nämlich auch nach innen: Sie vereinigt in sich bereits viele und sehr unterschiedliche Fächer und Teildisziplinen. Was aber sind die Fragen, Gegenstände und Methoden gemeinsamen Interesses, welche die Teildisziplinen der Theologie als Theologie vereinen, d.h. zu einer akademischen Einheit zusammenfügen können, die über den institutionellen Zusammenhang einer theologischen Fakultät hinausgeht? Ist Interdisziplinarität für ein Fach wie die Theologie, deren Einheit unter wissenschaftstheoretischen und methodologischen Gesichtspunkten ja gerade alles andere als selbstverständlich ist, möglicherweise sogar verhängnisvoll für ihren Fortbestand als Wissenschaft? Ist eine Form der Interdisziplinarität wünschenswert, so kann man fragen, die vielleicht jene Zentrifugalkräfte freisetzt, die den Teildisziplinen der ehemaligen Einheitswissenschaft innewohnen und die deren Zusammenhang in Frage stellen? Beschreitet die Theologie den Weg der Interdisziplinarität in ihrer radikalsten Form, so läuft sie möglicherweise Gefahr, irgendwann unter dem Dach einer neuen „interdisziplinären Einheitswissenschaft" nur noch für das geübte Auge in der Form einiger Fragestellungen, fachspezifischer Vokabeln und versprengter Bibliotheksbestände als eigene Wissenschaft erkennbar zu sein.

4. Kirchengeschichte als Kulturgeschichte? In jüngerer Zeit und im genannten Zusammenhang hat der Begriff der Kulturwissenschaft(en) in der wissenschaftstheoretischen Diskussion an Bedeutung und an Beliebtheit gewonnen. Insbesondere auf die Geschichtswissenschaften übt er eine besondere Faszination aus und scheint geeignet zu sein, die Leitideen der letzten beiden Historikergenerationen zu verdrängen. Im Gegensatz zur Gesellschaftsgeschichte mit ihrem Interesse an den sog. objektiven Strukturen und den gesellschaftlichen Basisprozessen bezieht sich die neue Kulturgeschichte auf jene Phänomene der sozialen Wirklichkeit, die gewissermaßen die Innenseite der menschlichen Existenz unmittelbar berühren. Dabei stehen vor allem die Sinnbezüge und die kulturellen Orientierungen, die kulturellen Prägungen und Weltdeutungen, die Dispositionen und die Mentalitäten der historischen Subjekte im Zentrum des Interesses. Die bevorzugten Untersuchungsgegenstände sind die Weltbilder und die Wertideen, die Mythen und die Sprache, die körperlichen Ausdrucksformen und der Habitus, die Rituale und die Symbole, die Kommunikationsräume und die Mentalitäten, die Geschichtsbilder und die Erinnerungskulturen, schließlich auch die Erfahrungen und die Erwartungen von Individuen und gesellschaftlichen Gruppen.[17] Die Entdeckung und die Thematisierung solcher „neuen" Wirklichkeitsbereiche erfolgte für den Bereich der Geschichtswissenschaft im Kontext eines „umfassenden Reflexions- und Rezeptionsvorgangs" klassischer Autoren und Texte vor allem aus der Zeit zwischen 1880 und 1930 – jener „‚Achsenzeit' moderner Wissenschaft", die von Autoren wie Max Weber und Ernst Troeltsch, Emile Durkheim und Georg Simmel, Aby Warburg und Ferdinand Tönnies maßgeblich geprägt wurde.[18]

Dem in der Geschichtswissenschaft bislang dominierenden Gesellschaftsbegriff[19] wird zunehmend der umfassendere Begriff der Kultur entgegengesetzt – indem man von dem „schlechthin alles durchtränkenden Charakter von Kultur" spricht. Alle gesellschaftlichen Akte, so lautet die These, selbst die ökonomischen und die sozialen, seien prinzipiell kultureller Art. Ja, es wird gewissermaßen von

---

[17] Vgl. L. Hunt (Hg.): The New Cultural History, Berkely 1989; H. Lehmann (Hg.): Wege zu einer neuen Kulturgeschichte, Göttingen 1995; W. Hardtwig/H.-U. Wehler (Hgg.): Kulturgeschichte Heute, Göttingen 1996 (=Geschichte und Gesellschaft, Sonderheft 16); T. Mergel/T. Welskopp (Hgg.): Geschichte zwischen Kultur und Gesellschaft. Beiträge zur Theoriedebatte, München 1997.

[18] Vgl. O. G. Oexle: Geschichte als Historische Kulturwissenschaft, in: W. Hardtwig/H.-U. Wehler (Hgg.): (Wie Anm. 17), hier: 15. Hinzu kommt aber auch eine Reihe weiterer Referenzautoren und Werke, die sich für die theoretischen Bezüge der neuen Kulturgeschichte eignen. Zu nennen sind hier etwa die Arbeiten von Ernst Cassirer, Pierre Bourdieu, Michel Foucault, Maurice Halbwachs, Jan Assmann, Hayden White, Dominick La Capra, Jacques Derrida, Clifford Geertz, Mary Douglas, Peter L. Berger, Thomas Luckmann, Anthony Giddens etc.

[19] Vgl. für den methodischen Ansatz M. Hettling (Hg.): Was ist Gesellschaftsgeschichte? Positionen, Themen Analysen [Hans-Ulrich Wehler zum 60. Geburtstag], München 1991 bzw. das grundlegende Werk von Hans-Ulrich Wehler: Deutsche Gesellschaftsgeschichte (4 Bde., davon bisher 3 erschienen), München 1987/95, sowie ders.: Die Herausforderung der Kulturgeschichte, München 1998.

einer „Omnipräsenz kultureller Prägungen und Mächte" ausgegangen. Auf der Basis dieser Axiomatik vertreten manche der neuen Kulturhistoriker dann auch selbstbewusst den Anspruch, dass mit der Kategorie der Kultur „das Ganze" der historischen Wirklichkeit besser eingefangen werden könne als mit der Kategorie der Gesellschaft.[20]

Setzt man einmal voraus, dass Theologie und Kirche keine Sonderwelten jenseits der allgemeinen Kulturentwicklung darstellen, sondern sowohl in ihren Denkformen als auch Lebensäußerungen tief in der menschlichen Kultur verwurzelt sind, so ist es ein gedanklich nur kleiner Schritt zu Kirchengeschichte als einem Aspekt einer umfassenderen Kulturgeschichte und zur Theologie als einem Aspekt der Kulturwissenschaft. Kann sich Kirchengeschichte also als „Kulturwissenschaft in historischer Absicht" verstehen?

Die von der neuen Kulturgeschichte entworfenen methodischen und theoretischen Zugänge zur Geschichte sprechen deshalb auf den ersten Blick dafür: ihre grundlegenden Kategorien, wie Sinn und Bedeutung, die Untersuchungsgegenstände der Weltbilder und der Mythen, der Symbole und der Sprache oder die Frage nach den Mentalitäten und den Erfahrungen sind zentrale Formen und Äußerungen des religiösen Lebens. Sie legen es nahe, einen Großteil der Fragestellungen und Kategorien und der damit verbundenen Forschungsthemen für eine moderne Religions- und Kirchengeschichte nutzbar zu machen. Nicht zuletzt bieten gerade auch die von Ideen geschaffenen „Weltbilder" einen vorzüglichen Ansatzpunkt für die Integration theologischer Denksysteme, deren weitreichende Wirkung für Frömmigkeit und Kirche unbestritten ist.

Ein möglicher Einwand könnte jedoch lauten: Bedeutet in diesem Zusammenhang der Begriff „Kulturwissenschaft(en)" nicht letztlich den Versuch, eine neue Form einer Einheitswissenschaft zu begründen? Sie müsste dann als eine Wissenschaft verstanden werden, die unter dem Begriff der Kultur alle menschlichen Lebensäußerungen umfasst: Von Geschichte, Sprache, Philosophie, Religion und Politik über Medizin, Juisprudenz und Informatik bis hin zu bildender Kunst, Musik, Technik, Architektur usw.

Was aber wäre damit gewonnen? Auf jeden Fall wäre damit zunächst kein Impuls für eine neue Theorie oder Philosophie der Geschichte gegeben, sondern eher einem Verzicht auf eine philosophisch kohärente und methodisch konsistente Ge-

---

[20] Vgl. H.-U. Wehler: Rückblick und Ausblick – oder: arbeiten, um überholt zu werden?, in: P. Nolte u.a. (Hgg.): Perspektiven der Gesellschaftsgeschichte, München 2000, S. 159–168, hier: 165; R. Darnton: Intellectual and Cultural History, in: Michael Kammen (Hg.): The Past before Us: Contemporary Historical Writing in the United States, Ithaca 1980, S. 327–354; T. Mergel: Kulturgeschichte – die neue „große Erzählung"? Wissenssoziologische Bemerkungen zur Konzeptualisierung sozialer Wirklichkeit in der Geschichtswissenschaft, in: W. Hardtwig/H.-U. Wehler (Hgg.): (wie Anm. 17) S. 41–77, 59ff.

schichtsschreibung Vorschub geleistet. Wollte man zudem an einer strikten Unterscheidung der Begriffe Kultur und Natur festhalten, so müsste man konsequenterweise die verbleibenden Naturwissenschaften in diesem Zusammenhang ebenfalls unter einem gemeinsamen Dach, etwa als „kybernetische Wissenschaften" vereinen. Auch das scheint wenig hilfreich. Schließlich ist der Verdacht zu entkräften, es handele sich bei einer solchen begrifflichen Einteilung der Wissenschaften um Begriffe, die zudem nur aufgrund ihrer Unschärfe als Oberbegriffe von Wissenschaftsbereichen im Sinne einer Einheitswissenschaft zu fungieren, geeignet sind sowie aufgrund ihrer Eigenschaft, sich einer exakten Definition zu entziehen.

5. Perspektiven? Fragt man abschließend nach dem Handlungsbedarf und nach Möglichkeiten, dem konstatierten Defizit zu begegnen, so ist diese Frage untrennbar mit der Frage nach dem Ort der Geschichtsphilosophie im Kontext des Faches Kirchengeschichte verbunden: Wo ist der systematische Ort für die Grundlagenreflexion des Faches Kirchengeschichte und damit der Ort, über das Verhältnis der Kirchengeschichtsschreibung zu Theologie und zu Philosophie nachzudenken? Eine Antwort auf die Frage „Welche Philosophie/Theologie (ge)braucht die Kirchengeschichtsschreibung darf nicht erst nach getaner „realhistorischer Arbeit" – um nochmals die Mahnung H. Jedins zu bemühen – erfolgen und auch nicht in Form einer Spezialdisziplin für Einzelne. Im Gegenteil: Sie muss dort gestellt und beantwortet werden, wo die kirchenhistorische Arbeit ihren Ausgang nimmt: in der Propädeutik. Die Propädeutik der Kirchengeschichte muss daher künftig mehr beinhalten, als eine bloße Einführung in Quellen, Literatur, Epochen oder Hilfswissenschaften der Kirchengeschichte. Ihre Aufgabe muss es auch sein, die philosophischen und theologischen Grundlagen zu reflektieren und zu verantworten, auf die sich die konkrete historische Arbeit stützt. Dies gilt selbst dann, wenn man Kirchengeschichtsschreibung als „Kulturwissenschaft in historischer Absicht" betreibt.

Literatur

Asendorf, M. (Hg.): Aus der Aufklärung in die permanente Restauration. Geschichtswissenschaft in Deutschland, Hamburg 1974.

Aubert, R.: Die Geschichte der Kirche als unentbehrlicher Schlüssel zur Interpretation der Entscheidungen des Lehramtes, in: Concilium 6 (1970) H. 8/9, 501-507.

Balthasar, H. U. von: Das Ganze im Fragment. Aspekte der Geschichtstheologie, Einsiedeln 1963.

Batllori, M.: Kirchengeschichte und Theologie auf verschiedenen Ebenen: Lehre, Forschung, Interpretation, in: RQ 80 (1985) 59-63.

Beintker, M.: Die Frage nach Gottes Wirken im geschichtlichen Leben, in: ZThK 90 (1993) 442-461.

Berding, H.: Bibliographie zur Geschichtstheorie, Göttingen 1977.

Bernheim, E.: Lehrbuch der historischen Methode und der Geschichtsphilosophie, Leipzig 1889, [5+6] neu bearb. u. verm. 1908.

Berthold, W.: Zur geschichtstheorethisch-methodologischen Bedeutung der Geschichte der Geschichtsschreibung und des historisch-politischen Denkens, in: ZfG 14 (1966) 98-100.

Blanke, H. W./Fleischer, D.: Aufklärung und Historik: Aufsätze zur Entwicklung der Geschichtswissenschaft, Kirchengeschichte und Geschichtstheorie in der deutschen Aufklärung, Waltrop 1991.

Bornkamm, K.: Kirchenbegriff und Kirchengeschichtsverständnis, in: ZThK 75 (1978) 436-466.

Breysig, K.: Kulturgeschichte der Neuzeit. Vergleichende Entwicklungsgeschichte der führenden Völker Europas und ihres sozialen und geistigen Lebens, Bd. 1: Aufgaben und Maßstäbe einer allgemeinen Geschichtsschreibung, Berlin 1900.

Conzemius, V.: Kirchengeschichte als Sozialgeschichte, in: Caritas. Jahrbuch des Deutschen Caritasverbandes, o. Jg. (1981) 343-350.

Denzler, G./Grasmück, E. L. (Hgg.): Geschichtlichkeit und Glaube. Gedenkschrift zum 100. Todestag Ignaz von Döllingers, München 1990.

Dickerhof, H.: Kirchenbegriff, Wissenschaftsentwicklung, Bildungssoziologie und die Formen der Kirchlichen Historiographie, in: HJb 89 (1969) 176-202.

Droysen, J. G.: Historik. Textausgabe von Leyh, P., Stuttgart 1977.

Dunkel, A.: Christlicher Glaube und historische Vernunft. Eine interdisziplinäre Untersuchung über die Notwendigkeit eines theologischen Geschichtsverständnisses Göttingen 1989.

Eicher, P.: Zur Ideologiekritik der Kirchengeschichte, in: Kairos 23 (1981) 244-260.

Engels, O.: Geschichte/Geschichtsschreibung/Geschichtsphilosophie VI: Von Augustin zum Humanismus, in: TRE 12 (1984) 608-630.

Feder, A.: Grundriß der historischen Methodik, Privatdruck 1919, [2] Lehrbuch der geschichtlichen Methode, Regensburg/München 1921, [3] umgearb. und verb. 1924.

Flückinger, F.: Theologie der Geschichte. Die biblische Rede von Gott und die neuere Geschichtstheologie, Wuppertal 1970.

Fueter, E.: Geschichte der neueren Historiographie, München 1911, [2]1925, [3]1936.

Ganzer, K.: Vom Umgang mit der Geschichte in Theologie und Kirche. Anmerkungen und Beispiele, in: E. Schockenhoff/P. Walter (Hgg.): Dogma und Glaube. Bausteine für eine theologische Erkenntnislehre, Festschrift für Bischof Walter Kasper, Mainz 1993, 28-49.

Grundfragen der kirchengeschichtlichen Methode - heute. Internat. Symposion des Röm. Instituts der Görres - Gesellschaft in Verbindung mit der C.I.H.E.C. und dem Pont. Com. di Science Storiche, 24.-27. 6. 1981 in Rom, in: RQ 80 (1985) 1-258.

Hardtwig, W.: Geschichtsreligion - Wissenschaft als Arbeit - Objektivität. Der Historismus in neuer Sicht, in: HZ 252 (1991) 1-32.

Hubatka, C.: Die materialistische Geschichtsauffassung. Ihr Recht und Unrecht im Lichte der Scholastik, Rörschbach 1940.

Hünermann, P.: Der Durchbruch geschichtlichen Denkens im 19. Jahrhundert. Johann Gustav Droysen, Wilhelm Dilthey, Graf Paul von Wartenburg. Ihr Weg und ihre Weisung für die Theologie, Freiburg/Br. 1967.

Iggers, G. G.: Deutsche Geschichtswissenschaft. Eine Kritik der traditionellen Geschichtsauffassung von Herder bis zur Gegenwart (engl. 1968), München 1971, ³1976.

Jodl, F.: Die Kulturgeschichtsschreibung, ihre Entwicklung und ihre Probleme, Halle 1886.

Klemmer, H.: Ranke und Pastor. Weltanschauliches in der Geschichtsschreibung, Leipzig 1931.

Köninger, A. M.: Voraussetzungen und Voraussetzungslosigkeit in Geschichte und Kirchengeschichte, München 1910.

Küttler, W. (Hg.): Marxistische Typisierung und idealtypische Methode in der Geschichtswissenschaft, Berlin (Ost) 1986.

Lamprecht, K. G.: Was ist Kulturgeschichte? Beitrag zu einer empirischen Historik, in: ZGW N.F. 1 (1896/97) 75-150.

Landmann, M.: Geschichte/Geschichtsschreibung/Geschichtsphilosophie X: Geschichtsphilosophie, in: TRE 12 (1984) 681-698.

Löwith, K.: Weltgeschichte und Heilsgeschehen. Die theologischen Voraussetzungen der Geschichtsphilosophie, Stuttgart ⁵1967.

Lutz-Bachmann, M: Das philosophische Problem der Geschichte und die Theologie, in: W. Löser/K. Lehmann/M. Lutz-Bachmann (Hgg.): Dogmengeschichte und Theologie, Würzburg 1985, 19-36.

Mehlausen, J.: Geschichte/Geschichtsschreibung/Geschichtsphilosophie VII/2: Reformations- und Neuzeit; 19. bis 20. Jahrhundert, in: TRE 12 (1984) 643-658.

Moeller, B. (Hg.): Kirchengeschichte: Deutsche Texte 1699-1927, Frankfurt/M. 1994.

Müller-Fahrenholz, G.: Heilsgeschichte zwischen Ideologie und Prophetie, Freiburg/Br. 1974.

Nirschl, J.: Propädeutik der Kirchengeschichte für kirchenhistorische Seminare und zum Selbstunterrichte, Mainz 1888, ²1889.

Oexle, O. G.: Geschichtswissenschaft im Zeichen des Historismus. Studien zu Problemgeschichten der Moderne, Göttingen 1996.

Pannenberg, W.: Geschichte/Geschichtsschreibung/Geschichtsphilosophie VIII: Systematisch-theologisch, in: TRE 12 (1984) 658-674.

Rahner, H.: Grundzüge katholischer Geschichtstheologie, in: StZ 140 (1947) 408-427.

Reischle, M.: Historische und dogmatische Methode, in: ThR 4 (1901) 261-275; 305-324.

Rickert, H.: Kulturwissenschaft und Naturwissenschaft, Tübingen ²1910.

Riedel, M.: Verstehen oder Erklären? Zur Theorie und Geschichte der hermeneutischen Wissenschaften, Stuttgart 1978.

Rossi, P. (Hg.): Theorie der modernen Geschichtsschreibung, Frankfurt/M. 1987.

Scherer, E. C.: Geschichte und Kirchengeschichte an den deutschen Universitäten. Ihre Anfänge im Zeitalter des Humanismus und ihre Ausbildung zu selbständigen Disziplinen, Freiburg/Br. 1927 (Ndr. Hildesheim/New York 1975).

Schleier, H.: Grundlinien der bürgerlichen deutschen Geschichtsschreibung und Geschichtstheorien vor 1945, Berlin 1983, ²1988.

Schmidt, E. A.: Zeit und Geschichte bei Augustin (SHAW.PH 1985 3), Heidelberg 1985.

Scholtz, G.: Das Historismusproblem und die Geisteswissenschaften im 20. Jahrhundert, in: AKuG 71 (1989) 463-486.

Schulze, W.: Deutsche Geschichtswissenschaft nach 1945, München 1989.

Seeliger, H. R.: Kirchengeschichte, Geschichtstheologie, Geschichtswissenschaft. Analysen zur Wissenschaftstheorie und Theologie der katholischen Kirchengeschichtsschreibung, Düsseldorf 1981.

Seeliger, H. R.: Kirchengeschichte und Historische Theologie, in: Bulletin ET 8 (1997) 126ff.

Staudinger, H.: Die geistesgeschichtliche und wissenschaftstheoretische Basis und Problematik der sogenannten historisch-kritischen Methode, in: Renovatio 48 (1992) 189-203.

Steenblock, V.: Zur Wiederkehr des Historismus in der Gegenwartsphilosophie, in: ZPhF 45 (1991) 209-223.

Storck, S.: Kirchengeschichtsschreibung als Theologie: Theorien der Kirchengeschichtsschreibung in der deutschsprachigen evangelischen und katholischen Theologie seit 1945, Hamburg 1993.

Troeltsch, E.: Über historische und dogmatische Methode der Theologie (1898), in: Ders. (Hg.): Zur religiösen Lage, Religionsphilosopie und Ethik, GS II, Tübingen 1922, 729-753 (Ndr. Aalen 1981).

Wach, J.: Die Geschichtsphilosophie des 19. Jahrhunderts und die Theologie der Geschichte, in: HZ 142 (1930) 1-15.

Wagner, F.: Geschichtswissenschaft, Freiburg/Br. 1951.

Wetzel, P.: Vom Wesen und Sinn der Geschichte. Eine Auswahl aus den Geschichtstheorien des 19. und 20. Jahrhunderts, Frankfurt/M. 1950.

Wittram, R.: Zukunft in der Geschichte. Zu Grenzfragen der Geschichtswissenschaft und Theologie, Göttingen 1966.

Zanotto, F.: La filosofia della Storia secondo il concetto cristiano e secondo il positivismo Moderno, Rom 1899.

Ferdinand Rohrhirsch

Die Verhältnisbestimmung von Theologie und Philosophie nach Martin Heidegger. Problemlösungshilfen für interdisziplinäre Kooperationen?

1. Voraussetzungen und Kontext

Damit das Mitgeteilte so gut wie möglich beurteilt werden kann, sollen zu Beginn die unterstellten Voraussetzungen benannt und der dazugehörige Problematisierungskontext abgesteckt werden.

Die ursprüngliche Formulierung des Beitrages lautete: ‚Theologie: So viele Fächer, so viele Philosophien‘ und verdankte sich einerseits den Erinnerungen an das Studium der Katholischen Theologie bzw. den daraus gezogenen Erfahrungen, andererseits dem gegenwärtigen Interessensschwerpunkt, die Bedeutung und mögliche Rolle der Philosophie in inter- und transdisziplinären fachwissenschaftlichen Projekten in den öffentlichen Diskurs zu bringen. Öffentlichkeit sollte nicht nur von der Theologie als notwendiges Projekt begriffen werden.[1]

Von der Wissenschaftlichkeit der Ethik über die Rolle der praktischen Philosophie in der Popperschen Wissenschaftstheorie bis hin zu interdisziplinären Grundlagenfragen, die in aller Regel philosophisch angegangen werden können, orientiert sich die hier unterlegte Vorstellung von der Nützlichkeit der Philosophie *für* und *in* den Wissenschaften. Philosophie *muß* nicht nützlich sein, aber vermittelt *kann* sie es.

---

[1] Öffentlichkeit als Projekt der *Theologie* wird von Engelbert Groß folgendermaßen skizziert: „Es werden erstens Instrumente im weitesten Sinne des Begriffs verwendet, mit denen Öffentlichkeit hergestellt werden kann: Tageszeitung, Rundfunk, Fernsehen, Internet z.B. zählen hier. Es wird zweitens in der Koordination kommunikativer Regeln und ethisch begründeter Normen Kontakt aufgenommen nach draußen, hin zu Nichttheologen, hin zu ‚einfachen Leuten‘, nicht belehrend, sondern gesprächig, nicht von oben nach unten, sondern auf gleicher Ebene des Menschseins, des Bürgerseins. Es wird drittens Information - zwar auch als (theologisches) Erklärungswissen, aber vor allem - als (aus Glauben mitgestaltetes) Benutzerwissen angeboten. Es wird viertens eine Produktion durchgeführt: in Form der Organisation (einer öffentlichkeitsrelevanten Veranstaltung), in Form einer ‚Ware‘ [...] die in der Öffentlichkeit angeboten wird, oder in Form einer gewonnenen Erkenntnis, einer gemachten Erfahrung, die im Umgang mit Öffentlichkeit zuwege gekommen ist." Vgl. Engelbert Groß, Nachwort: Theologische Fakultät in der Universität zielt in Öffentlichkeit, in: Eichstätter Hochschulreden, Bd. 106 (Wolfgang Bergsdorf, Im Spannungsfeld zwischen Wissenschaft und Öffentlichkeit: die Informationsgesellschaft und ihr wachsender Ethikbedarf, Wolnzach: Kastner 2001, S. 25-31, S. 29f.)

Für Grundfragen, die in diesem Zusammenhang auftreten:
- Was macht Wissenschaft zu einer Wissenschaft?
- Wie kommt eine Wissenschaft zu ihrem Objektbereich?
- Wie beeinflussen die Besonderheiten jeweiliger Fachwissenschaften Kooperationen zwischen diesen Fachwissenschaften?
können im Philosophieren Martin Heideggers, der in seiner lebenslangen Thematisierung der Seinsfrage mit beharrlicher Beständigkeit die Frage nach dem
Wesen der Wissenschaft immer wieder erneut stellte, außerordentliche Potentiale
an Fragen und möglicher Antwortwege kennengelernt werden.[2]

Die nun gewählte Titelformulierung entspricht der Bedeutung, die der Beitrag
dem Denken Martin Heideggers verdankt.

Damit ist das Thema in das es leitende Interessensgebiet eingeordnet und die
philosophische Basis der anschließenden Überlegungen genannt. Vorenthalten
wurde bisher, was unter Theologie verstanden werden soll. Theologie soll - entsprechend einer Umschreibung von Alexius Bucher - als ‚Glaube im Modus des
Denkens' verstanden werden. Theologie soll im Weiteren als eine universitäre
Wissenschaft behandelt werden, die einen bestimmten Phänomenbezirk nach bestimmten Methoden bearbeitet. Aus diesem Blickwinkel ist Theologie eine Wissenschaft unter anderen Wissenschaften und steht so jeder beliebigen Wissenschaft näher als der Philosophie, wenn - wie hier unterlegt - unter Philosophie die
‚Wissenschaft' verstanden wird, die nicht nach dem Seienden, sondern nach dem
Sein des Seienden fragt.[3] „Das Nachdenken über diese seit zweieinhalb Jahrtau-
senden in der Philosophie lebendige Unterscheidung scheint mir wesentlich zur
Arbeit am spezifischen Wissen der Philosophie zu gehören."[4]

Für den hier formulierten Problemzusammenhang muss der Theologie kein
spezifisches Proprium unterstellt werden. Ein solches wird weder benötigt noch
bestritten. Nicht das Besondere soll thematisiert werden, sondern das Selbstverständliche[5]: dass sie an einer Universität ihren Platz hat und dort als wissenschaft-

---

[2] Eingeräumt werden kann zu jeder Zeit, daß weder die Ursprungsverhältnisse von Philosophie und
Wissenschaft thematisiert noch ein derartiges Ursprungsverhältnis anerkannt noch eventuell daraus
gezogene Grundfragen für bedeutsam gehalten werden müssen, damit Fachwissenschaften ihrem
Selbstverständnis gemäß arbeiten können. Fachwissenschaften, d.h. fachwissenschaftliche Betriebsamkeit, läßt sich zu jeder Zeit ohne philosophische Anleihe durchführen.
[3] Damit wird Heideggers Differenzierung und Zuordnung von Philosophie und Theologie übernommen. Vgl. Martin Heidegger, Phänomenologie und Theologie, (Gesamtausgabe = GA 9 Wegmarken), Frankfurt am Main: Klostermann 1976, S. 47-78, bes. S. 48f.
[4] Karl Albert, Philosophie der Moderne. Betrachtungen zur Geschichte der Philosophie. Teil III,
Dettelbach: Röll 2000, S. 379.
[5] Im Bedenken des Selbstverständlichen besteht die Aufgabe der Philosophie. Das Selbstverständliche ist der ‚Erkenntnisgegenstand' der Philosophie. „Das Wesen des Einfachen und Selbstverständlichen ist es, daß es der eigentliche Ort für die Abgründigkeit der Welt ist." Martin Heidegger, Einleitung in die Philosophie (GA 27), Frankfurt am Main: Klostermann 1996, S. 50.

liche Disziplin, in der gelehrt und geforscht wird, unter anderen Wissenschaften auftritt. Auf diesen allgemeinen Sachverhalt, den sie mit allen universitären Disziplinen teilt, und auf einige seiner nicht ganz trivialen Konsequenzen wird das Augenmerk gelegt.

Als vorweggenommenes Ergebnis und noch zu erläuternde These wird formuliert: Je nach wissenschaftlichem Selbstverständnis der Theologie, d.h. worin jeweilig die Wissenschaftlichkeit der Theologie als Wissenschaft gesehen bzw. bestimmt wird, lassen sich unterschiedliche Formen von Theologie begreifen, in denen jeweilig auch die Aufgabe und Stellung der Philosophie unterschiedlich bewertet wird.

Die hier von Heidegger übernommene und vertretene Bedeutung der Philosophie für die Theologie wird darin gesehen, dass die Theologie als Wissenschaft ontologische Bestimmungen des Daseins voraussetzt, die jeden theologischen Begriff zwar nicht begründen, aber nach Heideggers Terminologe ‚mitleiten‘. Die Theologie wahrt sich dadurch den notwendigen Freiheitsraum, die begrifflichen Anforderungen ihren Phänomenen entsprechend selbst zu verantworten, und verzichtet dennoch nicht auf den Verständnisrahmen einer vorchristlichen Bestimmung des Daseins.

Darüber hinaus können Heideggers Überlegungen nutzbar gemacht werden, indem sie am Beispiel der Verhältnisbestimmung von Theologie und Philosophie Zuordnungsprobleme offenbar machen, die jeder interdisziplinären Kooperation innewohnen und die für das Problemverständnis inter- und transdisziplinärer Projekte bedeutsam sind. Beiträge, die die grundsätzlichen Probleme inter- bzw. transdisziplinärer[6] Zusammenarbeit thematisieren, nutzen bisher kaum den reichhaltigen Erfahrungsschatz, den Theologie und Philosophie aus ihrer gemeinsamen Geschichte in dieser Hinsicht haben.

---

[6] Von ‚Interdisziplinarität‘ wird gesprochen, wenn die kooperierenden Disziplinen zum selben Wissenschaftsbereich, d.h. entweder *nur* zu den Geistes- oder *nur* zu den Naturwissenschaften gehören. Mit der Bezeichnung ‚Transdisziplinarität‘ wird im Unterschied zu ‚Interdisziplinarität‘ eine Verbindung zwischen verschiedenen Wissenschaftsbereichen angezeigt, die zwischen Geistes- und Naturwissenschaften anzusiedeln ist. Vgl. Ursula Hübenthal, Interdisziplinäres Denken. Versuch einer Bestandsaufnahme und Systematisierung, Stuttgart: Steiner 1991, S. 166.

2. Annäherung an die universitäre Theologie

2.1 Die persönliche Annäherung

In meinem Theologiestudium gab es sehr verschiedene Fächer mit unterschiedlichen Schwierigkeitsgraden und unterschiedlichen Lehrpersönlichkeiten. In den geschichtlichen Fächern mußten viele Fakten gekannt und wiedergegeben werden. Im Fach Philosophie war man froh, überhaupt irgendetwas zu verstehen. Die so genannten praktischen Fächer wie z.b. Einführung in die Liturgie oder Pastoraltheologie wurden sehr prüfungsorientiert besucht. In den systematischen Fächern war allen klar, dass diese sehr ‚philosophisch' sind und damit wurde gemeint, dass es nicht immer ganz klar war, was die Bedeutung des Gesagten war. Klar war, dass bestimmte Annahmen und Denktraditionen vorausgesetzt wurden.

Subjektiv besehen fühlte man sich recht allein gelassen, die Fächer schienen sehr zufällig und unvermittelt nebeneinander zu stehen. In allen wurden extrem unterschiedliche Fakten und Sachverhalte innerhalb der Theologischen Fakultät gelehrt. Die unausgesprochene Aufgabe für die Studierenden bestand darin, diese Fakten und Sachverhalte, Theorien, Lehrmeinungen und Überlegungen irgendwie zusammenzubringen. Gleichgültig, ob diese Aufgabe geschafft oder überhaupt wahrgenommen wurde, die erfolgreiche Prüfung in diesen Fächern führte dazu, sich Diplom-Theologe (Univ.) nennen zu dürfen. Wehe, einer hätte zu dieser Zeit die Frage Heideggers gestellt: „Welches ist [nun] der Grund der spezifischen Einheit und notwendigen Mannigfaltigkeit der systematischen, historischen und praktischen Disziplinen der Theologie?"[7]

2.2 Die fachwissenschaftliche Annäherung

Kirchengeschichte, Pastoraltheologie, Kirchenrecht und Neues Testament (u.a.) haben jeweilig sehr eigene Gegenstandsbereiche. Diese haben mit den nicht-theologischen Fächern Geschichte, Soziologie, empirische Sozialforschung, Politikwissenschaft, Rechtswissenschaft oder Literaturwissenschaft fachmethodisch hohe Affinitäten.

So ist es keineswegs ungewöhnlich, einen Kirchenrechtler auf einem juristischen Kongress zu finden oder einen Biblischen Archäologen auf einem archäologischen Kongress. Nicht so selbstverständlich wäre hingegen eine Kooperation zwischen Biblischer Archäologie und Kirchenrecht. Mit Recht würde die Frage gestellt, was soll da kooperierbar sein - obwohl beide Fachwissenschaften sich un-

---

[7] Martin Heidegger, Phänomenologie und Theologie (GA 9), S. 59 [Einfügung vom Autor].

ter dem Dach einer Theologischen Fakultät finden und sich die jeweiligen Vertreter der Fächer auch selbst als Theologen bezeichnen. Dieses nebeneinanderher Agieren wird gelegentlich auch von den jeweiligen Fachvertretern als Manko empfunden. Interdisziplinäre Seminare als Ausnahme bestätigen diese erklärungsbedürftige Regel.

Keine Erklärung, aber eine Form des Damitabfindens wäre es, sich in anderen Wissenschaften umzusehen und zu bemerken, dass es auch dort sehr ähnliche Probleme gibt. Wenn heute eine/r Diplom-Psychologie studiert, dann findet sie/er sich zwischen Neurologie, Statistik und Recht wieder. Aber die Wissenschaft vom „Verhalten, Erleben und Bewusstsein des Menschen" findet er in keinem Fach.[8]

Zurück zur Theologie: Weder von den fachwissenschaftlichen Gegenständen noch von ihren Methoden her ergibt sich eine zureichende Kennzeichnung eines theologischen Faches. Aber auch die je eigene persönliche Glaubenshaltung erscheint ungeeignet, das zu charakterisieren, was ein Fach zu einem theologischen Fach macht.

Die Unterstellung unter ein ‚theologisches Dach' und/oder die Selbstzuschreibung, Theologe zu sein, garantiert keineswegs eine problemlose Kooperation unterschiedlicher theologischer Disziplinen und schon gar nicht das theologisch Verbindende.[9]

So scheint es nicht nur, dass die jeweiligen theologischen Fächer fachwissenschaftlich weniger miteinander als tatsächlich nebeneinanderher agieren. Doch dies ist kein Zufall. Dies ist eine Konsequenz, die in der geforderten ‚Wissenschaftlichkeit' der Theologie begründet liegt. Die Kriterien der ‚Wissenschaftlichkeit' der Theologie, die dieses Nebeneinanderher fundieren, werden dabei stets von den nicht-theologischen Wissenschaften bezogen.

---

[8] Philip G. Zimbardo; Richard J. Gerrig, Psychologie. Bearb. und hg. v. S. Hoppe-Graff und I. Engel, 7. neu übersetzte und bearbeitete Auflage, Berlin Heidelberg New York: Springer 1999, S. 2. „Gegenstand der Psychologie sind Verhalten, Erleben und Bewußtsein des Menschen, deren Entwicklung über die Lebensspanne und deren innere [im Individuum angesiedelte] und äußere [in der Umwelt lokalisierte] Bedingungen und Ursachen." Ebd. „Die Ziele der Psychologie als Wissenschaft sind die Beschreibung, die Erklärung und die Vorhersage des Verhaltens [im weiten Sinne]. Manche Autoren nehmen als weiteres Ziel die Verhaltenskontrolle hinzu. Für die anwendungsorientierte Forschung steht häufig die Verbesserung der Lebensqualität von Menschen im Vordergrund." Ebd.

[9] Zur spezifischen Bedeutung theologischer Fakultäten als Ort der Pastoral an staatlichen Universitäten vgl. Alexius J. Bucher, Die Bedeutung der Theologischen Fakultäten an staatlichen bzw. Kirchlichen Universitäten, in: Lucien Vachon (Hg.), L'universalité catholique face à la diversité humaine (Collection Brèches théologiques; 28), Montréal: Médiaspaul 1998, S. 246-254.

3. Theologie als Wissenschaft

Der existenziale Begriff der Wissenschaft unterscheidet sich nach Heidegger vom logischen darin, dass er nach den Bedingungen fragt, die im Dasein gegeben sein müssen, damit es „in der Weise wissenschaftlicher Forschung existieren kann"[10]. Mit dem logischen Begriff der Wissenschaft könnte Wissenschaft als ‚das Ganze eines Begründungszusammenhanges wahrer [gültiger] Sätze' beschrieben werden. Der existenziale Begriff versteht dagegen Wissenschaft „als Weise der Existenz und damit als Modus des In-der-Welt-seins"[11].

Wissenschaft ist dadurch ausgezeichnet, dass es sich dabei um eine bestimmte Form des Erkennens handelt. Erkennen wird hier aber nicht als intellektuelle Fähigkeit verstanden, sondern als ein Verhalten des Menschen, „eine bestimmte ihm mögliche Weise zu sein"[12]. Dasein existiert erkennend. Dies kann es, weil es wesentlich als ein In-der-Welt-sein bestimmt ist. Wobei Welt das „jeweilige Ganze meint, zu dem wir uns jederzeit verhalten"[13]. Vorhandenheit und Innerweltlichkeit sind dabei unterschiedliche Bestimmungen des Seienden. Zum Thema einer Erkenntnisbemühung kann nur werden, was vorhanden ist *und* innerweltlich vorkommt. Seiendes mag zwar vorhanden sein, es muss aber damit noch nicht innerweltlich bestimmt sein. So kann die Natur von sich aus vorhanden sein, „ohne innerweltlich vorzukommen, ohne daß menschliches Dasein und damit Welt existiert; und nur weil Natur *von sich aus* vorhanden ist, kann sie auch dem Dasein innerhalb einer Welt begegnen"[14].

Weil Dasein als In-der-Welt-sein sich zu Seienden immer schon verhält, als Geworfenes nicht nur mit Seiendem exisitiert, sondern es selbst an Seiendes preisgegeben[15] ist, ist das begegnende Seiende „in und durch und für dieses Verhalten *enthüllt*"[16]. Aber nicht nur das so begegnende Seiende wird dadurch entdeckt und in seinem Was- und Wiesein verstanden, sondern auch das Dasein erschließt sich

---

[10] Martin Heidegger, Sein und Zeit (GA 2), Frankfurt am Main 1977: Klostermann, S. 472.
[11] Ebd.
[12] Martin Heidegger, Phänomenologische Interpretation von Kants Kritik der reinen Vernunft (GA 25), Frankfurt am Main: Klostermann 1977, S. 18.
[13] Ebd., S. 19.
[14] Ebd.
[15] „Das Dasein ist nicht und wesenhaft nie vom Seienden isoliert und dabei nur ›an‹ es preisgegeben, sondern als Dasein befindet es sich inmitten des Seienden. Das besagt wiederum nicht, es kommt unter anderem Seienden auch vor, sondern das >inmitten< besagt: Das Dasein ist vom Seienden, dem es preisgegeben ist, durchwaltet. Das Dasein ist Körper und Leib und Leben; es hat Natur nicht nur und erst als Gegenstand der Betrachtung, sondern es ist Natur; aber eben nicht so, daß es ein Konglomerat von Materie, Leib und Seele darstellt; es ist Natur qua transzendierendes Seiendes; Dasein, von ihr durchwaltet und durchstimmt." Martin Heidegger, Einleitung in die Philosophie (GA 27), Frankfurt am Main: Klostermann 1996, S. 328.
[16] Martin Heidegger, Phänomenologische Interpretation (GA 25), S. 21.

in diesem Tun. Das Entdecken des Seienden ist kein primär begriffliches, sondern geschieht im alltäglichen Gebrauchen des Seienden, wobei das Seiende hinsichtlich seines Zeugseins verstanden wird. „Der alltägliche Umgang mit dem innerweltlich Seienden ist die primäre Art - und für viele oft die einzige Art - des Entdeckens der Welt."[17]

Doch schon für den alltäglichen Umgang mit Seiendem ist Seinsverständnis nötig. Heidegger nennt dies ‚vorontologisches Seinsverständnis'. Das, was begegnet und als Begegnendes ‚bestimmt' wird, ist ‚verstanden'. Indem Dasein existiert, ist es enthüllend und erkennend. Auf diesem Erkennen baut das wissenschaftliche Verhalten auf.

So ist auch der Grundcharakter des wissenschaftlichen Erkennens ein Entdecken. Doch das Enthüllen geschieht nun anders: „Wissenschaft ist eine Art von Erkennen umwillen der Enthülltheit als solcher"[18]. Etwas enthüllen um seiner selbst willen ist kein Zwang oder naturgegeben, sondern eine ‚freie und frei ergreifbare Möglichkeit' des Daseins. „Das zu Enthüllende ist die einzige Instanz seiner Bestimmbarkeit, d.h. der sich ihm in der Auslegung anmessenden Begriffe. Wissenschaft konstituiert sich als die so charakterisierte Art von Erkennen wesenhaft auf dem Grunde des je schon irgendwie Vorgegebenen."[19]

Das vorwissenschaftlich schon Enthüllte kann zum Gegenstand wissenschaftlicher Forschung werden. Eine wissenschaftliche Forschung konstituiert sich in der Vergegenständlichung des zuvor schon irgendwie Enthüllten. „Vergegenständlichung heißt: etwas zum Gegenstand machen."[20]

So kann z.B. das im Zeugumgang Erfahrene zum ‚Gegenstand' werden. Gegenstandwerden heißt nicht, nun erst in die Seiendheit zu kommen, oder nun erst ‚wirklich' zu sein. Sondern: „Als das Seiende, das es gerade schon ist, soll es für das erkennende Befragen Rede stehen"[21].

Das Gegenstehende soll bestimmt werden. Bestimmen ist definieren, somit unterscheiden. In einer wissenschaftlichen (zweiten) Enthüllung des Seienden wird das Gegenstehende ‚umgrenzt, umgriffen, begriffen'. Jederzeit ist der Maßstab der Bestimmung das Seiende, das Gegenstand ist. „Viele und ganz verschiedene Bezirke des Seienden können Gegenstand der wissenschaftlichen Untersuchung werden."[22]

---

[17] Ebd.
[18] Martin Heidegger, Die Grundprobleme der Phänomenologie (GA 24), Frankfurt am Main: Klostermann 1975, S. 455.
[19] Ebd., S. 455f.
[20] Martin Heidegger, Phänomenologische Interpretation (GA 25), S. 27.
[21] Ebd, S. 27.
[22] Ebd.

100 Ferdinand Rohrhirsch

Vergegenständlichung ist *das* Charakteristikum für alle Wissenschaften. Aller Zugang zum Seienden ist möglich und bedingt durch ein vorontolgisches Seinsverständnis. Wissenschaft setzt sich die Aufgabe, vom Um-zu des begegnenden Seienden abzusehen und das Seiende als Seiendes zu bestimmen, d.h. wie es sich von sich selbst her zeigt und nicht, in welchem Zeugzusammenhang es gebraucht wird.

Die Wissenschaften vollziehen in der Vergegenständlichung einen thematisch ausdrücklichen Vollzug des Seinsverständnisses. Wissenschaft entsteht und bildet sich in der Vergegenständlichung eines Gebietes von Seiendem, in der Ausbildung des Verständnisses einer Seinsverfassung, das ein Gebiet von Seiendem zu einem thematisch einheitlichen macht. So fußen alle Fragen und Antworten der Biologie auf dem, was unter Leben begriffen wird, alle historische Vergegenständlichung fußt auf dem, was unter Geschichte begriffen wird. Die Seinsverfassung des jeweiligen Seienden bestimmt die Grundbegriffe der jeweiligen Wissenschaft. Was sich unter Hinsicht der Grundbegriffe von anderem Seienden aus- und abgrenzt, kann als Gebiet herausgenommen und zum Thema einer Wissenschaft werden. „Die Ausbildung der Vergegenständlichung des Gebietes, d.h. die Ausbildung des Seinsverständnisses und die Gewinnung der Grundbegriffe, vollzieht sich zunächst und zumeist naiv und ohne eigentliches Wissen um das, was hierbei vor sich geht."[23]

Die Bedeutung der Grundbegriffe kann nicht überschätzt werden. Keine Wissenschaft kann diese Grundbegriffe selbst ausweisen bzw. rechtfertigen. Sie nutzt und gebraucht sie, bestimmt sie auch hinreichend für die Notwendigkeit der wissenschaftlichen Forschung in ihrem je eigenen Feld. „Gemeint aber ist in den Grundbegriffen die Seinsverfassung des Seienden, nicht das Seiende selbst in seinem seienden Zusammenhang. Gerade um dieses zu erforschen, sind die wissenschaftlichen Methoden ausgebildet worden, aber sie sind nicht zugeschnitten darauf, das Sein dieses Seienden zu untersuchen."[24]

Fachwissenschaften thematisieren innerhalb ihrer Grundbegriffe regionale Ontologien, bzw. setzen diese voraus. Die Philosophie als Grundlegung der Wissenschaften ist dementsprechend eine Fundamentalontologie. Wissenschaft entsteht und bildet sich in der Vergegenständlichung[25] eines Gebietes von Seiendem. Das geschieht in der Ausbildung des Verständnisses der jeweiligen Seinsverfassung.

[23] Ebd., S. 29.
[24] Ebd., S. 35.
[25] Erst die wissenschaftliche Thematisierung objektiviert. „Sie ‚setzt' nicht erst das Seiende, sondern gibt es so frei, daß es ‚objektiv' befragbar und bestimmbar wird." (M. Heidegger, Sein und Zeit (GA 2), S. 480). Heidegger wehrt sich beständig gegen das Vorurteil, dass jedes Sprechen über Phänomene diese notwendig ‚objektiviert'.

Dieses Enthüllte, das Positum, ist für jede Wissenschaft ein anderes. Positum der Theologie ist nicht das Christentum als geschichtliches Vorkommnis, denn: Theologie ist eine Wissenschaft, „die selbst zu dieser Geschichte gehört"[26]. Darüber hinaus ist Theologie ein „begriffliches Wissen um das, was Christentum allererst zu einem ursprünglich geschichtlichen Ereignis werden läßt, ein Wissen von dem, was wir Christlichkeit schlechthin nennen"[27]. Damit ist nach Heidegger der Glaube angesprochen. Für die Theologie ist der Glaube ihr Phänomen. Der Glaube ist eine Weise des Existierens des Daseins. Diese Weise des Existierens charakterisiert sich dadurch, dass sie *„nicht aus* dem Dasein und *nicht durch* es aus freien Stücken gezeitigt wird, sondern aus dem, was in und mit dieser Existenzweise offenbar wird, aus dem Geglaubten"[28].

Wird nun auch Theologie als eine bestimmte Form wissenschaftlichen Erkennens aufgefasst, dann legt sie in ihrer Erkenntnis wie jede andere wissenschaftliche Erkenntnis auch - gegenüber einem in sich geschlossenen Gebiet des Seienden - Bestimmungen zugrunde, die in den positiven Wissenschaften nicht aus ihnen selbst geschöpft sind, aber jeder möglichen fachwissenschaftlichen Bestimmung zugrunde liegen und sie allererst möglich machen.[29]

Theologie kann somit als Wissenschaftsbetrieb aufgefasst werden, der sich mit einem bestimmten Phänomenbezirk beschäftigt und in seiner methodisch systematischen Beschäftigung ihn stellt und vergegenständlicht. „Innerhalb des Umkreises der wirklichen oder möglichen Wissenschaften vom Seienden, der positiven Wissenschaften, besteht nun zwischen den einzelnen positiven Wissenschaften nur ein relativer Unterschied gemäß der jeweiligen Relation, durch die eine Wissenschaft auf ein bestimmtes Gebiet des Seienden orientiert ist. Jede positive Wissenschaft dagegen ist von der Philosophie nicht relativ, sondern *absolut* verschieden."[30] Von daher überrascht es dann nicht, wenn Heidegger der Ansicht ist: *„Die Theologie ist eine positive Wissenschaft und als solche daher von der Philosophie absolut verschieden"[31]*.

Zu beachten bleibt jedoch, dass zwar von Heidegger Theologie und die übrigen positiven Wissenschaften gegenüber der Philosophie auf einer Seite stehen. Dass aber gleichwohl zwischen der Theologie und den weiteren positiven Wissenschaf-

---

[26] Martin Heidegger, Phänomenologie und Theologie (GA 9), S. 51.
[27] Ebd., S. 52.
[28] Ebd.
[29] Vgl. Martin Heidegger, Die Frage nach dem Ding (GA 41), Frankfurt am Main: Klostermann 1984, S. 90.
[30] Martin Heidegger, Phänomenologie und Theologie (GA 9), S. 48.
[31] Ebd., S. 49.

ten eine Differenzierung vorgenommen wird, die sich auf die Funktion bei der Gewinnung der jeweiligen Grundbegriffe unterschiedlich auswirkt.

Mit der von Heidegger übernommenen Sicht können zwei Weisen von Theologie unterschieden werden. Eine Weise der Theologie, die a) das von ihr gestellte und vergegenständlichte Gegenstandsgebiet thematisiert (Expertenwissenschaft) und b) eine Theologie, die das Gleiche tut, aber gleichursprünglich ihre Grundbegriffe philosophisch, d.h. ontologisch überprüft und diese Überprüfung als integralen Bestandteil ihrer theologischen Aufgabe versteht.

3.1 Theologie als Expertenwissenschaft

Theologie ist keine Religionsphilosophie, Religionshistorie und auch keine Religionspsychologie. Zugleich müßte man aber auch sagen, dass Theologie „einen besonderen Fall von Religionsphilosophie, Religionshistorie etc. darstellt, [nämlich] die philosophisch-historisch-psychologische Wissenschaft von der christlichen Religion. [So ist auch]: Systematische Theologie [...] nicht eine auf die christliche Religion bezogene Religionsphilosophie, sowenig wie Kirchengeschichte eine auf die christliche Religion eingeschränkte Religionsgeschichte darstellt. In all diesen Interpretationen der Theologie ist die Idee dieser Wissenschaft von vornherein preisgegeben, d.i. *nicht* aus dem Blick auf die spezifische Positivität geschöpft, sondern gewonnen auf dem Wege einer Deduktion und Spezialisierung von nichttheologischen und gar unter sich ganz heterogenen Wissenschaften - Philosophie, Historie und Psychologie"[32].

Innerhalb dieses Entwurfes von Wissenschaft entwickelt die Theologie die gleiche Betriebsamkeit und ist insofern nicht mehr zu unterscheiden von Fachwissenschaften anderer geisteswissenschaftlicher Fakultäten.

Der Preis, den die Expertentheologie dafür zu bezahlen hat, ist ihre zunehmende Schwierigkeit, die ihr zugehörigen Phänomene so zu enthüllen, dass das Enthüllende, die ‚einzige Instanz seiner Bestimmbarkeit und der sich in der Auslegung anmessenden Begriffe bleibt‘. Diese Aufgabe vermag die Expertentheologie deshalb nicht zu erfüllen, weil sie sich die Maßstäbe ihrer Wissenschaftlichkeit von den nicht-theologischen Wissenschaften vorgeben läßt.

---

[32] Ebd., S. 60 [Einfügung vom Autor].

Die Theologie verdankt sich einer Offenheit, in der das Dasein als vorausentwerfender Entwurf das frei sich gebende Seiende vorgängig bestimmen kann. Aus diesem vorgängigen Entwurf, der alles Seiende und das Dasein in seiner Auslegung ermöglicht, ist Theologie als Wissenschaft möglich. Das Phänomen, worauf sich Theologie bezieht und begründet wird, ist der Glaube. Dieser begegnet in der Weise der gläubigen Existenz und seiner Auslegung von sich.

Doch die Theologie als wissenschaftliche Expertenunternehmung, als Betrieb, produziert in methodischer und inhaltlicher Angleichung an die sachähnlichen Fachwissenschaften ständig die Verdeckung ihres Ursprungs. In dieser Expertenform der Theologie wäre es Aufgabe der Philosophie, die sich selbst in diesem Betriebscharakter eingerichtet hat und darin problemlos aufgeht, wieder zum ,Störfaktor' zu werden. Indem sie ihr Augenmerk wieder auf ihre Aufgabe als Grundlagenkrisenwissenschaft lenkt: nämlich auf die stetige Überprüfung und Reformulierung der fachwissenschaftlichen Grundbegriffe, hier der theologischen Grundbegriffe.

Um Mißverständnisse zu vermeiden: Der Glaube braucht keine Philosophie. Die Philosophie kann niemals über die Inhalte des Glaubens richten oder versuchen wollen, die Evidenz des Glaubens zu steigern oder zu rechtfertigen. Der Glaube braucht keine Philosophie „wohl aber die *Wissenschaft* des Glaubens als *positive* Wissenschaft"[33]. In der Art und Weise dieser ,Überprüfung und Reformulierung' unterscheiden sich die nicht-theologischen Wissenschaften von der theologischen Wissenschaft erheblich.

3.2 Theologie als grundlagensensible Wissenschaft

Die der Theologie gemäße Form der Wissenschaftlichkeit ist durch sie selbst zu bestimmen und nicht an Maßstäben ihr fremder Wissenschaften. „Gemäß dem wesenhaft nur im Glauben enthüllten Positum der Theologie ist nicht nur der Zugang zu ihrem Gegenstande ein eigener, sondern auch die Evidenz der Ausweisung ihrer Sätze eine spezifische. Die eigentümliche Begrifflichkeit der Theologie kann nur aus ihr selbst erwachsen."[34] Insofern darf sie gar nicht versuchen wollen, „durch Beziehung von Erkenntnissen anderer Wissenschaften die Evidenz des Glaubens zu steigern oder auch zu rechtfertigen. *Vielmehr wird die Theologie*

---

[33] Ebd., S. 61.
[34] Ebd., S. 60.

selbst primär begründet durch den Glauben, wenngleich ihre Aussagen und Beweisgänge formal freien Vernunfthandlungen entspringen"[35].

So entwickelt und begründet die Philosophie nicht, was ‚Geschöpf' oder ‚Sünde' heißt. Aber Theologie als Wissenschaft vom Glauben fußt immer schon auf einem vorgängigen Seinsverständnis derer, die Theologie betreiben. „Alle ontische Auslegung bewegt sich auf einem zunächst und zumeist verborgenen Grunde einer Ontologie."[36] „[A]lle theologischen Grundbegriffe haben jeweils, nach ihrem vollen regionalen Zusammenhang genommen, in sich einen zwar existenziell ohnmächtigen, d.h. *ontisch* aufgehobenen, aber gerade deshalb sie *ontologisch* bestimmenden vorchristlichen und daher rein rational faßbaren Gehalt. Alle theologischen Begriffe bergen notwendig *das* Seinsverständnis in sich, das das menschliche Dasein als solches von sich aus hat, sofern es überhaupt existiert."[37] Nur wenn zum Sein des Menschen wesentlich Schuld gehört, ist Sünde anbindbar an eine ontologische Kategorie. Das Schuld*sein* begründet weder noch erklärt es Sünde, aber es vermag die Region deutlich zu machen, in der das Sprechen von Sünde seinen ontologischen Ressonanzraum hat.

Damit lässt sich die Funktion der Philosophie für die Theologie als eine Korrektionsmöglichkeit (‚d.h. Mitleitung'[38]) begreifen. Die Herleitung der theologischen Begriffe geschieht jedoch - noch einmal sei es betont - ausschließlich aus dem Glauben. „Die Ontologie fungiert demnach nur als ein Korrektiv des ontischen, und zwar vorchristlichen Gehaltes der theologischen Grundbegriffe."[39]

Hier eröffnet Heidegger einen bemerkenswerten Unterschied. Bei der Theologie spielt die Philosophie hinsichtlich der Grundbegriffe eine korrektivistische Funktion. Sie kann so benutzt werden. Als Ontologie jedoch hat die Philosophie „als das freie Fragen des rein auf sich gestellten Daseins ihrem Wesen nach die Aufgabe der ontologisch begründeten Direktion bezüglich aller anderen nicht-theologischen, positiven Wissenschaften"[40].

---

[35] Ebd., S. 60f. Fast 40 Jahre später verstärkt Heidegger diese Forderung und erhebt sie zur Hauptaufgabe der Theologie: „die Kategorien ihres Denkens und die Art ihrer Sprache nicht durch Anleihen bei der Philosophie und den Wissenschaft aus diesen zu beziehen, sondern sachgerecht aus dem Glauben für diesen zu denken und zu sprechen." Ebd. S. 69.
[36] Ebd., S. 62.
[37] Ebd., S. 63.
[38] Ebd., S. 64.
[39] Ebd.
[40] Ebd., S. 65.

4. Theologie und Interdisziplinarität

Die Qualität einer Theologie hängt davon ab, inwieweit sie zur permanenten Überprüfung ihrer Grundbegriffe fähig bleibt. Dazu bedarf die Theologie der Philosophie und in dieser Funktion hat die Philosophie ihre bleibende und notwendige Bedeutung für die Theologie. Aber nicht nur für die Theologie. Mehr noch für andere Wissenschaften kann Philosophie nützlich werden, wenn innerhalb der eigenen fachmethodischen Zusammenhänge die Grundbegriffe der jeweiligen Fachwissenschaften zum Thema gemacht werden müssen, die ja ihre „ontologisch begründete Direktion"[41], d.h. Herleitung als Ursprung, durch die Philosophie erfahren. Deshalb kann jede Wissenschaft in Grundlagenfragen von der Philosophie profitieren.

Wenn Heideggers Sicht als zutreffend qualifiziert wird, zeigt dies aber auch die Konsequenz, dass der vermeintlich einfache Weg interdisziplinärer und transdisziplinärer Kooperationen durch die jeweilige fachspezifische Begrifflichkeit, die je fachspezifischen Methoden und den jeweilig unterschiedlich gestellten Phänomenbereich sich als Holzweg erweisen könnte. Noch schwieriger stellen sich gewünschte interdisziplinäre Bemühungen zwischen der Theologie und anderen Fachwissenschaften dar, wenn die von Heidegger hervorgehobenen unterschiedlichen Bedeutungen der Philosophie bei der Theologie und den nicht-theologischen Wissenschaft berücksichtigt werden.

Ob hinter der Erscheinung Interdisziplinarität nicht das ernsthafte Bemühen steht, die Bedeutung der Methode zugunsten der Phänomene wieder zu relativieren und die Phänomene somit wieder einer erhöhten Bedeutung zuzuführen, kann hier bestenfalls vermutet werden.

Ein einmal verlassener Bewandtniszusammenhang (Wirklichkeit) kann nicht durch eine nachträgliche Summierung der in unterschiedlichen Fachwissenschaften erarbeiteten Ergebnisse wiedergewonnen werden. „In einer [und auch für eine] fachwissenschaftliche Forschung kann es keine gemeinsame ‚eine' Wirklichkeit mehr geben, gerade weil die entscheidende Bedingung für die Existenz und Funktionsfähigkeit von Fachwissenschaften die Auflösung einer gemeinsamen Wirklichkeit ist."[42] So bleibt auch der Fachwissenschaft Theologie Wesentliches verschlossen und sie sollte auf der Hut sein, Erkenntnisse anderer Wissenschaften in ihr Konzept, weil gerade passend, einzubauen.[43] Der Preis, den die Methode als

---

[41] Ebd.

[42] Ferdinand Rohrhirsch, Vom Nutzen der Philosophie in der Archäologie, in: Leinhäupl-Wilke, A.; Lücking, St. (Hg.), Texte und Steine, Münster 2000, S. 30-43, 40.

[43] Vgl. Ferdinand Rohrhirsch, Martin Heideggers Bestimmung des Wesens der Wissenschaft und die Frage einer transdisziplinären Zusammenarbeit von Fachwissenschaften, in: Bucher, A.J.; Peters D.St. (Hg.), Evolution im Diskurs. Grenzgespräche zwischen Naturwissenschaft, Philosophie und

das gegenwärtige Chrakteristikum für Wissenschaft in Rechnung stellt, ist auch von der Theologie zu bezahlen.

Nach dem Symposion

1) Die Notwendigkeit einer ständigen Reflexion auf die Grundbegriffe der Fachwissenschaft Theologie wurde durch die gesamte Tagung hindurch erhärtet.

Wer von der Philosophie Vermittlungsleistungen zwischen Fachwissenschaften und Theologie erhofft, wer von der Philosophie Interdisziplinaritätskompetenzen wünscht, um theologische Fächer interdisziplinaritätstauglich zu machen, wer von der Philosophie eine neue Sprache fordert, um seine theologische Aufgaben zu erfüllen, der hat ein Experten-Problem.

Wo die Philosophie als Übersetzerin gewünscht wird, die mit hinreichender Sprachkompetenz Vermittlungsleistung vollziehen soll, wird sie zum Maßstab theologischer Begriffe erhoben.[44]

Hinter diesen Ansprüchen lauert zudem ein Bild der Sprache und ein Denken, in dem ein naturwissenschaftlich-technischer Vergegenständlichungszusammenhang vorherrscht. Weder von den Naturwissenschaften noch von der Philosophie kann sich Theologie ihre Sprache vorgeben lassen. Wie von Heidegger ausgeführt, vermag in der Diskussion der Grundbegriffe die Philosophie in gewissem Maße der Theologie hilfreich zu sein. Aber die Theologie hat die Kategorien ihres Denkens und die Art ihrer Sprache sachgerecht aus dem Glauben zu entwickeln und für diesen zu sprechen.[45]

Eine daraus entspringende fideistische Gefahr zu sehen, würde dann gerechtfertigt sein, wenn der Glaube frei jeglicher intersubjektiv vermittelbarer Rationalitätsstruktur wäre. Für den christlichen Glauben trifft diese nach Heidegger nicht zu. Die Theologie selbst ist eine Konseqeunez des Glaubens und: „es kann sehr wohl etwas unbegreiflich und durch Vernunft nie primär enthüllbar sein, es braucht gleichwohl nicht eine begriffliche Fassung von sich auszuschließen".[46]

2) Zu fragen bleibt weiter: Wurde die Themafrage des Symposions ‚Welche Philosophie (ge)braucht die Theologie?' nicht unzulässig verkürzt und durch Pers-

---

Theologie, Regensburg: Pustet 1998, S. 263-273.

[44] Würde die Philosophie in der Theologie die Funktion eines Kompatibilitätsadapters akzeptieren, würde innerhalb der Theologie dieselbe Vorstellung von Interdisziplinarität vorherrschen, wie bei den nicht-theologischen Wissenschaften: D.h. die theologischen Fächer würden sich als Puzzleteile einer Gesamttheologie verstehen und die Philosophie hätte auf die Randkompatibilitäten der einzelnen Puzzleteile ein Auge zu werfen.

[45] Vgl. Martin Heidegger, Phänomenologie und Theologie (GA 9), S. 69.

[46] Ebd., S. 62.

pektivlosigkeit unzumutbar konzentriert? Konzentriert auf veraltete Schulphilosophie und europäische Provinztheologie?

Ist eine Theologie bzw. Philosophie, die sich auf europäische Verhältnisse bzw.
Ursprünge begrenzt, sich überhaupt bewusst, dass in interkulturellen nicht-europä-
isch zentrierten Diskursen europäische ‚Schulphilosophie' und -theologie im
besten Fall als provinzieller Grenzfall einer geforderten neuen Theologie zu begreifen ist? Ist nicht gerade die Beschäftigung mit Heidegger in dieser Hinsicht
der vortrefflichste Beweis für eine perspektivische Verengung auf europäische
Provinzialität und einer daraus folgenden Ergebnismarginaliät?

Darauf ist zu antworten: Wer immer derartiges kritisch argumentierend anfragt,
unterstellt, entdeckt, begreift, bewertet und fordert, der ‚denkt' europäisch. „›Das‹
Denken - dies ist unser abendländisches, vom logos her bestimmtes und auf ihn
abgestimmtes Denken. Dies heißt beileibe nicht, die Welt des alten Indien, China
und Japan sei gedankenlos geblieben. Vielmehr enthält der Hinweis auf den lo-
gos-Charaker des abendländischen Denkens das Geheiß an uns, daß wir, falls wir
es wagen sollten, an jene fremde Welten zu rühren, uns zuvor fragen, ob wir überhaupt das Ohr dafür haben, das dort Gedachte zu hören. Diese Frage wird um so
brennender, als das europäische Denken auch darin planetarisch zu werden droht,
daß die heutigen Inder, Chinesen und Japaner uns das von ihnen Erfahrene viel-
fach nur noch in unserer europäischen Denkweise zutragen."[47]

In diesem Verweis auf die Anfänge der je eigenen Denkgeschichte und der in ihr
liegenden fundamentalen Weichenstellungen liegt die Berechtigung, immer wieder gründlicher die Frage Heideggers zu stellen, „ob überhaupt das Wesen des
Menschen, anfänglich und alles voraus entscheidend, in der Dimension der Ani-
malitas liegt. Sind wir überhaupt auf dem rechten Weg zum Wesen des Menschen,
wenn wir den Menschen und solange wir den Menschen als ein Lebewesen unter
anderen gegen Pflanze, Tier und Gott abgrenzen? [...] Es könnte doch sein, daß
die Natur in der Seite, die sie der technischen Bemächtigung durch den Menschen
zukehrt, ihr Wesen geradezu verbirgt."[48]

Um dem Wesen des Menschen näher zu kommen, ist keine neue Anthropologie
zu fordern, sondern es ist die Frage nach dem Sein zu stellen. Doch: „Man kann
nicht nach dem Sein fragen, ohne nach dem Wesen des Menschen zu fragen."[49]

---

[47] Martin Heidegger, Bremer und Freiburger Vorträge (GA 79), Frankfurt am Main: Klostermann
1994, S. 145.
[48] Martin Heidegger, Über den Humanismus, in: Ders., Wegmarken (GA 9), S. 323 u. 324.
[49] Martin Heidegger, Reden und andere Zeugnisse eines Lebensweges. 1910-1976, Frankfurt am
Main: Klostermann 2001, S. 517 (Brief 224, Gelassenheit).

108 Ferdinand Rohrhirsch

Albert, Karl, Philosophie der Moderne. Betrachtungen zur Geschichte der Philosophie. Teil III, Dettelbach: Röll 2000.

Bucher, Alexius J., Die Bedeutung der Theologischen Fakultäten an staatl. bzw. kirchl. Universitäten, in: Vachon, L. (Hg.), L'universalité catholique face à la diversité humaine (Collection Brèches théologiques; 28), Montréal: Médiaspaul 1998, S. 246-254.

Groß, Engelbert, Nachwort: Theologische Fakultät in der Universität zielt in Öffentlichkeit, in: Eichstätter Hochschulreden, Bd. 106 (Wolfgang Bergsdorf, Im Spannungsfeld zwischen Wissenschaft und Öffentlichkeit: die Informationsgesellschaft und ihr wachsender Ethikbedarf, Wolnzach: Kastner 2001).

Heidegger, Martin, Reden und andere Zeugnisse eines Lebensweges. 1910-1976, Frankfurt am Main: Klostermann 2001.

---, Einleitung in die Philosophie (GA 27), Frankfurt am Main: Klostermann 1996.

---, Bremer und Freiburger Vorträge (GA 79), Frankfurt am Main: Klostermann 1994.

---, Die Frage nach dem Ding (GA 41), Frankfurt am Main: Klostermann 1984.

---, Phänomenologische Interpretation von Kants Kritik der reinen Vernunft (GA 25), Frankfurt am Main: Klostermann 1977.

---, Sein und Zeit (GA 2), Frankfurt am Main: Klostermann 1977.

---, Phänomenologie und Theologie, (GA 9 Wegmarken), Frankfurt am Main: Klostermann 1976.

---, Die Grundprobleme der Phänomenologie (GA 24), Frankfurt am Main: Klostermann 1975.

Hübenthal, Ursula, Interdisziplinäres Denken. Versuch einer Bestandsaufnahme und Systematisierung, Stuttgart: Steiner 1991.

Rohrhirsch, Ferdinand, Vom Nutzen der Philosophie in der Archäologie, in: Leinhäupl-Wilke, A.; Lücking, St. (Hg.), Texte und Steine, Münster 2000, S. 30-43.

---, Martin Heideggers Bestimmung des Wesens der Wissenschaft und die Frage einer transdisziplinären Zusammenarbeit von Fachwissenschaften, in: Bucher, A.J.; Peters D.St. (Hg.), Evolution im Diskurs. Grenzgespräche zwischen Naturwissenschaft, Philosophie und Theologie, Regensburg: Pustet 1998, S. 263-273.

Zimbardo, Philip G.; Richard J. Gerrig, Psychologie. Bearb. und hg. v. S. Hoppe-Graff und I. Engel, 7. neu übersetzte und bearbeitete Auflage, Berlin Heidelberg New York: Springer 1999.

Biblische Perspektive

Jörg Disse

Theologische und historisch-kritische Exegese. Eine philosophisch-theologische Grundlegung

Alt- wie Neutestamentler betreiben unter Vorherrschaft der historisch-kritischen Methode immer noch fast ausschließlich geschichts- und literaturwissenschaftliche Exegese. Trotz zunehmenden Bewusstseins dafür, dass eine rein historisch-philologische Exegese der Schrift theologisch gesehen unzureichend ist, trotz der Eröffnung vieler neuer methodischer Horizonte in der Exegese[1], und trotz der Tatsache, dass seit den 90er Jahren die Gattung neutestamentlicher Theologien wieder im Blühen begriffen ist[2], ist die historisch-kritische Methode bis heute die bestimmende Form biblischer Exegese.[3] Gegen diesen weiterhin bestehenden ‚main stream' möchte ich für die These plädieren, dass die Bibelwissenschaft ihrer Aufgabe im Rahmen einer Theologischen Fakultät nur dann gerecht werden kann, wenn sie durch eine theologische Exegese ergänzt wird. Es geht nicht darum, die Berechtigung der historisch-kritischen Methode in Frage zu stellen. Die eigentliche Aufgabe biblischer Exegese jedoch, die weder allein dem Systematiker noch dem Prediger oder Katecheten überlassen werden kann, besteht immer noch darin, die Schrift als Wort Gottes auszulegen.

Der Ruf nach einer theologischen Exegese ist nicht neu[4], und die Stimmen, die nach ihr verlangen, mehren sich. Die theoretische Grundlegung einer biblischen Exegese, die sich zugleich als theologische versteht, wirft aber immer noch wichtige Fragen auf, insbesondere was das Verhältnis von theologischer und histo-

---

[1] Vgl. M. Oeming, Biblische Hermeneutik. Eine Einführung. Darmstadt 1998.

[2] Vgl. die Literaturangaben in Th. Söding, Inmitten der Theologie des Neuen Testaments. Zu den Voraussetzungen und Zielen der Neutestamentlichen Exegese, in: New Testament Studies, 42 (1996) 160f.

[3] Zur Entwicklung der Exegese seit den 60er Jahren vgl. U. Wilckens, Schriftauslegung in historisch-kritischer Forschung und geistlicher Betrachtung, in: W. Pannenberg/W. Beinert (Hg.), Verbindliches Zeugnis, Bd. 2, Freiburg 1995, 14ff.

[4] Vgl. im katholischen Raum H. Riedlinger, Der Übergang von der geschichtlichen zur geistlichen Bibelauslegung in der christlichen Theologie, in: ders. (Hg.), Die historisch-kritische Methode und die heutige Suche nach einem lebendigen Verständnis der Bibel, München 1985, 89-115; W. Kasper, Prolegomena zur Erneuerung der geistlichen Schriftauslegung, in: H. Frankemölle/K. Kertelge (Hg.), Vom Urchristentum zu Jesus (FS für J. Gnilka), Freiburg 1989, 508-526, sowie verschiedene Aufsätze von Th. Söding, insbesondere „Inmitten der Theologie des Neuen Testaments" sowie „Wissenschaftliche und kirchliche Schriftauslegung. Hermeneutische Überlegungen zur Verbindlichkeit der Heiligen Schrift", in: W. Pannenberg/W. Beinert (Hg.), Verbindliches Zeugnis, Bd. 2, Freiburg 1995, 72-121.

risch-kritischer Exegese betrifft. Der Versuch einer solchen Grundlegung soll im folgenden unternommen werden.[5] Diese Grundlegung ist zugleich als Antwort auf die Frage zu verstehen, welchen philosophischen Ansatz die heutige Theologie qua Bibelwissenschaft braucht: Im Hinblick auf eine sinnvolle Verhältnisbestimmung von theologischer und historisch-kritischer Exegese bedarf es vor allem eines konsequenten Festhaltens an Ricoeurs Unterscheidung zwischen einer Hermeneutik des Vertrauens und einer Hermeneutik des Verdachts.[6]

1. Die historisch-kritische Exegese

Da die historisch-kritische Methode auffallend wenig über sich selbst reflektiert hat und kein eindeutig bestimmtes Gebilde ist, das sich durch ein genau festgelegtes Set von Regeln auszeichnet, ist es notwendig, zunächst einmal Wesen und Zielsetzung dieser Methode zu skizzieren, bzw. das Verständnis von historisch-kritischer Methode darzulegen, dem im folgenden eine theologische Exegese entgegengehalten werden soll.

Der ursprüngliche Anspruch der historisch-kritischen Methode ist das Herangehen an die biblischen Texte im Sinne einer voraussetzungslosen Untersuchung ihres ursprünglichen, geschichtlichen Sinnes. Hierin liegt eine grundsätzliche Anleihe an den Historismus des 19. Jahrhundert, dessen herausragender Theoretiker der Historiker Droysen (1808-1886) war. Die historische Methode setzt sich gemäß Droysen zusammen aus einer Kritik des Früheren und des Späteren, welche die Entstehungsgeschichte des Textes untersucht, einer Kritik der Richtigkeit, welche die in den Texten behaupteten Fakten auf ihre Tatsächlichkeit hin untersucht und einer Kritik der Echtheit, welche den vorliegenden Text im Hinblick auf seine Übereinstimmung mit dem Originaltext untersucht.[7] Demgemäß geht es auch in der Analyse der biblischen Texte um den ‚sensus auctoris‘ als das, was mit diesen Texten tatsächlich gemeint war, um die Tatsächlichkeit dessen, wovon in diesen Texten die Rede ist, nämlich die Geschichte Israels, Jesu und des Urchristentums, und um die Echtheit der Texte in der uns vorliegenden Fassung. Im

---

[5] Mit dem Bewusstsein, dass ich die biblische Exegese als Philosoph und Fundamentaltheologe letztlich von außen betrachte.

[6] Gegenüber dem Thesenpapier, das Grundlage für die Diskussion beim Symposion war, sind einige Veränderungen vorgenommen worden. Insbesondere die Begründung der Wissenschaftlichkeit einer theologischen Exegese, auf die sich der Moderator M. Forschner in seinem Statement kritisch bezieht, glaube ich aufgrund der Einwände überdenken zu müssen. Ich habe sie von daher aus dem Text herausgenommen.

[7] H.W. Blanke, Aufklärungshistorie, Historismus und historische Kritik. Eine Skizze, in: H.W. Blanke/J. Rüsen (Hg.), Von der Aufklärung zum Historismus. Zum Strukturwandel des historischen Denkens, Paderborn 1984, 167ff.

Hintergrund dieses Ansatzes stand das Bemühen, eine Methode zu finden, die den Geisteswissenschaften einen ähnlichen Grad von Wissenschaftlichkeit gewährleistet, wie den seit dem 19. Jahrhundert so erfolgreichen Naturwissenschaften. Es geht insbesondere um das Prinzip der Allgemeinheit und Prüfbarkeit der Resultate in den Geisteswissenschaften. Die Resultate der historischen Exegese müssen, so auch heute noch, „in jeder Hinsicht vor den kritischen Augen von Judaisten und Gräzisten, von Literaturwissenschaftlern und Altphilologen" sowie „vor den Kriterien profaner Historiker Bestand haben"[8].

Der Historismus geht in seinem wissenschaftstheoretischen Anspruch jedoch noch weiter. So lehnt W. Wrede in seiner Streitschrift von 1897 „Über Aufgabe und Methode der sogenannten Neutestamentlichen Theologie" die Möglichkeit einer Theologie des Neuen Testaments mit der Begründung ab, man müsse vom Objekt der Forschung die eigene, einem noch so teure Anschauung gänzlich fernhalten, weil sie eine Wertung in die rein historisch-deskriptive Darstellung hineinbringen würde.[9] Was die historisch-kritische Methode untersuche, sei allein der geschichtliche Sinn der Schrifttexte, unabhängig von jeglichem theologischen Anspruch auf dessen übergeschichtliche Wahrheit. Die biblische Exegese könne nicht Theologie sondern nur „Geschichte der urchristlichen Religion und Theologie" sein, sie könne nur religionsgeschichtlich vorgehen. Sie darf nicht, so auch Bultmann, die Offenheit der Resultate ihres Forschens durch „dogmatische Vorurteile" beeinträchtigen, womit sie sich jeglicher Wissenschaftlichkeit berauben würde.[10] Auch wenn man sich bewusst ist, dass eine absolute Voraussetzungslosigkeit nicht möglich ist, dass streng intersubjektive Verifizierbarkeit und Objektivität ein regulatives Ideal sind und der Exeget sowohl standortgebunden als auch von der Wirkungsgeschichte der Texte mitgeprägt ist, besteht im Sinne Bultmanns auch heute noch eine große Skepsis, was die Wissenschaftlichkeit einer Auslegung der Schrift betrifft, die sich von vornherein als theologisch bzw. an einen bestimmten kirchlichen Glauben gebunden versteht.

Ein weiteres, daran anschließendes Postulat der historisch-kritischen Methode ist die Auslegung der Schrift nach dem Prinzip „etsi deus non daretur", d.h. sie untersucht die Schrift, wie jedes andere geschichtliche Zeugnis auch als ein rein menschliches Zeugnis, als ein Produkt rein menschlicher Interessen und Bedürfnisse, und versucht sie auf dieser Ebene in den Kontext ihrer Zeit zu stellen.[11] Bei

---

[8] Th. Söding, Wissenschaftliche und kirchliche Schriftauslegung, 95.

[9] Göttingen 1897. Die kirchliche Bindung muss, so im Anschluss an Wrede auch heute noch der finnische Exeget H. Räisänen, die kirchliche Bindung als Privatsache behandeln und aus der Forschung streng heraushalten. Vgl. H. Räisänen, Beyond New Testament Theology, London 1990.

[10] Vgl. R. Bultmann, Ist voraussetzungslose Exegese möglich?, in: ders. (Hg.), Glauben und Verstehen III, Tübingen ²1966, 142-150.

[11] Vgl. M. Oeming, Biblische Hermeneutik, 42ff.

der Erforschung sowohl der Entstehungsgeschichte als auch des religiösen, sozialen, wirtschaftlichen, politischen oder literarischen Kontexts geht es um Kausalzusammenhänge, die sich auf der Ebene der natürlichen Umwelt abspielen. Zum Ausdruck bringt diese Grundhaltung das für die historisch-kritische Methode auch heute noch gültige Prinzip der Analogie von Troeltsch. Demnach ist ein wichtiges Kennzeichen für die Wahrscheinlichkeit historischer Vorgänge „die Übereinstimmung mit normalen, gewöhnlichen, oder mehrfach bezeugten Vorgangsweisen und Zuständen, wie wir sie kennen". Troeltsch geht aus von der „prinzipiellen Gleichartigkeit alles historischen Geschehens"[12]. Bei Bultmann wird hieraus das Prinzip, dass „die Geschichte eine Einheit ist im Sinne eines geschlossenen Wirkungs-Zusammenhangs, in dem die einzelnen Ereignisse durch die Folge von Ursache und Wirkung verknüpft sind"[13]. Mit geschlossenem Wirkungszusammenhang sind bei Bultmann rein weltliche bzw. menschliche Kausalverhältnisse gemeint, die bewirken, „dass der Zusammenhang des geschichtlichen Geschehens nicht durch das Eingreifen übernatürlicher, jenseitiger Mächte zerrissen werden kann, dass es also kein ‚Wunder' in diesem Sinne gibt"[14]. Die historische Methode kann somit von vornherein „nicht ein Handeln Gottes konstatieren"[15]. Auch wenn der Gegenstand des Exegeten, die Schrift, von Gott handelt, wird historisch-kritisch nicht unter-sucht, inwiefern Gott sich durch sie dem Menschen mitteilt, sondern allerhöchstens inwiefern diese Selbstmitteilung auf verschiedenerlei Ebene durch menschliches Geschehen vermittelt ist.

2. Was ist theologische Exegese?

2.1 Die Schrift als Wort Gottes

Was ist im Gegensatz hierzu unter einer theologischen Exegese zu verstehen? Gemeint ist zunächst, was den Gegenstand einer solchen Exegese betrifft, eine systematische Betrachtung der Theologie der Schrift. Die theologische Exegese, für die hier plädiert wird, zeichnet sich allerdings durch eine besondere Herangehensweise an ihren Gegenstand aus.[16] Eine Theologie der Schrift kann im Sinne einer

---

[12] E. Troeltsch, Über historische und dogmatische Methode in der Theologie, in: ders. (Hg.), Gesammelte Schriften II, Aalen 1922, 732.
[13] R. Bultmann, Ist voraussetzungslose Exegese möglich?, 144.
[14] Ebd., 144f.
[15] Ebd., 145.
[16] Theologisch wird die exegetische Arbeit entgegen R. Bultmann, Die Bedeutung der ‚dialektischen Theologie' für die neutestamentliche Wissenschaft, in: ders. (Hg.), Glauben und Verstehen I, Tübingen ⁶1966, 133, oder D. Kosch, Schriftauslegung als ‚Seele der Theologie'. Exegese im Geist des Konzils, FZPhTh 2 (1991) 218f. nicht allein schon durch ihren Gegenstand.

Art Komplement zur historisch-kritischen Exegese als neutrale, historisch-theologische Betrachtung betrieben werden[17], sie kann aber auch als eine Disziplin verstanden werden, die nicht neutral betrachtet, sondern die Wahrheit ihres Gegenstandes voraussetzt und diese Wahrheit zu entfalten und vermitteln versucht, d.h. als eine Disziplin, die unter einem normativen Vorzeichen steht. Eine theologische Exegese rein neutral-deskriptiver Art jedoch reicht für eine biblische Exegese, die sich als christlich versteht, nicht aus, weil die Schrift nach christlichem Selbstverständnis wesentlich als ein Medium der Selbstmitteilung Gottes betrachtet wird. Mit anderen Worten: Der neutral-deskriptiven Exegese geht jene entscheidende Dimension verloren, die von Anfang an grundlegend für das kirchliche Schriftverständnis war: Als ein Menschenwort wahrgenommen zu werden, das zugleich Wort Gottes ist.

Deutlich hervorgehoben hat dieses Manko historisch-kritischer Exegese B.S. Childs durch sein so genanntes kanonistisches Schriftverständnis. Auch Childs setzt sich für die Notwendigkeit einer Biblischen Theologie ein. Den Ausgangspunkt für eine solche Theologie aber bildet die Anerkennung der Kanonizität der Schrift. Die Schrift wurde von der Kirche von jeher in ihrer Funktion verstanden, Vehikel zu sein, durch das hindurch die Kirche das Wort Gottes hört, d.h. durch das hindurch Gott auch heute noch mit seinem Volk spricht, und zwar letztlich so spricht, dass sich Gottes Wirklichkeit selbst dem Menschen mitteilt. Diese Funktion aber erfüllt sie als Kanon, als für die christliche Gemeinde verbindliches Zeugnis von Gottes Selbstmitteilung an die Menschen. D.h. als Kanon verstanden bzw. durch das Bekenntnis zur Kanonizität der Schrift erhält sie den normativen Charakter, den sie kirchlich gesehen beansprucht.[18]

Aus diesem Kanonverständnis aber geht hervor, dass es für eine theologische Exegese entscheidend ist, zwischen dem Text und der Realität zu unterscheiden, auf den sich der Text bezieht.[19] Während die historische Forschung sich rein auf den Text bezieht, den Text als solchen in seinem historischen Kontext zu verstehen versucht, geht es der theologischen Exegese um eine Auslegung der Schrift auf ein Verständnis der Wirklichkeit hin, von der sie zeugt. Diese Wirklichkeit ist die eine Wirklichkeit Gottes bzw. Gottes Wirklichkeit, wie sie sich letztgültig in Jesus Christus dem Menschen mitgeteilt hat. Eine rein neutral-deskriptive Exegese ist deshalb für eine theologische Exegese unzureichend, weil sie die Differenz zwischen Text und Referenz nicht mehr operabel machen kann, weil sie nicht untersuchen kann, inwiefern der Buchstabe der Schrift über sich hinaus auf die

---

[17] So u.a. J. Gnilka, Theologie des Neuen Testaments, Freiburg 1999.
[18] Vgl. B.S. Childs, Interpretation in Faith, in: Interpretation 18 (1964) 433-449; ders., Biblical Theology in Crisis, Westminster 1970, 99ff.
[19] Vgl. B.S. Childs, Biblical Theology of the Old and New Testaments. Theological Reflection on the Christian Bible, Minneapolis 1993, 80-90.

Wahrheit Gottes selbst verweist. Diese Differenz aber bricht da auf, wo die Schrift in ein konkretes Wechselverhältnis zur konkreten Glaubenserfahrung der Kirche gebracht wird. Dabei ist die Glaubenserfahrung nicht im Sinne einer theoretischen, rein objektiven, dem Gegenstand selbst äußerlich bleibenden Erkenntnis der in Jesus Christus ergangenen Selbstmitteilung Gottes zu verstehen, sondern als eine personale Begegnung mit Gott, die zugleich, paulinisch wie johanneisch, ein Hineingenommensein in die göttliche Wirklichkeit selbst bedeutet. Paulinisch: Durch das Erkennen der Herrlichkeit Gottes wird der Glaubende selbst in Gottes Bild verwandelt. Christus, der Gegenstand der Glaubenserkenntnis, ist Bild Gottes und der Mensch wird „in sein [Gottes-] Bild verwandelt [...] durch den Geist des Herrn" (2 Kor 3,18). Gott kann in seiner Wirklichkeit als solcher nur durch Gott selbst erkannt werden (1 Kor 2,10ff.). So auch Childs: Es ist der Geist Gottes, der die Schrift zu einem Vehikel der Gottesbegegnung macht.[20] Das Zeugnis der Schrift verstehen wir dadurch, dass wir an der Wirklichkeit von Gottes erlösendem Handeln teilhaben.[21] Soweit Glaubenserfahrung eine seinshafte Aneignung des Erkannten bedeutet, und es einer theologischen Exegese um genau dieses durch theologische Reflexion vermittelte In-Kontakttreten mit der Wirklichkeit Gottes selbst geht, kann die Schrift erst dann theologisch ausgelegt werden, wenn a priori von ihrer Kanonizität und damit von ihrem Charakter, Wort Gottes zu sein, ausgegangen wird.

Die unmittelbare Verbindung von theologischer Exegese mit dem Begriff des Wortes Gottes bedeutet allerdings nicht, dass ein profaner geschichts- oder literaturwissenschaftlicher Positivismus durch einen Offenbarungspositivismus im Sinne Karl Barths ersetzt werden soll. Es geht nicht darum, der literarisch-geschichtlichen Exegese eine theologische Exegese gegenüberzustellen, die jenseits aller wissenschaftlichen Kriteriologie den bloßen Glaubensgehorsam gegenüber dem Wort Gottes zum alleinigen Kriterium einer sachgemäßen Theologie erhebt. Die theologische Exegese versucht, die Schrift nach Kriterien der Wissenschaftlichkeit wie Widerspruchslosigkeit, Kohärenz und Kontrollierbarkeit zu deuten.[22] Dennoch ist erst die Schrift als Wort Gottes betrachtet der eigentliche Gegenstand einer theologischen Exegese.[23] Auch die Philosophie kann sich mit dem Thema Gott befassen, auch die literarisch-geschichtliche Exegese setzt sich mit den Glaubenszeugnissen des Urchristentums auseinander, keine dieser Disziplinen je-

---

[20] Ebd., 87.
[21] Vgl. B.S. Childs, Interpretation in Faith, 443; s. auch R.A.. Harrisville, What I Believe My Old Schoolmate Is Up To, in: Chr. Seitz/K. Greene-McCreight (Ed.), Theological Exegesis: Essays in honor of Brevard Childs, Michigan 1999, 18f.
[22] Vgl. hierzu W. Pannenbergs Auseinandersetzung mit K. Barth in Wissenschaftstheorie und Theologie, Frankfurt a.M. 1973, 266ff.
[23] Vgl. Th. Söding, Wissenschaftliche und kirchliche Schriftauslegung, 73: „Theologische Schriftauslegung ist Suche nach dem Evangelium Gottes im Alten und Neuen Testament".

doch betrachtet ihren Gegenstand als von Gott selbst offenbart, wie es die Theologie tun muss, wenn sie nicht von vornherein als bloße Religionswissenschaft auftreten will.

Die so verstandene theologische Exegese ist zudem zu unterscheiden von der existenzialen Hermeneutik Bultmanns. Auch Bultmann geht es in seiner Hermeneutik darum, die Schrift als Wort Gottes zu hören. Er schränkt allerdings den Begriff des Wortes Gottes von vornherein stark ein, indem Wort Gottes nur das sein kann, was den einzelnen Menschen unmittelbar als Kerygma, als eine Ankündigung anspricht[24], d.h. als ein Wort, das die Wahrheit seiner menschlichen Existenz betrifft. Wort Gottes ist die Schrift, insoweit sie den Menschen wegruft „von seiner Selbstsucht und von der eingebildeten Sicherheit", insoweit sie ihn ruft „zu seinem wahren Ich"[25] bzw., um es mit Heidegger zu sagen, zu seiner Eigentlichkeit. Allem, was dem nicht entspricht, etwa allgemeine, die Wahrheit der menschlichen Existenz nicht unmittelbar betreffende Aussagen über Gottes Handeln als kosmisches Geschehen, als Schöpfer, als Kulthandeln usw. wird damit der Anspruch darauf, unmittelbar Wort Gottes zu sein, abgesprochen.[26] So schreibt Bultmann fast die ganze Christologie, Kosmologie und Eschatologie bei Paulus und Johannes dem mythologischen Denken zu, von dem das Wort Gottes zu befreien ist. Kurzum, das Wort Gottes wird von praktisch allen dogmatischen Inhalten losgelöst: „Die gesamte neutestamentliche Christusverkündigung wird von Bultmann auf den einen Satz hin zugespitzt [und zugleich reduziert], dass der Mensch sich unter dem Anruf des Kerygmas als ein von Gott geliebter verstehen soll"[27].

Diesem antiobjektivistischen Verständnis vom Wort Gottes, das der Schrift mehr von Bultmanns Existenzphilosophie her auferlegt als aus der Schrift selbst gewonnen scheint[28], ist das kanonistische Schriftverständnis entgegenzuhalten, demnach grundsätzlich die Schrift als ganze als autoritatives Wort Gottes anzusehen ist, und zwar als Wort Gottes, das aus dem besonderen geschichtlichen Kontext der damaligen, „biblischen" Zeit heraus, weiterhin für das christliche Selbstverständnis von heute normativ ist.[29] Dies heißt nicht, dass es nicht von heute her gelesen und auch immer wieder auf das heutige Selbstverständnis des Menschen hin gedeutet werden muss, womit auch eine Entmythologisierung im Sinne Bultmanns gemeint sein kann. Es bedeutet auch nicht, dass die Schrift ein monolithisches Ganzes ist, das als solches Autorität beansprucht, sondern sie

---

[24] R. Bultmann, Jesus Christus und die Mythologie, in: ders. (Hg.), Glauben und Verstehen 4, Tübingen ²1966, 178.

[25] Ebd., 159.

[26] Vgl. ebd., 178.

[27] P. Stuhlmacher, Vom Verstehen des Neuen Testaments. Eine Hermeneutik, Göttingen 1979, 181.

[28] Auch wenn Bultmann sein Verständnis des Wortes Gottes in „Die Begriffe des Wortes Gottes im Neuen Testament" biblisch untermauert hat, vgl. ders., Glauben und Verstehen 1, 268-293.

[29] Vgl. B.S. Childs, Biblical Theology in Crisis, 104ff.

erweist sich in immer neuer Interpretation, immer neue Aspekte miteinander kombinierend, als Wort Gottes.[30] Zunächst jedoch ist für eine theologische Exegese grundsätzlich die Schrift als ganze genommen als Wort Gottes zu verstehen.

2.2 Die Einheit der Schrift

Die leitende Perspektive einer solchen Exegese ist – hierin schließe ich mich dem Ansatz von W. Thüsing an – die Frage der Einheit der Theologie der Schrift.[31] Im Gegensatz etwa zu Gnilkas Theologie des Neuen Testaments, die sich darauf beschränkt, die Theologien der verschiedenen Autoren je für sich zu untersuchen und in ihrer Pluralität zu belassen, ist die Frage der Einheit das fundamentale Postulat, an dem, nach Thüsing, „keine Theologie des Neuen Testaments vorbeikommt"[32]. Die Theologie der Schrift ist Ausdruck des Wortes Gottes an die Menschen, dieses Wort Gottes aber ist vom Neuen Testament her als die Zusammenfassung und „transzendierende Überbietung" des Alten im Evangelium Gottes durch Jesus Christus zu verstehen.[33] Die Bibel bildet von daher nicht nur eine formale Einheit im Sinne ihres äußerlichen Zusammengehaltenseins durch den Kanon bzw. weil ihre Schriften alle von Gott gegeben sind, sondern die einzelnen Schriften müssen theologisch von der Einheit des Evangeliums, d.h. von der einen Selbstmitteilung Gottes her, deren letztgültiger Ausdruck nach dem christlichen Selbstverständnis das Neue Testament ist, auf ihre systematische Einheit hin gedeutet werden.

Dies darf nicht so verstanden werden, dass die theologische Eigenart der einzelnen biblischen Zeugnisse nicht ernst zu nehmen wäre. Mögliche Divergenzen der theologischen Konzeptionen der verschiedenen Autoren des Neuen Testaments können nicht zu einer künstlichen Einheit harmonisiert und nivelliert werden, sondern müssen in ihrer Pluralität, soweit sie sich als irreduzibel erweist, belassen werden. Dennoch ist davon auszugehen, dass es trotz solcher Divergenzen einen verborgenen Einheitspunkt gibt, der dem Neuen Testament insgesamt zugrunde liegt. Auf der Grundlage der Pluralität der biblischen Theologien, wofür die historisch-kritische Methode die „Anwältin" ist[34], gilt es somit, nach der verborgenen, systematischen Einheit des Evangeliums zu fragen, die sich in den

---

[30] Vgl. B.S. Childs, The New Testament as Canon: An Introduction, London 1984, 30f.
[31] Vgl. W. Thüsing, Die neutestamentlichen Theologien und Jesus Christus. Grundlegung einer Theologie des Neuen Testaments II: Programm einer Theologie des Neuen Testaments mit Perspektiven für eine Biblische Theologie, Münster 1998, 23ff.
[32] Ebd., 32.
[33] Ebd., 29.
[34] Th. Söding, Wissenschaftliche und kirchliche Schriftauslegung, 98.

einzelnen Theologien reflektiert und als Angebot des Heils und der Erlösung an die Menschen verkündet wird. D.h. die Selbstmitteilung Gottes an die Menschen, von der das Neue Testament zeugt, hat einen bestimmten Gehalt, den zwar das Neue Testament selbst nicht begrifflich ausformuliert, dessen Einheit wir aber aufgerufen sind, immer neu zu formulieren, um uns dessen zu vergewissern, was wir glauben und was wir verkünden können. Die Theologie des Neuen Testaments dient, mit Thüsings Worten, dazu mitzuhelfen, „dass das ‚euangelion' als ‚Dynamik Gottes' (Röm 1,16f.), als Fülle, Reichtum und Ganzheit zur Wirkung kommen kann [...]"[35]. Da jedoch eine solche Einheit aufgrund der grundsätzlichen Situiertheit jedes Interpreten nie endgültig herzustellen ist, versteht sich die theologische Exegese immer nur als eine Annäherung auf sie hin. Mit anderen Worten: Die Einheit ist keine fertig vorgegebene, sondern regulatives Prinzip der theologischen Exegese.[36]

3. Theologische und historisch-kritische Exegese

Die entscheidende Frage, die sich bei der Forderung nach einer theologischen Exegese stellt, ist die nach deren Verhältnis zur historisch-kritischen Methode. Wenn man sich weder dem latenten Monopolanspruch der literatur- und geschichtswissenschaftlichen Exegese beugen noch fundamentalistisch gegen eine kritische Infragestellung der Schrift immunisieren will, wenn man also davon ausgeht, dass biblische Exegese nicht anders verstanden werden kann, denn als eine Synthese von theologischer und literarisch-historischer Exegese, stellt sich insbesondere die Frage, wie das Verhältnis der theologischen Exegese zur historisch-kritischen zu denken ist.

3.1 Bestehende Ansätze

Es hat bereits verschiedene Ansätze in Richtung einer solchen Verhältnisbestimmung gegeben. Hervorzuheben sind diejenigen von P. Stuhlmacher, B.S. Childs und Th. Söding. Alle drei zeichnen sich allerdings dadurch aus, dass sie die Spannung zwischen historisch-kritischer und theologischer Exegese letztlich einzuebnen versuchen.

P. Stuhlmachers Bestrebungen gehen dahin, eine theologische Exegese, die von einem „Einverständnis mit den Fragen und Antworten der biblischen Zeugnisse"

---

[35] Ebd., 33.
[36] Vgl. ebd., 33f.

ausgeht[37], in die historisch-kritische Exegese selbst zu integrieren. Die historisch-kritische Methode ist für ihn die einzige in Frage kommende Interpretationsmethode.[38] Den Engführungen der historisch-kritischen Methode kann daher nur dadurch entgegengetreten werden, dass die von E. Troeltsch aufgestellten Prinzipien der Exegese-Kritik, Analogie und Korrelation - durch ein „Prinzip des Vernehmens" ergänzt werden[39], d.h. durch eine Einstellung ursprünglichen „Einverständnisses mit den [biblischen] Texten"[40]. Diese Ergänzung ist so zu verstehen, „dass die historische Kritik mitsamt ihren Grundprinzipien gerahmt wird von einer vorgängigen Bereitschaft, mit den Texten in einen ernsthaften Dialog und möglichst ins Einverständnis über ihre zentralen kerygmatischen Aussagen zu kommen"[41]. Das Einverständnis mit dem Kerygma, mit der Schrift als Wort Gottes wird somit vorausgesetzt, die historisch-kritische Methode aber zugleich beibehalten. Die Frage ist, wie eine solche Hermeneutik der „kritischen Sympathie", ein Ausdruck W.G. Kümmels, den P. Stuhlmacher aufgreift[42], konkret funktionieren soll? Wie können Kritik und Einverständnis (mit dem Kerygma) in einer Methode zusammenkommen? Wann ist Einverständnis und wann Kritik angesagt bzw. wie ist es zu rechtfertigen, dass die Kritik vor den „zentralen kerygmatischen Aussagen" halt macht?[43]

B.S. Childs geht gewissermaßen umgekehrt vor, indem er das historisch-kritische Moment in eine theologische, den Kanon anerkennende Exegese integriert. Damit wird nicht der historisch ursprünglichste Text zur Grundlage des Textsinns gemacht, sondern die für kanonisch erklärte Letztfassung.[44] Es geht nicht primär um eine Rekonstruktion der eigentlichen historischen Ereignisse bzw. eines ursprünglichen Textsinns, der sich hinter der Letztfassung verbirgt und der erst die legitime Grundlage einer theologischen Interpretation abgibt, sondern diese Grundlage bildet der kanonische Text selbst, während die historische Rekonstruktion im wesentlichen dem besseren Verständnis dieser Letztfassung dient.[45] Childs will hierdurch der normativen Funktion, welche die Schrift für die Glaubensge-

---

[37] P. Stuhlmacher, Vom Verstehen des Neuen Testaments, 208.

[38] Vgl. ebd., 219.

[39] Ebd., 220.

[40] Ebd., 206.

[41] P. Stuhlmacher, Biblische Theologie des Neuen Testaments, Bd. 1, Göttingen 1992, 11.

[42] Ebd.

[43] M. Oeming bezeichnet Stuhlmacher als „Grenzgänger" zwischen einer Hermeneutik des Einverständnisses und historischer Kritik, und fragt ganz im Sinne meines Einwandes, ob man auf dieser Grenze gehen kann, „oder ob diese Grenze nicht ein scharfes Entweder-Oder markiert" (Gesamtbiblische Theologien der Gegenwart. Das Verhältnis von AT und NT in der hermeneutischen Diskussion seit Gerhard von Rad, Stuttgart 1985, 128).

[44] Vgl. B.S. Childs, Introduction to the Old Testament as Scripture, London 1979, 73ff.

[45] Vgl. B.S. Childs, The Book of Exodus. A Critical Theological Commentary, Philadelphia 1974, XV.

meinschaft hat, gerecht werden.[46] Damit ist nicht gesagt, dass die letzte Textfassung ‚en bloc' autoritative Geltung beansprucht. Vielmehr besteht die Aufgabe der Exegese darin, die Letztfassung eines jeden biblischen Textes in seiner Funktion im Gesamtkanon zu verstehen sowie in seiner Geschichte zu rekonstruieren und im Hinblick auf ihre kerygmatische Aussagekraft theologisch zu interpretieren. Dabei ist die Beschreibung der Funktion sowie die geschichtliche Rekonstruktion, d.h. der Aufweis des Prozesses, der zu diesem Kanon geführt hat, auch für Childs eine deskriptive, eine kritische Herangehensweise erfordernde Aufgabe. Die Erarbeitung des ursprünglichen, historischen Kontexts einer jeden Schriftstelle ist damit auch für die kanonistische Auslegung unverzichtbar[47]. Die kritische Herangehensweise ist jedoch im Rahmen einer kirchlich zu verantwortenden Exegese nicht universalisierbar[48], d.h. sie muss sich darauf beschränken, eine literarisch-historische Beschreibung im Rahmen der vorausgesetzten Kanonizität der Schrift zu leisten. So lehnt Childs Anfragen der Formkritik, die den Kanon als Richtschnur und Norm der Exegese in Frage stellen, wie etwa „Warum sollte einer Stufe der Textentstehung einen Sonderstatus gegenüber einer anderen zukommen?" oder „Wurden nicht frühere Schichten des Textes ebenfalls als kanonisch angesehen und warum sollte sie nicht weiterhin als kanonisch gelten?" als dem Text gegenüber unangemessen ab.[49] Was für den Althistoriker legitim und gerechtfertigt ist[50], ist es – Childs Auffassung nach – nicht für den Exegeten im kirchlichen Kontext.

Auch Th. Söding hat sich in einer Vielzahl von Aufsätzen für die Notwendigkeit einer theologischen Exegese ausgesprochen. Im Unterschied zu Stuhlmacher und Childs lehnt er allerdings jede Einschränkung der historisch-kritischen Herangehensweise an die Schrift strikt ab. Indem Gott sich wesentlich in der Geschichte und damit durch Menschen hindurch offenbart, ist die Exegese vielmehr dazu aufgerufen, auch die rein menschliche Ebene für sich genommen zu erkunden. Von daher müssen die biblischen Texte auch rein historisch-kritisch als „literarische Zeugnisse geschichtlicher Gottes- und Glaubenserfahrungen" untersucht werden.[51] Die Resultate einer solchen Untersuchung aber sind auch für eine theologische Exegese, der es darum geht, „aus der Heiligen Schrift das Wort Got-

---

[46] Vgl. B.S. Childs, Introduction to the Old Testament as Scripture, 73.
[47] Vgl. B.S. Childs, Biblical Theology in Crisis, 112f.
[48] Vgl. B.S. Childs, The New Testament as Canon, 35.
[49] B.S. Childs, Introduction to the Old Testament as Scripture, 75: „[...] these questions miss the mark [...]."
[50] Vgl. ebd., 76.
[51] Th. Söding, Geschichtlicher Text und Heilige Schrift – Fragen zur theologischen Legitimität historisch-kritischer Exegese, in: Th. Sternberg (Hg.), Neue Formen der Schriftauslegung?, Freiburg 1992, 105.

tes herauszuhören"[52], bindend: „Auch eine dezidiert theologisch und pneumatisch orientierte Exegese muss wahrnehmen und annehmen, was historisch-kritische Forschung sagt"[53]. Die historisch-kritische Exegese bildet somit das Fundament aller theologischen Exegese.

Die theologische Exegese als solche hat für Söding nicht die Aufgabe, den historischen Wahrheitsanspruch, sondern die Wahrheit der Schrift „als Wahrheit" zu reflektieren.[54] Sie tut dies, indem sie grundsätzlich dem durch die Kirche festgelegten Kanon der biblischen Schriften[55], dem Anspruch, das Wort Gottes authentisch zu bezeugen[56], und dem Anspruch, den Jesus Christus in seiner Verkündigung und durch sein Leben, seinen Tod und seine Auferstehung erhebt, nämlich das fleischgewordene, endgültige Wort zu sein, vertraut.[57]

Das Verhältnis einer solchen Exegese zur historisch-kritischen aber scheint für Söding unproblematisch zu sein. Die theologische Exegese fügt sich gewissermaßen nahtlos an die historisch-kritische an. Söding spricht zwar immer wieder von Spannungen zwischen beiden, die nicht aufgehoben werden können und dürfen, letztlich jedoch entwirft er ein Modell des harmonischen Nebeneinanders. Dies zeigt sich einerseits daran, dass er Übergänge von der historisch-kritischen zur theologischen Exegese zu schaffen versucht, indem er etwa behauptet, die historisch-kritische Exegese, die dem geschichtlichen Verstehen verpflichtet sei, müsse versuchen, „den Anspruch der biblischen Texte ernst zu nehmen, Erfahrungen Gottes zu bezeugen"[58], ihr komme, wenn auch nur eingeschränkt, die Aufgabe zu, die Verbindlichkeit der Schrift zu erkennen und vermitteln.[59] Andererseits versucht Söding den möglichen Konflikt zwischen beiden durch die Forderung nach einer Selbstkorrektur der historisch-kritischen Methode zu entschärfen. Söding knüpft diesbezüglich an J. Ratzingers Kritik der biblischen Exegese an. Ratzingers Auffassung nach reflektiert die heutige Exegese nicht genügend über die philosophischen Implikationen, die jeder einzelne methodische Schritt der historisch-kritischen Methode nach sich zieht. Es sei daher eine wichtige Aufgabe, eine philosophische „Selbstkritik der historischen Exegese" vorzunehmen.[60] Söding konkretisiert dieses Anliegen in dem Sinne, dass die Exegese „ein historisch verengtes Geschichtsbild und ein positivistisch verzerrtes Wahrheitsverständnis"

[52] Th. Söding, Wissenschaftliche und kirchliche Schriftauslegung, 73.
[53] Th. Söding, Geschichtlicher Text und Heilige Schrift, 109.
[54] Vgl. Th. Söding, Inmitten der Theologie des Neuen Testaments, 168.
[55] Vgl. ebd., 174.
[56] Vgl. ebd., 178.
[57] Vgl. ebd., 180.
[58] Th. Söding, Wissenschaftliche und kirchliche Schriftauslegung, 97.
[59] Vgl. ebd., 99.
[60] Vgl. J. Ratzinger, Schriftauslegung im Widerstreit. Zur Frage nach Grundlagen und Weg der Exegese heute, in: J. Ratzinger (Hg.), Schriftauslegung im Widerstreit, Freiburg 1989, 24ff.

überwinden müsse, um sich von einer historistisch enggeführten zu einer „hermeneutisch aufgeschlossenen" Exegese zu wandeln.[61] Dabei soll diese Überwindung nicht allein im Sinne Ratzingers durch das Bedenken der philosophischen Implikationen der historischen Kritik geschehen, sondern auch durch die Aufarbeitung ihrer eigenen Geschichte, durch den Dialog mit der systematischen Theologie, mit der Predigt und Katechese sowie durch eine Auseinandersetzung mit der Wirkungsgeschichte der Schrift.[62] Der Anspruch wird gewissermaßen erhoben, dass mögliche Spannungen zur theologischen Exegese durch Maßnahmen dieser Art, die den kritischen Ansatz als solchen nicht in Frage stellen sollen, einem problemlosen Nebeneinander von historisch-kritischer und theologischer Exegese weichen würden.

Söding ist m.E. darin Recht zu geben, dass die kritische Herangehensweise der Schrift in keinerlei Weise eingeschränkt werden darf, wie dies Stuhlmacher und Childs letztlich tun. Es stellt sich jedoch die Frage, ob das Verhältnis von historisch-kritischer und theologischer Exegese im Sinne eines harmonistischen Modells, wie Söding es entwirft, beschrieben werden kann, d.h. ob sich nicht mit den zwei Exegesen zumindest faktisch zwei methodische Ansätze gegenüberstehen, deren Konflikt aufgrund der unterschiedlichen hermeneutischen Prinzipien, die ihnen zugrunde liegen, unauflösbar ist, und damit gar nicht erst der Versuch unternommen werden sollte, ein problemloses Nebeneinander beider herbeizudenken.

3.2 Das philosophische Fundament

Die unterschiedlichen hermeneutischen Prinzipien, die m.E. das philosophische Fundament einer sinnvollen Verhältnisbestimmung von theologischer und historisch-kritischer Exegese bilden, gründen in Ricoeurs Unterscheidung zwischen einer Hermeneutik des Verdachts und einer Hermeneutik des Vertrauens, wie er sie vor allem in seinem Buch „Die Interpretation. Ein Versuch über Freud" von 1965 entfaltet hat.[63] Dabei ist mir bewusst, dass ich daraus für die biblische Exegese nicht dieselben Konsequenzen ziehe wie Ricoeur selbst, denn während es mir um die Unverzichtbarkeit einer biblischen Exegese als Hermeneutik des Vertrauens geht, scheint Ricoeur umgekehrt die Notwendigkeit einer biblischen Hermeneutik

---

[61] Th. Söding, Geschichtlicher Text und Heilige Schrift, 115f.
[62] Vgl. ebd., 117ff.
[63] Im Folgenden wird verwiesen auf die Seitenzahl der französischen Ausgabe „De l'interprétation. Essai sur Freud", Seuil 1965.

des Verdachts betont zu haben.[64] Entscheidend für meinen Ansatz ist, dass die Differenz beider Formen von Hermeneutik auch für die biblische Exegese streng durchzuhalten ist.

Eine Hermeneutik des Verdachts im Sinne Ricoeurs haben besonders Marx, Nietzsche und Freud praktiziert. Ricoeur untersucht am Beispiel von Freud die symbolische Sprache, mit der die menschlichen Wünsche, Begierden und Triebe zum Ausdruck gebracht werden. Eine solche Sprache hat zunächst einen wörtlichen Sinn, der mit den Wünschen, Begierden und Trieben des Menschen meist gar nichts zu tun hat. Dieser wörtliche oder erste Sinn aber verweist auf einen indirekten, übertragenen oder zweiten Sinn, den er zugleich verdeckt. Mit anderen Worten: Gewisse sprachliche Zeichen, die Ricoeur Symbole nennt, zeichnen sich durch eine Doppelsinn aus. Freuds Traumdeutung ist hierfür das Paradebeispiel. Der Traum sagt etwas, will damit aber in vielen Fällen etwas ganz anderes besagen, als der oberflächliche Traumsinn zu verstehen gibt. Freud selbst unterscheidet bekanntlich zwischen einem manifesten Trauminhalt, wie er mir in der Erinnerung vorliegt, und einem latenten Trauminhalt als dem eigentlich gemeinten, der durch Analyse zum Vorschein gebracht werden soll. Dabei ist der manifeste Trauminhalt als verhüllte Erfüllung von verdrängten Wünschen, insbesondere von Sexualwünschen zu verstehen.[65] Diese Wünsche werden im Traum nicht direkt dargestellt, sondern durch Andeutungen, Anspielungen indirekt bezeichnet.[66] Alle möglichen Gegenstände unserer normalen Umwelt werden so im Traum zu Symbolen z.B. für männliche oder weibliche Geschlechtsorgane. Freud selbst vergleicht die Traumerzählung oft mit einem unverständlichen Text, der durch Interpretation in einen verständlichen umgewandelt werden soll.[67]

Eine solche Interpretationsweise entspricht einer Hermeneutik des Verdachts. Sie zeichnet sich dadurch aus, dass die Ebene des unmittelbaren Bewusstseins bzw. die unmittelbare Textebene, auf der ein bestimmter Sinn zum Ausdruck kommt, in sich keine eigenständige Sinnebene bildet, sondern ganz auf die Ebene eines zweiten Sinns zurückzuführen ist, die in ihr indirekt zum Ausdruck kommt. Es handelt sich demnach um eine reduktionistische Interpretation, indem die unmittelbar gegebene Sinnebene reduziert wird auf nichts als ..., etwa bei Freud auf nichts als die Rückkehr verdrängter Triebe. Die ganze Sphäre des unmittelbaren Sinns ist nichts als der Ausdruck des verborgenen als des alleinigen Sinns[68], Sinneinheiten der unmittelbar gegebenen Sinnebene sind nur in ihrer Funktio-

---

[64] Vgl. etwa „Herméneutique philosophique et herméneutique biblique", in: P. Ricoeur (Ed.), Du texte à l'action. Essais d'herméneutique, Bd. II, Paris 1986, 132.
[65] Vgl. P. Ricoeur, De l'interprétation, 42f.
[66] Vgl. ebd., 49.
[67] Vgl. ebd., 35.
[68] Vgl. P. Ricoeur. Le conflit des interprétations. Essais d'herméneutique, Paris 1969, 259.

nalität in Bezug auf die wahre, zweite Sinnebene zu verstehen. So ist für Freud die Ebene des Triebes, des Wunsches, des Unbewussten die Quelle allen Sinns[69], d.h. der Dolch als Traumsymbol des männlichen Genitals hat als Dolch keine weitere Bedeutung, dem Symbol als solchem entspricht kein wirklicher Gegenstand.[70] Die von den Symbolen bezeichneten Gegenstände sind nur Illusionen, weil Projektionen unbewusster Wünsche.

Ganz anders geht eine Hermeneutik des Vertrauens vor. Auch sie bezieht sich auf Symbole. Es gibt einen Erstsinn, der auf einen verborgenen Zweitsinn hin untersucht wird. Dies ist das Anliegen aller Hermeneutik.[71] Sie versucht aber nicht die Symbole zu erklären, indem sie deren einzigen Sinngehalt auf einer Sinnebene sucht, die durch die Symbole selbst nur verzerrt wiedergegeben wird. Vielmehr sind die Symbole auf der Ebene ihres Erstsinns wahrhafter Ausdruck des ihnen zugrundeliegenden Zweitsinns. Die Symbole als solche haben einen Wahrheitsgehalt. Sie müssen nicht auf etwas anderes zurückgeführt werden, sondern in der bloßen Analyse der Symbole auf der Ebene des Erstsinnes offenbart sich ihr Zweitsinn. Der zweite Sinn ist, so Ricoeur, im ersten Sinn enthalten. Der erste Sinn als solcher ist auf den zweiten bezogen.[72] Ricoeur erwähnt als Beispiel die Religionsphänomenologie eines M. Eliade. Die großen kosmischen Symbole von Erde, Himmel, Wasser, Leben, Bäumen und Steinen, die verschiedenen Mythen, Riten usw., sind zwar alle indirekter, aber dennoch wahrhafter Ausdruck der ihnen zugrundeliegenden Sinnebene des Heiligen, bzw. können dem Anspruch dieser Hermeneutik nach als solche aufgewiesen werden.[73] Der sichtbare Himmel in seinen verschiedenen Eigenschaften ist authentischer Ausdruck der unsichtbaren Wirklichkeit, die dieses Symbol bezeichnen soll.[74] Man vertraut, dass die Zeichen eine Wirklichkeit wahrhaft bezeichnen können und nicht lediglich ihre verzerrte Projektion sind. Statt die Sprache der Symbole für eine Verzerrung der zweiten Sinnebene zu halten, ist sie deren Offenbarung.

Im Sinne dieser zwei Formen von Hermeneutik aber unterscheiden sich historisch-kritische und theologische Exegese grundlegend voneinander. Es ist nicht schwer, auszumachen, dass der historisch-kritischen Methode ein Moment des Verdachts inhärent ist. Die historistische Befragung des Textes erfolgt immer von dem Prinzip her, dass der Text, so wie er sich dem Leser zu einer Zeit unmittelbar zu verstehen gibt, womöglich nicht der Text ist, wie er geschichtlich gemeint war. Textkritik, die nach der Echtheit der Texte fragt, Kritik der Richtigkeit, die nach

---

[69] Vgl. ebd., 25.
[70] Vgl. J. Mattern. Paul Ricoeur zur Einführung, Hamburg 1996, 61.
[71] Vgl. P. Ricoeur. Le conflit des interprétations. Essais d'herméneutique. Paris 1969, 16.
[72] Vgl. ebd.
[73] Vgl. P. Ricoeur, De l'interprétation, 41.
[74] Vgl. ebd., 314.

der Tatsächlichkeit des in den Texten Berichteten fragt, und Kritik des Früheren und Späteren, die danach fragt, ob nicht der Text selbst noch eine Geschichte durchlaufen hat, welche die Darstellung des ursprünglich Geschehenen, von dem der Text berichtet, verzerrt hat, all diese Momente historistischer Textanalyse setzen einen grundsätzlichen methodischen Zweifel bezüglich der Glaubwürdigkeit des vorhandenen Textes voraus. Mit anderen Worten: Der Erstsinn des Textes wird grundsätzlich hinterfragt auf eine mögliche zweite Sinnebene hin, die im Sinne einer Hermeneutik des Verdachts von der ersten Sinnebene nicht zum Ausdruck gebracht wird.

Theologische Exegese hingegen ist eine Form von Hermeneutik des Vertrauens. Eine besondere Form davon ist sie in der Hinsicht, dass sie im Gegensatz zur Religionsphänomenologie nicht neutral an ihren Gegenstand herantritt, sondern die Einsicht in die Göttlichkeit der Schrift zur Voraussetzung ihrer Betrachtung macht, also im Sinne der hermeneutischen Applikation davon ausgeht, dass die Schrift die Wahrheit für uns ist. Aus dieser Perspektive aber fragt auch sie nach dem Sinn des biblischen Textes, so wie er sich auf der Ebene des Literalsinns zeigt. Die theologische Exegese betreibt keine Allegorese, sondern untersucht die zugrunde liegende Theologie als den Zweitsinn, von dem der Erstsinn der Ausdruck ist. Dabei vertraut eine solche Exegese, ich wiederhole die Kriteriologie Södings, dem durch die Kirche festgelegten Kanon der biblischen Schriften, sie vertraut deren Anspruch, das Wort Gottes authentisch zu bezeugen, und sie vertraut auf den Anspruch, den Jesus Christus in seiner Verkündigung und durch sein Leben, seinen Tod und seine Auferstehung erhebt, nämlich das fleischgewordene, endgültige Wort zu sein. All dies sind Ansprüche, die der biblische Text selbst auf der Ebene des Erstsinns erhebt, und die von der theologischen Exegese als solcher nicht hinterfragt werden, nicht hinterfragt werden können.

3.3 Der Konflikt der Interpretationen

Kann nun dieser Gegensatz überwunden bzw. harmonisiert werden? Genügt es – wie Söding fordert –, dass die historisch-kritische Methode ihr „historistisch verengtes Geschichtsbild und ein positivistisch verzerrtes Wahrheitsverständnis" einfach abwirft?[75] Ein problemloses Nebeneinander von historisch-kritischer und theologischer Exegese ist in dem Sinne vorstellbar, dass man die historisch-kritische Methode von allen weltanschaulichen Voraussetzungen reinigt, dass man sie zu einer „reinen", d.h. weltanschaulich neutralen Methode macht, die mit einer theologischen Interpretation inhaltlich nicht mehr in Konflikt treten kann. Ist

---

[75] Vgl. Th. Söding, Geschichtlicher Text und Heilige Schrift, 115ff.

jedoch eine solche Neutralität überhaupt denkbar? Eine „Selbstkritik der historischen Exegese" auf ihre philosophischen Implikationen hin, wie Ratzinger sie fordert, und an die Söding anknüpft, erscheint in der Tat als eine wichtige, heute stark vernachlässigte Aufgabe. Sicher könnten dadurch unnötige Spannungen ausgeräumt werden. Würde man etwa das positivistisch-historistische Verständnis dessen, was geschichtliche Tatsache ist, durch eine methodologische Selbstkritik überwinden, so könnte man die durch philosophische Vorverständnisse belastete Diskussion um die Auferstehung Jesu Christi in fruchtbarere Bahnen lenken.[76] Doch selbst wenn es auf diese Weise gelänge, die Kriteriologie der kritischen Methode durch eine andere zu ersetzen, die ebenfalls Wissenschaftlichkeit für sich beanspruchen kann, wäre doch auch diese neue Kriteriologie nicht frei von philosophischen Voraussetzungen. Der Anspruch einer weltanschaulich neutralen Methode, den noch der frühe Heidegger für seine Phänomenologie erhebt, erweist sich nicht zuletzt aufgrund der hermeneutischen Wende der zweiten Hälfte des 20. Jahrhunderts als eine Illusion. Weltanschauliche Annahmen sind bei allem wissenschaftlichen Forschen immer schon mit im Spiel, wie von anderer Seite her auch Popper eingeräumt hat.[77] Entscheidend jedoch ist: Auch eine modifizierte Form von historisch-kritischer Methode müsste noch dem Prinzip des Verdachts gehorchen und stünde damit immer noch im Gegensatz zur theologischen Exegese als einer Hermeneutik des Vertrauens. Gleich welches ihre philosophischen Implikationen sind, eine kritische Methode kann nur dann kritisch sein, wenn sie nach dem Prinzip des methodischen Zweifels vorgeht. Zur Aufhebung dieses Prinzips darf die geforderte „Selbstkritik der historischen Exegese" nicht führen.

Doch nicht nur der methodische Zweifel, auch die profangeschichtliche Ausrichtung der historisch-kritischen Exegese kann nicht aufgehoben werden. Die historisch-kritische Methode betrachtet, wie bereits ausgeführt wurde, die Schrift wie jedes andere geschichtliche Zeugnis auch als ein rein menschliches Zeugnis, was zur Folge hat, dass die geschichtlichen Ereignisse der Schrift nicht als Handeln Gottes gedeutet werden können. Jeglicher Versuch, der kritischen Methode selbst im Sinne Södings eine theologische Verantwortung zu unterstellen bzw. ihr zur Aufgabe zu machen, „den Anspruch der biblischen Texte ernst zu nehmen, Erfahrungen Gottes zu bezeugen"[78], kann aus dieser Perspektive nur als eine ‚petitio principii' angesehen werden.

---

[76] Ich teile diesbezüglich die Einschätzung W. Pannenbergs, Die Auferstehung Jesu – Historie und Theologie?, in: ders. (Hg.), Philosophie, Religion, Offenbarung. Beiträge zur Systematischen Theologie, Bd. 1, Göttingen 1999, 308-318.
[77] Vgl. K.R. Popper, Logik der Forschung, Tübingen ⁶1976, 13.
[78] Th. Söding, Wissenschaftliche und kirchliche Schriftauslegung, 97.

Der Grund für die Unverzichtbarkeit der profangeschichtlichen Ausrichtung der historisch-kritischen Methode jedoch ist, dass es sich nicht einfach um eine mögliche Form der Schriftinterpretation unter anderen handelt. Vielmehr widerspiegelt die historisch-kritische Methode in ihrer Ausrichtung auf das profangeschichtlich Ausweisbare das Wissenschaftsverständnis der Neuzeit und dessen Erfolgsgeschichte. So wie die Naturwissenschaften in der frühen Neuzeit dadurch auf Erfolgskurs gebracht wurden, dass sie die Welt nicht mehr von vornherein in ihrer Beziehung auf Gott zu verstehen versuchten, wie dies die Scholastik tat, sondern sich der immanenten Struktur des weltlich Gegebenen zuwandten, um diese rein für sich genommen zu betrachten, so gründet denn auch der Erfolg der historisch-kritischen Methode darin, sich die Schrift rein als menschliches Zeugnis vorgeknüpft zu haben, unabhängig davon, dass sie womöglich auch Gottes Wort ist. Soweit diese Beschränkung auf das rein Menschliche ein methodologisches Prinzip ist, das keinen Monopolanspruch für die biblische Exegese erhebt, ist sie theologisch gesehen nicht nur berechtigt, sondern angesichts der Paradigmenhaftigkeit des neuzeitlichen Wissenschaftsverständnisses ein notwendiges Pendant zu jeder theologischen Auslegung.

Aufgrund dieser Erwägungen sollte m.E. nicht der Versuch unternommen werden, den Konflikt der Exegesen in ein harmonisches Miteinander aufzulösen. Der Gegensatz zwischen Hermeneutik des Verdachts und Hermeneutik des Vertrauens kann nicht aufgehoben werden. Bei Ricoeur kommt beiden Hermeneutiken „gleiches Recht und gleiche Notwendigkeit" zu.[79] Ricoeur versteht dies allerdings so, dass Symbole gleichermaßen in Richtung auf eine reduktive oder eine nichtreduktive Hermeneutik hin interpretiert werden können. Jedes einzelne Symbol enthält in sich die Möglichkeit der zwei entgegengesetzten Formen von Interpretation. Ricoeur spricht diesbezüglich von einer Überdeterminierung des Symbols. Das Symbol enthält mehrere Möglichkeiten von Sinn, die sich einander völlig widersprechen können.[80] Jedes Symbol, das religionsphänomenologisch als auf einen Bereich des Heiligen verweisend, offengelegt wird, kann von der Psychoanalyse her zugleich als Ausdruck der Projektion eines verdrängten Wunsches dargestellt werden. Wir können, so Ricoeur, nie sicher sein, dass dieses oder jenes Symbol des Heiligen nicht die Äußerung einer verdrängten, etwa sexuell motivierten Begehrlichkeit ist[81], dass also von einer Hermeneutik des Verdachts her gesehen das Heilige letztlich ganz von der Ebene der Libido her erklärt werden kann, auf sie reduziert werden kann. Man kann aber auch umgekehrt nie sicher sein, ob über die Libido hinaus den Phänomenen des Heiligen nicht doch eine objektive

---

[79] J. Mattern, Ricoeur zur Einführung, 61f.
[80] Vgl. P. Ricoeur, De l'interpétation, 518f.
[81] Vgl. P. Ricoeur, Le conflit des interprétations, 329.

Wirklichkeit entspricht. Bei der Interpretation hängt alles von den Voraussetzungen ab, welche die Methode macht, mit der man an die Symbole interpretierend herangeht.

Wie kann nun aber das Verhältnis zwischen einer Hermeneutik des Verdachts und einer Hermeneutik des Vertrauens konkret gedacht werden? Ricoeurs Ansatz darf nicht so verstanden werden – er selbst sieht dies ein, verstummt bezüglich dieser Frage aber nahezu[82] –, dass in Bezug auf einen Text zwei sich widersprechende Interpretationen einfach gleichberechtigt nebeneinander bestehen können. Vielmehr müssen die historisch-kritische und die theologische Interpretation miteinander konfrontiert werden.

Diese Konfrontation ist allerdings nur dann sinnvoll, wenn jede der beiden Exegesen ihrem eigenen methodischen Ansatz treu bleibt. Zunächst einmal bedeutet dies, dass an der grundsätzlichen Autonomie der historisch-kritischen Exegese gegenüber der theologischen festgehalten werden muss. Sie versucht die Schrift allein von ihrer eigenen, profangeschichtlichen Methode her zu deuten, und es kann ihr keine Theologie Vorschriften darüber machen, wie sie dies zu tun hat. Allerdings können und sollten die Resultate der theologischen Exegese die historisch-kritische Exegese auch dazu bewegen, ihrer eigenen Resultate und Kriterien der Wahrheitsfindung immer wieder zu überprüfen. Indem die theologische Exegese den Erstsinn des Textes auf die sich in ihm ausdrückende Theologik als Zweitsinn beleuchtet, kann sie indirekt zum kritischen Korrektiv für die historisch-kritische Methode werden, d.h. die Schlüssigkeit einer theologischen Interpretation kann in dem Sinne zu einer Revision der Resultate bzw. Prinzipien der historisch-kritischen führen, dass die historisch-kritische Exegese ihre eigenen Prinzipien überdenkt und gegebenenfalls korrigiert.

Eine interessante Analogie hierzu bildet das Verständnis des Verhältnisses von Philosophie und Theologie bei Thomas von Aquin. Autonom ist für Thomas die Philosophie gegenüber der Theologie nicht nur deshalb, weil sie allein das behandelt, was der Mensch aufgrund des natürlichen Lichts der Vernunft zu erkennen vermag, d.h. aufgrund von Prinzipien, die von der menschlichen Vernunft als solcher, unabhängig von aller Offenbarung, eingesehen werden, sondern vor allem auch, weil sie im Falle eines Widerspruchs zu den Offenbarungswahrheiten ihre Position nicht durch den Verweis auf theologische Autoritätsgründe ändern soll, sondern mit Hilfe der natürlicher Vernunfteinsicht eine Art Selbstkorrektur vornehmen soll. Philosophische Argumente, die der Offenbarungswahrheit widersprechen, sind Thomas' Auffassung nach nicht richtig aus den ersten Prinzipien der natürlichen Vernunft hergeleitet und können von daher durch die Philosophie

---

[82] Vgl. ebd., 26ff.

selbst widerlegt werden.[83] In diesem Sinne sollte auch die historisch-kritische Exegese als der theologischen Exegese gegenüber völlig autonom angesehen werden. Bei Thomas wird das Verhältnis allerdings niemals auch umgekehrt gesehen. Die Philosophie wird nicht so verstanden, dass auch ihre Resultate die Theologie zu einer Selbstkorrektur veranlassen könnten. Es ist jedoch für das heutige Verständnis biblischer Exegese essentiell, dass diese Anleitung zur Selbstkorrektur auch in die andere Richtung stattfindet. Dies drückt sich darin aus, dass die historisch-kritische Exegese als das unverzichtbare Fundament aller theologischen Exegese anzusehen ist. Der „geschichtliche Aussagesinn der Texte" ist, wie es bei Söding heißt, der „theologisch grundlegende". Eine biblische Theologie des Neuen Testaments kann, „auch wenn sie thematisch strukturiert werden sollte, nur auf einer traditionsgeschichtlichen Exegese aufbauen"[84]. Theologische Exegese „muss wahrnehmen und annehmen, was historisch-kritische Forschung sagt"[85]. In der Tat, könnte die historisch-kritische Exegese den historischen Wahrheitsanspruch der Schrift weitgehend wiederlegen, so wäre es nicht weiter sinnvoll, über die theologische Wahrheit der Schrift zu reflektieren. Nach dem jüdisch-christlichen Selbstverständnis kann es angesichts der engen Verbindung von Offenbarung und Geschichte theologische Wahrheit nur auf der Grundlage historischer Wahrheit geben. Allerdings darf dies wiederum nicht zu einer Hörigkeit der theologischen gegenüber der historisch-kritischen Exegese führen. Es gibt nicht eine historisch-kritische Forschung, die der theologischen Exegese ‚uni sono' ihre Resultate vorlegen könnte. Die Resultate sind oft so verschieden, wie es verschiedene Exegeten gibt, und die theologische Exegese bewegt sich zunächst frei im Rahmen der ihr zur Verfügung gestellten Interpretationsmöglichkeiten.

Auf dem Hintergrund dieser grundsätzlichen Verhältnisbestimmung zwischen theologischer und historisch-kritischer Exegese aber müssen die Resultate beider Methoden, soweit sie sich widersprechen, miteinander konfrontiert werden. Dies setzt die Offenheit der einen für die andere voraus. Dem Konflikt zur theologischen Exegese stellt sich die historisch-kritische dann, wenn sie bereit ist, in einer Abweichung von der Theologie einen nicht notwendigen, aber möglichen Fehler in der eigenen Methode zu sehen. Die theologische Exegese hingegen muss der historisch-kritischen Methode zugestehen, die ganze Bandbreite dessen auszuloten, was rein menschlich erklärt werden kann, und die sich daraus ergebende Kritik an den Resultaten der theologischen Exegese berücksichtigen. In Bezug auf jede einzelne Stelle, die gegensätzlich interpretiert wird, aber muss der Konflikt auf rationaler Ebene ausgetragen werden. Dabei kann im Falle eines Konflikts die

---

[83] Vgl. Thomas von Aquin, Summa contra Gentiles, I, 7.
[84] Th. Söding, Inmitten der Theologie des Neuen Testaments, 166.
[85] Th. Söding, Geschichtlicher Text und Heilige Schrift, 109.

theologische Exegese Resultate der historisch-kritischen übernehmen und ihre theologische Exegese dementsprechend modifizieren oder sich aus theologischen Gründen auf das Gebiet der historisch-kritischen Methode begeben und nach historisch-kritischen Gegengründen suchen oder im Extremfall – eine Haltung, die allerdings, was ihre Legitimation betrifft, auch als Extremfall nicht unproblematisch ist –, eine historisch-kritische Einsicht aus theologischen Gründen ablehnen. Die historisch-kritische Methode hingegen kann niemals eine theologische Argumentation als solche übernehmen, sondern, angeregt von den Resultaten der theologischen Exegese, immer nur von den Prämissen ihrer eigenen Methode her ihren Ansatz überdenken und korrigieren.

4. Theologische Exegese und systematische Theologie

Ein letztes Problem betrifft den Standort einer theologischen Exegese im Rahmen des theologischen Fächerkanons. Die Schrift ist christlichem Selbstverständnis nach wesentlich Wort Gottes. Als Wort Gottes vermag sie aber nur eine theologische Exegese auszulegen. Von daher ist die theologische Exegese, und das ist vielleicht das größte Manko gegenwärtiger Bibelwissenschaft, als die eigentliche Aufgabe biblischer Exegese anzusehen, soweit sie sich im Rahmen einer Theologischen Fakultät als ein theologisches Fach versteht. Weil jedoch die historisch-kritische Exegese zugleich das unverzichtbare Fundament aller theologischen bildet, kann man die beiden Exegesen nicht als voneinander getrennte Kompetenzbereiche betrachten. Der theologische Exeget muss mit der historisch-kritischen Exegese vertraut sein. Der historisch-kritische Exeget darf sich nicht um die theologische Exegese drücken. Es ist der eine biblische Exeget, der beides zugleich praktizieren, der zugleich, aber getrennt voneinander, historisch-kritische und theologische Exegese betreiben muss, wobei das Telos seiner Tätigkeit in der theologischen Exegese zu suchen ist.

Dies bedeutet vor allem, dass die theologische Exegese entgegen heutiger Praxis nicht der systematischen (oder praktischen) Theologie überlassen werden darf. Wir befinden uns immer noch in der misslichen Lage, dass sich einerseits die Exegese weitgehend auf die historisch-philologische Ebene beschränkt, der Systematiker sich andererseits aber der Schrift als einem Reservoir bedient, aus dem er sich relativ beliebig Zitate herausnimmt, ohne den logischen Zusammenhang dieser Einzelstellen mit dem Ganzen eines Textes, eines Autors oder der ganzen Schrift eingehend zu berücksichtigen, berücksichtigen zu können. Die päpstliche Bibelkommission hat diesen Tatbestand sanktioniert, indem sie die Aufgabe des Exegeten als „grundsätzlich historisch und beschreibend" darstellt und die Systematik allein dem Dogmatiker vorbehält.[86] Es ist nicht verwunderlich, wenn eine Bibelwissenschaft, die sich so versteht, von vielen Studierenden heute als „sublimste Form der Religionskritik" erlebt wird.[87]

Nur eine theologische Exegese im Rahmen der Bibelwissenschaft vermag den bestehenden Graben zwischen historisch-philologischer Exegese und theologischer Systematik zu überbrücken. Sie ermöglicht eine Anknüpfung der systematischen Theologie an die Schrift, die über ihre mehr oder weniger beliebige Verwendung als Steinbruch von Zitaten für die Belange der Systematik hinausreicht, indem sie – unter ausführlicher Berücksichtigung der historisch-kritischen Forschung – jene systematische Aufarbeitung der biblischen Theologie leistet, die den Systematiker selbst überfordert, weil er nicht auch noch ernsthaft historisch-kritisch arbeiten kann. Somit bedarf nicht nur die historisch-kritische Exegese der Ergänzung einer theologischen Exegese, sondern auch die systematische (oder die praktische) Theologie muss sich der systematischen Eigensystematik ihres biblischen Fundaments bewusst werden und sich damit zugleich der theologischen Exegese als einem möglichen, kritischen Korrektiv ihrer selbst stellen. Erst unter der Voraussetzung einer Auseinandersetzung mit der biblischen Theologie sollten die Fundamentaltheologie, Dogmatik und Moraltheologie ihre eigenen, der Tradition und dem heutigen Denken verpflichteten Überlegungen vornehmen.

Als Telos der Bibelwissenschaft sowie als Fundament und kritisches Korrektiv für die systematische Theologie aber würde der theologischen Exegese, wie Goppelt formuliert, eine „entscheidende Schlüsselstellung im Ganzen der christlichen Theologie" zukommen.[88] Die Theologie würde sich wieder jener ‚sacra scriptura' annähern, als die sie sich ursprünglich verstand, und erst damit erwiese sich das Studium der Schrift als die vom Konzil geforderte „Seele der Theologie".

Literatur

Aquin, Th.v.: Summa contra Gentiles, hg. von D.P. Marc (Marietti), Rom u.a. 1961-1967.
Blanke, H.W.: Aufklärungshistorie, Historismus und historische Kritik. Eine Skizze, in: H.W. Blanke/J. Rüsen (Hg.), Von der Aufklärung zum Historismus. Zum Strukturwandel des historischen Denkens, Paderborn 1984, 167-200.
Bultmann, R.: Die Bedeutung der ‚dialektischen Theologie' für die neutestamentliche Wissenschaft, in: ders. (Hg.), Glauben und Verstehen 1, Tübingen ²1966, 114-133.
---: Die Begriffe des Wortes Gottes im Neuen Testament , in: ders. (Hg.), Glauben und

---

[86] Päpstliche Bibelkommission, 23.4.1993, 113. Auf dieser Linie liegt letztlich auch der Ansatz von Th. Söding: Wissenschaftliche und kirchliche Schriftauslegung, 99ff.

[87] M. Oeming, Biblische Hermeneutik, 44.

[88] Vgl. L. Goppelt, Theologie des Neuen Testaments, I. Jesu Wirken in seiner theologischen Bedeutung, Göttingen 1975, 17f.

Verstehen 1, Tübingen [2]1966, 268-293.

---: Das Problem der Hermeneutik, in: ders. (Hg.), Glauben und Verstehen 2, Tübingen [2]1966, 211-235.

---: Ist voraussetzungslose Exegese möglich?, in: ders. (Hg.), Glauben und Verstehen 3, Tübingen [2]1966, 142-150.

---: Jesus Christus und die Mythologie, in: ders. (Hg.), Glauben und Verstehen 4, Tübingen [2]1966, 141-189.

Childs, B.S.: Biblical Theology of the Old and New Testaments. Theological Reflection on the Christian Bible, Minneapolis 1993.

---: The New Testament as Canon: An Introduction, London 1984.

---: Introduction to the Old Testament as Scripture, London 1979.

---: The Book of Exodus. A Critical Theological Commentary, Philadelphia 1974.

---: Biblical Theology in Crisis, Westminster 1970.

---: Interpretation in Faith, in: Interpretation 18 (1964) 433-449.

Dohmen, Ch./Söding, Th. (Hg.): Eine Bibel. Zwei Testamente. Positionen Biblischer Theologie, Paderborn 1995.

Gnilka, J.: Theologie des Neuen Testaments, Freiburg 1999.

---: Neutestamentliche Theologie, Würzburg 1989.

Goppelt, L.: Theologie des Neuen Testaments, Göttingen 1975.

Harrisville, A.: What I Believe My Old Schoolmate Is Up To, in: Chr. Seitz/K. GreeneMc Creight (Ed.), Theological Exegesis: essays in honor of Brevard Childs, Michigan 1999, 7-25.

Hübner, H.: Biblische Theologie des Neuen Testaments, 2 Bde., Göttingen 1990 u. 1993.

Kasper, W.: Prolegomena zur Erneuerung der geistlichen Schriftauslegung, in: H. Frankemölle/K. Kertelge (Hg.), Vom Urchristentum zu Jesus (FS für J. Gnilka), Freiburg 1989, 508-526.

Kosch, D.: Schriftauslegung als ,Seele der Theologie'. Exegese im Geist des Konzils, in: FZPhTh 2 (1991) 205-231.

Lehmann, K.: Der hermeneutische Horizont der historisch-kritischen Exegese, in: J. Schneider (Hg.), Einführung in die Methoden der biblischen Exegese, Würzburg 1971, 40-80.

Mattern, J.: Paul Ricoeur zur Einführung, Hamburg 1996.

Oeming, M.: Biblische Hermeneutik. Eine Einführung. Darmstadt 1998.

---: Gesamtbiblische Theologien der Gegenwart. Das Verhältnis von AT und NT in der hermeneutischen Diskussion seit Gerhard von Rad, Stuttgart 1985.

Pannenberg, W.: Philosophie, Religion, Offenbarung. Beiträge zur Systematischen Theologie, Bd. 1, Göttingen 1999.

---: Wissenschaftstheorie und Theologie, Frankfurt a.M. 1973.

Räisänen, H.: Beyond New Testament Theology, London 1990.

Ratzinger, J. (Hg.): Schriftauslegung im Widerstreit, Freiburg 1989,

Ricoeur, P.: L'herméneutique biblique, Paris 2001.

---: Lectures 3. Aux frontières de la philosophie, Paris 1994.

---: Du texte à l'action. Essais d'herméneutique, Bd. II, Paris 1986.

---: Le conflit des interprétations. Essais d'herméneutique, Paris 1969.

---: De l'interprétation. Essai sur Freud, Paris 1965.

Riedlinger, H.: Der Übergang von der geschichtlichen zur geistlichen Bibelauslegung in der christlichen Theologie, in: ders. (Hg.), Die historisch-kritische Methode und die heutige Suche nach einem lebendigen Verständnis der Bibel, München 1985, 89-115.

Schlier, H.: Über Sinn und Aufgabe einer Theologie des Neuen Testaments, in: ders. (Hg.), Besinnung auf das Neue Testament. Exegetische Aufsätze und Vorträge II, Freiburg 1964, 7-24.

Söding, Th.: Wege der Schriftauslegung. Methodenbuch zum NT, Freiburg 1998.

---: Inmitten der Theologie des Neuen Testaments Zu den Voraussetzungen und Zielen der Neutestamentlichen Exegese, in: New Testament Studies 42 (1996) 160-184.

---: Wissenschaftliche und kirchliche Schriftauslegung. Hermeneutische Überlegungen zur Verbindlichkeit der Heiligen Schrift, in: W. Pannenberg/W. Beinert (Hg.), Verbindliches Zeugnis, Bd. 2, Freiburg 1995, 72-121.

---: Geschichtlicher Text und Heilige Schrift – Fragen zur theologischen Legitimität historisch-kritischer Exegese, in: Th. Sternberg (Hg.), Neue Formen der Schriftauslegung?, Freiburg 1992, 75-130.

---: Historische Kritik und theologische Interpretation. Erwägungen zur Aufgabe und zur theologischen Kompetenz historisch-kritischer Exegese, in: ThGl 80 (1992) 27-59.

Sternberg, Th. (Hg.): Neue Formen der Schriftauslegung?, Freiburg 1992.

Stuhlmacher P.: Biblische Theologie des Neuen Testaments, 2 Bde., Göttingen 1992 u. 1993.

---: Vom Verstehen des Neuen Testaments. Eine Hermeneutik, Göttingen 1979.

Thüsing, W.: Die neutestamentlichen Theologien und Jesus Christus. 3 Bde., Münster 1996-1999.

Troeltsch, E.: Über historische und dogmatische Methode in der Theologie, in: ders. (Hg.), Gesammelte Schriften II, Aalen 1922, 729-753.

Wilckens, U.: Schriftauslegung in historisch-kritischer Forschung und geistlicher Betrachtung, in: W. Pannenberg/W. Beinert (Hg.), Verbindliches Zeugnis, Bd. 2, Freiburg 1995.

Wrede, W.: Über Aufgabe und Methode der sogenannten Neutestamentlichen Theologie, Göttingen 1897.

Joachim Kügler

Auf dem Weg zur Pluralitätsfähigkeit?
Bibelwissenschaft im Spannungsfeld von Sozialkonstruktivismus, Rezeptionsästhetik und Offenbarungstheologie

Joachim Kügler sen. zum Siebzigsten

Wenn nach der Philosophie gefragt werden soll, welche die Bibelwissenschaft braucht bzw. gebraucht, dann ist zunächst einmal abzuklären, wie sich die exegetische Wissenschaft in Theorie und Praxis gegenwärtig vollzieht. Zu beginnen ist also mit einer Skizze der aktuellen Konstitutionsprobleme der Exegese.

Dabei sollen konfessionelle Unterschiede, die es faktisch gibt, weitgehend ausgeblendet werden. Dies hat seine sachliche Berechtigung darin, dass sich diese Unterschiede vor allem auf die Rolle der Bibelwissenschaft in den jeweiligen binnenkirchlichen Funktionszusammenhängen beziehen.[1] Trotz dieser keineswegs irrelevanten Unterschiede gleicht die katholische Exegese in ihrem wissenschaftlichen Selbstentwurf so sehr der protestantischen, dass im Kontext unserer Fragestellung auf eine konfessionelle Differenzierung nicht weiter eingegangen werden muss.

1. Diagnose: Aktuelle Konstitutionsprobleme der Bibelwissenschaft

1.1 Theologie oder Literaturwissenschaft?

Wissenschaftstheoretische Konzeptionen dürfen sicher nicht unterschätzt werden[2], und dennoch ist festzuhalten, dass es häufig wissenschaftspragmatische Faktoren

---

[1] Vgl. dazu H. J. Klauck, Die katholische neutestamentliche Exegese zwischen Vatikanum I und Vatikanum II, in: M. Weitlauff/P. Neuner (Hg.), Für euch Bischof - mit euch Christ. FS Friedrich Kardinal Wetter, St. Ottilien 1998, 85-119; auch J. Kügler, Für wen arbeitet die Bibelwissenschaft? Exegese im Kontrast gegenwärtiger und zukünftiger Pluralität, in: R. Bucher (Hg.), Theologie in den Kontrasten der Zukunft. Perspektiven des theologischen Diskurses (Theologie im kulturellen Dialog 8), Graz 2001, 95-116; v.a. 97-103.

[2] Zur Notwendigkeit von Wissenschaftstheorie vgl. F. Rohrhirsch, Wissenschaftstheorie und Qumran. Die Geltungsbegründungen von Aussagen in der Biblischen Archäologie am Beispiel von Chirbet Qumran und En Feschcha (NTOA 32), Göttingen 1996, 334-336.

sind, die den Selbstvollzug einer Wissenschaft fast ausschließlich bestimmen und eine suggestive Aura der Plausibilität generieren, die es - von kritisch zugespitzten Situationen abgesehen - nicht nahe legen, sich über das eigene Tun allzu viele Gedanken zu machen. Der entscheidende pragmatische Faktor für die Bibelwissenschaft ist ihre Beschäftigung mit den biblischen Texten. Diese Beschäftigung beruht auf der theologischen und kulturellen Bedeutung dieser Schriften für kirchliche und gesellschaftliche Identitätsbildungsprozesse in der Geschichte des „christlichen Abendlandes". Die identitätsstiftende Funktion der biblischen Texte, die sich im Kanonbegriff verdichtet[3], legitimiert wesentlich die Existenz der Bibelwissenschaft. Sie definiert sich also vorrangig von ihrem Materialobjekt her: Bibelwissenschaft ist, was sich mit der Bibel beschäftigt. Zwar ist auch immer wieder gefragt worden, was eigentlich denn „Bibel" sei, wie es historisch zum jüdischen und christlichen Kanon kam und welchen Status die Kanongrenzen in der Bibelwissenschaft haben könnten[4], aber diese Diskussionen rührten nicht an den Kern bibelwissenschaftlicher Existenzplausibilitäten, und in der Diskussion um den *Canonical approach* erhält der Kanon als Interpretationsrahmen sogar wieder neue Relevanz und theoretische Dignität.[5]

Sobald es freilich um das Formalobjekt geht, waren die Selbstverständlichkeiten stets viel brüchiger. So hat man sich seit der nachaufklärerischen Neuorientierung der Bibelwissenschaft immer wieder (und nicht nur in fundamentalistischen Kreisen) die Frage gestellt, was denn an der modernen Exegese noch Theologie sei[6], ob sie das überhaupt sein müsse und nicht vielmehr einfach Literaturwissen-

---

[3] Zum Verhältnis von Kanon und Identitätsbildung vgl. A. & J. Assmann (Hg.), Kanon und Zensur. Archäologie der literarischen Kommunikation II, München 1987; dort besonders: F. Crüsemann, Das „portative Vaterland". Struktur und Genese des alttestamentlichen Kanons, 63-79; sowie: A. M. Ritter, Die Entstehung des neutestamentlichen Kanons: Selbstdurchsetzung oder autoritative Entscheidung?, 93-99.

[4] Zur bibelwissenschaftlichen Kanondiskussion vgl. z.B. auch Th. Zahn, Geschichte des Neutestamentlichen Kanons, 2 Bde., Erlangen/Leipzig 1888-1892 (Nachdr. Hildesheim 1975); H. von Campenhausen, Die Entstehung der christlichen Bibel, Tübingen 1968; E. Käsemann (Hg.), Das Neue Testament als Kanon. Dokumentation und kritische Analyse zur gegenwärtigen Diskussion, Göttingen 1970; I. Baldermann u.a., Zum Problem des biblischen Kanons (JBTh 3), Neukirchen-Vluyn 1988; einen Bericht zur jüngeren Forschung gibt C. Dohmen, Der Biblische Kanon in der Diskussion, ThRev 91 (1995) 451-460.

[5] Vgl. B. S. Childs, Die Theologie der einen Bibel, 2 Bde., Freiburg i. Br., 1994-1996; zur Diskussion vgl. P. R. Noble, The canonical approach: a critical reconstruction of the hermeneutics of Brevard S. Childs, Leiden 1995.

[6] Vgl. z.B. die Überlegungen bei T. Söding, Historische Kritik und theologische Interpretation. Erwägungen zur Aufgabe und zur theologischen Kompetenz historisch-kritischer Exegese, ThGl 82 (1992) 199-231; ders., Zugang zur Heiligen Schrift. Der Ort der historisch-kritischen Exegese im Leben der Kirche, GuL 66 (1993) 47-70. Als Beispiel für eine konservative Kritik an der modernen Exegese sei hier verwiesen auf H.-J. Schulz, „Historisch-kritische Evangelieninterpretation" und „formgeschichtliche" Überlieferungskritik: Ökumenische Chance oder Rückfall in die Zeit der Aufklärung, MThZ 42 (1991) 15-43, 323-349; ders., Die apostolische Herkunft der Evangelien (QD 145), Freiburg i. Br. 1993. Hier wird besonders deutlich, dass es nicht große wissenschaftstheoretische

schaft[7] oder ob sie als Literaturwissenschaft der Heiligen Schrift[8] nicht automatisch Theologie sei. Hier steckt die Exegese in einem ähnlichen Dilemma wie andere theologische Disziplinen auch: Dort, wo sie auf ein Methodeninstrumentarium ausgreift, das sich in anderen, außertheologischen Wissenschaften bewährt hat, wird ihre Wissenschaftlichkeit meist problemlos bestätigt. Der Einsatz „weltlicher", also aus dem außertheologischen Bereich stammender Methoden führt freilich im binnentheologischen Diskurs über kurz oder lang zu der Frage, was denn an einer so betriebenen Arbeit noch theologisch sei. Hier ergeht es der nachaufklärerischen Bibelwissenschaft ähnlich wie einer Pastoraltheologie, die auf Humanwissenschaften ausgreift und/oder mit empirischen Methoden arbeitet[9], und ähnlich wie einer Kirchengeschichte[10], die sich in ihrer Methode an die jeweiligen Entwicklungen der allgemeinen Geschichtswissenschaft anlehnt. In Bezug auf die Bibelwissenschaft mildert sich das Problem pragmatisch gesehen nur dadurch etwas, dass es eine außertheologische, mit denselben Methoden arbeitende Bibelwissenschaft faktisch nicht gibt, zumindest nicht auf universitärem Niveau. Daraus freilich den Schluss zu ziehen, eine Besinnung auf den theologischen Status der Bibelwissenschaft sei überflüssig, wäre die Flucht in eine falsche Sicherheit, die sich (angesichts der Legitimationskrise aller Wissenschaften) auf mittlere Frist rächen müsste.

1.2 Pluralitäten und ihre Folgen

1.2.1 Ein Grundkonflikt: Auslegungs- oder Geschichtswissenschaft?
Auch jenseits der Frage nach dem theologischen Charakter der Bibelwissenschaft bleibt der Befund bezüglich des Formalobjekts der Exegese uneinheitlich. Die gegenwärtige Bibelwissenschaft ist ein Zwitter aus historischer und hermeneutischer Fragestellung, und das hat mit ihrer nachaufklärerischen Geschichte als „historisch-kritische" Exegese zu tun. Diese nämlich ist zunächst eine Geschichte dop-

---

Überlegungen sind, die zur Verurteilung der „historisch-kritischen" Bibelwissenschaft führen, sondern (wie in antimodernistischen Zeiten) theologische Überforderung durch ihre Ergebnisse. Außerdem: Wer sich vor einem Rückfall in die Aufklärung ängstigt, der dürfte sie noch vor sich haben.

[7] Vgl. das Programm von W. Richter, Exegese als Literaturwissenschaft. Entwurf einer alttestamentlichen Literaturtheorie und Methodologie, Göttingen 1971.

[8] Vgl. C. Dohmen, Muß der Exeget Theologe sein? oder: Vom rechten Umgang mit der Heiligen Schrift, TThZ 99 (1990) 1-14.

[9] Zum Problem der Empirie in der Praktischen Theologie vgl. O. Fuchs, Wie funktioniert die Theologie in empirischen Untersuchungen?, ThQ 180 (2000) 191-210.

[10] Vgl. B. Steinhauf, Identität im Werden. Kirchengeschichtsschreibung angesichts der Transformationsprozesse von Theologie und Kirche, in: R. Bucher (Hg.), Theologie in den Kontrasten der Zukunft. Perspektiven des theologischen Diskurses (Theologie im kulturellen Dialog 8), Graz 2001, 153-179.

pelter Dekonstruktion: Destruktion dogmatischer Vorgaben bei der Textinterpreta-
tion und Destruktion dogmatischer und historischer Aussagen der Texte selbst.
Die moderne Bibelforschung nimmt ja ihren aufklärerischen Anfang bei der Kritik
an der über Jahrhunderte hinweg kirchlich sanktionierten (und auch durch die Re-
formation nicht gebrochenen) Behauptung der historischen Zuverlässigkeit der
biblischen Überlieferung. Selbst wenn man auch früher wusste, dass die biblischen Texte nicht nur historische Quellen sind und es daneben auch noch andere
Weisen des Lesens, wie etwa die geistliche Schriftlesung, gibt, so hielt man doch
stets am *sensus historicus* als wesentlichem Element des Schriftsinns fest. Als
Sinnbild der Zuschreibung historischer Zuverlässigkeit kann die Evangelienharmonie gelten, welche Unterschiede ausgleicht und aus der Vielstimmigkeit der
neutestamentlichen Evangelien die harmonische Vierstimmigkeit eines Kanons
macht. Mit der Aufklärung wird das Paradigma der Evangelienharmonie aufgegeben und das Paradigma der Synopse eingeführt. Aus Unterschieden werden Widersprüche, die dazu führen, nach der Entstehungsgeschichte der Texte zu fragen,
nach ihrer Abhängigkeit voneinander und nach ihrer internen Glaubwürdigkeit.
Wundergeschichten werden nun zu Legenden. Legenden werden auf einen „historischen Kern" reduziert. Die Unterscheidung von Älterem und Jüngerem wird eingeführt, und zwar nicht mehr nur im Hinblick auf das Verhältnis der Texte untereinander, sondern auch im Hinblick auf Quellen und Textschichten innerhalb der
Texte.

   Die Literarkritik wird geboren und hat, was häufig übersehen wird, zunächst
ein apologetisches Anliegen. In der Auseinandersetzung um die historische Zuverlässigkeit der neutestamentlichen Erzähltexte ist die Unterscheidung von älteren, historisch zuverlässigen und jüngeren, legendenhaften Textschichten der
Versuch, nicht die Texte als ganze für historisch unzuverlässig erklären zu müssen. So nahm etwa Alexander Schweizer, ein früher Literarkritiker, im Hinblick
auf das Johannesevangelium die Position ein, „daß das Buch dem inneren Werthe
nach theils ächt sei, theils unächt"[11]. Mit entsprechenden Teilungshypothesen, die
dann zu der philologisch peniblen Arbeit von Julius Wellhausen u.a. führte, versuchten die Literarkritiker ursprünglich, zwischen radikaler historischer Evange-
lienkritik und antikritischer Apologie zu vermitteln.[12] Dieses Anliegen wurde (und
wird) im katholischen Raum oft übersehen, weil die lange gängige Generalapolo-
gie keine Differenzierung im Lager der „modernistischen" Bestreiter der aposto-

---

[11] A. Schweizer, Das Evangelium Johannes nach seinem innern Werthe und seiner Bedeutung für
das Leben Jesu kritisch untersucht, Leipzig 1841, 6.
   [12] Vgl. meine Skizze zur Geschichte der Johannesforschung: J. Kügler, Der Jünger, den Jesus liebte. Literarische, theologische und historische Untersuchungen zu einer Schlüsselgestalt johanneischer
Theologie und Geschichte. Mit einem Exkurs über die Brotrede in Joh 6 (SBB 16), Stuttgart 1988, 18-
24.

lischen Verfasserschaft und der historischen Zuverlässigkeit der Evangelien zuließ.

Bis heute gilt vielen die literarkritische Methode als Inbegriff der historisch-kritischen Exegese. Dabei ist sie im binnenexegetischen Diskurs seit etwa 30 Jahren zunehmend in die Kritik geraten und steht inzwischen so in Verruf, dass es heute keinerlei Mutes mehr bedarf, für eine „synchron" orientierte Exegese zu plädieren. Ganz im Gegenteil, wer noch versucht, literarkritisch zu arbeiten, muss sich vorhalten lassen, methodologisch nicht mehr auf dem neuesten Stand zu sein.[13] Diese Wende in weiten Bereichen der Bibelwissenschaft hat sicher mehrere Gründe. Sie hängt zusammen mit einer gewissen Erschöpfung, die die Fülle einander widersprechender Thesen der Literarkritik mit sich brachte, aber auch mit der Rezeption literaturwissenschaftlicher Methoden[14], die entsprechend ihrem Ursprungskontext von vornherein eher auf die Interpretation literarisch-fiktionaler Texte denn auf „historische Rückfrage" ausgerichtet sind, und ist sicher auch als Spätfolge der Redaktionskritik mit ihrer Entdeckung des Redaktors als Autor zu verstehen. Stellvertretend für die umfassende methodologische Neuorientierung kann das Methodenbuch von Wilhelm Egger[15] genannt werden, das auf breiter Basis neue text- und literaturwissenschaftliche Ansätze in die Bibelwissenschaft integriert.

Diese Entwicklung hat das Gesicht der Exegese radikal verändert, freilich einige Bereiche der Bibelwissenschaft weitgehend ausgespart, nämlich zum einen die Fülle von Einleitungsfragen[16], die streng historisch bearbeitet werden müssen, zum anderen die Rekonstruktion der Logienquelle[17] und die (seit dem Ausscheiden des Johannesevangeliums als historischer Quelle) exklusiv mit der Synoptikerforschung verbundene Rückfrage nach dem historischen Jesus[18].

---

[13] Vgl. die (wohlwollend zurückhaltende) Kritik bei K. Scholtissek, Rez. zu J. Kügler, Der andere König. Religionsgeschichtliche Perspektiven auf die Christologie des Johannesevangeliums (SBS 178), Stuttgart 1999, ThRev 96 (2000) 397f.: 398.

[14] Als früher Beleg für das Plädoyer, die Bibel als Literatur zu lesen, vgl. E. V. MacKnight, The Contours and Methods of Literary Criticism, in: R. A. Spencer (Hg.), Orientation by Disorientation. Studies in Literary Criticism and Biblical Literary Criticism. FS W. A. Beardslee, Pittsburgh 1980, 53-69.

[15] Vgl. W. Egger, Methodenlehre zum Neuen Testament. Einführung in linguistische und historisch-kritische Methoden, Freiburg i. B. 1987; 5. Aufl. 1999. Schon Eggers Dissertation wies methodologisch in diese Richtung. Vgl. ders., Nachfolge als Weg zum Leben. Chancen neuerer exegetischer Methoden dargelegt an Mk 10,17-31, Klosterneuburg 1979.

[16] Die traditionelle Bezeichnung „Einleitungswissenschaft" müsste texttheoretisch wohl in „Kontextwissenschaft" (als Frage nach dem Kommunikationshorizont eines Textes) geändert werden. Es ging und geht hier um die Einbeziehung biblisch relevanter Archäologie, um Aspekte der Politik-, Sozial- und Religionsgeschichte, um Biographieforschung (z.B. bei Paulus) usw.

[17] Vgl. C. Heil, Die Q-Rekonstruktion des Internationalen Q-Projekts. Einführung in Methodik und Resultate, NT 43 (2001) 128-143.

[18] Vgl. zu wichtigen neueren Publikationen: J. Kügler, Die Geburt Jesu aus dem Geist der Wissenschaft, Orientierung 61 (1997) 192-196.

Die Sonderstellung des Forschungskomplexes „Logienquelle/historischer Jesus" ist auch nicht unverständlich, denn erstens sind die Chancen einer konsens-fähigen Q-Rekonstruktion durch die Vergleichsmöglichkeiten zwischen lukanischer und matthäischer Textfassung ungleich größer als etwa bei der Frage nach älteren Textschichten des Markusevangeliums, des Johannesevangeliums oder in der neutestamentlichen Briefliteratur. Von daher ist der literarkritische Konsens in diesem Forschungsbereich höher als anderswo und damit verbunden auch die Akzeptanz dieses Ansatzes. Zweitens hat die Frage nach dem historischen Jesus als Frage nach dem theologischen Kern und personalen Ursprung des christlichen Glaubens eine besondere theologische Relevanz, die eng mit dem Selbstverständnis des Christentums verbunden ist, welches sich eben durch den Bezug auf ein historisches Offenbarungsereignis definiert und nicht bloße Mythologie sein will. Durch diese Basisdefinition ist diesem Forschungsbereich eine hohe Legitimitätszuschreibung gesichert, auch wenn die Ergebnisse der modernen Jesusforschung natürlich nicht immer allen angenehm sind. Im übrigen ist auch hier der Konsens der Forschung erstaunlich hoch. Bei allen Unterschieden im Detail sind doch die Entwürfe der meisten wissenschaftlichen Jesusbücher in vielen Grundlinien einig, was sicher mit der im Unterschied zur Leben-Jesu-Forschung des 19. Jh.[19] besser geklärten Kriteriologie[20] zu tun hat. Man verzichtet in der Regel auf die Rekonstruktion einer Jesusbiographie und beschränkt sich auf die Sicherung einiger Basisdaten. Ansonsten gilt das Interesse vorrangig der Rekonstruktion der jesuanischen Botschaft, wobei hinsichtlich der theologischen Grundthemen der Basileia-Botschaft ein breiter internationaler und interkonfessioneller Konsens besteht. Auch das sichert die Akzeptanz dieser Fragestellung.

Diese unterschiedliche Entwicklung hat allerdings dazu geführt, dass sich die gegenwärtige Exegese in einem merkwürdigen Zwiespalt zwischen historischer Fragestellung einerseits und literaturwissenschaftlich-hermeneutischen Zugangsweisen andererseits befindet. So schwankt die Bibelwissenschaft zwischen vorrangig historischen Interessen und mehr literarischen und/oder theologischen Fragestellungen, wo im Zentrum der Text steht, um dessen Botschaft man sich (mit einer Fülle von unterschiedlichen Methoden) hermeneutisch bemüht. Das Verhältnis zwischen „Historikern" und „Hermeneutikern" ist aber in der Exegese weitgehend ungeklärt. Bisweilen hat es den Anschein, als ob es zwei Bibelwissenschaften gäbe.

---

[19] Vgl. hierzu die klassisch gewordene Studie A. Schweitzer, Geschichte der Leben-Jesu-Forschung, Tübingen 1913 (= 2., neubearb. und verm. Aufl. des Werkes „Von Reimarus zu Wrede", Tübingen 1911); in 9. Aufl. (= Nachdruck der 7. Aufl.) Tübingen 1984.
[20] Vgl. K. Kertelge (Hg.), Rückfrage nach Jesus (QD 63), Freiburg i. Br. 1974.

1.2.2 Pluralität der Methoden

Die Verlautbarung der Päpstlichen Bibelkommission von 1993[21] nennt neben der klassischen historisch-kritischen Methode elf weitere mögliche Zugänge zu den biblischen Texten: die rhetorische, die narrative und die semiotische Analyse, den *Canonical approach*, den Zugang über die jüdische Tradition, den wirkungsgeschichtlichen Ansatz, die soziologische, befreiungstheologische und die feministische Exegese, den kulturanthropologischen Zugang und die psychologische Interpretation. Abgesehen davon, dass die „historisch-kritische Methode" schon lange keine Methode, sondern ein Methodenbündel ist, ist es erfreulich, dass hier ein hochrangiges Kirchendokument Pluralität im methodischen Zugang nicht nur erkennt, sondern ganz offensichtlich auch anerkennt: „Keine wissenschaftliche Methode der Erforschung der Bibel kann dem Reichtum der biblischen Texte ganz gerecht werden"[22]. Mit dieser Formulierung wird eindeutig klar gemacht, dass man die Vielfalt der Methoden nicht für ein Defizit hält, sondern für eine erfreuliche Entwicklung, die als Anpassung der Methode an ihren Gegenstand zu verstehen ist. Weil die biblische Tradition in sich selbst plural, ja geradezu eine „Lernschule der Pluralität"[23] ist, bedarf es einer Vielzahl an Methoden, um sich ihr angemessen zu nähern. Jede Methode erfasst andere Aspekte des Textes. Deshalb schließen sich die einzelnen Zugänge nicht aus, sondern ergänzen, unterstützen und korrigieren sich gegenseitig. Freilich wird man auf Dauer nicht an der Aufgabe vorbeigehen können, das Verhältnis der einzelnen Methoden und Zugänge theoretisch zu bearbeiten. Eine Verhältnisbestimmung der Einzelaspekte, die über die theoretische Synthese von historischer und hermeneutischer Arbeit hinausgeht und so etwas wie eine Rahmentheorie der Exegese darstellt, ist notwendig und wird auf interpretationstheoretischer Basis und mit einem erweiterten Textbegriff (s.u. 2.2) sicher möglich sein.

1.2.3 Pluralität der Ergebnisse

Nicht nur die methodischen Zugänge sind vielfältig, sondern es gibt auch eine Pluralität der exegetischen Ergebnisse innerhalb der einzelnen Auslegungsweisen. Möglicherweise konnte Pius XII. 1943 mit *Divino afflante Spiritu* noch die Hoffnung verbinden, mit der historisch-kritischen Exegese sei der Weg zu einer eindeutigen und einheitlichen Bibelinterpretation eröffnet. Wenn es diese Hoffnung

---

[21] Päpstliche Bibelkommission, Die Interpretation der Bibel in der Kirche. Ansprache seiner Heiligkeit Johannes Paul II. und Dokument der Päpstlichen Bibelkommission, 23. April 1993 (Verlautbarungen des Apostolischen Stuhls 115), hrsg. vom Sekretariat der Deutschen Bischofskonferenz, Bonn 1993, 7-20.

[22] Interpretation der Bibel (s. Anm. 21), 36.

[23] Vgl. O. Fuchs, Umgang mit der Bibel als Lernschule der Pluralität, Una Sancta 44 (1989) 208-214.

gab, dann wurde sie gründlich enttäuscht. Weder die historisch-kritische noch irgendeine andere Methode hat bis heute zu unumstrittenen, eindeutigen Ergebnissen geführt. Zwar gibt es immer wieder die Ausbildung eines exegetischen *Common sense*, aber der hält in der Regel nur so lange, bis eine freche Dissertation erscheint, die genau diesen Konsens wieder aufbricht. Diese Vielfalt der exegetischen Meinungen hat sicher (hie und da) mit unprofessioneller Anwendung der
jeweiligen Methoden und (häufiger) mit neuen Methoden oder neuen Ergebnissen
in Bezugswissenschaften zu tun, aber der eigentliche Grund liegt wohl tiefer. Er
hängt mit der Eigenart von Texten zusammen.

1.2.4 Pluralität des Sinns

Die Vielfalt der Sinnbildung, auch in der wissenschaftlichen Lektüre, hat mit der
Eigenart von Texten an sich (und eben auch der biblischen Texte) zu tun. Dies
entspricht der Sicht moderner Text- und Literaturwissenschaft, in der seit länge-
rem mehrheitlich eine Konzeption (Rezeptionsästhetik/*Reader-response-criticism*)
vertreten wird, welche Texte nicht als schlichte Bedeutungsbehälter sieht, sondern
als vieldimensionale, polyvalente Strukturen.[24] Der Text erscheint als eine halboffene Leseanweisung, als eine Orientierungshilfe für die Sinnbildung der Lesenden. Sinn ist also kein Substrat mehr, das im Behälter „Text" verborgen ist und
mit entsprechenden Techniken daraus befreit werden kann, Sinn ist vielmehr etwas, was im „Akt des Lesens" (Wolfgang Iser) erst entsteht.[25] Das gilt vor allem
für literarische Texte[26], eingeschränkt aber auch für andere Texte[27]. Wenn diese
Theorien recht haben, dann ist Sinn nichts, was im Text geheimnisvoll verborgen
wäre und nur mit einer möglichst exakt betriebenen Archäologie hervorzuholen
wäre. Sinn wird gebildet in der Interaktion zwischen Text und Lesenden. Es stand
in dieser Linie, wenn Hans Magnus Enzensberger schon in den 70er Jahren den
Deutschlehrern zurief: „Bekämpfen Sie das häßliche Laster der Interpretation! Bekämpfen Sie das noch häßlichere Laster der richtigen Interpretation!"[28]. Enzensberger sieht die Textlektüre als einen anarchischen Akt, der durch den Text nicht
determiniert ist und generell nicht determinierbar ist. Auch wenn rezeptionsästhetische Ansätze seit Jahrzehnten in der Exegese gern übernommen werden, macht
man sich doch recht wenig Gedanken darüber, was sie eigentlich für den Status

---

[24] Vgl. R. Warning (Hg.), Rezeptionsästhetik: Theorie und Praxis, München 1975.
[25] Vgl. W. Iser, Der Akt des Lesens. Theorie ästhetischer Wirkung, München 3. Aufl. 1990.
[26] Im NT: die Erzähltexte (Evangelien und Apg), die Johannesoffenbarung und alle fiktiven Briefe.
[27] Im NT: die echten Briefe.
[28] Zitiert nach S. J. Schmidt, „Bekämpfen Sie das häßliche Laster der Interpretation! Bekämpfen
Sie das noch häßlichere Laster der richtigen Interpretation!" (Hans Magnus Enzensberger), in: W.
Frier/G. Laboisse (Hg.), Grundfragen der Textwissenschaft, Amsterdam 1979, 279-309: 279. Vgl.
auch ebd. Anm. 1.

der biblischen Texte und für den ihrer Exegese bedeuten.[29] Ist mit der rezeptions-ästhetischen Wende den biblischen Texten der Status göttlicher Offenbarung ent-zogen?[30] Ist die Exegese als „hässliches Laster" entlarvt? War die Exegese schon tot[31], als ich Ende der 70er Jahre des 20. Jh. mit dem Theologiestudium begann, und niemand hat es gemerkt?

2. Wissenschaftliche Perspektiven

2.1 Bibelwissenschaft als Theologie

Die heikle Frage nach dem theologischen Charakter der Exegese sei hier an den Anfang gestellt, obwohl sie den Rahmen der Frage nach der Philosophie der Exe-gese eigentlich sprengt. Da diese theologische Frage aber durch den als philoso-phisch geplanten Beitrag von Jörg Disse auch beim Symposion in Eichstätt ins Zentrum der Diskussion gerückt wurde, muss sie auch hier angegangen werden, wobei ich aufzeigen möchte, dass die Bibelwissenschaft die wissenschaftstheore-tische Apologie ihres theologischen Charakters, die Disse in einem philosophisch umstrittenen Rückgriff auf Karl Popper versucht hat, gar nicht nötig hat.

So berechtigt, ja unausweichlich die Frage nach dem theologischen Charakter der Bibelwissenschaft (und anderen Disziplinen) ist, es kommt darauf an, sie rich-tig zu stellen. Falsch gestellt kann sie falsche Signale aussenden und falsch ge-stellt wäre sie, wenn damit die Unterstellung verbunden wäre, dass es eine strenge Scheidung in theologische und nichttheologische Erkenntnisweisen gäbe. Eine solche Basisannahme würde letztlich in einen christlichen Fundamentalismus führen und würde sich damit höchster kirchenamtlicher Kritik aussetzen. Der Hei-lige Vater hat nämlich jede fundamentalistische Bibelauslegung als christlicher Theologie unangemessen verurteilt. In seiner Ansprache anlässlich der Über-reichung des erwähnten Dokuments der Bibelkommission stellte Johannes Paul II. fest, die Meinung, „bei Gott als absolutem Wesen müßte auch jedes seiner Worte absolute Geltung haben, unabhängig von allen Einflüßen der menschlichen Sprache", beruhe auf einer falschen Vorstellung von Gott und der Menschwer-

---

[29] Eine der wenigen Ausnahmen: J. Schröter, Zum gegenwärtigen Stand der Wissenschaft: Metho-dologische Aspekte und theologische Perspektiven, NTS 46 (2000) 262-283, bes. 267-274.

[30] In diese Richtung ging die kritische Frage von Maria-Barbara von Stritzky (Moderatorin für den Bereich Bibelwissenschaft/Historische Theologie) und anderen Diskutanten in Eichstätt.

[31] Für die Überflüssigkeit der Exegese spräche immerhin ihr Relevanzverlust in Theologie, kirch-licher Lehre und Praxis. Vgl. Kügler, Für wen arbeitet die Bibelwissenschaft? (s. Anm. 1) 100-103; sowie den (leider mit vielen Missverständnissen behafteten) Bericht über die Tagung der deutsch-sprachigen kath. Neutestamentler (April 2001): S. Orth, Aufhebung der Grenzen? Die Neutestamentler und der Gott des Juden Jesus, HerKorr 55 (2001) 298-301: 301.

dung.[32] Er bestätigte damit entsprechende Passagen des Kommissionsdokumentes, die den fundamentalistischen Umgang mit der Heiligen Schrift ablehnen und dies mit einer strikten theologischen Analogie zwischen Inkarnation und Offenbarung begründen: So wie Gott in Jesus wahrhaft Mensch wurde, so fand die göttliche Offenbarung ihren Niederschlag in einem wahrhaft menschlichen Text. Diese inkarnationstheologische Strukturierung der Offenbarungstheologie, die sich auch im Konzilsdokument *Dei Verbum* findet und letztlich bis zu Augustinus zurückreicht[33], schließt jeden fundamentalistischen Umgang mit den biblischen Texten aus und fordert geradezu dazu auf, bei der Auslegung der Bibel dieselben Auslegungsmethoden anzuwenden wie bei anderen menschlichen Texten auch.[34] Thomas Söding schreibt dazu treffend: „Der Rekurs auf die Heiligkeit der Schrift, der in der Ekklesia und in jeder christlichen Theologie, auch in jeder theologischen Schriftauslegung essentiell ist, hindert nicht, sondern fordert geradezu die Berücksichtigung ihrer geschichtlichen Entstehung und ihrer geschichtlichen Sprache. Wer dies missachtet, wird an der Heiligen Schrift vorbeireden, so viele Worte er auch immer über ihre theologische Bedeutung verliert"[35].

Wenn man diese inkarnationstheologische Linie auszieht, dann muss man festhalten: Es ist im Grunde kein Problem, wenn sich eine theologische Disziplin methodisch nicht markant von außertheologischen Nachbardisziplinen unterscheidet, und es spricht auch nicht ohne weiteres gegen ihren theologischen Charakter.[36] Theologie gewinnt ihre Identität dann nämlich nicht durch einen methodologischen Sonderweg, sondern durch die Besonderheit ihres Gegenstandes, letztlich des Gottesbegriffs, und eine diesem Gegenstand entsprechende inhaltliche Option. Für die Bibelwissenschaft bedeutet dies: Sie wird nicht dadurch theologisch entwertet, dass sie Methoden der Textauslegung verwendet, die im Kontext anderer, nichttheologischer Text- und Literaturwissenschaften entwickelt wurden.[37] Sie

---

[32] Interpretation der Bibel (s. Anm. 21), 13.

[33] Vgl. Söding, Zugang zur Heiligen Schrift (s. Anm. 6), 57f.

[34] Vgl. Interpretation der Bibel (s. Anm. 21), 61-63.

[35] Söding, Zugang zur Heiligen Schrift (s. Anm. 6), 57.

[36] So fragt auch Steinhauf, „ *ob es im Rahmen wissenschaftlicher Theologie überhaupt eigene theologische Methoden geben kann* und worin diese gegebenenfalls bestünden". Ders., Identität im Werden (s. Anm. 10), 163 (Hervorhebung dort).

[37] Hier ist festzuhalten, dass auch die in der antiken Bibelauslegung praktizierte Allegorese aus dem paganen Bereich stammt. Wenn christliche und vorher hellenistisch-jüdische (etwa Philo von Alexandria) Exegeten allegorisch auslegten, dann wandten sie auf die Bibel eine Auslegungsmethode an, die im paganen Bereich, nämlich in der Homerexegese entwickelt und die von Plutarch und Chaeremon auch auf Texte der ägyptischen Religion angewandt wurde. Vgl. dazu J. Kügler, Pharao und Christus? Religionsgeschichtliche Untersuchung zur Frage einer Verbindung zwischen altägyptischer Königstheologie und neutestamentlicher Christologie im Lukasevangelium (BBB 113), Bodenheim 1997, 191f. - Wer heutzutage also einen Gegensatz zwischen einer theologisch-allegorischen und einer untheologisch-literaturwissenschaftlichen Methode konstruiert, setzt sich dem Verdacht aus, er/sie sei historisch blind und von den Ergebnissen moderner Exegese theologisch überfordert. Beide Defizite

wird umgekehrt auch nicht dadurch zur Theologie, dass sie eine eigene „theologische" Methodik fordert oder behauptet. Zu mehr als zu Forderungen und Postulaten wird es hier wohl ohnehin nicht kommen. Jedenfalls fiel es auch in der Diskussion in Eichstätt schwer, genauer zu definieren, was denn eine „theologische Schriftauslegung" darstelle und wie ihr Unterschied zu einer literaturwissenschaftlich orientierten Exegese im methodischen Bereich zu konkretisieren sei.

Die Ausrichtung auf eine als einheitlich konzipierte biblische Theologie kann hier jedenfalls nicht weiterhelfen. Von *der* Botschaft *der* Schrift kann man wohl nur sprechen, wenn man das Buch zugeschlagen lässt. Wer nämlich die Bibel aufschlägt und ihre Texte liest, wird hineingezogen in einen Kosmos unterschiedlicher theologischer Konzeptionen, die nur mit Gewalt auf einen kleinsten gemeinsamen Nenner zu bringen sind. Wer nach der Einheit oder der Mitte der Schrift sucht und auf solche Gewaltaktionen verzichten, sich aber auch nicht mit einer rein historischen Antwort[38] zufrieden geben will, der/die muss sich auf den Weg machen und den Kohärenzen der Texte nachspüren. Dann kommt die Einheit der Schrift als rhizomartiges Geflecht in Blick, wird erkennbar als Beziehungsgefüge von Texten, die auf inhaltlich höchst unterschiedliche Weise (affirmativ, evolutionär, kritisch oder antithetisch) aufeinander Bezug nehmen.

Wenn es aber nicht die Besonderheit der Methode und auch nicht die Konstruktion einer einheitlichen Botschaft der Bibel ist, was macht Bibelwissenschaft dann zur Theologie? Hier halte ich dafür, dass es eine bestimmte, theologische Option ist, auf der die theologische Identität der Bibelwissenschaft basiert. Bibelauslegung ist dort legitimer Bestandteil christlicher Theologie, wo sie sich die Option für die bleibende existentielle Relevanz der untersuchten Texte zu eigen macht.[39] Selbstredend hat die Bibelwissenschaft bei ihrer Arbeit größtmögliche

---

dürften freilich der Exegese fairerweise nicht zu Last gelegt werden.

[38] Vgl. E. A. Knauf, Die Mitte des Alten Testaments, in: Meilenstein. FS H. Donner zum 16. Februar 1995 (ÄAT 30), Wiesbaden 1995, 79-86.

[39] Über den Begriff der Relevanzoption wäre m.E. auch die überzeugendste theoretische Unterscheidung von Theologie und Religionswissenschaft zu gewinnen. Beide müssen, insofern sie Wissenschaft sind, strengste methodische Klarheit und Objektivität anstreben, dürfen sich also methodisch in der Bearbeitung eines Gegenstands nicht unterscheiden, sie müssen sich unterscheiden in der Beziehung zu diesem Gegenstand. Auch wenn Religionswissenschaftler ihren Untersuchungsgegenständen eine gewisse Relevanz zuschreiben müssen, weil sie sie ja sonst nicht untersuchten, gehört doch die Option für existentielle Relevanz nicht zum Selbstverständnis ihrer Disziplin, während sie in der Theologie unverzichtbar ist. Was in der Theologie die Regel ist, ist in der Religionswissenschaft die Regelverletzung: Wenn ein Buddhismusforscher die Relevanzoption übernimmt, dann treibt er buddhistische Theologie, auch wenn er akademisch als Religionswissenschaftler einsortiert ist. Es handelt sich hier freilich um idealtypische Rollen, die institutionell und wissenschaftstheoretisch abgesichert sind und von der Ebene der Privatperson zu unterscheiden sind. In der Rolle des Theologen kann auch ein Atheist stecken, der ungünstigenfalls sogar Kardinal werden kann, und ein Mensch, der seine Religionswissenschaft nach allen Regeln der Kunst „wertneutral" und „objektiv" betreibt, kann privat Pietist sein. Solange beide an der jeweiligen Forschungsrolle festhalten, besteht - jedenfalls wissenschaftlich - kein Problem. Vgl. O. Freiberger, Ist Wertung Theologie? Beobachtungen zur Un-

methodische Klarheit und Neutralität, ohne die jede Wissenschaft zur Ideologie verkommen müsste, zu wahren. Aber die Vermutung, dass die von den Texten her erarbeiteten Ergebnisse eine bis in die eigene Gegenwart hineinreichende existentielle Relevanz haben, ist eine theologische Option, welche die Exegese nicht aufgeben darf. Die Relevanzoption „impliziert eine weitere: Von ihrem Gegenstand her ist der Bibelwissenschaft nämlich auch die Option aufgegeben für die Botschaft vom Gott Abrahams, Isaaks und Jakobs, vom Gott Israels also, der auch der Gott Jesu ist"[40]. Es geht um die Option, dass in den untersuchten Texten eine Wahrheit zu finden ist, mit der man leben und sterben kann. Um es im (manchmal zu Unrecht als antiquiert eingestuften) Sprachspiel von Kardinal Ratzinger zu sagen, geht es darum, festzuhalten an Gott, welcher „der eigentliche Autor" ist, sich aber „dem Zugriff einer Methode entzieht, die eben zum Verstehen der menschlichen Dinge erarbeitet wurde"[41]. Die „menschlichen Dinge" dürfen freilich nicht in Gegensatz zur göttlichen Wahrheit gebracht werden. Schließlich ist der Gott Jesu eine Wahrheit, die sich radikal menschlich offenbart und zuwendet. Dies hat Konsequenzen in zwei Richtungen:

Inhaltlich bedingt die Option für diesen Gottesbegriff ein bestimmtes Verständnis vom Wesen und Handeln der Kirche und einer kirchlich orientierten Theologie[42], wie es sich realisiert in einer umfassenden Option für die Armen[43],

---

terscheidung von Religionswissenschaft und Theologie, in: G. Löhr (Hg.), Die Identität der Religionswissenschaft. Beiträge zum Verständnis einer unbekannten Disziplin (GthF 2), Frankfurt 2000, 97-121; bes. 117-121; zur historischen Perspektive vgl. im selben Band: C. Bochinger, Wahrnehmung von Fremdheit. Zur Verhältnisbestimmung zwischen Religionswissenschaft und Theologie, a.a.O., 57-77.

[40] Kügler, Für wen arbeitet die Bibelwissenschaft? (s. Anm. 1), 112. Vgl. hierzu im selben Band: U. Bechmann, Zu Grenzgängen herausgefordert: Die Zukunft der alttestamentlichen Wissenschaft, 117-151. Dies gilt selbstredend nicht nur von den Bibelwissenschaften, sondern in entsprechender Analogie von allen theologischen Disziplinen. – Auf der Ebene der Relevanzoption, und nur hier!, scheint mir die von Disse vertretene Unterscheidung zwischen einer „Hermeneutik des Verdachts" und einer „Hermeneutik des Vertrauens" sinnvoll, wenn auch nicht notwendig. Ansonsten scheint mir diese Unterscheidung nicht sehr hilfreich. Eine historische Fragestellung kann z.B. gar nicht ohne eine gesunde Portion Misstrauen gegen die Quellen bearbeitet werden. Hätte die frühe Kirche die kursierenden christlichen Texte mit reinem Vertrauen behandelt, hätte sie nie eine Auswahl treffen und einen neutestamentlichen Kanon bilden können. Vermutlich passt die „Hermeneutik des Vertrauens" (wie manches von Ricoeur) eher in den Bereich einer gewissen Wissenschaftspoesie, während man im Bereich eines kirchlichen Umgangs mit der eigenen Tradition mehr von der „Unterscheidung der Geister" profitieren dürfte.

[41] So der Präfekt der Glaubenskongregation in seinem Geleitwort zum Dokument der Bibelkommission vom 23. April 1993, in: Interpretation der Bibel (s. Anm. 21), 23.

[42] Zur kirchlichen Orientierung der Bibelwissenschaft vgl. Kügler, Für wen arbeitet die Bibelwissenschaft? (s. Anm. 1), 112-116.

[43] Vgl. hierzu den Überblick von F. Weber, Für oder gegen die Armen? Zur Entstehungs- und Wirkungsgeschichte einer notwendigen Grundentscheidung der Kirche, in: R. Bucher/O. Fuchs/J. Kügler (Hg.), In Würde leben. Interdisziplinäre Studien zu Ehren von E. L. Grasmück (ThGG 5), Luzern 1998, 188-208. Die umfassende Option für die Armen, wie sie Raul Fornet-Betancourt in Eichstätt zu Recht immer wieder eingefordert hat, legitimiert selbstredend die Ansätze kontextueller Exegese,

also für die Ausgebeuteten, Unterdrückten und Marginalisierten, welche überwiegend Frauen[44] sind.

Methodologisch folgt aus der Option für diesen Gottesbegriff, dass es im christlichen Kontext *theologisch* illegitim ist, aus dem Einsatz menschlicher Erkenntnisweisen in einer theologischen Disziplin auf ihren untheologischen Charakter zu schließen.[45]

Für die Bibelwissenschaft heißt das: Wenn das Wort Gottes als Botschaft menschlicher Autoren Text geworden ist, dann ist es die zentrale Aufgabe exegetischer Arbeit, von der her sich alle Detailuntersuchungen zuordnen und begründen lassen müssen, diese Botschaft durch die sorgfältigste Analyse der biblischen Texte für die Menschen von heute neu zum Sprechen zu bringen. Die theologische Wertung der Texte als Offenbarungstexte und die Benutzung allgemeiner text- und literaturwissenschaftlicher Methoden widersprechen sich in diesem theologischen Rahmen nicht nur nicht, sondern bedingen sich sogar. Gerade die Wertschätzung der Texte fordert zu ihrer gründlichsten Untersuchung heraus[46].

Der Zusammenhang von Kanonizität und Auslegungswissenschaft, wie ihn Aleida und Jan Assmann kulturwissenschaftlich herausgearbeitet haben, lässt sich also auch theologisch ausformulieren. Hat die Auslegung kanonischer Texte nämlich prinzipiell die Aufgabe, Text und Situation in zwei Richtungen zu vermitteln, „in der Richtung der Applikation, die Textsinn mit dem Leben" vermittelt, und „in der Richtung der Legitimation, die ‚Lebenssinn' mit dem Text vermittelt"[47], so

wie sie im Bereich der Befreiungstheologie und der Feministischen Bibelauslegung entwickelt wurden.

[44] Eine feministische Option der Exegese ist nicht nur naheliegend, sondern zwingend. Eine geschlechtsrollensensible Forschungsperspektive darf deshalb nicht länger ein Reservat für feministische Exegetinnen sein, sondern muss zur selbstverständlichen Forschungshaltung aller Exegetinnen und Exegeten werden. - In diesem Zusammenhang ist es nur noch peinlich, wenn der Männerclub der Päpstlichen Bibelkommission, nach fast 2000 Jahren Männerherrschaft in der Kirche, meint, den Frauen sagen zu müssen, sie sollten es mit der feministischen Kritik nicht übertreiben und den Dienstcharakter der Macht in der Kirche nicht übersehen. Tröstlich immerhin, dass nur 11 von 19 Mitgliedern für die entsprechende Passage des Dokumentes stimmen mochten, und erfreulich auch, dass ein solcher Dissens publik gemacht wird. Vgl. Interpretation der Bibel (s. Anm. 21), 60 mit Anm. 11.

[45] Fundamentaltheologisch ist festzuhalten: Der Mensch hat, weil er nicht Gott ist, keine anderen als menschliche Erkenntnisweisen. Insofern Gott den Menschen als potentiellen Offenbarungsempfänger geschaffen hat, ist ihm damit trotzdem die Möglichkeit der Gotteserkenntnis gegeben. Vgl. den klassischen Beitrag von K. Rahner, Hörer des Wortes. Zur Grundlegung einer Religionsphilosophie, München 1941 (neu bearb. v. J. B. Metz, München, 1963).

[46] Es ist deshalb nicht verwunderlich, wenn einer der entschiedensten Vertreter der kritischen Exegese zugleich der war, der die profilierteste theologische Interpretation vorlegte: R. Bultmann verband in seiner Exegese nicht nur historisch-kritische Exegese und existentialistische Theologie, er begründete die historische Kritik auch theologisch, wenn er in einer handschriftlichen (m.W. nicht publizierten) Notiz vom 19. Mai 1963 festhält: „Die radikale Entmythologisierung ist die Parallele zur paulinisch-lutherischen Lehre von der Rechtfertigung ohne des Gesetzes Werke allein durch den Glauben. Oder vielmehr: sie ist ihre konsequente Durchführung für das Gebiet des Erkennens".

[47] A. & J. Assmann, Kanon und Zensur, in: dies., Kanon und Zensur (s. Anm. 3), 7-27: 14.

gilt dies auch und gerade für die Bibelwissenschaft. Diese doppelte Vermittlungs-
aufgabe, die aus der Wertschätzung der Texte resultiert, widerspricht aber keinesfalls der Anwendung bestimmter Methoden, sondern fordert dazu auf, das jeweils
Beste zu übernehmen, was eine Kultur an Interpretationsmethoden zu bieten hat.
Dem entspricht der Auftrag, den Papst Leo XIII. den katholischen Bibelforschern
gab: „Sie sollen nichts als ihrem Fachgebiet fremd betrachten, was die emsige
Forschung der modernen Zeiten Neues gefunden hat; ganz im Gegenteil sollen sie
einen Geist der Wachheit pflegen, um unverzüglich das zu übernehmen, was jede
Stunde der Bibelexegese an Nützlichem bietet"[48].

2.2 Die Einheit der Bibelwissenschaft - ein Anfang

Ob es die Bibelwissenschaft mittelfristig schafft, ihre gegenwärtige Spaltung in
historisch und hermeneutisch zentrierte Forschung zu überwinden und ein einheit-
licheres Selbstverständnis zu gewinnen, wird wohl davon abhängen, ob es gelingt,
so etwas wie eine Rahmentheorie der Biblischen Wissenschaften zu entwerfen.
Eine wesentliche Voraussetzung für eine solche Rahmentheorie scheint mir zu
sein, dass auch historische Wissenschaft als hermeneutisches Unternehmen begriffen wird. Das ist noch nicht selbstverständlich. Bisweilen herrscht in historisch
arbeitenden Wissenschaften noch eine positivistische Selbsttäuschung vor, die das
eigene Tun als bloße Feststellung von Fakten einstuft und meint, ohne Interpretation auskommen zu können. Das gilt selbstverständlich nicht nur für den historisch arbeitenden Zweig der Bibelwissenschaft, sondern auch für andere Disziplinen, wie etwa bestimmte Zweige der Archäologie. Dabei ist doch schon die Ein-
ordnung bestimmter Bodenformationen als Mauerreste ein interpretatorischer
Akt![49]
    Bezüglich der historischen Wissenschaften allgemein scheint mir vor allem ein
philosophischer Trend relevant, der etwas salopp als „Verlust der Wirklichkeit"
bezeichnet, wohl als Fortschreibung einer erkenntnistheoretischen Unterscheidung
Kants begriffen werden kann und sich bei Autoren unterschiedlichster philosophischer Richtungen findet. Es geht dabei etwa um die Wahrnehmung der Wirklichkeit als Ensemble von Konzepten oder, um die griffige, inzwischen fast zum Ge-

---

[48] Zitiert nach Interpretation der Bibel (s. Anm. 21), 13. Dass sich das römische Lehramt in der
Folgezeit aus Enttäuschung über die Ergebnisse moderner Exegese zu einer antimodernistischen Inqui-
sition verleiten ließ, darf freilich nicht verschwiegen werden. Dieser autoritäre Irrweg schmälert aber
nicht die theologische Dignität der zitierten methodologischen Grundentscheidung.
[49] Zum Interpretieren in der Archäologie vgl. Rohrhirsch, Wissenschaftstheorie (s. Anm. 2), 111-
333.

meinplatz gewordene Formulierung von Berger und Luckmann[50] aufzugreifen, um die Wirklichkeit als gesellschaftliche Konstruktion. Die sozialkonstruktivistische Überzeugung, dass Wirklichkeit nur als Konzeption zugänglich, ja von Fiktion nicht mehr zu scheiden ist, findet sich aber auch bei Odo Marquard: „es war einmal eine Zeit, in der – womöglich vorübergehend – Reales und Fiktives in wirklichem Gegensatz standen; aber wir leben nicht mehr in dieser Zeit; heutzutage kommen Realität und Fiktion nur noch als Legierung vor und nirgendwo mehr rein: das positive Stadium ist das fiktive" und die Wirklichkeit selbst ist zu begreifen als „Ensemble des Fiktiven"[51].

In diesem breiteren philosophischen Kontext muss auch Vergangenheit als soziale Konstruktion[52] begriffen werden. „Vergangenheit steht nicht naturwüchsig an, sie ist eine kulturelle Schöpfung."[53] Und für die Geschichtswissenschaft wird die Erkenntnis unausweichlich, dass Klio auch dichtet[54]. Die aus dem Historismus des 19. Jh. stammende Frage nach dem, „wie es wirklich gewesen ist", erhält damit einen anderen Status: Historische Aussagen sind nämlich „Aussagen über etwas, das nicht ist, denn Vergangensein heißt Nichtmehrsein"[55]. Das Vergangene ist nicht mehr und kann auch nicht wiederhergestellt werden. Wenn es um die persönlich erlebte Vergangenheit geht, muss eine Erinnerungsleistung vollbracht werden. Sobald es aber um Gruppen und Kulturen geht, geht es nicht mehr um Erinnerung, sondern um die Konstruktion der Vergangenheit durch das kollektive bzw. kulturelle[56] Gedächtnis. Im politischen, gesellschaftlichen und religiösen Bereich spielen Vergangenheitsentwürfe eine wichtige Rolle als Basis für die Ausbildung kollektiver Identitäten. Solche Konstitutionsprozesse sind oft derart von aktuellen Identitätsbedürfnissen gesteuert, dass widerständige Elemente der Vergangenheit völlig ausgeblendet werden. Deshalb hat Halbwachs die Unterscheidung der *mémoire collective* von der historischen Wissenschaft betont, wobei er

---

[50] Vgl. P. L. Berger/Th. Luckmann, Die gesellschaftliche Konstruktion der Wirklichkeit. Eine Theorie der Wissenssoziologie, Frankfurt 1969 (5. Aufl. 1977).

[51] O. Marquard, Kunst als Antifiktion - Versuch über den Weg der Wirklichkeit ins Fiktive, in: D. Henrich/W. Iser (Hg.), Funktionen des Fiktiven, München 1983 (Poetik und Hermeneutik 10), 35-54: 35.

[52] Vgl. M. Halbwachs, Das kollektive Gedächtnis, Stuttgart 1967.

[53] J. Assmann, Das kulturelle Gedächtnis. Schrift, Erinnerung und politische Identität in frühen Hochkulturen, München 1992, 48.

[54] Vgl. H. White, Auch Klio dichtet oder Die Fiktion des Faktischen. Studien zur Tropologie des historischen Diskurses, Einl. v. R. Koselleck, Stuttgart 1986.

[55] H. Jonas, Gedanken über Gott. Drei Versuche, Frankfurt 1994, 9.

[56] Assmann führt zum Begriff des kollektiven Gedächtnisses, welcher sich auf die Vergangenheitskonstruktion von zeitlich und räumlich begrenzten Gruppen bezieht, zusätzlich den des kulturellen Gedächtnisses ein und überträgt damit den Entwurf von Halbwachs auf das komplexe System von Kultur mit ihrer Vielzahl von Gruppen und kollektiven Gedächtnissen. Vgl. Assmann, Gedächtnis (s. Anm. 53), 45-56.

freilich einen positivistischen Geschichtsbegriff voraussetzt.[57] Aber auch wenn sich Geschichtsschreibung vom kollektiven Gedächtnis unterscheidet, ist die historische Wissenschaft nie ganz frei von Einflüssen solcher kollektiven Interessen.[58]

Wer historisch fragt, erinnert sich nicht, sondern entwirft ein Bild von der Vergangenheit anhand von Quellen, die in der Gegenwart vorhanden sind und mittelbare Schlüsse über das Nichtmehrvorhandene zulassen. Es geht also auch hier nicht um Erinnerung oder um Wiederherstellung der Vergangenheit, sondern um Rekonstruktion im Sinne eines Entwurfs. Der Nichtfiktionalitäts-Anspruch des 19. Jh. wird deshalb von Geschichtstheoretikern als „Prätention der Geschichtsschreibung auf Realität" eingestuft, mit dem „sich eine unausdrückliche Ideologie sichert"[59], und Roland Barthes nennt den historischen Diskurs „essentiellement idéologique, ou pour être plus précis, imaginaire"[60]. Einem positivistischen Geschichtsverständnis ist also kritisch entgegenzuhalten, „dass die Fakten nicht für sich selbst sprechen, sondern dass der Historiker für sie spricht, in ihrem Namen spricht und die Bruchstücke der Vergangenheit zu einem Ganzen formt, dessen Ganzheit - in ihrer *Wieder*gabe (*re*presentation) - eine rein diskursive ist"[61]. Auch wenn Geschichtswissenschaft sich im Unterschied zum Roman mit Ereignissen beschäftigt, die nicht nur fiktional sein mögen, zugänglich werden diese Ereignisse erst wieder durch historische Deutung, durch den quellengestützten Entwurf.

---

[57] Er sieht den wesentlichen Unterschied in der „lebendigen" Erinnerung des kollektiven Gedächtnis und der „künstlichen" Vergangenheitsrekonstruktion der Geschichtsschreibung. Vgl. Halbwachs, Gedächtnis (s. Anm. 52), bes. 66-77. Insofern aber auch die Geschichtsschreibung identitätsbildende Funktion hat und andererseits das kollektive Gedächtnis nicht nur „natürliche" Erinnerung ist, sind die Übergänge zwischen beiden fließend.

[58] Dass Klio sogar zur politischen Hure werden kann, zeigt nicht nur die Funktionalisierung der Geschichtsschreibung in der DDR (vgl. dazu R. Eckert (Hg.), Hure oder Muse? Klio in der DDR. Dokumente und Materialien des Unabhängigen Historiker-Verbandes, Berlin 1994). Das Problem beschränkt sich freilich nicht auf totalitäre Systeme. Die gesellschaftliche Funktionalisierung der Geschichtswissenschaft fängt nicht erst dort an, wo um der Geschichtsklitterung willen ihre Wissenschaftlichkeit angetastet wird, sondern weit im Vorfeld banaler Ideologisierung, etwa in den Einflüssen des „Zeitgeistes". Vgl. dazu die Beispiele aus verschiedenen Epochen und Regionen in: H. J. Hiery/B. Leupold/K. Urbach (Hg.), Der Zeitgeist und die Historie (Bayreuther Historische Kolloquien 15), Dettelbach 2001. Wer stellt welche Fragen? Was gilt als interessant und untersuchenswert? Welche Konzepte werden implizit vorausgesetzt? Für welche Forschung gibt es finanzielle Unterstützung und für welche nicht? Welche Forschungsergebnisse werden öffentlich wahrgenommen und welche nicht? - All diese Fragen deuten nur an, dass Geschichtswissenschaft auch dort, wo ihre Wissenschaftlichkeit gewahrt bleibt, in einem Koordinatensystem gesellschaftlicher Interessen steht, das ihr (unter anderem) Funktionen zuweist, die auch das kollektive bzw. kulturelle Gedächtnis hat.

[59] K. Stierle, Geschichte als Exemplum - Exemplum als Geschichte. Zur Pragmatik und Poetik narrativer Texte, in: R. Koselleck/W. D. Stempel (Hg.), Geschichte - Ereignis und Erzählung (Poetik und Hermeneutik 5), München 1973, 347-375: 360.

[60] R. Barthes, Le Discours de l'Histoire, Informations sur les Sciences Sociales (1967), 73. - Zitiert nach Stierle, Geschichte (s. Anm. 59), 360, Anm. 32.

[61] White, Auch Klio dichtet (s. Anm. 54), 149.

Für die Bibelwissenschaft bedeutet dies, dass es auch bei der historischen Rückfrage, die sie unternimmt, etwa nach dem irdischen Jesus, nicht mehr darum gehen kann, eine Wirklichkeit aus der Vergangenheit in die Gegenwart zu transferieren, sondern sich in der Gegenwart einen Entwurf von etwas Vergangenem zu machen. Dieser Entwurf ist dort als wissenschaftlich einzustufen, wo er sich den geschichtswissenschaftlichen Regeln für die Auswertung vorhandener Quellen unterwirft.

Wissenschaftlich wird historische Rekonstruktion vor allem dadurch, dass sie ihr Erkenntnisinteresse und ihre Erkenntnisprozesse offen legt und falsifizierbar macht. Im wissenschaftlichen Bereich gibt es deshalb für die Rekonstruktion der Vergangenheit bestimmte Regeln, die z.B. festlegen, wie Quellen zu beschreiben und auszuwerten sind, und deren Beachtung die historische Wissenschaft (mindestens graduell) von Sciencefiction-Romanen und ideologischer Geschichtsklitterung unterscheidet.

Die argumentative Basis für einen quellengestützten historischen Entwurf kann aber nur durch Interpretation der Quellen gelegt werden. Wenn dieser interpretatorische Charakter jedes Geschichtsentwurfs einmal anerkannt ist, eröffnet sich eine Perspektive für eine Rahmentheorie der Bibelwissenschaft, welche die gegenwärtige Spaltung in historisch und hermeneutisch zentrierte Forschungsrichtungen überwinden hilft und eine wissenschaftstheoretisch überzeugende, weil nicht nur vom Materialobjekt abhängige, Selbstkonstitution der Bibelwissenschaft ermöglicht.[62]

2.3 Rezeptionsästhetik und die Folgen

2.3.1 Regelwerk statt anarchische Projektion

Die These Enzensbergers wird man in ihrer Zuspitzung nicht übernehmen wollen, jedenfalls nicht für eine Auslegung, die intersubjektiv vermittelbar sein will, und darauf muss Exegese als Interpretation in der Kirche, einer Gemeinschaft von Le-

---

[62] Die Bibelwissenschaft muss sich in ihrer historisch orientierten Sektion zu einem erweiterten Textbegriff durchringen. Nur wenn nämlich nicht nur Schriften und beschriftete Monumente, sondern auch schriftlose archäologische Befunde in einem weiteren Sinne als Texte (im folgenden: TEXTE) begriffen werden, die es zu interpretieren gilt, dürfte eine exegetische Rahmentheorie gelingen. Zum Verhältnis von Archäologie und Textwissenschaft vgl. Rohrhirsch, Wissenschaftstheorie (s. Anm. 2), 74-88. Seine These, dass es keinen Weg von der Bibelwissenschaft zur Biblischen Archäologie gibt, wird man wohl akzeptieren müssen. Im umgekehrten Fall wäre ich aber von der Unmöglichkeit einer Verbindung nicht überzeugt. Wenn es Aufgabe der Archäologie ist, „die ökologische, ökonomische, machtpolitische und soziale Situation einer bestimmten Regio zu einem bestimmten Zeitpunkt" (ebd. 73 in Anlehnung an Noort) zu eruieren, dann gehören die entsprechenden Ergebnisse zum Kommunikationshorizont eines Textes, der der betreffenden Regio zu dieser Zeit zuzuordnen ist.

senden, bestehen. Würde man sich im Kontext der Bibelauslegung mit einem Lesen als anarchischem Akt begnügen, dann hätte dies fatale Folgen: Die biblischen Texte wären nur noch Projektionsfläche für subjektive Befindlichkeiten, aber kein Kommunikationsmittel mehr. Theologisch könnte man dann in Bezug auf die Bibel schon deshalb nicht mehr von Offenbarung sprechen, weil es im Text keinerlei Fremdheit mehr gäbe, die irgendwelche Lern- und Umkehrprozesse auslösen könnten. Damit verlöre die Lektüre jeden dialogischen Charakter. Das Eigene ersetzte das Fremde. Mit der Fremdheit eines Textes geht aber auch stets seine Botschaft verloren und damit auch das, was man im Hinblick auf die biblischen Texte Offenbarungspotential nennt.[63]

In der rezeptionsästhetisch orientierten Literaturwissenschaft geht man aber ohnehin eher davon aus, dass der Text ein Regelwerk ist, das den Sinnbildungsprozess zwar keinesfalls eindeutig bestimmt, ihn aber doch bis zu einem gewissen Grad lenkt. Das bedeutet, dass es einerseits keine völlige Festlegung gibt, andererseits aber auch keine völlige Beliebigkeit angemessen ist. Es gibt also ein legitimes Element der Freiheit der Lesenden im Umgang mit dem Text und ebenso ein Element der Bindung an den Text als Regelwerk. Auch wenn die Polyvalenz des Textes im Rahmen dieser Theoriebildung als eine nicht hintergehbare Größe erscheint, die es kaum noch erlaubt, von der „richtigen" Interpretation zu sprechen, gibt es nach wie vor bessere und schlechtere Interpretationen.[64] Von daher ist völlig klar, dass es einerseits *die* richtige Interpretation nicht gibt, sondern eine unvermeidbare und legitime Pluralität der Textauslegung, andererseits doch auch die Möglichkeit, zwischen besseren und schlechteren Sinnbildungen zu unterscheiden. Je mehr Textphänomene eine Sinnbildung berücksichtigt, desto besser ist sie. Wissenschaftlich ist Bibelauslegung dort, wo sie sich interpretationstheoretischen Regeln unterwirft, die logisch und kritisierbar sind. Je mehr Exegese die eigenen methodischen Schritte offen legt und den eigenen Erkenntnisprozess verifizierbar/falsifizierbar macht, desto wissenschaftlicher ist sie.

2.3.2 Sinnbildung gegen Offenbarung?
Der rezeptionsästhetische Ansatz hat dogmatische Relevanz. Wenn rezeptionsästhetisch festgestellt wird, dass der Sinn nicht im Text verborgen ist, sondern in der Interaktion zwischen Text und Lesenden entsteht, dann scheint das im Hinblick auf den Offenbarungsbegriff zunächst problematisch zu sein. Bei genauerem Hin-

---

[63] Zur theologischen Relevanz von Fremdheit vgl. R. Bucher, Die Theologie, das Fremde. Der theologische Diskurs und sein anderes, in: O. Fuchs (Hg.), Die Fremden, Düsseldorf 1988, 302-319.
[64] Das wird z.B. festgehalten von Analysetheoretikern wie M. Titzmann, Strukturale Textanalyse. Theorie und Praxis der Interpretation, München 1977; G. Labroisse, Interpretation als Entwurf, in: Grundfragen der Textwissenschaft (s. Anm. 28), 311-323.

sehen werden vielleicht aber nur Dinge neu deutlich, welche die Theologie immer schon wusste oder hätte wissen müssen:

Offenbarung ist Dialog.

Offenbarung braucht den Menschen. Eine Offenbarung ohne ein Gegenüber als HörerIn bzw. LeserIn des Wortes gibt es nicht und dieses Gegenüber ist nicht nur passiver Rezipient, sondern mit seinen Sinnbildungsprozessen Partner eines Dialogs.

Offenbarung ist Prozess.

Wenn der Sinn nicht einfach im Text steckt und nur herausgeholt werden muss, dann kann Offenbarung nicht mehr einfach ein Ereignis der Vergangenheit sein, sondern muss sich im Akt des Lesens immer neu ereignen. Der Ereignischarakter der Sinnbildung stößt damit die (Weiter-)Entwicklung eines prozesshaften Offenbarungsbegriffes an, wie er im Begriff der Heilsgeschichte und auch im Traditionsbegriff schon vorgeformt ist.

Der Text ist nicht die Offenbarung.

Wenn der Sinn im Leseprozess gebildet werden muss, dann *ist* der Text nicht die Offenbarung, sondern eine halboffene Leseanweisung für den Sinnbildungsprozess der Lesenden. Der Text ist ein Zeichenwerk, das auf etwas hinweist, was er selbst nicht ist, aber ermöglichen kann.

Der Text verweist auf ein zukünftiges Offenbarungsgeschehen.

Wenn die Lesenden den Text nicht mit ihren eigenen Wünschen, Vorstellungen und Sehnsüchten überformen, sondern sich auf sein halboffenes Regelwerk als eine Orientierungshilfe für ihre Sinnbildung einlassen, kann der Text im Leseprozess zu einem Offenbarungsgeschehen hinführen: Die Lesenden werden dann, indem sie lesend die Rolle der „impliziten Lesenden"[65] übernehmen, die Botschaft des „impliziten Autors" konstruieren und können, insofern sie für die existentielle Relevanz des Textsinns optieren[66], Offenbarung erfahren.

Der Text verweist auf ein vergangenes Offenbarungsgeschehen.

Die Botschaft des „impliziten Autors" verweist in biblischen Texten stets auf ein zurückliegendes Offenbarungsereignis. In den Texten des AT ist dies die Geschichte Israels mit Gott, in den Texten des NT ist es die Fortsetzung dieser Geschichte in der Geschichte Jesu mit Gott. Weil die biblischen Texte eben auch dort, wo sie fiktional sind, einen geschichtlichen Bezug haben, ist die historische Rückfrage nach der Geschichte Israels und der Geschichte Jesu theologisch unverzichtbar. Dabei geht es aber nicht darum, Fakten zu erheben („wie es wirklich gewesen ist"), welche die Textlektüre normieren könnte, sondern ebenfalls um

---

[65] Zum Begriff des impliziten Lesers vgl. Kügler, Jünger (s. Anm. 12), 79-81.
[66] Ohne Relevanzoption geschieht auch bei der besten Interpretation keine Offenbarung, sondern nur ein „Die Botschaft hör' ich wohl, allein mir fehlt der Glaube".

Sinnbildung, weil historische Rückfrage auch Interpretation ist (s.o.). Die Wirklichkeit jeder Interpretation ist der TEXT (s. Anm. 62). Die Wirklichkeit „hinter" dem TEXT ist nicht unmittelbar zugänglich. Redlicherweise kann nur von einem Wirklichkeitsentwurf gesprochen werden, der sich durch Beobachtungen am TEXT begründen lässt. Und trotzdem ist das Streben nach einem solchen Entwurf, der sich mit intellektueller Redlichkeit vertreten lässt, *theologisch* unausweichlich. *Der Prozesscharakter der Offenbarung stiftet Kontinuität.*

Die spezifisch katholische Wertschätzung der Tradition erfährt durch das rezeptionsästhetische Textverständnis eine neue Begründung. Der Prozesscharakter der Sinnbildung verweist nämlich auf die notwendige Korrespondenz von fixiertem Text und immer neuer Auslegung durch alle Generationen hindurch. Alte Auslegungen verlieren nicht einfach ihre Gültigkeit, sondern behalten ihren Wert als Zeugnisse der vielfältigen und (in unterschiedlichem Maß) legitimen Auslegungsmöglichkeiten, die sich vom Text her eröffnen.

2.3.3 Die Auferstehung der Exegese

Wenn die Exegese tot sein sollte, dann muss sie es nicht bleiben. Auferstehung ist möglich. Natürlich ist die Exegese nicht mehr dazu da, Textinterpretationen als Fertigmahlzeiten zu verteilen: Eine rezeptionsästhetisch gewendete Bibelwissenschaft kann nicht die Funktion haben, dem Lehramt, den anderen theologischen Disziplinen oder den „einfachen Glaubenden" den richtigen Textsinn zu übermitteln, damit diese ihn dann in entsprechende dogmatische und ethische Schlussfolgerungen umsetzen. Die Aufgabe der Exegese kann nur sein, dem Lesen anderer zu dienen, sie als Lesende kompetent zu machen, damit sie die Aussagen der Texte möglichst selbständig wahrnehmen und für christliche Theorie und Praxis fruchtbar machen können. Bibelwissenschaft hat sich also als Vor- und Nachbereitung des eigentlichen Lesens zu verstehen und nicht als Instanz der obrigkeitlichen Bevormundung der Nichtfachleute.

2.4 Von der Rezeptionsästhetik zur Rezeptionspragmatik

Die Rezeptionsästhetik als neues Paradigma der Textauslegung weist den Lesenden eine Relevanz für den Text zu, wie sie früher unbekannt war. Theologisch und kirchlich ist das ungemein bedeutsam, weil damit die biblischen Schriften auf nichtzwanghafte, nichtautoritäre Weise der Kirche als Lesegemeinschaft zugeordnet werden können. Allerdings bleibt der Leserbezug der Rezeptionsästhetik immer Theorie. Es geht ja bei entsprechenden Textanalysen nicht um die außertextlich existierenden realen Lesenden, sondern um die Analyse der Rolle des „impliziten Lesers", wie sie der Text strukturiert. So wichtig dies für das Verstehen des

Textes auch ist, die realen Rezipienten bleiben außer Betracht. Das aber ist gerade im Kontext von Theologie und Kirche ein enormes Defizit. Es geht in diesem Kontext ja notwendigerweise nicht nur um die private Lektüre, sondern um die gemeinsame Lektüre in einer Lesegemeinschaft, dem Volk Gottes. Wie liest das gegenwärtige Volk Gottes seine Bibel? Wie legt es sie aus, auch jenseits von Lehramt und wissenschaftlicher Exegese? Über die Bibelinterpretation des Kirchenvolkes ist wenig bekannt, ein Austausch darüber findet kaum statt. Das ist auch nicht verwunderlich. Zum einen lässt sich die Kirche nicht als riesiger Bibelkreis organisieren, zum anderen ist das Interesse von Theologie und Lehramt an dem, was das Kirchenvolk denkt und glaubt, noch gar nicht so alt.

Wie aber interpretieren Christen und Christinnen ihre Bibel heute? Welche Rolle spielen die Texte im alltäglichen Leben? Entspricht der theoretischen Wertschätzung biblischer Texte, wie sie im Kanonbegriff ausgedrückt ist, eine reale Relevanz im Alltagshandeln? Hier wären spannende Forschungsprojekte möglich.

Ein Beispiel: In Bayreuth arbeite ich als Bibelwissenschaftler mit meinem Kollegen Christoph Bochinger, einem Spezialisten in empirischer Religionsforschung, an einem Forschungsprojekt, das u.a. der Frage nachgeht, welche Rolle biblische Texte im alltäglichen Toleranzhandeln von Christinnen und Christen spielen.

Wir gehen davon aus, dass Toleranz nur dann dauerhaft Basis des Alltagshandelns sein kann, wenn sie als integraler Bestandteil der eigenen religiösen Tradition verstanden wird und damit zur Identitätsbildung als religiöse Gruppe bzw. als religiöser Mensch in einem religiös und weltanschaulich pluralen Kontext herangezogen werden kann. Die weitgehende Gewaltfreiheit im alltäglichen Mit- bzw. Nebeneinander von Christen und Nichtchristen in Deutschland ist einerseits als Ausdruck eines pluralitätsfähigen Pragmatismus zu würdigen, der andererseits Abgrenzung und Geringschätzung durchaus nicht ausschließt. Es steht zu vermuten, dass tolerantes Alltagsverhalten überwiegend nichtreligiös, d.h. pragmatisch-legalistisch bzw. mit aufklärerischen Toleranzvorstellungen (in popularisierter Form) begründet wird. Für die religiöse Identitätsbildung ist freilich entscheidend, ob und wie Angehörige einer „Schriftreligion" darüber hinaus ihre Toleranzpraxis mit Aussagen ihrer heiligen Texte begründen oder ob umgekehrt diese Texte (oder Teile davon) eher als Hindernis für tolerantes Handeln eingestuft werden. Kann man also in der pluralen Gesellschaft nur dann friedfertig miteinander leben, wenn Abstriche an den Idealen der eigenen Tradition gemacht werden, also ein „schlechter Christ" ist? Oder lässt sich Pluralitätsfähigkeit auch aus der eigenen religiösen Tradition ableiten und damit zum Teil der religiösen Identität machen? Mit empirischen Methoden wird eruiert, welche Bibeltexte als Impuls bzw. als Hindernis für tolerantes Handeln eingeschätzt und wie sie dabei interpretiert werden.

Die Ergebnisse solcher Untersuchungen müssen in die wissenschaftliche Exegese als Anregung und/oder Kritik einbezogen werden. Eventuell werden in der alltagsbezogenen Auslegung hermeneutische Modelle deutlich, die die Exegese bei einer kontextbezogenen, inkulturierenden Auslegung braucht.

3. Die Bibel mit ihren Lesern auf Wanderschaft: Abschließende Überlegungen zur Philosophie der Bibelwissenschaft

Die Frage, welche Philosophie die Exegese braucht, ist tückisch: Wenn eine Disziplin nämlich genau beschreiben kann, welche Philosophie sie braucht, dann braucht sie diese eigentlich schon nicht mehr, weil sie in der Formulierung theoretischer Defizite und Desiderate schon dazu übergegangen ist, wenigstens anfanghaft selber Philosophie zu treiben, sich ihre Philosophie zu machen. In diesem Sinne soll im folgenden ein Selbstentwurf der Bibelwissenschaft skizziert werden und so die Philosophie der Exegese. Ob dann die Fachdisziplin Philosophie zu dieser Selbstreflexion dazukommt, ist eine ganz andere Frage. Es wäre wünschenswert, ist aber wenig wahrscheinlich: Die eine Philosophie interessiert sich nicht für Exegese und die andere wirft ihr vor, dass sie nicht das tut, was man von ihr erwartet.

Bei der Konstruktion von Sinn, der Dekonstruktion historischer (und anderer) Behauptungen, der Rekonstruktion von Vergangenheit werden Plausibilitäten benutzt, die gesellschaftlich-kulturell vorgegeben sind (Wirklichkeit als gesellschaftliche Konstruktion). Postmodern muss sich jede „kritische" Wissenschaft über die von ihr benutzten Plausibilitäten permanent selbst aufklären, auch die Bibelwissenschaft. Diese Selbstaufklärung entzieht den benutzten Plausibilitäten in gewisser Weise ihre Geltung, und das könnte man als Schwäche auslegen. Wenn die Bibelwissenschaft etwa dem Lehramt nicht mehr mit dem Habitus der Gewissheit entgegentreten und ihm kritisch den wahren Jesus, die wahre frühchristlich-normative Gemeindestruktur oder einfach den wahren Schriftsinn entgegenschleudern kann, dann wird dies für die einen schmerzlich sein, für die anderen ein Anlass zum Beifall, der dann freilich von der falschen Seite käme. Die Selbstbescheidung der Exegese ist aber, wie ich hoffe gezeigt zu haben, unausweichlich. Wir können nicht mehr die Hüter des Sinnes sein und müssen uns durchringen, Partner im Leseprozess zu werden. Vielleicht wird aber auch umgekehrt ein Schuh daraus und gerade die *Selbst*aufklärung der Bibelwissenschaft macht ihre kritische Funktion in Kirche und Gesellschaft aus. Sie hat keinen Primat gegenüber anderen (kirchlichen und außerkirchlichen) Bibeldeutungen, aber eine ideologiekritische Funktion, die aus ihrer permanenten Selbstaufklärung resultiert: Indem die Bibelwissenschaft ihre eigenen Plausibilitäten permanent reflektiert und dekonstruiert, raubt sie auch anderen Sinnbildungsprozessen die Selbstverständlichkeiten und dekonstruiert auch deren Vorgaben. Die Aufgabe der Bibelwissenschaft wäre dann nicht die Produktion des richtigen Schriftsinns, sondern die permanente Infragestellung von Sinnbildungsprozessen und die Hilfestellung zum besseren Lesen, d.h. die Bereitstellung von Informationen, die den heute Lesenden helfen, die Rolle des impliziten Lesers immer besser zu erfüllen. Auf diese Weise erfüllte sie ihre Aufgabe, von der her sich alle Detailuntersuchungen zuordnen und begründen lassen müssen, nämlich durch die sorgfältigste Analyse der biblischen Texte (und ihrer Kontexte) ihre Botschaft für die Menschen von heute neu zum Sprechen zu bringen. Vor allem aber besteht die Aufgabe der Bibelwissenschaft in der Verteidigung der Polyvalenz (und des damit gegebenen unausschöpflichen Sinnbildungspotentials) der biblischen Texte gegen Vereinnahmung und Vereindeutigung. Sie erfüllt diese Aufgabe in dreifacher Weise:

- Sie stellt immer neue Informationen über den Text, seine Welt und Umwelt als Hilfe zum besseren Lesen bereit und initiiert so eine permanente Reform der Sinnbildung.

- Sie arbeitet gegenüber ihren eigenen und anderen Sinnbildungen immer wieder ideologiekritisch und übernimmt damit einen prophetischen Dienst im Gottesvolk.

- Sie erhebt die faktischen Sinnbildungen und bezieht diese als Anregung, Kritik oder Unterstützung in ihre eigene Sinnbildung ein.

Welche Philosophie braucht die Exegese?

Schon bevor postmodernes Denken *en vogue* war, stellte die Kirche über sich selbst fest, dass das Gottesvolk auf Wanderschaft ist. Die Bibel und die Wissenschaft von ihr dürfen also, wenn sie mit dem wandernden Gottesvolk zu tun haben wollen, nicht stehen bleiben. Die Bibelwissenschaft braucht deshalb (als Selbstentwurf und als kritische Partnerin) eine pluralitätsfähige und pluralitätsgenerierende Philosophie, die ihr hilft, die Nichtfestlegbarkeit der biblischen Texte zu verteidigen, und damit ihr Potential zu erhalten, unterschiedlichsten Menschen in den verschiedensten Lebenslagen auf je eigene Weise eine Botschaft zu werden, mit der man leben und sterben kann.

Literatur

A u. J. Assmann (Hg.), Kanon und Zensur. Archäologie der literarischen Kommunikation II, München 1987.

J. Assmann, Das kulturelle Gedächtnis. Schrift, Erinnerung und politische Identität in frühen Hochkulturen, München 1992.

I. Baldermann u.a. (Hg.), Zum Problem des biblischen Kanons (JBTh 3), Neukirchen-Vluyn 1988.

P. L. Berger/Th. Luckmann, Die gesellschaftliche Konstruktion der Wirklichkeit. Eine Theorie der Wissenssoziologie, Frankfurt 1969 (5. Aufl. 1977).

C. Bochinger, Wahrnehmung von Fremdheit. Zur Verhältnisbestimmung zwischen Religionswissenschaft und Theologie, in: G. Löhr (Hg.), Die Identität der Religionswissenschaft. Beiträge zum Verständnis einer unbekannten Disziplin (GthF 2), Frankfurt 2000, 57-77.

R. Bucher, Die Theologie, das Fremde. Der theologische Diskurs und sein anderes, in: O. Fuchs (Hg.), Die Fremden, Düsseldorf 1988, 302-319.

H. von Campenhausen, Die Entstehung der christlichen Bibel, Tübingen 1968.

B. S. Childs, Die Theologie der einen Bibel, 2 Bde., Freiburg i. Br., 1994-1996.

C. Dohmen, Der Biblische Kanon in der Diskussion, ThRev 91 (1995) 451-460.

---, Muß der Exeget Theologe sein? oder: Vom rechten Umgang mit der Heiligen Schrift, TThZ 99 (1990) 1-14.

W. Egger, Methodenlehre zum Neuen Testament. Einführung in linguistische und historisch-kritische Methoden, Freiburg i. Br. 1987; 5. Aufl. 1999.

---, Nachfolge als Weg zum Leben. Chancen neuerer exegetischer Methoden dargelegt an Mk 10,17-31, Klosterneuburg 1979.

R. Eckert (Hg.), Hure oder Muse? Klio in der DDR. Dokumente und Materialien des unabhängigen Historiker-Verbandes, Berlin 1994.

O. Freiberger, Ist Wertung Theologie? Beobachtungen zur Unterscheidung von Religionswissenschaft und Theologie, in: G. Löhr (Hg.), Die Identität der Religionswissenschaft. Beiträge zum Verständnis einer unbekannten Disziplin (GthF 2), Frankfurt 2000, 97-121.

O. Fuchs, Wie funktioniert die Theologie in empirischen Untersuchungen?, ThQ 180 (2000) 191-210.

---, Umgang mit der Bibel als Lernschule der Pluralität, Una Sancta 44 (1989) 208-214.

M. Halbwachs, Das kollektive Gedächtnis, Stuttgart 1967.

C. Heil, Die Q-Rekonstruktion des Internationalen Q-Projekts. Einführung in Methodik und Resultate, NT 43 (2001) 128-143.

H. J. Hiery/B. Leupold/K. Urbach (Hg.), Der Zeitgeist und die Historie (Bayreuther Historische Kolloquien 15), Dettelbach 2001.

W. Iser, Der Akt des Lesens. Theorie ästhetischer Wirkung, München 3. Aufl. 1990.

H. Jonas, Gedanken über Gott. Drei Versuche, Frankfurt 1994.

E. Käsemann (Hg.), Das Neue Testament als Kanon. Dokumentation und kritische Analyse zur gegenwärtigen Diskussion, Göttingen 1970.

K. Kertelge (Hg.), Rückfrage nach Jesus (QD 63), Freiburg i. Br. 1974.

H. J. Klauck, Die katholische neutestamentliche Exegese zwischen Vatikanum I und Vatikanum II, in: M. Weitlauff/P. Neuner (Hg.), Für euch Bischof - mit euch Christ. FS Friedrich Kardinal Wetter, St. Ottilien 1998, 85-119.

E. A. Knauf, Die Mitte des Alten Testaments, in: Meilenstein. FS H. Donner zum 16. Februar 1995 (ÄAT 30), Wiesbaden 1995, 79-86.

E. V. McKnight, The Contours and Methods of Literary Criticism, in: R. A. Spencer (Hg.), Orientation by Disorientation. Studies in Literary Criticism and Biblical Literary Criticism. FS W. A. Beardslee, Pittsburgh 1980, 53-69.

J. Kügler, Für wen arbeitet die Bibelwissenschaft? Exegese im Kontrast gegenwärtiger und zukünftiger Pluralität, in: R. Bucher (Hg.), Theologie in den Kontrasten der Zukunft. Perspektiven des theologischen Diskurses (Theologie im kulturellen Dialog 8), Graz 2001, 95-116.

---, Pharao und Christus? Religionsgeschichtliche Untersuchung zur Frage einer Verbindung zwischen altägyptischer Königstheologie und neutestamentlicher Christologie im Lukasevangelium (BBB 113), Bodenheim 1997.

---, Die Geburt Jesu aus dem Geist der Wissenschaft, Orientierung 61 (1997) 192-196.

---, Der Jünger, den Jesus liebte. Literarische, theologische und historische Untersuchungen zu einer Schlüsselgestalt johanneischer Theologie und Geschichte. Mit einem Exkurs über die Brotrede in Joh 6 (SBB 16), Stuttgart 1988.

G. Labroisse, Interpretation als Entwurf, in: W. Frier/G. Labroisse (Hg.), Grundfragen der Textwissenschaft, Amsterdam 1979, 311-323.

O. Marquard, Kunst als Antifiktion - Versuch über den Weg der Wirklichkeit ins Fiktive, in: D. Henrich/W. Iser (Hg.), Funktionen des Fiktiven, (Poetik und Hermeneutik 10), München 1983, 35-54.

P. R. Noble, The canonical approach: a critical reconstruction of the hermeneutics of Brevard S. Childs, Leiden 1995.

Päpstliche Bibelkommission, Die Interpretation der Bibel in der Kirche. Ansprache seiner Heiligkeit Johannes Paul II. und Dokument der Päpstlichen Bibelkommission, 23. April 1993 (Verlautbarungen des Apostolischen Stuhls 115), hrsg. vom Sekretariat der Deutschen Bischofskonferenz, Bonn 1993.

K. Rahner, Hörer des Wortes. Zur Grundlegung einer Religionsphilosophie, München 1941 (neu bearb. v. J. B. Metz, München, 1963).

W. Richter, Exegese als Literaturwissenschaft. Entwurf einer alttestamentlichen Literaturtheorie und Methodologie, Göttingen 1971.

F. Rohrhirsch, Wissenschaftstheorie und Qumran. Die Geltungsbegründungen von Aussagen in der Biblischen Archäologie am Beispiel von Chirbet Qumran und En Feschcha (NTOA 32), Göttingen 1996.

S. J. Schmidt, „Bekämpfen Sie das hässliche Laster der Interpretation! Bekämpfen Sie das noch hässlichere Laster der richtigen Interpretation!" (Hans Magnus Enzensberger), in: W. Frier/G. Labroisse (Hg.), Grundfragen der Textwissenschaft, Amsterdam 1979, 279-309.

J. Schröter, Zum gegenwärtigen Stand der Wissenschaft: Methodologische Aspekte und theologische Perspektiven, NTS 46 (2000) 262-283.

A. Schweitzer, Geschichte der Leben-Jesu-Forschung, Tübingen 1913 (=2., neubearb. und verm. Aufl. des Werkes „Von Reimarus zu Wrede", Tübingen 1911); in 9. Aufl. (= Nachdruck der 7. Aufl.) Tübingen 1984.

A. Schweizer, Das Evangelium Johannes nach seinem innern Werthe und seiner Bedeutung für das Leben Jesu kritisch untersucht, Leipzig 1841.

T. Söding, Zugang zur Heiligen Schrift. Der Ort der historisch-kritischen Exegese im Leben der Kirche, GuL 66 (1993) 47-70.

---, Historische Kritik und theologische Interpretation. Erwägungen zur Aufgabe und zur theologischen Kompetenz historisch-kritischer Exegese, ThGl 82 (1992) 199-23.

B. Steinhauf, Identität im Werden. Kirchengeschichtsschreibung angesichts der Transformationsprozesse von Theologie und Kirche, in: R. Bucher (Hg.), Theologie in den Kontrasten der Zukunft. Perspektiven des theologischen Diskurses (Theologie im kulturellen Dialog 8), Graz 2001, 153-179.

K. Stierle, Geschichte als Exemplum - Exemplum als Geschichte. Zur Pragmatik und Poetik narrativer Texte, in: R. Koselleck/W. D. Stempel (Hg.), Geschichte - Ereignis und Erzählung (Poetik und Hermeneutik 5), München 1973, 347-375.

M. Titzmann, Strukturale Textanalyse. Theorie und Praxis der Interpretation, München 1977.

R. Warning (Hg.), Rezeptionsästhetik: Theorie und Praxis, München 1975.

F. Weber, Für oder gegen die Armen? Zur Entstehungs- und Wirkungsgeschichte einer notwendigen Grundentscheidung der Kirche, in: R. Bucher/O. Fuchs/J. Kügler (Hg.), In Würde leben. Interdisziplinäre Studien zu Ehren von E. L. Grasmück (ThGG 5), Luzern 1998, 188-208.

H. White, Auch Klio dichtet oder Die Fiktion des Faktischen. Studien zur Tropologie des historischen Diskurses, Einl. v. R. Koselleck, Stuttgart 1986.

T. Zahn, Geschichte des Neutestamentlichen Kanons, 2 Bde., Erlangen/Leipzig 1888-1892 (Nachdr. Hildesheim 1975).

Handlungsorientierte Perspektive

Rainer Bucher

In weiter Ferne, so nah.
Zum Philosophiebedarf der Praktischen Theologie

> „Das Denken ist immer unterwegs, sich selbst zu überraschen.
> Es macht sich aus purem Überdruss an den eigenen Gegebenheiten auf den Weg.
> Nur wo es auf Überraschungen außerhalb seiner selbst stößt, von hinten überrumpelt
> wird, versucht es wie unter Schock das alte zu bleiben."
> *Botho Strauß*

> „Das Verschwinden aller Sicherheiten durch den global entgrenzten Wettbewerb trifft
> die Mitte in seiner ganzen Härte. Der existentielle Riss geht quer durch die
> Gesellschaft. Alle sind gleichnah am Abgrund. Wir schreiben das Ende aller
> geschützten Bereiche."
> *John von Düffel*

1. Das versteckte Offenbare:
Zur inneren Beziehung von Praktischer Theologie und Philosophie

Wissenschaftliche Disziplinen entstehen durch Differenzierung und damit Ausschluss. Die Basisdifferenzierung der Praktischen Theologie[1] ist definitions- und namensgemäß jene zwischen Theorie und Praxis. Praktische Theologie nennt sich mithin nach dem Gegenteil dessen, was Philosophie offenkundig ist: Theorie. Was also könnte weiter voneinander entfernt sein als diese theologische Disziplin und

---

[1] Ich verwende den Begriff „Praktische Theologie" streng koextensiv mit dem Begriff „Pastoraltheologie", insofern ich unter letzterer in Anschluss an GS 1 (Fußnote) jenes theologisch-wissenschaftliche Handeln verstehe, das „gestützt auf die Prinzipien der Lehre, das Verhältnis der Kirche zur Welt und zu den Menschen von heute darzustellen beabsichtigt". Dass sowohl die konzeptionelle Verhältnisbestimmung von „Praktischer Theologie" und „Pastoraltheologie" wie ihre wissenschaftspraktische Verhältnisrealität im Laufe der Geschichte des Faches Pastoraltheologie höchst wechselhaft waren und bis heute sind, ist davon unberührt. Noch das neue „Handbuch Praktische Theologie" zitiert den konziliaren Pastoralbegriff, um sich dann doch für „Praktische Theologie" zu entscheiden, „weil im kirchlich-theologischen Kontext der Begriff ,pastoral' nach wie vor überwiegend als Anwendungsorientierung für pastorale Berufe assoziiert wird und folglich der Bezug der Disziplin auf die Praxis der Menschen in der Selbstbezeichnung ,Praktische Theologie' deutlicher angezeigt" (H. Haslinger u.a., Ouvertüre: Zu Selbstverständnis und Konzept dieser Praktischen Theologie, in: Ders. (Hrsg.), Handbuch Praktische Theologie, Bd. I: Grundlegungen, Mainz 1999, 19-36, 25.) sei. Vgl. ansonsten: W. Fürst, Die Geschichte der ,Praktischen Theologie' und der kulturelle Wandlungsprozeß in Deutschland vor dem II. Vatikanum, in: H. Wolf (Hrsg.), Die katholisch-theologischen Disziplinen in Deutschland 1870-1962. Ihre Geschichte, ihr Zeitbezug, Paderborn 1999, 263-289.

jene altehrwürdige Übung des Denkens des Selbstverständlichen als das gerade Nicht-Selbstverständliche?[2]

Versteht man Praktische Theologie als die Wissenschaft von den praktischen Dimensionen der christlichen Rede von Gott, mithin als die Theorie der nicht-diskursiven Dimensionen eines Diskurses[3], dann erscheint die philosophische Dimension dieses Diskurses material aus der Praktischen Theologie definitiv ausgegrenzt. Die Praxis der Praktischen Theologie selbst kann diese Vermutung nur bestätigen: Sie beschäftigt sich klassischerweise mit Themen wie „Verkündigung" und „Einzelseelsorge" oder, seit dem Konzil, mit der „diakonischen Dimension kirchlichen Handelns" und seit einiger Zeit auch, kriseninduziert, intensiv mit spezifischen Sozialformen von Kirche und ihrer Bestandsgefährdung, etwa der „Gemeinde". All das sind konkrete Handlungsaufgaben und Handlungsorte des ursprünglich priesterlichen „Pastors", nun aber, so zumindest die konziliare Theorie, des ganzen Volkes Gottes.[4]

Philosophische Probleme erscheinen damit nicht gerade prioritär auf der Themenliste der Praktischen Theologie. Das gilt auch dann, wenn man diesen Begriff rein disziplinkonventionell begreift und jene Fächer mit einbezieht, die sich seit der Geburt der Pastoraltheologie aus dem Geist der katholischen Aufklärung Ende des 18. Jahrhunderts[5] aus ihr ausdifferenziert haben, so etwa die Religionspädagogik, die Liturgie- oder die Caritaswissenschaft. Sie alle behandeln konkrete Handlungsprobleme kirchlicher Praxis.

Die sind nun allerdings wirklich drängend genug: Die Konstitutionsprobleme von Kirche in westlichen Gesellschaften eskalieren[6], was der Praktischen Theolo-

---

[2] „Einleitung in Philosophie ist Anfangen eines radikal grundsätzlichen Erkennen-Wollens mit der Konsequenz, letztlich als Anfänger dazustehen." (A. J. Bucher, Ist Einleitung in die Philosophie möglich?, in: Theologie und Philosophie 53 (1978) 397-406, 406.)

[3] Vgl. dazu: R. Bucher, Die Theologie im Volk Gottes. Die Pastoral theologischen Handelns in postmodernen Zeiten, in: Ders. (Hrsg.), Theologie in den Kontrasten der Zukunft. Perspektiven des theologischen Diskurses, Graz 2001, 13-39, 36-39.

[4] Vgl. dazu: S. Knobloch, Kirche als Volk Gottes Sakrament in der Welt, in: H. Haslinger (Hrsg.), Handbuch Praktische Theologie, Bd. I: Grundlegungen, Mainz 1999, 157-166; E. Klinger, Das Volk Gottes auf dem II. Vatikanum. Die Revolution in der Kirche, in: Jahrbuch für Biblische Theologie 7 (1992) 305-319.

[5] Zum Beginn der Pastoraltheologie als Universitätsdisziplin siehe: F. Klostermann/J. Müller (Hrsg.), Pastoraltheologie. Ein entscheidender Teil der josephinischen Studienreform 1777-1977, Freiburg/Br.-Basel-Wien 1979; zur Geschichte des Faches vgl. die Quellensammlung: A. Zottl/W. Schneider (Hrsg.), Wege der Pastoraltheologie, Texte einer Bewußtwerdung, 3 Bde., Eichstätt 1986-88; H. Schuster, Die Geschichte der Pastoraltheologie, in: F.-X. Arnold u.a. (Hrsg.), Handbuch der Pastoraltheologie, Bd. I, Freiburg/Br. 1964, 40-92, sowie jetzt: N. Mette, Praktische Theologie in der katholischen Theologie, in: Ch. Grethlein/M. Meyer-Blanck (Hrsg.), Geschichte der Praktischen Theologie, Leipzig 1999, 531-563 (Lit.).

[6] Siehe dazu: M. Klöcker, Katholisch - von der Wiege bis zur Bahre. Eine Lebensmacht im Zerfall?, München 1991; K. Gabriel, Christentum zwischen Tradition und Postmoderne, Freiburg/Br.-Basel-Wien 1992; M. N. Ebertz, Erosion der Gnadenanstalt. Zum Wandel der Sozialgestalt von Kirche,

gie viel Arbeit, aber auch innerkirchliche Relevanz zuspielt. Diese Problemeskalation, die sich vor allem auch als Desintegration kirchlicher Sozialformen zeigt[7], bringt nun sogar schon einzelne katholische Philosophen dazu, sich und ihr Fach zu ermahnen, doch um der gefährdeten Einheit der Kirche willen den verstärkten Schulterschluss mit dem Lehramt zu suchen.[8]

Spätestens aber, wenn derart (katholische) Philosophie beginnt, pastoraltheologisch motiviert über ihre eigene Funktion im diskursiven und nicht-diskursiven Handlungsgefüge der Kirche zu reflektieren, sollte umgekehrt die Praktische Theologie über ihre implizite und explizite Philosophiehaltigkeit neu nachdenken. Allein schon die Tatsache, dass auch die Praktische Theologie, wie jede Wissenschaft, selbst ein Theoriegeschehen darstellt, verweist sie auf die Philosophie als immer noch unbestrittene „Spezialistin für die Theorie der Theorie".

Dabei ist zu beachten, dass Praktische Theologie im Unterschied zu anderen theologischen Disziplinen sich nicht wieder auf Texte, sondern auf Handlungen bezieht. Dieser auf den ersten Blick eher von Theorie distanzierende Umstand etabliert nun aber einen für die Praktische Theologie eigentümlichen Kategoriensprung von Theorie zur Praxis, der ausgerechnet und gerade praktisch-theologische Wissenschaft zu einer methodologisch schwierigen, also philosophischer Reflexion bedürftigen Unternehmung macht.

Damit aber zeigt sich sehr schnell: Praktische Theologie scheint nur unter den Disziplinen der Theologie das von der Philosophie am weitesten entfernte Fach zu sein. Denn gerade die unbezweifelbare Distanz in Formal- und Materialobjekt zur Philosophie[9], jener einstigen Magd der Theologie und gegenwärtigen Konkur-

---

Frankfurt/M. 1998.

[7] Siehe hierzu: R. Bucher, Desintegrationstendenzen der Kirche? Pastoraltheologische Überlegungen, (erscheint) in: A. Franz (Hrsg.), Was ist heute noch „katholisch"? Zum Streit um die innere Einheit und Vielfalt der Kirche, Freiburg/Br.-Basel-Wien (QD) 2001.

[8] So etwa: C. Sedmak, Rom, Athen, Oxford. Katholisches Lehramt und Philosophie, in: Bulletin ET 10 (1999) 139-148; Ders., „How many ‚idiots' [...]"? The Idea of the Catholic Magisterium and its Relation to Philosophy, in: Bulletin ET 11(2000) 132-151. Kritisch aus pastoraltheologischer Sicht hierzu: R. Bucher, Was passieren kann, wenn ein katholischer Philosoph plötzlich das kirchliche Wesen seines Faches entdeckt, in: Bulletin ET 12 (2001) 133-140.

[9] Zu der nicht selten auch eine Differenz der Mentalitäten kommt: H. Haslinger beklagt sicher nicht zu Unrecht einen gewissen „antitheoretischen Affekt" innerhalb der Praktischen Theologie und spricht vom „bis in die akademisch betriebene Praktische Theologie hineinreichenden Verdikt, daß [...] wissenschaftstheoretische Wolkenschiebereien zwar das Vergnügen einiger weniger privilegierter VertreterInnen der Zunft sein mögen, ansonsten aber kaum interessant seien." (H. Haslinger, Die wissenschaftstheoretische Frage nach der Praxis, in: Ders. (Hrsg.), Handbuch Praktische Theologie, I: Grundlegungen, 102-121, 103.) – Doch auch eine andere, ermutigendere Beobachtung war in Eichstätt zu machen: Durchgängig alle Theologen (eine Theologin hat leider nicht referiert) nahmen, so unterschiedlich ansonsten ihre Ansätze auch gewesen sein mögen, implizit, zum Teil auch explizit (vgl. etwa den Beitrag von J. Kügler) auf den kirchlichen Diskursraum als (bisweilen problematische, nie aber zu übergehende, jedenfalls konstitutive) Basis ihres wissenschaftlichen Handelns Bezug. Die Philosophen jedoch – R. Fornet-Betancourts engagierte Interventionen ausgenommen – schien die

rentin um Existenzerhellung und Handlungsorientierung[10], weckt den Verdacht umso tieferer Einschreibungen philosophierelevanter Probleme. Gerade dieses offenbare Verstecktsein philosophischer Implikationen praktisch-theologischer Wissenschaft lässt nach Orten suchen, an denen die Praktische Theologie der Philosophie mehr, als sie in ihrem alltäglichen Geschäft weiß, nahe ist. Denn das disziplinpraktisch Ausgeschlossene ist immer auch das in den wissenschaftlichen Betriebssystemen Versteckte – und daher ungemein wirksame.

Die kritische Suche nach dem in der Praktischen Theologie „offenbar versteckten" Philosophischen wird denn auch schnell fündig. Dann nämlich zeigt sich: Die Philosophie liegt der Praktischen Theologie vor *Augen*, in ihrer *Hand* und im *Rücken*. Wobei, wie die Metapher nahe legt, auch Zwischenpositionen und fließende Übergänge möglich sind. Philosophie ist der Praktischen Theologie somit in mindestens dreifacher und dabei völlig unvermeidbarer Weise eingezeichnet: Zum einen liegen philosophische Probleme einem Fach, das mit der Theorie-Praxis-Differenz umzugehen hat, unübersehbar vor Augen. Die Notwendigkeit, eine Theorie über kirchliche Gegenwarts- und Zukunftspraxis zu entwickeln[11], zwingt die Praktische Theologie vor ein bekanntlich überaus komplexes klassisch philosophisches Problem: jenes des Verhältnisses zwischen Theorie und Praxis.[12] Die Praktische Theologie ist hier *material* ganz unmittelbar mit Problemen konfrontiert, die üblicherweise in den Zuständigkeitsbereich der Philosophie fallen.

---

institutionelle Kontextualität ihres Tuns merkwürdig wenig zu interessieren. Sollte der Philosophie, zumindest jener, die in Eichstätt vertreten war, eine (praktische) Disziplin fehlen, die auf die Bedingungen der eigenen wissenschaftlich-philosophischen Praxis reflektiert? Für beide Beobachtungen gilt offenbar: Wissenschaftliche Fächer schreiben sich ihren personellen Trägern (und wenigen Trägerinnen) tiefgreifend ein, denn das Subjekt ist eben tatsächlich beides: Souverän und Untertan, „Subjekt" und „sujet".

[10] Neuerdings haben denn auch Bücher im Grenzbereich von philosophischer Analyse und konkreter Lebenshilfe enormen Erfolg. So etwa: W. Schmid, Schönes Leben? Einführung in die Lebenskunst, Frankfurt/M. 2000.

[11] Die Pastoraltheologie ist Wissenschaft „an der Schwelle zur Zukunft". Sie ist nicht rekonstruktiv, sondern - in polarer Spannung - analytisch und perspektivisch. K. Rahner definiert sie denn auch als „jene theologische Disziplin, die sich mit dem tatsächlichen und seinsollenden, je hier und jetzt sich ereignenden Selbstvollzug der Kirche beschäftigt mittels der theologischen Erhellung der jeweils gegebenen Situation, in der die Kirche sich selbst in allen ihren Dimensionen vollziehen muß" (Die praktische Theologie im Ganzen der theologischen Disziplinen, in: Schriften zur Theologie VIII, Einsiedeln-Zürich-Köln 1967, 133-149, 134).

[12] Welches Problem denn auch in der Praktischen Theologie seit den 70er Jahren verstärkt verhandelt wurde. Vgl. dazu: M. Wichmann, Das Verhältnis von Theorie und Praxis als wissenschaftstheoretische Grundfrage Praktischer Theologie, Freiburg/Br. 1999 [Theol. Fak. Diss.]; sowie aus der älteren Literatur: N. Mette, Theorie der Praxis. Wissenschaftsgeschichtliche und methodologische Untersuchungen zur Theorie-Praxis-Problematik innerhalb der Praktischen Theologie, Düsseldorf 1978; K. Lehmann, Das Theorie-Praxis-Problem und die Begründung der Praktischen Theologie, in: F. Klostermann/R. Zerfaß (Hrsg.), Praktische Theologie heute, München/Mainz 1974, 81-102; A. Exeler/N. Mette, Das Theorie-Praxis-Problem in der Praktischen Theologie des 18. und 19. Jahrhunderts, in: F. Klostermann/R. Zerfaß (Hrsg.), Praktische Theologie heute, 65-80.

Das gilt nun aber nicht nur für das Theorie-Praxis-Verhältnis und damit für das Verhältnis von Begriff und Handlung[13], sondern etwa auch für die Probleme von Geschichtlichkeit und Geltung[14] oder (sozialphilosophisch) von Person und Institution[15]. Wenn diese und verwandte Thematiken auch arbeitsteilig in theologischen Nachbardisziplinen verhandelt werden mögen, ohne impliziten und am besten natürlich explizit reflektierten Import entsprechender Lösungsansätze im Umgang mit diesen Problemen wird keine Praktische Theologie auskommen.

Philosophie ist der Praktischen Theologie in all diesen ihren Agenden ein mit ihrem Gegenstand notwendig gegebenes *Thema*. Denn all diese Themen lassen sich unmittelbar aus dem Begriff der Praktischen Theologie analytisch ableiten, sie sind damit für das Fach einschlägig. Das gilt ganz offenkundig für das Praxis-Theorie-Problem, es gibt der Disziplin schließlich gar den Namen. Das Problem von „Geschichtlichkeit und Geltung" aber resultiert für die Praktische Theologie aus der Inanspruchnahme des Theologiebegriffs, was ihr die Pflicht auferlegt, sich nicht als irgendetwas für die Kirche Nützliches, sondern als Teil des theologischen Projekts der sprachlichen Repräsentanz des Gottes Jesu zu verstehen, und sie damit in die Spannung von Normativität und Empirie stellt. Die Problematik von „Person und Institution" wiederum folgt unmittelbar aus dem Praxisbegriff,

---

[13] Vgl. hierzu grundlegend die Habilitationsschrift von H.-J. Sander, Glauben im Zeichen der Zeit. Die Semiotik von Peirce und die pastorale Konstituierung der Theologie (Theol. Fak. Würzburg 1996). Ich danke H.-J. Sander für die Einsicht in das Manuskript.

[14] Wenn das II. Vatikanische Konzil in seiner Pastoralkonstitution davon spricht, dass die Kirche davon bestimmt sei, „unter Führung des Geistes, des Trösters, das Werk Christi selbst weiterzuführen, der in die Welt kam, um der Wahrheit Zeugnis zu geben; zu retten, nicht zu richten; zu dienen, nicht sich bedienen zu lassen" (*Gaudium et spes 3*, LThK.E. III, 293), dann kommt mit dieser inkarnatorischen Sicht das Phänomen der Geschichtlichkeit in Konstitutions-Spiel von Kirche, ist die Geschichte der Menschheit als genuiner Konstitutionsort der Kirche identifiziert. Kirche existiert nicht im Himmel, sondern auf Erden, in der Geschichte von Mensch und Welt. Kirche zeigt die Gegenwart des Werkes Christi in der Geschichte - oder sie ist eben nicht gegenwärtig. Die Weise, in der Kirche diese Gegenwart zeigt, ist aber ihr Wirken, also ihr Handeln. Daher ist Pastoraltheologie wirkliche Theologie: Denn in ihr geht es um die Theorie der Fortführung des Wirkens Christi im Handeln des Volkes Gottes heute. Man kann dem Gott Jesu nicht nur dadurch sprachliche Repräsentanz verleihen, dass man sich auf die Urkunden der Offenbarung, sondern auch dadurch, dass man sich auf die Fortführung seines Werkes heute bezieht. Dann kommt aber nicht nur die Geschichtlichkeit, sondern auch die Perspektivität der Zukunft ins Spiel.

[15] Der latente Institutionalismus scheint die logische Grundversuchung einer Wissenschaft, der es, wie der Praktischen Theologie, unter den institutionsverdichteten Bedingungen der entwickelten Moderne um die Erfahrungen und das Handeln von Kirche geht. Der grundsätzlich jeden Institutionalismus sprengende Volk-Gottes-Begriff des II. Vatikanums ist für die Praktische Theologie daher unverzichtbar und befreit sie aus der latenten Gefahr, reine Funktionswissenschaft zu sein. Denn der Volk-Gottes-Begriff stellt diesem Volk in Deutschland tatsächlich jene Frage: „Was tut Gott derzeit in Deutschland?" Und, so Rolf Zerfaß' schöne Fortsetzung seiner treffenden Frage: „auch die Unschuldslämmer in unseren Reihen werden schwerlich sagen: Gott ist derzeit voll davon in Anspruch genommen, die Kooperative Pastoral bei uns zu installieren." („Gemeindeerneuerung" oder „Gemeindeentwicklung". Das Volk Gottes lernt, sich helfen zu lassen, in: H. Keul/H.-J. Sander (Hrsg.), Das Volk Gottes. Ein Ort der Befreiung (FS Klinger), Würzburg 1998, 259-268, 259)

der Träger der Praxis impliziert und also auch das Problem des Verhältnisses dieser Träger kirchlicher Praxis zur Institutionalität der Kirche einschließt.

Freilich liegen die philosophieträchtigen Themen der Praktischen Theologie nicht nur vor Augen, sondern auch in den Händen. Praktische Theologie arbeitet explizit mit spezifischen philosophischen Konzepten, in ihr findet sich selbst eine wissenschaftstheoretische Metareflexion über ihr eigenes Tun: Der ganze erste Band des neuen zweibändigen „Handbuchs Praktische Theologie" ist etwa den „Grundlegungen" gewidmet, von denen freilich die wenigsten explizit philosophienahe arbeiten. Allerdings mit einer signifikanten Ausnahme: dem Bezug auf das Konzept der Praktischen Theologie als „Handlungswissenschaft".

Philosophie fungiert in der Praktischen Theologie hier als ein mit ihrer eigenen diskursiven Praxis als wissenschaftliche Theorie gegebenes *Konzeptualisierungsangebot*. Spätestens als sich die Praktische Theologie Anfang der 70er Jahre bewusst wurde: „Alles hängt davon ab, ob ihr gelingt, über bloße Intuition hinauszugelangen", und ihr auch klar wurde, dass der „Wissenschaftscharakter der Praktischen Theologie [...] sich beim Methodenproblem [entscheidet]"[16], so R. Zerfass' klassische Formulierungen, als sie sich also vom Status einer reinen „Berufswissenschaft des Pastors" verabschiedete, wurde sich die Praktische Theologie ihres wissenschaftstheoretischen Konzeptbedarfs bewusst.[17]

Nun ist aber jede (Einzel-)Wissenschaft nur bedingt zur Selbstaufklärung über ihre Basisprinzipien fähig und willens, und diese Selbstaufklärung ist auch gar nicht von ihr gefordert: „Nulla scientia probat sua principia. Das ‚non probat' markiert die Grenze einzelwissenschaftlichen Erkennen-Wollens."[18] Aber natürlich arbeitet auch die Praktische Theologie, wie jede Wissenschaft, mit methodischen und inhaltlichen Basisannahmen, funktioniert auch sie in einem spezifischen gesellschaftlichen, begrifflichen und kulturellen Rahmen: Ihre durchaus legitimen „Grenzen des Erkennen-Wollens" bedeuten nicht, dass hinter dieser Grenze nicht für sie spannende Erkenntnisse warten. Damit aber ist sie auf die Philosophie angewiesen: „Die iterierende Bemühung, diese Grenze zurückzuschieben – dem voluntativen Moment nach unendlich, dem cognitiven Moment nach immer nur vorläufig – ist das Ziel der Philosophie als Prinzipienforschung."[19]

Insofern die Philosophie einen permanenten (Selbst-)Aufklärungsversuch und also einen Blick „in den eigenen Rücken" und damit über die Grenze der eigenen

---

[16] R. Zerfaß, Praktische Theologie als Handlungswissenschaft, in: Ders./F. Klostermann (Hrsg.), Praktische Theologie heute, 164-177, 165f.
[17] Epoche machte dabei das von Zerfaß/Klostermann anlässlich des 200. Jahrestags von Rautenstrauchs Konzeptschrift 1974 herausgegebene Buch „Praktische Theologie heute". Das 1999/2000 erschienene „Handbuch Praktische Theologie" stellt sich ausdrücklich in diese Tradition: vgl. das Vorwort, Bd. I, 17.
[18] A. J. Bucher, Ist Einleitung in Philosophie möglich?, 404.
[19] Ebd.

originären Erkenntnisinteressen hinaus bereit stellt, ist sie der Praktischen Theologie eine mit ihrer eigenen diskursiven Praxis (die ja selbst Teil dieses ihres Gegenstandes sein kann) gleichermaßen gegebene *Selbstaufklärungs-Ressource.*

2. Das offenbar Versteckte:
Zur Geschichte der Theorieorientierung von Praktischer Theologie

Ob die Praktische Theologie nun aber tatsächlich die philosophischen Implikationen ihrer Themen erörterte, gar zeitgenössische Philosophie als Konzeptionsangebot aufnahm, war weitgehend von den wissenssoziologischen Bedingungen abhängig, unter denen kirchliche und damit auch theologische Praxis seit Beginn des Faches Ende des 18. Jahrhunderts stattfand. Welche Reflexionslizenz sich die Praktische Theologie selbst erteilte, wie sehr sie ihren Namen als Ausschluss des Theoretischen (miss-)verstand, hing in ihrer Geschichte wesentlich davon ab, in welcher kirchlichen Situation sie betrieben wurde.

Als „Pastoraltheologie" und ausdrückliche Professionswissenschaft des priesterlichen Pastors im gesellschaftlichen Differenzierungsprozess der beginnenden Moderne[20] gegründet, zu Zeiten, als die traditionale und also selbstverständliche Integration von kirchlicher Tradition, Person und konkretem situativen Handeln sich aufzulösen begann, war sie seit ihren Anfängen ein Phänomen der Aufklärung, mithin ein Projekt, näherhin ein (theoretisches) Praxis-Projekt. Das Fach entstand, als die soziale Codierung der Trias Tradition, Person und Situation verblasste, und organisierte sich als deren intellektuelles Nachfolgeinstitut. Mit der Geburt der „Pastoraltheologie" aus dem Geist der katholischen Aufklärung wird die kirchliche Praxis endgültig reflexiv, also modern. Und das heißt dann: Sie wird traditionaler Selbstverständlichkeit entzogen, diskutabel und Thema einer Wissenschaft.

Signifikanterweise markiert gerade die Umbenennung des Faches in „Praktische Theologie" durch den Tübinger Anton Graf (1811-1867)[21] einen ersten Höhepunkt an theoretischer, übrigens auch philosophischer Konzeptualisierung des Faches. Denn Graf erörtert das theologische Problem des Praktischen. Er tut dies, indem er Kirche generell als Handlungsgeschehen begreift, das in seiner Orientierung an der Reich-Gottes-Botschaft seine normative Basis habe. Dieses Hand-

---

[20] Die Arbeiten von V. Drehsen, Neuzeitliche Konstitutionsbedingungen der praktischen Theologie, 2 Bde., Gütersloh 1988, auf evangelischer und von W. Fürst, Praktisch-theologische Urteilskraft, Zürich-Einsiedeln-Köln 1986, auf katholischer Seite haben diese Zusammenhänge überzeugend rekonstruiert.

[21] Vgl.: A. Graf, Kritische Darstellung des gegenwärtigen Zustandes der praktischen Theologie, Tübingen 1841.

lungsgeschehen könne nicht isoliert von anderen gesellschaftlichen (also historischen) Handlungsvollzügen betrachtet werden, womit Graf der Praktischen Theologie 1841 nicht nur eine explizit ekklesiologische Basis verlieh, sondern auch das
Problem von Geschichtlichkeit und Geltung im Sinne der Tübinger Schule explizit in die Praktische Theologie einführte.[22]

Der Sieg des Ultramontanismus in der Mitte des 19. Jahrhunderts reinstalliert
nun aber, wenn auch auf reduzierter konfessioneller Basis, jene soziale Codierung
kirchlichen Handelns, die weitergehende Reflexion tendenziell eliminiert, weil sie
diese, sicherlich nicht zu Unrecht, der Kritik von Selbstverständlichkeiten ver-
dächtigt. Das nunmehr etablierte „Dispositiv der Dauer"[23] während der Pianischen
Epoche von ca. 1850 bis 1960 lebte von der Fiktion, zwischen Person, Situation
und Tradition (noch einmal) ein selbstverständliches, weil „natürliches" und damit
unveränderliches Korrelationsdreieck aufbauen zu können. Allerdings: Das „Dispositiv der Dauer" war bereits, im Unterschied zu vormodernen, christentümli-
chen Zeiten, ein Kind der Moderne, also ein Projekt.

In diesem Kontext kann sich Praktische Theologie, jetzt übrigens wieder zur
„Pastoraltheologie" zurückbenannt, nur als strikte Praxisanleitung verstehen, der
grundsätzlichere philosophische Problematisierungen ebenso unnötig wie uner-
wünscht sind. Es ist sicher nicht zufällig, dass in diesem Zeitraum auch die Enzyklika „Aeterni Patris" Leos XIII. (1879) mit ihrer theologieintern ungemein wir-
kungsmächtigen Empfehlung der thomistischen Philosophie erscheint. Die damit
vollzogene kirchenamtliche Abkehr von der zeitgenössischen Philosophie, welche
man sich angewöhnt hatte, als „Subjektivismus" und „Relativismus" zu etikettie-
ren und auf den „Phänomenalismus" Kants zurückzuführen, geschah - nach einer
Äußerung J. Maritains - in der Annahme, dass „das Problem der christlichen Philosophie und dasjenige einer christlichen Politik nur die spekulative und praktische Seite ein und desselben Problems bilden"[24], war also im weitesten Sinne pastoraltheologisch motiviert.[25]

---

[22] Vgl. dazu: E. Klinger, Offenbarung im Horizont der Heilsgeschichte, Zürich-Einsiedeln-Köln 1969.

[23] Vgl. dazu: R. Bucher, Kirchenbildung in der Moderne, Stuttgart 1998, 39-78.

[24] J. Maritain, De Bergson à Thomas d'Aquin, Paris 1947, 134f.

[25] Zu den Spitzenzeiten liberaler Kirchen- und Theologiekritik empfahl Leo XIII. bekanntlich in dieser Enzyklika den überaus rationalen Theologen Thomas v. Aquin als Rettung vor dem Auseinan-
derbrechen der Einheit von Glaube und Vernunft in der Gegenwart. Dies war nur konsequent, insofern Thomas tatsächlich als der bislang wohl unübertroffene Architekt eines Vernunft und Glauben inte-
grierenden Theoriegebäudes gelten kann. Konkret ging es dem Papst primär um die Überwindung des historischen Relativismus, dies aber - und hierin dem 19. Jahrhundert durchaus nahe - mit Rückgriff auf einen historischen Autor, ein echter Fortschritt gegenüber einer rein soziologischen Lösung dieses Problems im Aufbau eines immunisierten katholischen Milieus, insofern hier das Problem nicht durch Ausblendung negiert, sondern durch Rückgriff auf eine frühere, erfolgreiche Lösung angegangen wurde. Solch ein Vorgehen ist in Situationen der Aktualisierung einer bislang latenten (internen oder über die „Außenbeziehungen" sich realisierenden) „kognitiven Dissonanz" innerhalb einer Institution nur

Schon Josef Amberger (1816-1889) berief sich nur noch verbal auf Anton Graf, dessen Grundanliegen er aber ansonsten preisgibt. Amberger reduziert die Pastoraltheologie wieder darauf, Darstellung der Tätigkeiten der „pastores" zu sein, was zuletzt schlicht dazu führt, sie als Folgewissenschaft des Kirchenrechts zu verstehen: „Zunächst aus dem Kirchenrechte", so schreibt Amberger, „erwächst die Pastoraltheologie hervor, wie aus den Ästen des Baumes Blätter, Blüten und Früchte."[26] Und bei Michael Benger heißt es dann in seiner 1861-1863 in Regensburg erschienenen „Pastoraltheologie" schlicht und ausdrücklich gegen Graf: „Alle sogenannte wissenschaftliche Construktion der Pastoral, die nicht wesentlich und zuerst Anleitung ist [...,] ist nach unserem Dafürhalten gefährlich und verkehrt"[27].

Die neuscholastische Orientierung an der kirchenamtlich vorgegebenen Praxis der Kirche wird Mitte des 19. Jahrhunderts zur Grundlage der Pastoraltheologie. Damit beginnt eine positivistische Phase des Faches, die von den gegebenen rechtlichen und faktischen Realitäten der Kirche ausgeht und das effektive Handeln in diesen, vor allem rechtlich definierten Gegebenheiten lehrt. Diese an Lehrbüchern sehr produktive, an theoretischer Konzeptionalität ausgesprochen dürftige Phase der Geschichte der Pastoraltheologie betreibt sie als Berufs- und Standeswissenschaft des Priesters.

Was dann kommt ist auf lange Zeit nicht Pastoraltheologie, sondern Pastorallehre - und will auch gar nicht viel mehr sein. Die Pastoraltheologen nach Amberger thematisieren etwa das Verhältnis von Theorie und Praxis, von diskursivem und nicht-diskursivem Handeln der Kirche oder jenes von Geschichtlichkeit und Geltung nicht einmal mehr; das Problem von „Person und Institution" aber wird

---

naheliegend: Eine zwar vollzogene, nicht wirklich aber realisierte und deshalb auch nur selektiv bejahte Entwicklung wird rückwärts bis zu jenem Punkt abgesucht, an dem die plötzlich beunruhigende Problemlage noch nicht existierte, mindestens noch nicht zu existieren schien. Ebenso deutlich aber ist auch: Dieses Vorgehen führt nur sehr vorläufig zur gewünschten Beruhigung des institutionsintern problematisch gewordenen Diskurses. Gerade wenn die aufgesuchte historische Referenzautorität ein hohes (daher stets komplexes und also plural interpretierbares) Problematisierungsniveau besitzt, ergibt sich fast notwendig aus ihrer autoritätsgelenkten Thematisierung das „ungewünschte" Folgeprodukt eines wissenschaftlichen Innovationsschubs statt der (von den wissenslenkenden Autoritäten) erhofften Eliminierung des internen „Störpotentials" eigener Plausibilitäten. Das Aufeinandertreffen komplexer Gegenwartsprobleme mit komplexen historischen Lösungen analoger, aber eben nicht identischer Probleme provoziert auf die Dauer nicht, wie gewünscht, Diskursberuhigung, sondern innovative Problemartikulation auf neuem Niveau. So trug gerade auch die von Leo XIII. initiierte Thomas-Renaissance in ihrer Folgegeschichte über Maréchal und Rahner nicht wenig zur Auflösung des geschlossenen neuscholastischen Plausibilitätsmusters bei. Vgl. R. Schaeffler, Die Wechselbeziehungen zwischen Philosophie und katholischer Theologie, Darmstadt 1980, 187-228; zu „Aeterni patris" selbst: R. Aubert, Die Enzyklika „Aeterni Patris" und die weiteren Stellungnahmen zur christlichen Philosophie, in: E. Coreth/W. Neidl/G. Pfligersdorfer (Hrsg.), Christliche Philosophie im katholischen Denken des 19. und 20. Jahrhunderts, Bd. II, Graz-Wien-Köln 1988, 310-332.

[26] J. Amberger, Pastoraltheologie, Bd. I, Regensburg 1855, 13f.
[27] M. Benger, Pastoraltheologie, Bd. I, Regensburg 1861, 2.

schlicht im Sinne der Vorordnung der Letzteren als gelöst erklärt. Damit wird eigentliche theoretische, also problemorientierte Reflexion unnötig. Pastoraltheologie wird zur Anleitungsdisziplin, deren Zweck es ist, die Seelsorge kasuistisch zu regeln. Es setzte sich eine pastorale Technologie durch, die sich auf praktische Anweisungen, auf die Vermittlung von Techniken beschränkte.

Exakt zu der Zeit also, als sich die gesellschaftliche Entwicklung im Gefolge der bürgerlichen Revolution enorm zu beschleunigen begann, zog sich die Kirche auf ein Reflexionskonzept ihres Handelns zurück, das im Rahmen des „Dispositivs der Dauer" mögliche Probleme ihres Handelns schlicht leugnete. Das gelang durch den Rückzug auf einen mehr oder weniger dicht abgeschotteten Plausibilitätsraum „Katholizismus", der alle jene Probleme, welche die zeitgenössische (nach-kantianische) Philosophie bearbeitete, schlicht nicht kannte: zumindest nicht als Handlungsprobleme der Kirche selber. Statt sich kreativ auseinander zu setzen mit den gesellschaftlichen Entwicklungen und ihren Konsequenzen für die Kirche, verkapselte man sich in einen theoretischen wie pastoralen kirchlichen Reservatraum und baute die damals immerhin noch nicht ganz unplausible Fiktion auf, wenigstens von diesem Reservatraum die Folgen des Modernisierungsprozesses fernhalten zu können.[28]

Diese Situation konnte sich naturgemäß erst ändern, als die Situation der Kirche sich änderte und ein Konzept defensiver Abschottung weder von der pastoralen Realität noch von der Theologie als Wissenschaft mehr durchgehalten werden konnte. Dies war, gerade in Deutschland, in den 60er Jahren des 20. Jahrhunderts der Fall, als das mehr oder weniger geschlossene sozial-moralische Milieu des Katholizismus[29] in Folge der bundesrepublikanischen Modernisierungsprozesse implodierte.

Der Schritt zurück von der „Technologie zur Theologie" und damit zu den theoretischen Grundlagenproblemen des eigenen Faches gelang der Pastoraltheologie breitenwirksam erst ab 1964 mit dem von Karl Rahner initiierten „Handbuch der Pastoraltheologie". Das Rahnersche „Handbuch" wollte diesen Schritt von der „Praxisanleitung" zur „Praxistheorie" sehr bewusst gehen. Die Pastoraltheologie, so das Grundkonzept des „Handbuchs", müsse sich als „Praktische Theologie" und damit als Grundlagenwissenschaft konstituieren, auf welche die Theologie so wenig verzichten könne wie auf die althergebrachten theologischen Disziplinen. Es war mit Karl Rahner somit ein systematischer (und philosophisch gebildeter)

---

[28] Vgl. dazu die auch in diesem Kontext immer noch lesenswerten Ausführungen von F.-X. Kaufmann, Wissenssoziologische Überlegungen zu Renaissance und Niedergang des katholischen Naturrechtsdenkens im 19. und 20. Jahrhundert, in: E. W. Böckenförde/F. Böckle (Hrsg.), Naturrecht in der Kritik, Mainz 1973, 126-164.

[29] Vgl. dazu: K. Gabriel, Christentum zwischen Tradition und Postmoderne, Freiburg/Br.-Basel-Wien 1992; Ders./F.-X. Kaufmann (Hrsg.), Zur Soziologie des Katholizismus, Mainz 1980.

Theologe, der das Fach wie die gesamte Theologie wieder daran erinnerte, dass die Theologie insgesamt praktische Theologie sei, da sie „immer von sich wegweisen" müsse „in eine christliche Tat, die Leben ist und nicht bloß Konsequenz theologischer Theorie"[30]. Kirche ist für Rahner nicht eine Institution theoretischer, sondern praktischer Wahrheit und daher ist auch die Theologie dieser praktischen Wahrheit (letztlich des Evangeliums) verpflichtet.

Rahner greift dabei im Übrigen auf die kantische Unterscheidung von theoretischer und praktischer Vernunft zurück. Kirche und Theologie seien Instanzen - oder besser: sollten dies sein - der Wahrheit der praktischen Vernunft. Rahner sieht das Spezifikum der Praktischen Theologie gegenüber den anderen theologischen Disziplinen darin, dass sie das Verhältnis zwischen Theorie und Praxis, zwischen der theoretischen und praktischen Vernunft als konstitutive theologische Frage explizit stellt und bearbeitet.

Man beachte die feine Dialektik: Ein systematischer Theologe, genauer: *der* systematische Theologe der Epoche, erinnert die (gesamte) Theologie an ihren konstitutiv praktischen Charakter, was der Praktischen Theologie eine gesamttheologische Relevanz zuschreibt, die ihr nicht länger erlaubt, vor ihren eigenen theoretischen und damit immer auch philosophischen Implikationen auszuweichen.

Im historischen Rückblick wird damit deutlich: Gute Zeiten für die Kirche sind, zumindest was die Theoriefreundlichkeit der Praktischen Theologie betrifft, eher schlechte Zeiten für die Pastoraltheologie. Zumindest, wenn man unter „Gute Zeiten" das intern als weitgehend problemlos wahrgenommene Funktionieren der kirchlichen Praxis versteht, mag es, wie im Falle der Pianischen Epoche, mit noch so viel kognitiven wie sozialen Ausschlussprozeduren erkauft sein. Eher schlechte Zeiten für die Kirche aber, versteht man hierunter die Notwendigkeit massiver kognitiver wie sozialer Innovations- und Kreativitätsprozesse aufgrund äußerer Herausforderungen, sind gute Zeiten für die Theoriefreundlichkeit der Praktischen Theologie. Auch das kann nicht weiter verwundern: Wo der Leidensdruck sozial abgeschirmt wird, darf Theorie nicht importiert werden und schon gar keine problemgenerierende, wo aber diese soziale Abschirmung nicht (mehr) funktioniert, wächst das Leiden. Und somit der Problembearbeitungsbedarf durch Theorie.

So verwundert es nicht, wenn die Praktische Theologie ausgerechnet zu Beginn des 19. Jahrhunderts nach der Auflösung der alten feudalen reichskirchlichen Strukturen in den bürgerlichen Revolutionen bzw. der Säkularisation sowie nach dem II. Vatikanischen Konzil auf spezifische philosophische Konzeptionen zur Lösung ihrer thematischen wie konzeptionellen Probleme zurückgreift, vermittelt

---

[30] K. Rahner, Die Zukunft der Theologie, in: Schriften zur Theologie IX, Einsiedeln-Zürich-Köln 1972, 148-157, 156.

meist im Übrigen durch systematische Theologen. So griff Anton Graf als Tübinger, die Geschichtsphilosophie des deutschen Idealismus auf, mit Karl Rahner wurde die neuscholastische Abwehr (nach-)kantianischer Philosophie überwunden, ab den 70er Jahren des 20. Jahrhunderts schließlich, vornehmlich über H. Peukert, aber auch J. B. Metz, setzte die Rezeption der (jüngeren) Frankfurter Schule ein.

In ihrer Disziplingeschichte schwankte die Pastoraltheologie dabei zwischen extremer Theorieverachtung auf der Basis der Fiktion ein für allemal geklärter theoretischer (und binnenkirchlicher) Verhältnisse und der Erkenntnis ihres Status als Grundlagenfach, was nicht nur weitreichende Zuständigkeiten und Einflussnahmen implizierte, sondern auch die Verantwortung für die Reflexion der mit dem eigenen Fach gegebenen theoretischen Probleme.

Diese extreme Variationsbreite des Faches in der Bereitschaft, die eigenen Themen, Konzepte und Denkvoraussetzungen kritisch zu reflektieren, ist selber interpretationswürdig und -bedürftig. Die entsprechende Schwankungsbreite im konzeptionellen Design des Faches dürfte über das hinausgehen, was andere theologische Fächer in ihrer Disziplingeschichte an wechselnder Theoriedichte aufzuweisen haben. Wenn dem so ist, dann dürfte dies mit dem Spezifikum der Praktischen Theologie zu tun haben, dem eigenen Untersuchungsgegenstand, der Kirche, auch selber anzugehören.[31] Dies erhöht automatisch die Rückkopplungsintensität zum Gesamtzustand des kirchlichen Handlungs- und Diskursraums. Immerhin verstand (und versteht) sich die Praktische Theologie häufig explizit als spezifische innertheologische „Beratungswissenschaft" des kirchlichen Leitungsamtes, inklusive der dann irgendwann unvermeidlichen Enttäuschung, wenn diese Beratung weder gewünscht noch gesucht wird.[32]

3. Perspektiven praktisch-theologischen Philosophiebedarfs

3.1 Die Lage: Praktische Theologie als „Handlungstheorie"

Wie zeigt sich die Lage zwischen Praktischer Theologie und Philosophie nun gegenwärtig? Ein Blick in das bereits mehrfach erwähnte jüngst erschienene „Hand-

---

[31] Weswegen es auch möglich ist, die wissenschaftliche Theologie als pastorales Handeln pastoraltheologisch zu analysieren. Vgl. dazu: R. Bucher, Theologische Fakultäten in staatlichen Hochschulen. Thesen zu ihrem Sinn und ihrer Bedeutung als exemplarische Orte der Pastoral, in: G. Kraus (Hrsg.), Theologie in der Universität. Wissenschaft - Kirche - Gesellschaft, Frankfurt/M. u.a. 1998, 183-192.

[32] Vgl. hierzu die Ausführungen von F. Fromm, Aus der Geschichte der Konferenz der deutschsprachigen Pastoraltheologen, in: Pastoraltheologische Informationen 8 (1988) 227-256. Auf den Seiten 227ff. kann man im Übrigen einen schönen Einblick in den (fast) völlig theoriefreien Zustand der deutschen pastoraltheologischen Ausbildung in den frühen 50er Jahren gewinnen.

buch Praktische Theologie" macht sehr schnell deutlich: Als ihre klassischen nicht-theologischen Referenzwissenschaften erachtet die katholische Praktische Theologie gegenwärtig offenkundig ganz überwiegend die Soziologie, die Psychologie und – im „Handbuch" eher am Rande, in anderen Richtungen des Faches stärker - die Organisationswissenschaften.[33] Die Philosophie kommt als unmittelbar konsultationspflichtige Nachbardisziplin nicht vor.[34]

Aber natürlich ist, nach Rahner und in schwierigen kirchlichen Zeiten, die Praktische Theologie methoden- und theoriebewusst genug, um ihren Grundlagenproblemen nicht auszuweichen. Die Bearbeitung ihrer expliziten philosophierelevanten Themen übernimmt sie dabei allerdings gegenwärtig weitgehend von den Sozialwissenschaften, näherhin von einer spezifischen Rezeption der (jüngeren) Frankfurter Schule.

Katholische Praktische Theologie begreift sich aktuell mehrheitlich in Anschluss an die Theorie kommunikativen Handelns von Jürgen Habermas, wesentlich vermittelt (und modifiziert) über Helmut Peukert[35], als humanwissenschaftsintegrierende „Handlungswissenschaft". So stellt denn etwa Herbert Haslinger im erwähnten „Handbuch", sicherlich im Konsens mit der Mehrheit des Faches, fest, dass „hinter den Problembewußtseinsstand, der in der wissenschaftstheoretischen Diskussion der vergangenen dreißig Jahre mit der Konzipierung der Praktischen Theologie als *Handlungstheorie* erreicht worden" sei, „[n]icht mehr zurückgegangen werden" könne.[36] Bereits 1993 hatte Josef Müller notiert, dass es innerhalb der „praktisch-theologischen Diskussion um das Selbstverständnis des eigenen Wissenschaftskonzepts [...] bei aller Unterschiedlichkeit der Positionen einen nahezu einheitlich akzeptierten Konsens" gebe: „Praktische Theologie ist Handlungswissenschaft".[37]

Dies bedeute, so Haslinger, nun aber konkret, dass „Praktische Theologie" die „Reflexion von Praxis unter der normativen Deutungskategorie des kommunikativen Handelns vornimmt." Damit zeigt sich, dass hinter dem Konzept „Hand-

---

[33] Vgl. A. Heller, Art. Organisationsentwicklung, in: LThK³ Bd. 8, Sp. 1117f., sowie das Themenheft 1/2000 „Kirche - ein Unternehmen? Organisationsentwicklung und Praktische Theologie" der Pastoraltheologischen Informationen.

[34] Wie leider auch die technisch-naturwissenschaftlichen Realitäten der Gegenwart, worauf der Grazer Philosoph Reinhold Esterbauer in Eichstätt hinwies. Offenkundig kommt eine handlungstheoretisch grundierte Praktische Theologie (weitgehend) ohne die Auseinandersetzung mit diesem ja nicht ganz unbedeutenden Teil der Gegenwartskultur aus. Auch im Medienkapitel des „Handbuchs" fehlt eine wirkliche Analyse der kulturellen Revolutionen, welche die Neuen Medien bedeuten.

[35] Vgl. etwa: H. Peukert, Was ist eine praktische Wissenschaft? Handlungstheorie als Basistheorie der Humanwissenschaften: Anfragen an die Praktische Theologie, in: O. Fuchs (Hrsg.), Theologie und Handeln. Beiträge zur Fundierung der Praktischen Theologie als Handlungstheorie, Düsseldorf 1984, 64-79.

[36] H. Haslinger, Die wissenschaftstheoretische Frage nach der Praxis, 105.

[37] J. Müller, Pastoraltheologie. Ein Handbuch für Studium und Seelsorge, Graz-Wien-Köln 1993, 74.

lungswissenschaft" weitreichende normative Vorannahmen stecken, die wesentlich von Habermas' „Theorie kommunikativen Handelns" übernommen sind. Praktische Theologie firmiert dann „als Reflexion einer Praxis, die sich nicht als das monologische Behandeln eines Objekts, sondern als ein dialogisch strukturiertes Handeln gleichberechtigter Subjekte zeigt."[38]

Diese Übernahme (sozial-)philosophischer Konzepte geht sehr weit, letztlich bis hin zur Definition des normativen Kerns des Faches selbst: „Die Praktische Theologie findet also ihre normative Orientierung", so Haslinger weiter, „in jener Kernstruktur kommunikativen Handelns, die darin besteht, ,daß die Kommunikationspartner sich gegenseitig durch alle Dimensionen kommunikativen Handelns hindurch als gleichberechtigt akzeptieren und die gegenseitigen Ansprüche als verpflichtend anerkennen.'"[39]

Die philosophische Reflexion, wenn nicht sogar die disziplinbegründende normative Axiomatik, ist mit der Übernahme des Habermas'/Peukertschen Konzepts „Handlungswissenschaft" im Sinne der „Theorie kommunikativen Handelns" damit in der katholischen Praktischen Theologie de facto weitgehend delegiert. Die Attraktivität dieses Theorieangebots dürfte nicht zuletzt darin gelegen haben, sich mit ihm vom als diskriminierend empfundenen Status einer Anwendungswissenschaft der Dogmatik in einen eigenständigen Wissenschaftstypus „Handlungswissenschaft" hinein emanzipieren zu können und an prominenter Stelle Anschluss an die aktuelle (sozial-)philosophische Diskussion gefunden zu haben.[40] In der Bearbeitung der eigenen philosophierelevanten Themen wie in der (Selbst-)Reflexion des eigenen Theoriedesigns fungiert dabei die Philosophie - hier de facto dominant eine spezifische Variante der theologischen Rezeption der jüngeren Frankfurter Schule - als sekundär vermitteltes Problemlösungsreservoir auf konzeptioneller Ebene.

Allerdings brechen gegenwärtig im Fach zunehmend auch kritische Töne gegenüber diesem Anschluss an die „Theorie kommunikativen Handelns" auf, sogar im neuen „Handbuch Praktische Theologie" selbst, das ansonsten diesem Konzept verpflichtet bleibt. Herbert Haslingers „Kritische Anmerkungen zum handlungs-

---

[38] H. Haslinger, Die wissenschaftstheoretische Frage nach der Praxis, 108.

[39] Ebd. (mit Peukert-Zitat). Im Folgenden legt Haslinger dar, dass Praktische Theologie als Handlungswissenschaft auf universale Solidarität, auf das Subjektsein des Menschen, Kritik und Veränderung, Erinnerung an die Opfer von Vernichtung, Erfahrung Gottes als befreiende Wirklichkeit und seiner unbedingten Zuwendung ,um des Menschen willen', auf Orthopraxie, Wahrnehmung der gesamten Lebenswirklichkeit des Menschen, Herrschaftsfreiheit und die Selbstkritik kirchlicher Praxis ziele (109f.). Ein wahrhaft umfassendes Programm.

[40] Vgl. auch: M. Junker-Kerry, Argumentationsethik und christliches Handeln. Eine praktisch-theologische Auseinandersetzung mit Jürgen Habermas, Stuttgart 1998; E. Arens (Hrsg.), Kommunikatives Handeln und christlicher Glaube. Ein theologischer Diskurs mit Jürgen Habermas, Paderborn 1997.

theoretischen Praxisbegriff"[41] zielen vor allem darauf, „daß sich eine praktische Theologie, die von den Erfahrungen der Menschen auszugehen beansprucht, selbst in Schwierigkeiten bringt, wenn sie alleine mit einem handlungstheoretischen Praxisbegriff operiert. Eine Fixierung darauf hindert sie, sich bereits in der Veranschlagung des Praxisbegriffs für ein möglichst breites Spektrum von Wirklichkeiten bzw. Erfahrungen zu disponieren."[42]

Das gegenwärtig dominierende Paradigma, Praktische Theologie als Handlungswissenschaft zu verstehen, gibt auf die impliziten philosophischen Probleme jeder Praktischen Theologie spezifische Antworten.[43] Deren Leistungsfähigkeit wäre im Einzelnen zu prüfen. So müsste etwa gefragt werden, ob die dort dominierende Kategorie des (sich und seiner Kommunikation so merkwürdig gewissen) Subjekts nicht unter jene Kritik fällt, unter die bereits der Gottesbegriff modern gefallen ist, insofern hier noch einmal jene (ortlose) Zentralperspektive eingenommen wird, aus welcher der Gottesbegriff mit dem Tod Gottes im 19. Jahrhundert vertrieben wurde.

Die Erfahrung jedenfalls, dass ausgerechnet der theoretischen Inthronisation des Subjekts im späten 18. und 19. Jahrhundert dann im 20. Jahrhundert seine massenhafte Vernichtung folgte, und die Beobachtung, dass die Konsenslogik der Handlungstheorie merkwürdig quer liegt zur inter- und intrakulturellen Realität eskalierender Fremdheitserfahrungen[44], sowie die Tatsache, dass überhaupt in der Praktischen Theologie merkwürdig euphorisch vom Subjekt gesprochen wird, ohne dessen konstitutive Ohnmachtserfahrungen mitzubedenken[45], dies alles lässt weiter nach Alternativen zum herrschenden Paradigma suchen, Praktische Theologie als „Handlungswissenschaft" im genannten und bekannten Sinne zu verstehen.

Herbert Haslinger hat sicher Recht, wenn er feststellt, dass die Konzeption der Praktischen Theologie als Handlungstheorie sich „als entscheidender Impuls für die Überwindung ihres nachgeordneten Status einer Anwendungswissenschaft bzw. die Fundierung ihrer genuinen Wissenschaftlichkeit, für die kritische Analyse bzw. subjektorientierte Bearbeitung herrschaftsförmiger Praxisstrukturen und für die Ausweitung der praktisch-theologischen Reflexion auf gesellschaftlich-systemische Handlungsbedingungen"[46] erwiesen habe. Mit anderen Worten: Die

---

[41] H. Haslinger, Die wissenschaftstheoretische Frage nach der Praxis, 111-115.
[42] Ebd., 115.
[43] Vgl. dazu etwa auch: E. Arens (Hrsg.), Gottesrede – Glaubenspraxis. Perspektiven theologischer Handlungstheorie, Darmstadt 1994 (Lit.)
[44] Worauf etwa H. Haslinger zu Recht hinweist: Die wissenschaftstheoretische Frage nach der Praxis, 112. Haslingers „Kritische Anmerkungen zum handlungstheoretischen Praxisbegriff" (111-115) sind insgesamt beachtenswert und weiterführend.
[45] Vgl. dazu den Beitrag von Hans-Joachim Sander in diesem Band.
[46] H. Haslinger, Die wissenschaftstheoretische Frage nach der Praxis, 111.

Praktische Theologie hatte auf die wichtigsten ihrer impliziten philosophischen Probleme ein anerkanntes Lösungsangebot bekommen. Aber allein schon die Vielzahl der mit diesem Theorieimport gelösten Probleme muss vorsichtig machen. Denn hier wirkt Philosophie nicht irritierend und kontrastierend, sondern wird zum Instrument, das Eigene im Anderen mit dessen Begriffen zur Sprache zu bringen. Weiterführend aber wäre es, Philosophie als Irritationspotential des Eigenen durch das Andere zu erkennen. Denn nur so kann es zu wirklichen Innovationen des Eigenen durch das Andere kommen, kann andererseits der Anschluss an die kulturelle Signatur einer Gegenwart hergestellt werden, die gerade durch die Erfahrung geprägt ist, dass es in ihr Widersprüche gibt, die sie nicht auflösen, sondern nur aushalten kann: wenn irgend möglich und selten genug unter der Gewaltschwelle.

Gerade Praktische Theologie hätte daher allen Philosophiekonzepten gegenüber vorsichtig zu sein, die ihr das Ausweichen vor der Realität in die Idealität (und sei es in eine universale ideale Kommunikationsgemeinschaft) erlauben oder gar noch als Konzept nahe legen. Es scheint fast, als ob das Erscheinen des „Handbuchs Praktische Theologie" eine Epoche spezifischer Philosophierezeption innerhalb der katholischen Praktischen Theologie eher abrundet, als eine neue zu eröffnen. Länger schon existierende alternative Ansätze, etwa Praktische Theologie als „Empirische Theologie"[47] zu betreiben – besser wohl: mit Hilfe empirischer Methoden zu betreiben[48] – oder das Methodendesign der Praktischen Theologie einer systemtheoretischen Analyse zu unterwerfen[49], dokumentieren, wenn auch noch nicht im mainstream des Faches, so doch unübersehbar, die Suche nach Alternativen zum vorherrschenden handlungstheoretischen Ansatz.

---

[47] Siehe hierzu programmatisch: J. A. van der Ven, Practical Theology: From Applied to Empirical Theology, in: Journal of Empirical Theology 1 (1988) 7-27; J. v. d. Ven/H.-G. Ziebertz (Hrsg.), Paradigmenentwicklung in der Praktischen Theologie, Weinheim 1993; H.-G. Ziebertz, Objekt - Methode - Relevanz: Empirie und Praktische Theologie, in: Pastoraltheologische Informationen 18 (1998) 305-321.

[48] Vgl. dazu: O. Fuchs, Wie funktioniert die Theologie in empirischen Untersuchungen?, in: Theologische Quartalschrift 180 (2000) 191-210. Fuchs stellt zu Recht fest, dass die „empirische Theologie [...] innerhalb der Praktischen Theologie nur *einen* Forschungsschritt, nämlich die Wahrnehmung der Verhältnisse [benennt]. Sie mit *der* Praktischen Theologie zu identifizieren" wäre eine „pars-pro-toto-Setzung." (209) Vgl. auch: Ders./R. Bucher, Wider den Positivismus in der Praktischen Theologie!, in: Pastoraltheologische Informationen 20 (2000) 23-26.

[49] Vgl. etwa: J. Hafner, Praktische Theologie, systemtheoretisch gesehen, in: Pastoraltheologische Informationen 20 (2000) 35-39.

3.2 Kreative Irritation:
Philosophie als Partnerin in der Wahrnehmung einer unentdeckten Gegenwart

Welche Philosophie also braucht die Praktische Theologie in dieser Situation? Die Leit-Frage des Symposiums ist ohne Zweifel tatsächlich „tückisch", wie Joachim Kügler in seinem exegetischen Beitrag in diesem Band schreibt. Denn wenn eine theologische Disziplin „genau beschreiben kann, welche Philosophie sie braucht, dann braucht sie sie eigentlich nicht mehr, weil sie in der Formulierung theoretischer Defizite und Desiderate schon dazu übergegangen ist, wenigstens anfanghaft selber Philosophie zu machen." Andererseits gelte aber eben auch: „Die eine Philosophie interessiert sich nicht für Exegese" (und noch weniger für Pastoraltheologie, wäre jetzt zu ergänzen) „und die andere wirft ihr vor, dass sie nicht das tut, was man von ihr erwartet"[50].

Dieser Tücke der Symposiums-Frage kann man nur entgehen, indem man zwischen (Pastoral-)Theologie und Philosophie ein *Verhältnis kreativer Irritation* jenseits von Desinteresse und wechselseitiger materialer Aufgabenzuweisung postuliert. Ohne diese kreative Irritation nämlich, und spätestens an diesem Punkt wird die Symposiumsfrage für die Konstitution von Kirche in der späten Moderne wirklich existentiell, kann die Kirche ihr Thema, Gott, überhaupt nicht mehr vertreten. Zumindest dann nicht, wenn sie Kirche in dieser Gegenwart der späten Moderne sein will. Genau das zu werden aber ist ihre existenzlegitimierende Aufgabe, und diese wiederum zu reflektieren und konzipieren Aufgabe der Pastoraltheologie.[51]

Was für die Theologie überhaupt gilt, das gilt gerade für die gegenwartsorientierte theologische Disziplin par excellence, die Praktische Theologie: Sie braucht die Philosophie, um ihr Geschäft unter den kulturellen Bedingungen der späten Moderne betreiben zu können. Theologie, so Hans-Joachim Sander in Eichstätt, „hat Philosophie nötig, um weiter von Gott sprechen zu können. Der Grund dafür liegt im Tod Gottes, der eine philosophische Erkenntnis darstellt. Ohne ein Verhältnis zu dieser Erkenntnis verkümmert die Theologie im Binnenraum einer Glaubensgemeinschaft und zöge diese mit in eine belanglose Nische des postmodernen pluralen Lebens". Der „Tod Gottes ist ein Ohnmachtsproblem der Theologie; denn die selbstverständliche Sprache über Gottes Macht ist unwiederbringlich verloren gegangen".[52] Das aber bedeute für die Theologie „die schmerzliche Erkenntnis, dass sie nicht mit dem, was sie über Gott zu sagen gelernt hat, schon

---

[50] J. Kügler, Auf dem Weg zur Pluralitätsfähigkeit? Bibelwissenschaft im Spannungsfeld von Sozialkonstruktivismus, Rezeptionsästhetik und Offenbarungstheologie, 156 (in diesem Band).

[51] Siehe hierzu: R. Bucher, Wer braucht Pastoraltheologie wozu? Zu den aktuellen Konstitutionsbedingungen eines Krisenfaches, in: Ders. (Hrsg.), Theologie in den Kontrasten der Zukunft, 181-197.

[52] So Hans-Joachim Sander in seinem Eichstätter Statement. Vgl. auch den Beitrag in diesem Band.

über seine Macht verfügt, die Realität zu verändern. Diese neue Sprachlosigkeit ist ihre Last, aber auch ihre Chance. Sie muss außerhalb ihrer eigenen Welt nach neuen Zeichen suchen. Dazu benötigt sie eine Philosophie, die die heutigen Probleme des Denkens benennen kann."[53]

Was sich der Systematischen Theologie als Sprachproblem darstellt, wird in der Praktischen Theologie als Verkündigungsproblem thematisiert und darüber hinaus als konkretes kirchliches Handlungs- und Optionsproblem in unterschiedlichen Kontexten eher erlitten, denn bearbeitet. Systematische wie Praktische Theologie sind allenthalben von der nämlichen Problematik einer „Ohnmacht Gottes" in und außerhalb der Kirche betroffen, denn sie berührt das diskursive wie nicht-diskursive Handeln der Kirche gleichermaßen. Insofern die Praktische Theologie also die ganz und gar nicht selbstverständliche Frage, ob und inwieweit sie überhaupt Theologie im strengen Sinne ist, positiv beantworten will, sich also als wirkliche (sprachliche) Repräsentation des Gottes Jesu (aber eben in seinen Handlungs-, allerdings auch Sprachhandlungskonsequenzen) begreifen will, stellt sich ihr das von Sander für die Systematische Theologie rekonstruierte fundamentale Ohnmachts-Problem in gleicher, wenn nicht sogar, weil ohne jede Rückzugsmöglichkeit in den Schutzraum des bloß gelehrten Diskurses, in radikalisierter Weise. Wenn also die *gesamte* Praxis der Kirche, auch ihre primär nicht-diskursive Praxis in Diakonie, Liturgie und in den Erfahrungen ihrer Vergesellschaftungs- und Vergemeinschaftungsformen[54], zuletzt der Offenbarung des Gottes Jesu in Wort und Tat zu dienen hat[55] und wenn sich Kirche von diesem ihrem Auftrag her tatsächlich nicht in eine „belanglose Nische des postmodernen pluralen Lebens" zurückziehen darf[56], dann wird für die Praktische Theologie die Philosophie unentbehr-

---

[53] Ebd.

[54] Zu Modellen der internen Differenzierung kirchlichen Handelns siehe: D. Wiederkehr, Grundvollzüge christlicher Gemeinde, in: L. Karrer (Hrsg.), Handbuch der praktischen Gemeindearbeit, Freiburg/Br. 1990, 14-38; R. Zerfaß, Die kirchlichen Grundvollzüge - im Horizont der Gottesherrschaft, in: Konferenz der bayerischen Pastoraltheologen (Hrsg.), Das Handeln der Kirche in der Welt von heute, München 1994, 32-50.

[55] Vgl. hierzu: H. Sauer, Erfahrung und Glaube. Die Begründung des pastoralen Prinzips durch die Offenbarungskonstitution des II. Vatikanischen Konzils, Frankfurt/M. u.a. 1993.

[56] Worauf meines Erachtens, natürlich gegen die eigene Intention, die in Eichstätt vorgetragenen Thesen zur „philosophisch-hermeneutischen Grundlegung einer theologischen Exegese" von J. Disse und der Schluss-Kommentar des Moderators U. Willers hinausliefen. Denn in beiden Beiträgen formulierte sich der ebenso alte, wie verständliche, wie unnötige Verdacht, dass die Theologie als wirkliche Rede von Gott entweder in der Wissenschaft oder im Glauben, nicht aber in beiden zugleich als sie selbst bestehen könne. Für einen Theologen/eine Theologin ist es natürlich tatsächlich existentiell relevant, dass sich zwischen seinen/ihren wissenschaftlichen Praktiken und jenen seines/ihres persönlichen Glaubens ein kreatives und kein destruktives Verhältnis ergibt. Das genau ist die geistliche Aufgabe wissenschaftlich-theologischer Existenz. Sie in eine der beiden Richtungen hin aufzugeben, entzieht sich ihr.

lich als *traditionsirritierende* und dadurch *traditionsinnovative Aufklärungssressource* über den kulturellen Ort, an dem man sich befindet.

Die Anregung, neu auf die Philosophie als *Ort kreativer Irritation* zuzugehen, speist sich aus der Notwendigkeit für die Kirche, ihre Gegenwart und damit deren kulturelle Formationen, welche die Kirche und ihr diskursives wie nicht-diskursives Handeln aus den Himmelbetten der Selbstverständlichkeit geworfen haben, nicht als mehr oder weniger beliebigen Kontext, sondern als Ort ihres Gelingens oder eben Scheiterns wahrzunehmen. Insofern die Philosophie sich immer mehr auch als Kulturwissenschaft versteht und entwirft[57], wird sie für die Praktische Theologie zur analytischen Gefährtin in der Wahrnehmung der Gegenwart. Sie wird damit zur unentbehrlichen Verunsicherungsinstanz gegenüber solchen eigenen Wahrnehmungs- und Analysemustern, die allzu gut mit den eigenen Optionen konvergieren und vielleicht gerade dadurch diese Gegenwart verfehlen. Zudem sind sie ein Gegengift gegen die leider nicht eben seltene Form innertheologischer Wirklichkeitswahrnehmung, die ressentimentgeladene Gegenwartsdenunziation betreibt und so die eigene Ohnmachtserfahrung mit der Energie der Verachtung kompensiert.[58]

Diese Anregung betrifft aber natürlich auch die anderen beiden der eingangs skizzierten notwendigen und naheliegenden Orte philosophischer Reflexion in der Praktischen Theologie, also ihre unmittelbar thematischen und konzeptionellen philosophischen Implikationen. Denn in ihnen entscheidet sich material und unmittelbar, ob die Praktische Theologie mit Konzepten arbeitet, die sich den kulturellen Realitäten der postmodernen[59] Gegenwart stellen, oder nicht. Wenn der

---

[57] In Eichstätt waren hier vor allem der informative und für die Praktische Theologie unmittelbar einschlägige medienanalytische Beitrag Klaus Wiggerlings bemerkenswert sowie die ungemein instruktiven Ausführungen des evangelischen Philosophen und Rhetorikers Peter Oesterreichs zur rhetorischen Konstitution des religiösen Selbst. Zum neueren kulturwissenschaftlichen (Selbst-)Verständnis siehe: Th. Düllo u.a. (Hrsg.), Einführung in die Kulturwissenschaft, Münster 1998; L. Daston/O. Oexle (Hrsg.), Naturwissenschaft, Geisteswissenschaft, Kulturwissenschaft. Einheit - Gegensatz - Komplementarität?, Göttingen 1998; K. Hansen (Hrsg.), Kulturbegriff und Methode. Der stille Paradigmenwechsel in den Geisteswissenschaften, Tübingen 1993; W. Frühwald u.a. (Hrsg.), Geisteswissenschaften heute. Eine Denkschrift, Frankfurt/M. 1991; sowie, gleichzeitig Metatheorie wie selbst Produkt kulturwissenschaftlicher Analyse: F. A. Kittler, Eine Kulturgeschichte der Kulturwissenschaft, München 2000.

[58] Vgl. zum Ressentimentbegriff, wie ihn Nietzsche entwickelt hat und sich jede Praktische Theologie (selbstkritisch) zu eigen machen sollte: R. Bucher, Nietzsches Mensch und Nietzsches Gott. Das Spätwerk als philosophisch-theologisches Programm, Frankfurt/M. u.a. [2]1993, 54-67.

[59] „Postmoderne" wird hier nicht als normativ-philosophische, sondern als gegenwartsanalytische Kategorie begriffen. Die Moderne als das Projekt einer nach-metaphysisch legitimierten Gesellschaft mit quasi-metaphysischer Sicherheit verkörperte den Entwurf einer nicht-religiös begründeten Gesellschaft mit fast noch religiöser Selbstsicherheit. Diese aber ist dahin. Wenn man „Postmoderne" derart als gegenwartsanalytische Kategorie auffasst, dann hilft es nichts, ihr moralisierend entgegenzutreten. Denn gegen die Realität hilft kein Wünschen: Sie stellt vielmehr Aufgaben. Die „Postmoderne" ist - so wenig wie die „Moderne" - nicht etwas, das man „widerlegen" kann: Man kann in ihr bestehen oder

Praktischen Theologie im Problem des Theorie-Praxis-Verhältnisses, in der Frage von Geschichtlichkeit und Geltung und in der Person-Institution-Spannung unvermeidlich philosophische Probleme eingeschrieben sind, klärt sich an der Art ihrer Bearbeitung die Gegenwartsfähigkeit der Praktischen Theologie. Denn der völlig unvermeidliche (implizite oder explizite) Theorieimport bestimmt gleichzeitig, welchen Zugang die Praktische Theologie zur kulturellen Wirklichkeit der Gegenwart hat und damit zu den Existenzbedingungen des Volkes Gottes.

Das Volk Gottes jedoch und mit ihm auch die Praktische Theologie befindet sich in revolutionär neuen Gegenden. Das Neue an diesen Gegenden aber ist: Sie sind unbekannt, obwohl - und man beginnt zu ahnen: gerade weil - Ergebnis menschlichen Handelns. Praktische Theologie, die wie jede Theologie, aber vielleicht eben doch ganz besonders, zur unbedingten Solidarität mit dem Volk Gottes verpflichtet ist, muss in dieser Situation auf die Philosophie als solidarische analytische Gefährtin in ihrer Aufgabe hoffen, die praktische Gegenwartsrelevanz der christlichen Botschaft zu entdecken, und dies insofern, als Philosophie ihr hilft, diese Gegenwart und die eigene Existenz in ihr „in Begriffe zu fassen".

So muss sich die Praktische Theologie die Frage stellen, ob ihre aktuell dominant importierte Philosophie hinreicht, die Neuheit der kulturellen Gegenden der Gegenwart wirklich zu erfassen, und nicht vielmehr allzu gut mit ihren eigenen Optionen konvergiert. Zudem spricht allein schon die Erkenntnis, dass jedes Erkenntniskonzept notwendig „Blinde Flecken" besitzt, ohne die es ja überhaupt keine relevanten Begriffe bilden könnte, für eine Pluralität an Philosophieimporten innerhalb der Praktischen Theologie.[60]

Die Praktische Theologie braucht niemanden, der ihr einfach hilft, das Eigene ein wenig anders und in der Hoffnung, dann gegenwartsverständlich zu sein, auszudrücken. Denn für dieses Eigene ist sie selbst verantwortlich und für dieses Eigene muss sie in wirklicher Autonomie selber stehen. Aber sie braucht möglichst viele, die ihr helfen, diese unbekannten kulturellen Gegenden der Gegenwart in ihrer Neuheit, also in ihrem Irritationspotential zu begreifen, auch in ihrer Neuheit, ihrem Irritationspotential für alle ihre bisherigen Konzepte von Gott, Welt und Mensch und also Kirche.

Damit wird die Philosophie neben ihrer Funktion als Reflexionsinstanz zentraler Themen der Praktischen Theologie wie ihres eigenen Theoriedesigns neu aktuell als problemgenerierende Erkenntnisressource, als Partnerin in der Entdeckung des eigenen Ortes. Es gilt dann: „Wenn und weil Theologie ihren Gegenstand im Kontext von begriffener und ermöglichter neuer Erfahrung findet, kann sie auch ein neues Interesse an all jenen Wissenschaften entfalten, die ihr instrumentaliter

---

scheitern.

[60] Die sich deshalb auch nicht im Sinne quasi-lehramtlicher Rivalität begegnen sollten.

ermöglichen, Erfahrungen zu begreifen und zu provozieren."[61] Dies aber bedeutet auch, dass von *hierher* konkrete, innerhalb der Praktischen Theologie rezipierte Philosophiekonzepte bewertet werden müssten.

Dabei dürfte klar sein, dass von diesem Auseinandersetzungsprozess mit der Philosophie dann nicht nur der Gegenwartspol, sondern auch der Erinnerungspol der praktisch-theologischen Grundpolarität von Kreativität und Erinnerung berührt ist. Alle pastoralen Handlungsorte der Kirche sind der Grundpolarität von Erinnerung und Kreativität verpflichtet, auch und gerade die wissenschaftliche Theologie.

Der Theologie aber ist diese Grundpolarität gleich mehrfach eingeschrieben: material, formal und personal. Denn sie hat vom Gott Jesu als Gott der Gegenwart und Zukunft zu reden. Die Praktische Theologie, gegenwartsanalytisch und handlungsorientierend, wie sie sein soll, kann dieser Forderung noch weniger ausweichen wie andere Fächer der Theologie. Die Theologie weiß zudem als Wissenschaft und mithin ausgestattet mit (philosophisch trainiertem) Methodenbewusstsein um die ihr eigene Spannung von Erinnerung und Kreativität, muss diese Spannung also auch bearbeiten. Und sie leistet drittens ihre Aufgabe mit und durch Menschen, die - in der Regel - ihre eigene Existenz selbst unter den Anspruch dieser Erinnerung stellen, also diese Erinnerung als Aufgabe ihrer eigenen Gegenwart begreifen.

Wird die Philosophie der (Praktischen) Theologie aber zur problemgenerierenden Erkenntnisressource, zu einem *Ort kreativer Irritation* der Theologie, und wird sie schließlich als Kulturwissenschaft zu einer Partnerin in der Entdeckung der Gegenwart als dem eigenen Handlungs- und Denk-Ort, dann wird dies nicht nur der Praktischen Theologie helfen zu verstehen, wo Kirche heute handelt, sondern eben auch zu entdecken, was ihre Tradition heute bedeutet. Denn diese Entdeckungen sind der Kirche der Gegenwart mit dem Besitz ihrer Tradition noch keineswegs automatisch (mit-)gegeben: Gegeben ist ihr nur die Geschichte der innovatorischen Entdeckungen des Glaubens ihrer Väter und Mütter und, in ihrer eigenen Selbstverpflichtung auf diesen Glauben, die Aufgabe, diese Entdeckungs-

---

[61] A. J. Bucher, „Das Weltkind in der Mitten". Vom theologischen Interesse an der Philosophie, in: G. Müller (Hrsg.), Das kritische Geschäft der Vernunft. Symposion zu Ehren von Gerhard Funke, Bonn 1995, 55-74, 72. Alexius Bucher ist zuzustimmen: „Der Theologe redet [...] nicht über Hinterwelten und interpretiert nicht Überwelten. Er hat keinen privaten Schlüssel zu irrationalen Kosmologien; er sieht auch nicht neue Dinge und Tatsachen der besonderen Art. Der Theologe hat in nachmetaphysischer Epoche nur eine Chance: Er versucht die erfahrbare Welt des Menschen im Lichte und unter den Bedingungen jener Interpretationsvorlage zu deuten, wie sie ihm in Wort und Werk des Glaubensstifters und dessen heilsamer Wirkgeschichte initiatorisch begegnet." (73) Zu ergänzen wäre nur die Reziprozität des Vorgangs: Der Theologe hat auch „Wort und Werk" Jesu unter der Perspektive der Gegenwart zu entdecken.

geschichte fortzusetzen. Und ihr ist (ebenfalls im Glauben) zudem die Zuversicht gegeben, dies auch zu können.

Die Basis der Entdeckung dessen, worauf man sich in der Vergangenheit bezieht, ist aber immer die Gegenwart - nicht zuletzt die Theologiegeschichte dokumentiert dies eindrucksvoll.[62] Für die Theologie aber heißt das: Die Gegenwart muss auch die Basis der Entdeckung der in der Vergangenheit ergangenen Offenbarung Gottes sein, denn sonst wird in der Gegenwart der Glaube an diese Offenbarung nicht entdeckt und im Glauben nichts entdeckt, der Glaube also nicht zur Offenbarung des Lebens in dieser Gegenwart. Dann werden vielmehr nur die Entdeckungen der Vergangenheit als solche (in) der Gegenwart behauptet, welche Behauptung in jeder Hinsicht müde macht, insofern sie nicht durch Entdeckungen der Gegenwart (im Sinne des Genitivus subjektivus wie objektivus) nachvollzogen und die Entdeckungsgeschichte des Glaubens damit fortgeschrieben werden kann. Wenn dem aber so ist, werden die Grenzen zwischen Praktischer und Systematischer Theologie gegenwärtig durchlässig wie nie in der Geschichte der Praktischen Theologie.

Nachdem es nun einige Indizien dafür gibt, dass sich etwa mit der Neuchoreographie der Geschlechterrollen[63] sowie mit der medialen und ökonomischen Globalisierung die kulturellen Basisstrukturen des Lebens in westlichen Industrieländern rasant verändern, nicht ohne dabei übrigens eine merkwürdige Kontinuitätsfiktion zu erzeugen, nachdem sich zudem abzeichnet, dass die Planbarkeit der Zukunft – zuerst im Fortschritts-, seit einiger Zeit in dessen kleiner Ausgabe, dem Projektbegriff, propagiert – eine typisch moderne Fiktion darstellt, an die man vor dem 18. Jahrhundert noch nicht und nach dem 20. Jahrhundert nicht mehr glaubt, die Gegenwart also sich immer stärker als unbekanntes Land (und eben nicht einfach als das beabsichtigte Ergebnis unseres Wollens) erweist, muss es der gegenwartsverpflichteten Praktischen Theologie darauf ankommen, Ressourcen der Gegenwartsanalyse zu eruieren. Eine sich zunehmend als kulturwissenschaftlich entwerfende Philosophie inklusive dann aber auch des klassischen methodischen Selbstproblematisierungsinventars des Faches, könnte hier zur gesuchten, weil die eigenen methodischen wie inhaltlichen Selbstverständlichkeiten irritierenden Partnerin der Praktischen Theologie werden.

Immerhin ist dies eine Gegenwart, welche die Theologie radikal vor die „Ohnmacht Gottes" (Sander) und also in die Aufgabe stellt, den Gott Jesu gerade *in* dieser Ohnmachtserfahrung zum Thema zu machen – und zu entdecken, dass die-

---

[62] Eindrucksvoll wurde dies in Eichstätt durch die exemplarischen dogmengeschichtlichen Analysen von Th. Böhm belegt. Vgl. auch die bereits erwähnten Ausführungen von J. Kügler sowie den kirchengeschichtsmethodischen Beitrag von B. Steinhauf.
[63] Vgl. dazu als kreative moraltheologische Auseinandersetzung: R. Ammicht-Quinn, Körper - Religion - Sexualität. Theologische Reflexionen zur Ethik der Geschlechter, Mainz ²2000.

se (wieder) offenkundig gewordene Ohnmacht Gottes im 20. Jahrhundert ein wirklicher Ort wahrhaftiger Rede von Gott ist.[64] Eine größere Irritation ist für eine machtverwöhnte Kirche und Theologie schlicht nicht denkbar und diese Irritation ist denn auch innerkirchlich an allen Ecken und Kanten zu spüren.

Wenn die Systematische Theologie vor nichts weniger als dem radikalen Kontextwechsel ihrer Rede von Gott und die Praktische Theologie vor dem völligen Zusammenbruch der bisherigen Konstitutionsprinzipien von Kirche stehen[65], dann brauchen sie eine kompetente Partnerin in der Analyse der kulturellen Strukturen ihrer eigenen Gegenwart und damit auch ihrer eigenen (und der gesamtkirchlichen) Konstitutionsbedingungen. Denn Kirche wie (Praktische) Theologie sind ja auch selbst Teil dieser Gegenwart. Wären sie es nicht, wie könnten sie das Volk Gottes dieser Gegenwart sein?

Philosophie gehört damit zu den heute mehr denn je notwendigen „loci theologici alieni".[66] Ohne sie war modern nicht und ist postmodern schon gar nicht irgendeine relevante Theologie möglich, eine praktische, also praxiseröffnende und optionshaltige erst recht nicht. Praktische Theologie, der es um die Gegenwarts- und Zukunftsrelevanz des Evangeliums geht, wird dabei möglicherweise selbst als Kulturwissenschaft des Volkes Gottes zu konzipieren sein.

Literatur

Amberger, J., Pastoraltheologie, Bd. I, Regensburg 1855.

Ammicht-Quinn, R., Körper - Religion - Sexualität. Theologische Reflexionen zur Ethik der Geschlechter, Mainz ²2000.

Arens, E. (Hrsg.), Gottesrede - Glaubenspraxis. Perspektiven theologischer Handlungstheorie, Darmstadt 1994 (Lit.).

---, (Hrsg.), Kommunikatives Handeln und christlicher Glaube. Ein theologischer Diskurs mit Jürgen Habermas, Paderborn 1997.

Aubert, R., Die Enzyklika „Aeterni Patris" und die weiteren Stellungnahmen zur christlichen Philosophie, in: E. Coreth/W. Neidl/G. Pfligersdorfer (Hrsg.), Christliche Philosophie im katholischen Denken des 19. und 20. Jahrhunderts, Bd. II, Graz 1988, 310-332.

Benger, M., Pastoraltheologie, Bd. I, Regensburg 1861.

[64] Vgl. dazu auch: H.-J. Sander, Macht in der Ohnmacht. Eine Theologie der Menschenrechte, Freiburg/Br.-Basel-Wien 1999.

[65] Vgl. R. Bucher, Kirchenbildung in der Moderne. Eine Untersuchung der Konstitutionsprinzipien der deutschen katholischen Kirche im 20. Jahrhundert, Stuttgart 1998.

[66] Siehe dazu: H.-J. Sander, Das Außen des Glaubens – eine Autorität der Theologie. Das Differenzprinzip in den Loci Theologici des Melchior Cano, in: H. Keul/Ders. (Hrsg.), Das Volk Gottes. Ein Ort der Befreiung, Würzburg 1998 (FS Klinger), 240-258.

Bucher, A. J., „Das Weltkind in der Mitten". Vom theologischen Interesse an der Philosophie, in: G. Müller (Hrsg.), Das kritische Geschäft der Vernunft. Symposion zu Ehren von Gerhard Funke, Bonn 1995, 55-74.

---, Ist Einleitung in die Philosophie möglich?, in: Theologie und Philosophie 53 (1978) 397-406.

Bucher, R. (Hrsg.), Theologie in den Kontrasten der Zukunft. Perspektiven des theologischen Diskurses, Graz 2001.

---, Desintegrationstendenzen der Kirche? Pastoraltheologische Überlegungen, (erscheint) in: A. Franz (Hrsg.), Was ist heute noch „katholisch"? Zum Streit um die innere Einheit und Vielfalt der Kirche, Freiburg/Br.-Basel-Wien (QD) 2001.

---, Die Theologie im Volk Gottes. Die Pastoral theologischen Handelns in postmodernen Zeiten, in: Ders. (Hrsg.), Theologie in den Kontrasten der Zukunft, Graz 2001, 13-39.

---, Wer braucht Pastoraltheologie wozu? Zu den aktuellen Konstitutionsbedingungen eines Krisenfaches, in: Ders. (Hrsg.), Theologie in den Kontrasten der Zukunft, Graz 2001, 181-197.

---, Was passieren kann, wenn ein katholischer Philosoph plötzlich das kirchliche Wesen seines Faches entdeckt, in: Bulletin ET 12 (2001) 133-140.

---, Kirchenbildung in der Moderne. Eine Untersuchung der Konstitutionsprinzipien der deutschen katholischen Kirche im 20. Jahrhundert, Stuttgart 1998.

---, Theologische Fakultäten in staatlichen Hochschulen. Thesen zu ihrem Sinn und ihrer Bedeutung als exemplarische Orte der Pastoral, in: G. Kraus (Hrsg.), Theologie in der Universität. Wissenschaft - Kirche - Gesellschaft, Frankfurt/M. u.a. 1998, 183-192.

---, Nietzsches Mensch und Nietzsches Gott. Das Spätwerk als philosophisch-theologisches Programm, Frankfurt/M. u.a. [2]1993.

Daston, L./Oexle, O. (Hrsg.), Naturwissenschaft, Geisteswissenschaft, Kulturwissenschaft. Einheit - Gegensatz - Komplementarität?, Göttingen 1998.

Drehsen, V., Neuzeitliche Konstitutionsbedingungen der praktischen Theologie, 2 Bde., Gütersloh 1988.

Düllo, Th. u.a. (Hrsg.), Einführung in die Kulturwissenschaft, Münster 1998.

Ebertz, M. N., Erosion der Gnadenanstalt. Zum Wandel der Sozialgestalt von Kirche, Frankfurt/M. 1998.

Exeler, A./Mette, N., Das Theorie-Praxis-Problem in der Praktischen Theologie des 18. und 19. Jahrhunderts, in: F. Klostermann/R. Zerfaß (Hrsg.), Praktische Theologie heute, München/Mainz 1974, 65-80.

Fromm, F., Aus der Geschichte der Konferenz der deutschsprachigen Pastoraltheologen, in: Pastoraltheologische Informationen 8 (1988) 227-256.

Frühwald, W. (Hrsg.), Geisteswissenschaften heute. Eine Denkschrift, Frankfurt/M. 1991.

Fuchs, O., Wie funktioniert die Theologie in empirischen Untersuchungen?, in: Theologische Quartalschrift 180 (2000) 191-210.

---/Bucher, R., Wider den Positivismus in der Praktischen Theologie!, in: Pastoraltheologische Informationen 20 (2000) 23-26.

Fürst, W., Die Geschichte der ‚Praktischen Theologie' und der kulturelle Wandlungsprozeß in Deutschland vor dem II. Vatikanum, in: H. Wolf (Hrsg.), Die katholisch-theologischen Disziplinen in Deutschland 1870-1962. Ihre Geschichte, ihr Zeitbezug, Paderborn 1999, 263-289.

---, Praktisch-theologische Urteilskraft, Zürich-Einsiedeln-Köln 1986.

Gabriel, K., Christentum zwischen Tradition und Postmoderne, Freiburg/Br.-Basel-Wien 1992.

---/Kaufmann, F.-X. (Hrsg.), Zur Soziologie des Katholizismus, Mainz 1980.

Graf, A., Kritische Darstellung des gegenwärtigen Zustandes der praktischen Theologie, Tübingen 1841.

Hafner, J., Praktische Theologie, systemtheoretisch gesehen, in: Pastoraltheologische Informationen 20 (2000) 35-39.

Hansen, K. (Hrsg.), Kulturbegriff und Methode. Der stille Paradigmenwechsel in den Geisteswissenschaften, Tübingen 1993.

Haslinger, H. (Hrsg.), Handbuch Praktische Theologie, I: Grundlegungen, Mainz 1999.

--- u.a., Ouvertüre: Zu Selbstverständnis und Konzept dieser Praktischen Theologie, in: Ders. (Hrsg.), Handbuch Praktische Theologie, I: Grundlegungen, Mainz 1999, 19-36.

---, Die wissenschaftstheoretische Frage nach der Praxis, in: Ders. (Hrsg.), Handbuch Praktische Theologie, I: Grundlegungen, Mainz 1999, 102-121.

Heller, A., Art. Organisationsentwicklung, in: LThK[3] Bd. 8, Sp. 1117f.

Junker-Kerry, M., Argumentationsethik und christliches Handeln. Eine praktisch-theologische Auseinandersetzung mit Jürgen Habermas, Stuttgart 1998.

Kaufmann, F.-X., Wissenssoziologische Überlegungen zu Renaissance und Niedergang des katholischen Naturrechtsdenkens im 19. und 20. Jahrhundert, in: E. W. Böckenförde/F. Böckle (Hrsg.), Naturrecht in der Kritik, Mainz 1973, 126-164.

Kittler, F. A., Eine Kulturgeschichte der Kulturwissenschaft, München 2000.

Klinger, E., Das Volk Gottes auf dem II. Vatikanum. Die Revolution in der Kirche, in: Jahrbuch für Biblische Theologie 7 (1992) 305-319.

---, Offenbarung im Horizont der Heilsgeschichte, Zürich-Einsiedeln-Köln 1969.

Klöcker, M., Katholisch - von der Wiege bis zur Bahre. Eine Lebensmacht im Zerfall?, München 1991.

Klostermann, F./Müller, J. (Hrsg.), Pastoraltheologie. Ein entscheidender Teil der josephinischen Studienreform 1777-1977, Freiburg/Br.-Basel-Wien 1979.

---/Zerfaß, R. (Hrsg.), Praktische Theologie heute, München/Mainz 1974.

Knobloch, S., Kirche als Volk Gottes Sakrament in der Welt, in: H. Haslinger (Hrsg.), Handbuch Praktische Theologie, I: Grundlegungen, Mainz 1999, 157-166.

Lehmann, K., Das Theorie-Praxis-Problem und die Begründung der Praktischen Theologie, in: F. Klostermann/R. Zerfaß (Hrsg.), Praktische Theologie heute, München/Mainz 1974, 81-102.

Maritain, J., De Bergson à Thomas d'Aquin, Paris 1947.

Mette, N., Praktische Theologie in der katholischen Theologie, in: Ch. Grethlein/M. Meyer-Blanck (Hrsg.), Geschichte der Praktischen Theologie, Leipzig 1999, 531-563 (Lit.).

---, Theorie der Praxis. Wissenschaftsgeschichtliche und methodologische Untersuchungen zur Theorie-Praxis-Problematik innerhalb der Praktischen Theologie, Düsseldorf 1978.

Müller, J., Pastoraltheologie. Ein Handbuch für Studium und Seelsorge, Graz-Wien-Köln 1993.

188   *Rainer Bucher*

Peukert, H., Was ist eine praktische Wissenschaft? Handlungstheorie als Basistheorie der Humanwissenschaften: Anfragen an die Praktische Theologie, in: O. Fuchs (Hrsg.), Theologie und Handeln. Beiträge zur Fundierung der Praktischen Theologie als Handlungstheorie, Düsseldorf 1984, 64-79.

Rahner, K., Die Zukunft der Theologie, in: Schriften zur Theologie IX, Einsiedeln-Zürich-Köln 1972, 148-157.

---, Die praktische Theologie im Ganzen der theologischen Disziplinen, in: Schriften zur Theologie VIII, Einsiedeln-Zürich-Köln 1967, 133-149.

Sander, H.-J., Macht in der Ohnmacht. Eine Theologie der Menschenrechte, Freiburg/Br.-Basel-Wien 1999.

---, Das Außen des Glaubens – eine Autorität der Theologie. Das Differenzprinzip in den Loci Theologici des Melchior Cano, in: H. Keul/Ders. (Hrsg.), Das Volk Gottes. Ein Ort der Befreiung, Würzburg 1998 (FS Klinger), 240-258.

---, Glauben im Zeichen der Zeit. Die Semiotik von Peirce und die pastorale Konstituierung der Theologie (Theol. Fak. Würzburg 1996).

Sauer, H., Erfahrung und Glaube. Die Begründung des pastoralen Prinzips durch die Offenbarungskonstitution des II. Vatikanischen Konzils, Frankfurt/M. u.a. 1993.

Schaeffler, R., Die Wechselbeziehungen zwischen Philosophie und katholischer Theologie, Darmstadt 1980.

Schmid, W., Schönes Leben? Einführung in die Lebenskunst, Frankfurt/M. 2000.

Schuster, H., Die Geschichte der Pastoraltheologie, in: F.-X. Arnold u.a. (Hrsg.), Handbuch der Pastoraltheologie, Bd. I, Freiburg/Br. 1964, 40-92.

Sedmak, C., „How many ‚idiots' [...]"? The Idea of the Catholic Magisterium and its Relation to Philosophy, in: Bulletin ET 11 (2000) 132-151.

---, Rom, Athen, Oxford. Katholisches Lehramt und Philosophie, in: Bulletin ET 10 (1999) 139-148.

van der Ven, J. A., Practical Theology: From Applied to Empirical Theology, in Journal of Empirical Theology 1 (1988) 7-27.

--- u.a. (Hrsg.), Paradigmenentwicklung in der Praktischen Theologie, Weinheim 1993.

Wichmann, M., Das Verhältnis von Theorie und Praxis als wissenschaftstheoretische Grundfrage Praktischer Theologie, Freiburg/Br. 1999. [Theol. Fak. Diss.]

Wiederkehr, D., Grundvollzüge christlicher Gemeinde, in: L. Karrer (Hrsg.), Handbuch der praktischen Gemeindearbeit, Freiburg/Br. 1990, 14-38.

Zerfaß, R., „Gemeindeerneuerung" oder „Gemeindeentwicklung". Das Volk Gottes lernt, sich helfen zu lassen, in: H. Keul/H.-J. Sander (Hrsg.), Das Volk Gottes. Ein Ort der Befreiung (FS Klinger), Würzburg 1998, 259-268.

---, Die kirchlichen Grundvollzüge – im Horizont der Gottesherrschaft, in: Konferenz der bayerischen Pastoraltheologen (Hrsg.), Das Handeln der Kirche in der Welt von heute, München 1994, 32-50.

---, Praktische Theologie als Handlungswissenschaft, in: F. Klostermann/R. Zerfaß (Hrsg.), Praktische Theologie heute, München/Mainz 1974, 164-177.

Ziebertz, H.-G., Objekt – Methode – Relevanz: Empirie und Praktische Theologie, in: Pastoraltheologische Informationenen 18 (1998) 305-321.

Zottl, A./Schneider, W. (Hrsg.), Wege der Pastoraltheologie, Texte einer Bewußtwerdung, 3 Bde., Eichstätt 1986-88.

Reinhold Esterbauer

Philosophie religiöser Erfahrung und Praktische Theologie

Fragt man nach dem heutigen Verhältnis von Philosophie und Praktischer Theologie, so fällt auf, dass zwischen beiden Wissenschaften keine symmetrische Relation besteht. Philosophie scheint weniger von Praktischer Theologie zu profitieren als diese von jener, zumal die Ergebnisse der Praktischen Theologie in der Philosophie kaum wahrgenommen werden, während umgekehrt die heutige Selbstreflexion in der Praktischen Theologie auf Philosophie angewiesen zu sein scheint. Praktische Theologie greift in ihren Debatten über das eigene Selbstverständnis auf wissenschaftstheoretische und sozialphilosophische Erkenntnisse bzw. auf philosophische Handlungstheorien zurück. Diesen Eindruck verstärkt ein Blick in das von Herbert Haslinger herausgegebene neue „Handbuch Praktische Theologie", auf dessen Beiträge ich mich im Folgenden vornehmlich beziehen werde.[1] Ähnliches gilt offenbar für die Religionssoziologie, die Psychologie und die Psychotherapie. Im Unterschied zur Philosophie werden diesen Disziplinen im erwähnten Handbuch eigene Kapitel gewidmet, während die Philosophie leer ausgeht, obwohl in den wissenschaftstheoretisch relevanten Teilen sehr oft auf Autorinnen und Autoren aus der Philosophie Bezug genommen wird.

Im Folgenden möchte ich versuchen, religionsphilosophische Überlegungen für die Praktische Theologie zur Diskussion zu stellen, also die beiden Fächer über wissenschaftstheoretische Überlegungen hinaus ins Gespräch zu bringen. Ich gehe dabei von Überlegungen Praktischer Theologinnen und Theologen über ihr eigenes Fach aus und mache mir diese zur Vorgabe meines eigenen Versuches, der seine Perspektive von einer hermeneutisch-phänomenologischen Religionsphilosophie gewinnt.

1. Praktische Theologie als kontextbezogene Handlungswissenschaft

In einem noch spürbaren Reflex gegen das alte Selbstverständnis, wonach sie eine Anwendungswissenschaft sei, die helfe, Theorie in Praxis umzusetzen, versteht sich Praktische Theologie heute manchmal sehr selbstbewusst als Zentrum der

---

[1] Haslinger, Herbert (Hg.): Handbuch Praktische Theologie. 2 Bde., Mainz 1999f.

Theologie überhaupt. So überlegt beispielsweise Leo Karrer, ob nicht die Praktische Theologie und die biblische Exegese die beiden Hauptfächer der Theologie
darstellten.[2] Von anderer Seite wird solches Selbstbewusstsein freilich gebremst,
wenn Ottmar Fuchs angesichts seines Konzeptes der Kontextualisierung, auf das
noch zurückzukommen sein wird, der Pastoraltheologie als Superwissenschaft
eine Absage erteilt.[3] Doch scheint Karl Rahners „Forderung nach einer gewissen
pastoralen Ausrichtung aller theologischen Disziplinen"[4] die grundsätzliche Vorgabe praktisch-theologischer Selbstreflexion zu sein. Folgt man dieser, so wird
Praktische Theologie zum einen zu einer Handlungswissenschaft, die den Lebens-
bezug aller Theologie einmahnt. Zum anderen ist sie aber auch eine methodisch
selbständige theologische Disziplin. Das Spezifische für beide Anschauungen ist,
dass sich Praktische Theologie heute als genuin *theologische* Disziplin versteht,
und zwar mit einer selbständigen *theologischen* Methode.

Als *theologische* Disziplin ist sie eine Wissenschaft, die sich nicht bloß auf
Handlungstheorien beschränkt, sondern – wie Herbert Haslinger betont[5] – auch
der Sinn-Kategorie als notwendigem Konstituens für Praxis ihre Aufmerksamkeit
schenkt. Auf die Frage, *welche* Praxis denn als Materialobjekt der Praktischen
Theologie fungiere, erhält man als Antwort meist den Verweis auf „Gaudium et
Spes" (= GS) Art. 1 und Art. 2. Das Zweite Vatikanum stellt fest, dass sich die
Kirche nicht mehr bloß „an die Kinder der Kirche und an alle, die Christi Namen
anrufen, sondern an alle Menschen schlechthin" (Art. 2) wende. Darauf beruht die
Überzeugung, dass sich Praktische Theologie folglich nicht mehr bloß um innerkirchliche Praxis zu kümmern habe, sondern von Praxis überhaupt ausgehe. So
formulieren etwa die Herausgeberinnen und Herausgeber des erwähnten Hand-
buches in ihrer Einleitung, die dessen Grundlinien vorgibt, dass in der Konzeption
der Praktischen Theologie die „engste Verbundenheit der Gemeinschaft Christi
mit der Menschheit und mit der Gesamtheit ihrer Lebenswirklichkeiten (vgl. GS
1–2) deutlich werden" müsse.[6]

---

[2] Vgl. Karrer, Leo: Praktische Theologie – Wissenschaft im Kontext, in: PThI 18 (1998) 5–13, 10.
[3] Vgl. Fuchs, Ottmar: Wie verändert sich universitäre Praktische Theologie, wenn sie kontextuell
wird?, in: PThI 18 (1998) 115–150, 134.
[4] Rahner, Karl: Neue Ansprüche der Pastoraltheologie an die Theologie als ganze, in: Rahner, Karl:
Schriften zur Theologie. 9, Einsiedeln 1970, 127–147, 134. Vgl. dazu: Aigner, Maria Elisabeth: Gesellin beim „Bau von Windmühlen" ...? Pastoralpsychologie als Ressource der Praktischen Theologie
und deren Bedeutung im Kontext einer theologischen Fakultät, in: Weirer, Wolfgang/Esterbauer,
Reinhold (Hg.): Theologie im Umbruch. Zwischen Ganzheit und Spezialisierung, Graz 2000 (= Theologie im kulturellen Dialog 6), 211–225, 217. Maria Elisabeth Aigner danke ich für wichtige Litera-
turhinweise im Bereich der Pastoraltheologie.
[5] Vgl. Haslinger, Herbert: Die wissenschaftstheoretische Frage nach der Praxis, in: Haslinger,
Herbert (Hg.): Handbuch Praktische Theologie. 1. Grundlegungen, Mainz 1999, 102–121, 118.
[6] Haslinger, Herbert u.a.: Ouvertüre: Zu Selbstverständnis und Konzept dieser Praktischen Theologie, in: Haslinger, Herbert (Hg.): Handbuch Praktische Theologie. 1. Grundlegungen, Mainz 1999,
19–36, 23. Anders Rainer Bucher in seinem Beitrag zum Symposion: Für ihn ist die Bezugsgröße der

Begründet wird dieser Grundsatz theologisch, und zwar mit der Überzeugung, dass „radikal jeder Mensch im Raum des Beziehungswillens dessen steh[e], den wir ‚Gott' nennen"[7]. Dies ist die materiale Vorgabe, die Praktische Theologie als spezifisch theologische Disziplin ausweisen will. Die formale liegt in der Perspektive, aus der die Praxis betrachtet wird; und diese ist die theologische, wie immer diese näher zu bestimmen ist: „Gaudium et Spes" Art. 4 spricht beispielsweise von der Deutung der Zeichen der Zeit „im Licht des Evangeliums"; Leo Karrer bestimmt die theologische Perspektive als „Theoriebildung im Horizont des Glaubens bzw. der Reich-Gottes-Botschaft Jesu" und leitet daraus ab, dass Praktische Theologie folglich nicht neutral vorgehen könne.[8] Praktische Theologie ist in diesem Sinn optional und normativ. Hat sie die Aufgabe, nicht nur die Praxis der Kirche, sondern die Praxis der Menschen überhaupt zu reflektieren, und soll sie nicht bloß deskriptiv vorgehen, muss Praktische Theologie sich auf folgende Art und Weise ihren methodischen Ort suchen: „Sie darf weder auf dem Status einer auf binnenkirchliche Belange fixierten Kirchentheorie verharren noch zu einer options- und positionslosen Variante einer allgemeinen Religionswissenschaft mutieren."[9] Versteht man solche Theoriebildung als Praxisdeutung und -normierung aus dem Glauben und damit als spezifische Form von Theologie, so wird die Praxis der Menschen nach einem Ausdruck von Stephanie Klein zum „theologiegenerativen Ort"[10]. Das heißt: Praktische Theologie erhält aus dem Zusammenspiel von menschlicher Praxis überhaupt und Deutekategorien bzw. Handlungsnormierungen aus einer Glaubenstradition ihre konkrete Gestalt.

2. Praktische Theologie und eine mögliche Verknüpfung mit der Religionsphilosophie

Insofern Menschen, die handeln, ihre Praxis nicht bloß mechanisch setzen, sondern dies aus einem bestimmten Bewusstsein heraus tun, ist Praktische Theologie nicht nur auf die Praxis selbst angewiesen, sondern auch auf den Horizont, den Wirklichkeitserfahrungen prägen und der die Grundlage für Praxis bildet. „Der Praktischen Theologie geht es um Praxis; aber ihr Ausgangspunkt ist nicht nur ei-

---

Praktischen Theologie vornehmlich das Volk Gottes.

[7] Ebd.

[8] Karrer, Leo: Erfahrung als Prinzip der Praktischen Theologie, in: Haslinger, Herbert (Hg.): Handbuch Praktische Theologie. 1. Grundlegungen, Mainz 1999, 199–219, 213, vgl. auch 211.

[9] Haslinger, Herbert/Stoltenberg, Gundelinde: Ein Blick in die Zukunft der Praktischen Theologie, in: Haslinger, Herbert (Hg.): Handbuch Praktische Theologie. 2. Durchführungen, Mainz 2000, 511–530, 512.

[10] Klein, Stephanie: Der Alltag als theologiegenerativer Ort, in: Haslinger, Herbert (Hg.): Handbuch Praktische Theologie. 1. Grundlegungen, Mainz 1999, 60–67.

ne bestimmte Praxis, sondern der Erfahrungshorizont konkreter Praxis und Handlungsvollzüge."[11] Nun sind solche Erfahrungshorizonte genauso wie die davon mitbedingten Handlungen kontextuell gebunden. Beschränkt man die zu untersuchende Praxis – wie angedeutet – nicht mehr auf die kirchliche, sind unterschiedliche lebensweltliche Rahmenbedingungen Ausgangspunkt für pastoraltheologische und religionspädagogische Analysen. Deshalb kann eine so verstandene Praktische Theologie nicht anders, als ihre Relativität bezüglich des jeweiligen Kontextes, in dem sie angesiedelt ist, ernst zu nehmen und eine falsche Universalisierung abzulehnen. Für die wissenschaftlich betriebene Praktische Theologie bedeutet dies nicht nur, dass sie relativ auf einen bestimmten Kontext betrieben werden muss und somit ihre Gültigkeit nur relativ auf diesen beanspruchen kann[12], sondern auch, dass wissenschaftliche Theologie selbst einen Kontext bildet. Wie Ottmar Fuchs feststellt, handelt es sich also bei der Relation zwischen einer kontextuellen Praktischen Theologie und dem jeweiligen Praxisfeld, auf das sie gerade bezogen ist, nicht einfach um das Verhältnis zwischen neutraler Wissenschaft und gesellschaftlich geprägten Kontexten, sondern um das Verhältnis zwischen der Praktischen Theologie als einem spezifischen Handlungskontext und einem weiteren Praxisfeld, d. h. um das Verhältnis zweier Kontexte.[13]

Auf einen solchen Kontext individueller Praxis in westlichen Gesellschaften, mit dem die Praktische Theologie als selbständiger Kontext in Relation steht, möchte ich im Folgenden mein Augenmerk lenken, weil er für mich eine inhaltliche Brücke zwischen Praktischer Theologie und Religionsphilosophie zu bilden scheint. Es handelt sich dabei um den Bereich der Religiosität.[14] Geht man von den derzeitigen Erscheinungsformen religiöser Praxis aus, so beobachtet man eine Vielfalt religiöser Erfahrung, die solcher Praxis zugrunde liegt. Religiöse Erfahrung ist nicht mehr eine Größe, die relativ einheitliche Form aufweist, sondern die oft losgelöst von Deutehorizonten institutionalisierter Religionen oder Konfessionen jeweils individuelle Gestalt besitzt. Diese Wahrnehmung bestätigen auch ein-

---

[11] Karrer, Erfahrung, 200.
[12] Zum Begriff der „kontextuellen Theologie" vgl.: Collet, Giancarlo: Art. Kontextuelle Theologie, in: LThK³ 6 (1997) 327–329. Zum Verhältnis der Begriffe „Wissenschaft" und „Kontext" siehe den Sammelband Bonß, Wolfgang/Hohlfeld, Rainer/Kollek, Regine (Hg.): Wissenschaft als Kontext – Kontexte der Wissenschaft, Hamburg 1993 (= Schriftenreihe des Hamburger Instituts für Sozialforschung).
[13] Vgl. Fuchs, Wie verändert sich, 118.
[14] Zum Begriff der Religiosität innerhalb einer weiteren Disziplin der Praktischen Theologie, nämlich der der Religionspädagogik, siehe Angel, Hans-Ferdinand: Profil und Profilierung der universitären Religionspädagogik, in: Weirer, Wolfgang/Esterbauer, Reinhold (Hg.): Theologie im Umbruch. Zwischen Ganzheit und Spezialisierung, Graz 2000 (= Theologie im kulturellen Dialog 6), 243–267, bes. 257ff.

schlägige religionssoziologische Befunde.[15] Die gesellschaftliche Pluralisierung hat also auch vor den Religionen nicht Halt gemacht und ist heute – wie Rainer Bucher betont – zur „epochalen Herausforderung" sowohl für die Religionsgemeinschaften als auch für die Praktische Theologie geworden.[16]

Schien es anfangs so, dass der Schwund traditionell gebundener Religiosität als Säkularisierungsphänomen zu interpretieren sei, so ist mittlerweile klar geworden, dass es sich wahrscheinlich nicht um ein Abnehmen von Religiosität überhaupt handelt, sondern darum, dass Religiosität in individuell unterschiedlichen Formen Ausdruck findet, die immer weniger durch die Deutehorizonte etablierter Religionen und Konfessionen bestimmt werden. So hat – wie Maria Widl feststellt – in der heutigen Religionssoziologie die „Individualisierungsthese" die „Säkularisierungsthese" abgelöst.[17]

Vor diesem Faktum steht nicht nur die Praktische Theologie, sondern auch eine Religionsphilosophie, die sich den Entwicklungen der Formen unterschiedlicher Religiosität nicht verschließt. Freilich ist der methodische Zugang ein wesentlich anderer. Während die Praktische Theologie, wie schon erwähnt, ihre Deute- und Normierungskategorien aus der christlichen Tradition gewinnt, schließt Religionsphilosophie den Glauben als Erkenntnisprinzip zwar meist nicht prinzipiell und für Wissenschaft generell aus, setzt ihn aber für das eigene wissenschaftliche Vorgehen außer Geltung und sieht in diesem Sinn von ihm ab. Auch wenn der Alltag deshalb für sie kein „theologiegenerativer Ort" werden kann, bleibt eine phänomenologisch ausgerichtete Philosophie dennoch auf den Alltag bezogen und nimmt die Erfahrungen ernst, die zu religiöser Praxis führen, besonders dann, wenn diese Praxis nicht durch Handlungsmuster oder Handlungsanweisungen von konkreten Religionen geformt ist. Das bedeutet, dass philosophischerseits religiöse Praxis in ihren pluralen und individuellen Formen interpretiert und analysiert wird, ohne dass deshalb schon theologische Traditionen den Hintergrund bildeten. Das heißt weiter, dass eine Religionsphilosophie, die sich bemüht, religiöse Erfahrung und religiöse Praxis zu ihrem Ausgangspunkt zu machen, nicht wie die Praktische Theologie optional und normierend aus der eigenen christlichen Perspektive heraus argumentiert, sondern deskriptiv vorgeht. Dies allerdings nicht so, dass sie Religionen und konkrete Formen der Ausgestaltung von Religiosität beschreibt, sondern mit dem Ziel zu erheben, was diesen Formen als Wesen zugrunde liegt.

---

[15] Vgl. Ziebertz, Hans Georg: Religion, Christentum und Moderne. Veränderte Religionspräsenz als Herausforderung, Stuttgart 1999, bes. 32–51. Siehe auch: Ziebertz, Hans Georg: Discontinuity and Continuity. A practical-theological reflection on religion and modernity, in: IJPT 2 (1998) 1–22.

[16] Vgl. Bucher, Rainer: Pluralität als epochale Herausforderung, in: Haslinger, Herbert (Hg.): Handbuch Praktische Theologie. 1. Grundlegungen, Mainz 1999, 91–101, bes. 96f.

[17] Widl, Maria: Religiosität, in: Haslinger, Herbert (Hg.): Handbuch Praktische Theologie. 1. Grundlegungen, Mainz 1999, 352–362, 353.

3. Religiöse Erfahrung in religionsphilosophischer Sicht

Was das christliche Leben betrifft, so sieht Ottmar Fuchs mit Verweis auf die Einheit von Gottes- und Nächstenliebe zwei Möglichkeiten: „Dies sind in der Tat die zwei klassischen Möglichkeiten, zur christlichen Existenz zu gelangen: über die religiöse Deutung von Erfahrungen, welche das Leben verändern, oder über die Veränderungen des Lebens, welche den Glauben ermöglichen [...].“[18]. Philosophischerseits ist die erste Möglichkeit von besonderem Interesse. Während für Fuchs als Theologen die Einheit beider Wege und in seiner Auseinandersetzung mit der Sozialpastoral die Martyria besonders wichtig sind, findet in der Religionsphilosophie naturgemäß die religiöse Interpretation von Erfahrungen besondere Beachtung. Traditionelle religionsphilosophische Konzeptionen gehen trotz ihrer meist unterschiedlichen Grundansätze oft davon aus, dass religiöse Erfahrung spezifische Gotteserfahrung sei bzw. binden sie an Deutekategorien aus traditionellen Religionsgemeinschaften zurück. So meinen Religionsphilosophen, dass religiöse Erfahrung die Eigenschaft der Religiosität erst durch Interpretation erhalte. Durch die Artikulation qualitativ neutraler Erfahrung werde diese zu einer ethischen, ästhetischen oder eben religiösen Erfahrung qualifiziert. Beispielsweise sieht Matthias Jung das Spezifikum religiöser Erfahrung darin, dass die Symbole, mit denen das religiöse Subjekt sich und seine Erfahrungen artikuliert, *„referentiell gebunden"* seien.[19] Das heißt nach Jung: „Jede menschliche Erfahrung kann religiöse Qualität gewinnen, wenn sich ihr Subjekt für die Gültigkeit eines religiösen Artikulationsschemas entscheidet [...]"[20] Solche Artikulationsschemata für Erfahrungen liegen naturgemäß in etablierten Religionen mit den jeweiligen Traditionen von Wirklichkeitsdeutung vor. Das bedeutet aber, dass religiöse Erfahrung an solche Schemata gebunden bleibt, auch wenn es sich nur um deren Versatzstücke handelt. Darüber hinaus ist die religiöse Qualität von Erfahrung in die Entscheidung des Menschen gelegt, der dafür verantwortlich ist, welche Qualität die Erfahrung besitzt, die er gemacht hat.

Nicht nur hermeneutisch ausgerichtete Religionsphilosophen, sondern auch analytische Philosophen argumentieren in diesem Punkt ähnlich. So definiert etwa Keith E. Yandell religiöse Erfahrung folgendermaßen: „‚Having a religious experience' is being in a conscious state that is *soteriologically essential* within a *reli-*

---

[18] Fuchs, Ottmar: Martyria und Diakonia: Identität christlicher Praxis, in: Haslinger, Herbert (Hg.): Handbuch Praktische Theologie. 1. Grundlegungen, Mainz 1999, 178–197, 182. Fast ident: Fuchs, Ottmar: Für eine neue Einheit von Sozial- und Glaubenspastoral!, in: PThI 18 (1998) 231–247, 235.
[19] Jung, Matthias: Erfahrung und Religion. Grundzüge einer hermeneutisch-pragmatischen Religionsphilosophie, Freiburg/Br. 1999 (= Alber-*Reihe* Thesen 2), 386.
[20] Jung, Erfahrung und Religion, 388.

gion or *religious conceptual system.*"[21] Auch Yandell setzt für die Rede von religiöser Erfahrung eine konkrete Religion oder ein schon bestehendes religiöses Begriffssystem voraus. Manche Vertreter der „Reformed Epistemology" wie Alvin Plantinga und William P. Alston möchten überhaupt auf der Basis der Gottesvorstellung von Christentum, Judentum und Islam eine rationale Theologie entwickeln, die erweisen soll, dass die Annahme der These von der Existenz eines so verstandenen Gottes nicht weniger plausibel ist als andere epistemische Grundannahmen.[22] Das heißt, dass hier ebenfalls von etablierten Religionen ausgegangen wird.

Fasst man religiöse Erfahrung auf diese Weise, so scheint mir sowohl der phänomenologische als auch der religionssoziologische Befund insofern verfehlt zu sein, als die neuen Formen von Religiosität zwar beliebige Einzelteile disparater Herkunft verbinden, aber darüber hinaus auch neue Erscheinungsgestalten umfassen.[23]

Des weiteren scheint mir ein wesentliches Moment religiöser Erfahrung mit einem solchen Konzept ausgeblendet zu sein, nämlich die Bedeutung der Wirklichkeit selbst. Wirklichkeit erhält ihre religiöse Relevanz nicht allein durch traditionelle religiöse Begriffssysteme oder durch die interpretative Vermittlung des erfahrenden Subjekts, das entscheidet, ob Erfahrung als religiös bedeutsam anzusehen ist oder nicht. Religiosität kann nicht bloß als Interpretament von Erfahrung aufgefasst werden, vielmehr ist sie auch von der Wirklichkeit und ihrem Anspruch her zu begreifen. Dabei hat Wirklichkeit auch insofern in den Blick genommen zu werden, als sie – wie Jan Patočka meint – „sich uns *von selbst* öffnet und dann unser Leben als *Erfahrung* [...] zu durchdringen und zu verändern vermag"[24].

Ausgangspunkt für eine solche Religionsphilosophie ist die Wirklichkeit, die als religiös bedeutsame erfahren wird. Über Ottmar Fuchs' Forderung nach einem „*imperative[n] Mandat der Alltagserfahrungen* gegenüber den Wissenschaften"[25] hinaus könnte man mit Bezug auf Religionsphilosophie von einem imperativen Mandat der Wirklichkeit vor den religiösen Deuteschemata sprechen, seien sie

---

[21] Yandell, Keith E.: Religious experience, in: Quinn, Philip L./Taliaferro, Charles (Hg.): A Companion to Philosophy of Religion, Oxford 1999 (= Blackwell Companions to Philosophy 9), 367–375, 367.

[22] Vgl. Plantinga, Alvin: Reformed epistemology, in: Quinn, Philip L./Taliaferro, Charles (Hg.): A Companion to Philosophy of Religion, Oxford 1999 (= Blackwell Companions to Philosophy 9), 383–389, 383: „Reformed epistemology has focused on belief in God as conceived in traditional Christianity, Judaism, and Islam [...]".

[23] Man denke etwa an semireligiöse Riten im Wellness-Bereich oder Religionsformen, die im Umfeld neuer Medien entstanden sind.

[24] Patočka, Jan: Ist die technische Zivilisation zum Verfall bestimmt?, in: Patočka, Jan: Ketzerische Essais zur Philosophie der Geschichte und ergänzende Schriften, Stuttgart 1988 (= Ausgewählte Schriften), 121–145, 125.

[25] Fuchs, Wie verändert sich, 126.

nun alltagssprachlich oder wissenschaftlich formuliert. Es geht dabei nicht primär um das Verhältnis von außerwissenschaftlicher Erfahrung und Wissenschaft als spezifischem Handlungskontext, sondern um die Relation zwischen Wirklichkeit und Erfahrung. Nimmt man dieses Verhältnis ernst, kann religiöse Erfahrung nicht mehr ein Erfahrungstyp neben anderen Typen sein, die sich dadurch voneinander unterscheiden, dass die zum Zug gekommenen Deuteschemata jeweils anderen Bereichen angehören. Daher möchte ich religiöse Erfahrung nicht neben ethischer, ästhetischer oder empirisch-wissenschaftlicher Erfahrung ansetzen, sondern davon ausgehen, dass sie quer zu diesen Typen angesiedelt ist.

Das hat zur Folge, dass religiöse Erfahrung zur Tiefenstruktur von Erfahrung überhaupt wird. Deshalb werde ich im Unterschied zu einer Konzeption religiöser Erfahrung, die diese als Interpretament im Begriffssystem einer konkreten Religion versteht, von einer Erfahrung des Heiligen sprechen. Wenn Erfahrung im Rahmen eines jeden Erfahrungstyps zu einer Erfahrung des Heiligen werden kann, ist freilich zu zeigen, dass solche Erfahrung Strukturmomente aufweist, die in den einzelnen Erfahrungstypen ebenfalls zu konstatieren sind; und es ist das Kriterium zu bestimmen, das es erlaubt, in bestimmten Fällen von einer Erfahrung des Heiligen zu sprechen, in anderen jedoch nicht.

Was die gemeinsamen Strukturmomente der einzelnen Arten von Erfahrung anbelangt, so scheinen mir zwei wesentlich zu sein. Sie basieren beide auf dem Anspruchscharakter von Wirklichkeit, die sich in der Erfahrung zu erkennen gibt. Zum einen wird in der Erfahrung der gerade aktuelle Lebensduktus unterbrochen. Dies kann vom positiven Überwältigtwerden bis zur tiefen Krise reichen. Aber auch weniger bedeutsame Erfahrungen führen zu einer solchen Unterbrechung. Erfahrungen bedeuten immer einen Neuanfang, auch wenn dieser nur in sehr bescheidenem Umfang wahrzunehmen ist – etwa als ein Aufmerken oder als ein Aufhorchen. Zum anderen ist eine solche Unterbrechung mit einer Nötigung zu einer Entscheidung verbunden. Es geht nämlich darum, dass die Erfahrung danach verlangt, dass ihr in irgendeiner Form Rechnung getragen wird. Mit Erfahrung wird die Person, die sie macht, herausgefordert, dem Wirklichkeitsanspruch in irgendeiner Form zu entsprechen. Die abverlangte Antwort wird in der Erfahrung als Aufgabe manifest.

Nun gibt es Erfahrungen – seien sie empirisch-wissenschaftlicher, ethischer, ästhetischer oder im spezifischen Sinn religiöser Natur –, deren Intensität das Leben als ganzes in Frage stellen. Damit erscheint das erste Strukturmoment, also das der Unterbrechung, nicht mehr als partikulare Herausforderung, sondern als Infragestellung der aktuellen individuellen Lebensform überhaupt, sofern „Lebensform" den Modus der konkreten Lebenspraxis bzw. deren Orientierungsrahmen bedeutet.[26] Auf dieser Ebene wird das Moment der Aufgabe zur Herausforderung, eine Entscheidung über die eigene Lebensform zu treffen, zunächst ob die bisherige noch lebbar ist oder nicht, und wenn nicht, dann als Entscheidung darüber, durch welche Änderungen das Leben neu auszurichten ist.

Erfahrungen des Heiligen haben ihr Kriterium also in der In-Frage-Stellung der Lebensform der erfahrenden Person. Sie generieren Praxis, und zwar vornehmlich Entscheidungen über den Orientierungsrahmen der eigenen Lebensführung, die alltägliche Entscheidungen mit prägen. Da Erfahrungen des Heiligen nicht berechenbar oder quantifizierbar und folglich auch nicht voraussagbar sind bzw. sich meist öfter ereignen, sind die Entscheidungen über die eigene Lebensform nicht notwendig einmalig. Das heißt, sie können mehrmals auftreten und daher neue Ausrichtungen des eigenen Lebens evozieren.[27]

Neben dem erwähnten ist ein weiteres Kriterium anzuführen, das es erlaubt, Erfahrungen als Erfahrungen des Heiligen zu klassifizieren und dieses von Idolisierungen abzugrenzen.[28] Es geht nicht darum, die beiden von Rudolf Otto[29] herausgestellten Momente des Heiligen – das „tremendum" und das „fascinans" – voneinander zu scheiden und den Begriff des Heiligen auf positive Konnotationen einzuschränken. Denn nicht nur die phänomenologische, sondern auch die sprachgeschichtliche Analyse ergeben, dass zum Heiligen beide Momente gehören. So hat Émile Beneviste gezeigt, dass es im Indogermanischen zwei komplementäre Wortstämme für das Heilige gibt, den einen mit der Bedeutung von „mit göttlicher Kraft erfüllt", den anderen mit dem Sinn von „Tabu".[30] Sucht man also über die Betroffenheit der Lebensform hinaus ein weiteres Kriterium für die Erfahrung des Heiligen, kann es nicht darum gehen, am Phänomen die Amalgamierung beider Elemente rückgängig machen zu wollen. Vielmehr handelt es sich darum, Idolisierungen von Erfahrungen des Heiligen zu unterscheiden, also Erfahrungen des Heiligen von menschlichen Konstrukten abzugrenzen, die an die Stelle des Heiligen gestellt werden. Neben anderen Bestimmungen, die – wie etwa die Men-

---

[26] Zur Verwendung dieses Begriffes bei L. Wittgenstein – mit Bezug auf Kierkegaards Unterscheidung zwischen ästhetischem, ethischem und religiösem Leben und mit Bezug auf Augustinus' „modus vitae" – siehe: Rust, Alois: Der natürliche Kontext der religiösen Sprache, in: Stolz, Fritz (Hg.): Homo naturaliter religiosus. Gehört Religion notwendig zum Mensch-Sein?, Bern 1997 (= Studia religiosa Helvetica. Jahrbuch 3), 219–240, bes. 233–236.

[27] Dies ist auch der Grund dafür, warum Biographien heute – was das religiöse Leben betrifft – immer seltener geradlinig verlaufen.

[28] Die Frage nach einem Kriterium war zentraler Inhalt der Diskussion am Symposion. Hans-Joachim Sander forderte ein Kriterium ein, das es erlaubt, akzeptable von zerstörerischen Theologien zu unterscheiden. Auch die Frage, ob dem Begriff des Heiligen ein Moment des Negativen anhafte oder ob es ein positiv besetzter Begriff sei, wurde in diesem Zusammenhang kontrovers diskutiert.

[29] Otto, Rudolf: Das Heilige. Über das Irrationale in der Idee des Göttlichen und sein Verhältnis zum Rationalen, München 1963 ([1]1917).

[30] Vgl. Benveniste, Émile: Das Heilige, in: Colpe, Carsten (Hg.): Die Diskussion um das „Heilige", Darmstadt 1977 (= Wege der Forschung 103), 223–254, bes. 253.

schenrechte – von außen an religiöse Erfahrungen herangetragen werden, scheinen mir für ein solches weiteres Kriterium zwei aus der Struktur der Erfahrung resultierende innere Elemente wichtig zu sein: Eine Erfahrung kann nur dann als eine des Heiligen gelten, wenn die Wirklichkeit, die die Erfahrung anstößt, eine Haltung der Ehrfurcht der erfahrenen Wirklichkeit gegenüber evoziert. Insofern zu solcher Erfahrung auch personale Erfahrungen zählen, heißt das, dass dem oder der Anderen als Mitmenschen ebenfalls mit solcher Haltung zu begegnen ist. Ehrfurcht als Haltung entspricht nämlich der Grundrelation zwischen Wirklichkeit und erfahrender Person, wie sie einer Erfahrung des Heiligen, wie ich sie oben skizziert habe, zugrunde liegt. Der Anspruch der Wirklichkeit und ihres Grundes in der Erfahrung des Heiligen zeigen, dass diese sich zu erfahren geben. Insofern das Heilige als Wirklichkeitsgrund nicht fassbar ist, nötigt es der erfahrenden Person Respekt ab. Das heißt, dass die Haltung, die solchem Anspruch entspricht, die der Ehrfurcht ist. Dieser Begriff bezeichnet hier die Achtung und die Scheu vor dem Unheimlichen, weil nicht Greif- oder Manipulierbaren. Ehrfurcht vor der Wirklichkeit und dem Heiligen als ihrem Grund erweist sich so als weiteres Kriterium für eine Erfahrung des Heiligen.

Es erwies sich für die vorgestellte Konzeption des Heiligen als wesentlich, dass mit der angeführten Grundrelation zwischen Wirklichkeit bzw. ihrem Grund und erfahrender Person diese zur Entscheidung über die eigene Lebensform herausgefordert ist. Mit diesem Anspruch ist der oder die Erfahrende zugleich zu einer solchen Entscheidung ermächtigt. Das Heilige versetzt ihn oder sie in die Situation, über das eigene Leben entscheiden zu können. Solcher Ermächtigung durch das Heilige entspricht auf der Seite der erfahrenden Person die Haltung der Selbstachtung. Nur wenn in dieser Haltung die Entscheidung über das eigene Leben gefällt wird, wird dem Anspruch des Heiligen als des Grundes dieser Ermächtigung entsprochen. So ist die Selbstachtung neben der Betroffenheit der eigenen Lebensform und der Ehrfurcht ein drittes inneres Kriterium der Erfahrung des Heiligen.

4. Konsequenzen für die Praktische Theologie

Was bedeutet ein solches Konzept von Religionsphilosophie nun für eine Praktische Theologie, wie ich sie oben skizziert habe? Offenbar kann die philosophische Analyse eine Form von Praxis näher beschreiben, die aus einer Erfahrung des Heiligen entsteht, ohne dass sie religiös – im Sinne von Deuteschemata institutionalisierter Religionen oder Konfessionen – interpretiert ist. Wenn Praktische Theologie ihre Voraussetzung ernst nimmt, wonach ihr Ausgangspunkt gemäß Leo Karrer der Erfahrungshorizont *jeder* Praxis sei, so müsste der philosophische Befund für sie von mindestens zweifachem Interesse sein. Zum einen, weil es sich um eine heute gesellschaftlich immer weiter verbreitete Praxis handelt, zum anderen, weil diese Praxis eine religiöse Praxis im weitesten Sinn ist, wenn auch nicht unmittelbar im Rahmen einer Religion vollzogen. Nun besteht die Gefahr, dass Theologie diese religiöse Praxis diesseits der Religionen sofort wieder in religiöse Deutekategorien einordnet, was nach obigen Bestimmungen von Praktischer Theologie nahe liegt, wonach sie jede Praxis aus dem Blickwinkel christlichen Glaubens zu betrachten habe. *Religionsphilosophische* Analysen können der Praktischen *Theologie* religiöse Praxis vor Augen stellen, ohne dass diese schon theologisch gedeutet wäre und ohne dass aus methodischen Gründen die Eigenständigkeit einer noch nicht theologisch erfassten Praxisform verloren gehen müsste. Für Theologie bedeutet dies, dass sie auf eine wissenschaftlich reflektierte Außenperspektive Bezug nehmen kann und dass sie – wenn sie das tut – zugleich mit einem Korrektiv ihrer Binnenperspektive konfrontiert ist. Sich dessen bewusst zu sein wird für eine praktische Theologie immer wichtiger, wenn sie das gegenwärtige Pluralitätsparadigma nicht überspringen und vor dem Methodenpluralismus, der mittlerweile auch in Bezug auf Religiosität zu konstatieren ist, nicht die Augen verschließen möchte.

Eine Theorie der Erfahrung des Heiligen kann zeigen, dass die allerorten in Anspruch genommene Stelle GS 1–4 nicht nur deshalb Geltung beanspruchen kann, weil sie ein für katholische Theologie verbindlicher Text ist, sondern auch weil sie der Struktur philosophisch erschlossener Erfahrung entspricht: Insofern vielfältige Erfahrungen, die der Lebenspraxis zugrunde liegen, Religiosität fundieren können, gründen sowohl das Handeln derer, die nicht der eigenen Kirche angehören, als auch das eigene religiös motivierte Handeln in einer Erfahrung des Heiligen, die konkrete religiöse Deutung erst nötig macht. Binnenkirchliche Praxis und außerkirchliches Handeln, die die Lebensform tangieren, verweisen in einen gemeinsamen religiösen Erfahrungsgrund.

Kaum reflektiert scheint mir zu sein, dass der Versuch, sich seine eigene Religion zu „basteln"[31] und dabei vielleicht eklektisch vorzugehen, nicht bloß aus dem großen Weltanschauungsangebot resultiert, das wegen der Auflösung einheitlicher religiöser Milieus entstanden ist. Vielmehr hat solche Praxis ihren Grund darüber hinaus auch in der Struktur der Erfahrung, auf der sie beruht. Wirklichkeit gibt sich bisweilen so zu erfahren, dass sie zu einer Erfahrung des Heiligen führt und Relevanz für menschliches Handeln hat. Dies gilt für ästhetische oder ethische Erfahrungen genauso wie für empirisch-wissenschaftliche. Einigen dieser Erfahrungs- und Praxisbereiche, die in der Religionsphilosophie wissenschaftlich er-

---

[31] Vgl. Hitzler, Ronald/Honer, Anne: Bastelexistenz. Über subjektive Konsequenzen der Individualisierung, in: Beck, Ulrich/Beck-Gernsheim, Elisabeth (Hg.): Riskante Freiheiten. Individualisierung in modernen Gesellschaften, Frankfurt/M. 1994 (= es N.F. 816), 307–315.

schlossen werden, scheint mir Praktische Theologie freilich wenig Beachtung zu schenken. So werden beispielsweise im erwähnten neuen „Handbuch Praktische Theologie" außerwissenschaftliche Naturerfahrung, Schöpfungserfahrung, Naturwissenschaften und vor allem der Praxisbereich Technik fast vollkommen ausgespart.[32] Man stellt – wie erwähnt – Bezüge explizit nur zu Humanwissenschaften und dort nur zu Psychotherapie, Psychologie und Soziologie her. Dies ist umso erstaunlicher, als für den Ausgangspunkt der Praktischen Theologie Praxis überhaupt angesehen wird und heute technisches Handeln eine wesentliche wirklichkeitsverändernde Kraft besitzt.

Eine Religionsphilosophie im dargestellten Sinn kann auf die offenbar bestehende Natur- und Technikvergessenheit der Praktischen Theologie aufmerksam machen, wenn sie auf den Anspruchscharakter der Wirklichkeit in der Diversifikation der Erfahrungstypen und dessen Relevanz für religiöse Praxis verweist. Bemerkenswert für ein solches interdisziplinäres Gespräch scheint mir zu sein, dass auf philosophischer Seite die Gesprächspartnerin nicht primär Naturphilosophie oder Technikphilosophie zu sein hätte, sondern eine *Religions*philosophie, die sich auf die religiöse Komponente von Erfahrungen eines jeden Erfahrungstyps *und* auf die daraus resultierende Praxis konzentriert.

Norbert Mette sagt im Anschluss an Hermann Steinkamp, dass sich dann, wenn eine kontextuelle Theologie bei der Praxis selbst ansetze, das hermeneutische Verhältnis zwischen Text und Kontext umkehre. Dann nämlich interpretiere der Kontext den Text, also eine bestimmte Praxis die christliche Tradition.[33] Wenn diese Behauptung stimmt und wenn sich Praktische Theologie auf philosophisch erschlossene Erfahrungen des Heiligen und die daraus resultierende Praxis einlässt, könnte eine neue Theologie der Natur und der Technik entstehen – und zwar als Praktische Theologie, die schöpfungstheologische Begriffe neu sprechen lässt.

Literatur

Aigner, Maria Elisabeth: Gesellin beim „Bau von Windmühlen" ...? Pastoralpsychologie als Ressource der Praktischen Theologie und deren Bedeutung im Kontext einer theologischen Fakultät, in: Weirer, W./Esterbauer, R.(Hg.): Theologie im Umbruch. Zwischen Ganzheit und Spezialisierung, Graz 2000 (= Theologie im kulturellen Dialog 6), 211–225.

[32] Von Schöpfung wird selten und dann nur peripher mit dem Schlagwort „Bewahrung von Schöpfung" gesprochen. Die Lemmata „Natur" und „Technik" kommen in den Sachregistern beider Bände nicht vor. Für „Naturwissenschaften" finden sich zwei Einträge.

[33] Vgl. Mette, Norbert: Was hat die Praktische Theologie dazu geführt, kontextuell sein zu wollen?, in: PThI 18 (1998) 15–30, 27.

Angel, Hans-Ferdinand: Profil und Profilierung der universitären Religionspädagogik, in: Weirer, W./Esterbauer, R. (Hg.): Theologie im Umbruch. Zwischen Ganzheit und Spezialisierung, Graz 2000 (= Theologie im kulturellen Dialog 6), 243–267.

Benveniste, Émile: Das Heilige, in: Colpe, C. (Hg.): Die Diskussion um das „Heilige", Darmstadt 1977 (= Wege der Forschung 103), 223–254.

Bonß, Wolfgang/Hohlfeld, Rainer/Kollek, Regine (Hg.): Wissenschaft als Kontext – Kontexte der Wissenschaft, Hamburg 1993 (= Schriftenreihe des Hamburger Instituts für Sozialforschung).

Bucher, Rainer: Pluralität als epochale Herausforderung, in: Haslinger, H. (Hg.): Handbuch Praktische Theologie. 1. Grundlegungen, Mainz 1999, 91–101.

Collet, Giancarlo: Art. Kontextuelle Theologie, in: LThK³ 6 (1997) 327–329.

Fuchs, Ottmar: Martyria und Diakonia: Identität christlicher Praxis, in: Haslinger, H. (Hg.): Handbuch Praktische Theologie. 1. Grundlegungen, Mainz 1999, 178–197.

---: Für eine neue Einheit von Sozial- und Glaubenspastoral!, in: PThI 18 (1998) 231–247.

---: Wie verändert sich universitäre Praktische Theologie, wenn sie kontextuell wird?, in: PThI 18 (1998) 115–150.

Haslinger, Herbert (Hg.): Handbuch Praktische Theologie. 2 Bde., Mainz 1999f.

---/Stoltenberg, Gundelinde: Ein Blick in die Zukunft der Praktischen Theologie, in: Haslinger, H. (Hg.): Handbuch Praktische Theologie. 2. Durchführungen, Mainz 2000, 511–530.

---: Ouvertüre: Zu Selbstverständnis und Konzept dieser Praktischen Theologie, in: Haslinger, H. (Hg.): Handbuch Praktische Theologie. 1. Grundlegungen, Mainz 1999, 19–36.

---: Die wissenschaftstheoretische Frage nach der Praxis, in: Haslinger, H. (Hg.): Handbuch Praktische Theologie. 1. Grundlegungen, Mainz 1999, 102–121.

Hitzler, Ronald/Honer, Anne: Bastelexistenz. Über subjektive Konsequenzen der Individualisierung, in: Beck, U./Beck-Gernsheim, E. (Hg.): Riskante Freiheiten. Individualisierung in modernen Gesellschaften, Frankfurt/M. 1994 (= es N.F. 816), 307–315.

Jung, Matthias: Erfahrung und Religion. Grundzüge einer hermeneutisch-pragmatischen Religionsphilosophie, Freiburg/Br. 1999 (= Alber-*Reihe* Thesen 2).

Karrer, Leo: Erfahrung als Prinzip der Praktischen Theologie, in: Haslinger, H. (Hg.): Handbuch Praktische Theologie. 1. Grundlegungen, Mainz 1999, 199–219.

---: Praktische Theologie – Wissenschaft im Kontext, in: PThI 18 (1998) 5–13.

Klein, Stephanie: Der Alltag als theologiegenerativer Ort, in: Haslinger, H. (Hg.): Handbuch Praktische Theologie. 1. Grundlegungen, Mainz 1999, 60–67.

Mette, Norbert: Was hat die Praktische Theologie dazu geführt, kontextuell sein zu wollen?, in: PThI 18 (1998) 15–30.

Otto, Rudolf: Das Heilige. Über das Irrationale in der Idee des Göttlichen und sein Verhältnis zum Rationalen, München 1963 ([1]1917).

Patočka, Jan: Ist die technische Zivilisation zum Verfall bestimmt?, in: Patočka, J. (Hg.): Ketzerische Essais zur Philosophie der Geschichte und ergänzende Schriften, Stuttgart 1988 (= Ausgewählte Schriften), 121–145.

Plantinga, Alvin: Reformed epistemology, in: Quinn, Ph.L./Taliaferro, Ch. (Hg.): A Companion to Philosophy of Religion, Oxford 1999 (= Blackwell Companions to Philosophy 9), 383–389.

Rahner, Karl: Neue Ansprüche der Pastoraltheologie an die Theologie als ganze, in: Rahner, K.: Schriften zur Theologie. 9, Einsiedeln 1970, 127–147.

Rust, Alois: Der natürliche Kontext der religiösen Sprache, in: Stolz, F. (Hg.): Homo naturaliter religiosus. Gehört Religion notwendig zum Mensch-Sein?, Bern 1997 (= Studia religiosa Helvetica. Jahrbuch 3), 219–240.

Widl, Maria: Religiosität, in: Haslinger, Herbert (Hg.): Handbuch Praktische Theologie. 1. Grundlegungen, Mainz 1999, 352–362.

Yandell, Keith E.: Religious experience, in: Quinn, Ph.L./Taliaferro, Ch. (Hg.): A Companion to Philosophy of Religion, Oxford 1999 (= Blackwell Companions to Philosophy 9), 367–375.

Ziebertz, Hans Georg: Religion, Christentum und Moderne. Veränderte Religionspräsenz als Herausforderung, Stuttgart 1999.

---: Discontinuity and Continuity. A practical-theological reflection on religion and modernity, in: IJPT 2 (1998) 1–22.

Peter L. Oesterreich

Die Erfindung des religiösen Selbstes.
Fundamentalrhetorische Annäherung an die Theologie

Am Anfang war die Rede
(Joh. 1,1)

Die ‚Renaissance der Rhetorik'[1] hat in den vergangenen Jahrzehnten eine Vielzahl von Disziplinen, ausgehend von den Literaturwissenschaften, über die Geschichts- und Kunstwissenschaften bis hin zu den Naturwissenschaften und der Philosophie, erreicht. Mein Beitrag versucht das neue rhetorische Denken, insbesondere die fundamentalrhetorische Anthropologie[2], auch auf die Frage nach der Konstitution bzw. der Erfindung des religiösen Selbstes anzuwenden. Damit kann sich das Paradigma rhetorischer Rationalität an einem für Philosophie und Fundamentaltheologie bzw. Systematische Theologie gleichermaßen interessanten Thema bewähren.[3] Am konkreten Beispiel religiöser Selbst(er)findung soll so die Generalthese erläutert werden, dass *more rhetorico* eine (Wieder-)Annäherung von Philosophie und Theologie möglich sein könnte.

1. Die Aufgabe der fundamentalrhetorischen Rekonstruktion des religiösen Selbstes

„Folgendes ist nämlich die Formel, welche den Zustand des Selbstes beschreibt, wenn die Verzweiflung ganz und gar ausgetilgt ist: indem es sich zu sich selbst verhält und indem es es selbst sein will, gründet sich das Selbst durchsichtig in

---

[1] Einen allgemeinen Überblick zur interdisziplinären Rhetorikrenaissance bzw. den *rhetorical turn* gibt: H.F. Plett (Hg.), *Die Aktualität der Rhetorik*, München 1996. Zum Stand der Rhetorikrenaissance in der Philosophie s.: *Rhetorik. Ein internationales Jahrbuch*, Bd. 18 (Rhetorik und Philosophie), Tübingen 1999 und in der Theologie s.: G. Otto, Rhetorik, in: *TRE* 29 (1998) 177–191.

[2] Zur (fundamental-)rhetorischen Anthropologie s.: P.L. Oesterreich, *Fundamentalrhetorik. Untersuchung zu Person und Rede in der Öffentlichkeit*, Hamburg 1990 u. *Rhetorische Anthropologie. Studien zum Homo rhetoricus*, hg. v. J. Kopperschmidt, München 2000.

[3] Zur (Neu-)Entdeckung der Affinität von Rhetorik und systematischer Theologie s. u.a.: D.S. Cunningham, Theology as Rhetoric, in: *Theological Studies* 52 (1991) 407–430; P.L. Oesterreich, ‚Allein durchs Wort'. Rhetorik und Rationalität bei Martin Luther, in: *Religion und Rationalität*, hg. v. R. Breuninger/P. Welsen, Würzburg 2000, 31–50; J. Teuffel, *Von der Theologie. Die Kunst der guten Gottesrede in Entsprechung zur gelesenen SCHRIFT*, Frankfurt a.M. 2000, 33–40.

der Macht, welche es gesetzt hat."[4] So definiert Sören Kierkegaard vor dem Hintergrund der idealistischen Bewusstseinsphilosophie das moderne religiöse Selbst. Dabei ist dieser formelhafte Definitionstopos für die Konstitution der religiösen Existenz ebenso aufschlussreich wie – aus der Sicht des rhetorischen Denkens – kritikwürdig. Kierkegaards Formel macht darauf aufmerksam, dass das religiöse Selbst durch eine doppelte Beziehung bestimmt ist: erstens durch das reflexive Selbstverhältnis des religiösen Ich und zweitens durch seine Rückgründung in der Macht des Absoluten. Durch seine konstitutive Beziehung zur Transzendenz unterscheidet sich das religiöse Selbst einerseits vom säkularen Ego, das sich rein aus der Selbstbeziehung definiert, und durch seine reflexive Durchsichtigkeit und Perspikuität grenzt es sich andererseits gegen die vormodernen naiven und diffusen Formen von Religiosität ab. Gerade diese reflexive Selbstvergewisserung und Perspikuität ihres Rückbezuges zum Absoluten macht die Modernität der religiösen Existenz bei Kierkegaard aus.

Dennoch bleibt aus der Sicht der rhetorischen Metakritik die Definition Sören Kierkegaards, die hinsichtlich der reflexiven Perspikuität zweifellos das Erbe der kritischen Transzendentalphilosophie Kants und Fichtes aufbewahrt, in einem entscheidenden Punkte unbefriedigend. Kierkegaard formuliert nämlich die für das religiöse Selbst konstitutive Doppelrelation zu sich selbst und zum Absoluten noch im Sinne der idealistischen Selbstbewusstseinstheorie als arhetorische Wissensbeziehung. Diese einseitige Betonung der Idealität des religiösen Selbstbewusstseins überspringt dabei die reale Redevermitteltheit des religiösen Selbstes.

Es gibt nichts in der Lebenswelt des Menschen, was nicht rhetorisch vermittelt wäre. Gegen die Redevergessenheit des bewusstseinstheoretischen Idealismus macht der Realismus der Fundamentalrhetorik darauf aufmerksam, dass auch das religiöse Selbst sich im Medium persuasiver Rede konstituiert. Dies gilt auch für den konkreten Prozess der religiösen Selbstwerdung, der sich innerlich z.B. in der Form des Gebets (*oratio*) und äußerlich in der Form des Bekenntnisses (*confessio*) vollzieht. Auch der *homo religiosus* erweist sich somit als ein *homo rhetoricus*. Zur Vorbereitung einer fundamentalrhetorischen Rekonstruktion des religiösen Selbstes, die das redereflexive Defizit der idealistischen Bewusstseinsphilosophie, das sich selbst noch im christlichen Existentialismus Kierkegaards bemerkbar macht, zu vermeiden sucht, sei eine allgemeine Bemerkung zur Typologie sowie genetischen Topographie des menschlichen Selbstes vorausgeschickt.

---

[4] S. Kierkegaard, *Werkausgabe*, Bd. I, Düsseldorf 1971, 398.

Nach der Drei-Welten-Theorie der fundamentalrhetorischen Anthropologie lässt sich das menschliche Selbst weder in der Welt des empirisch Gegebenen (*mundus sensibilis*) vorfinden, noch in einer rein geistigen Welt (*mundus intelligibilis*) angemessen verorten. Als Produkt redevermittelter Selbstfindung und Selbstdarstellung gehört es vielmehr dem symbolischen Reich der Rhetorik (*mundus rhetoricus*) an. Dabei kennt die integrale *Homo-rhetoricus*-Anthropologie, die die klassische Dichotomie von *homo sensibilis* und *homo inteligibilis* vermeidet, drei Typen des menschlichen Selbstes:

1. Das öffentliche und gesellschaftliche Selbst konstituiert sich in der rhetorischen Selbstdarstellung vor anderen Menschen. Der genetische Ort seiner Selbstwerdung ist das *forum externum* der lebensweltlichen Öffentlichkeit. Dabei geschieht die Erfindung des öffentlichen Selbstes innerhalb des topischen Horizontes der jeweiligen geschichtlichen Lebenswelt und ihrer sittlichen Leitbilder.[5]

2. Das eigene oder eigentliche Selbst konstituiert sich dagegen in der inneren Selbstdarstellung vor dem eigenen Ich. Seine reflexive rhetorische Konstitution findet auf dem *forum internum* des Selbstgespräches statt. Ein klassischer philosophischer Text dieser egologischen Selbsterfindung des modernen Ich in der Form des inneren Monologes sind die *Meditationen* des Descartes.

3. Das Proprium des religiösen Selbstes ist dagegen der rhetorische Bezug zur Transzendenz oder zum Absoluten. Seine redevermittelte Selbsterfindung vollzieht sich auf dem *forum internum* z.B. in der Form des Gebetes (*oratio*) oder äußerlich in der Form des öffentlichen Bekenntnisses (*confessio*).[6] Dabei geht die innere Selbst(er)findung vor sich selbst und vor Gott der äußeren bekenntnishaften Selbstdarstellung naturgemäß voraus.

2. Das prophetische Paradigma: Die Konfession des Jeremia

Ein aufschlussreiches Beispiel für die rhetorischen Konstitutionsmomente religiöser Selbst-Invention bildet die folgende Jeremia-Perikope: „Herr, du hast mich überredet, und ich habe mich überreden lassen, du bist zu stark gewesen und hast gewonnen; aber ich bin darüber zum Spott geworden täglich und jedermann verlacht mich" (Jer 20,7).

---

[5] Vgl. meine Begriffsskizze in „Verstehen heißt Verbindenkönnen. Die Erfindung des Selbst in der topischen Lebenswelt", in: *Die Formel und das Unverwechselbare. Interdisziplinäre Beiträge zu Topik, Rhetorik und Individualität*, hg. v. I. Denneler, Frankfurt a.M. 1999, 15–25.

[6] Einen allgemeinen geschichtlichen Überblick zur Rhetorik des Gebetes gibt: J. Villwock, *Die Sprache – Ein „Gespräch der Seele mit Gott". Zur Geschichte der abendländischen Gebets- und Offenbarungsrhetorik*, Frankfurt a.M. 1996.

Das prophetische Selbstverständnis des Jeremia artikuliert sich hier in der Darstellung einer doppelten persuasiven Beziehung. Erstens wird die Berufung (*vocatio*) des Propheten als Erlebnis der persuasiven Übermacht Gottes geschildert: „Herr, du hast mich überredet, und ich habe mich überreden lassen, du bist zu stark gewesen." Zweitens bringt gerade das Gelingen der göttlichen persuasiven Intervention das neu konstituierte prophetische Selbst in eine paradoxale Kontraposition zur menschlichen Mitwelt: „[...] aber ich bin darüber zum Spott geworden täglich und jedermann verlacht mich." Für das Problem der Findung des religiösen Selbstes erweist sich hier die asymmetrische vertikale persuasive Kommunikation zwischen dem prophetischen Ich und der Transzendenz als vorrangig. Konstitutiv für die Erfindung des religiösen Selbstes ist seine fundierende Beziehung zur rhetorischen Transzendentalität Gottes; seine paradoxale Stellung zur rhetorischen Sozialität der Mitwelt folgt aus ihr.

Das dritte konstitutive personale Moment der Jeremia-Perikope neben der rhetorischen Transzendentalität und Sozialität ist ferner die rhetorische Reflexivität des prophetischen Ich selbst. Rhetorisch-kritisch gesehen ist die Jeremia-Perikope nämlich nicht unmittelbar jenes persuasive Offenbarungs- und Berufungserlebnis, an das sie erinnert und das sie narrativ vergegenwärtigt. Als verschriftlichte Rede vergegenwärtigt sie somit die prophetische Berufung und Selbstfindung in der Form mehr oder weniger artifizieller rhetorischer Reflexivität. Die Probleme der Verschriftlichung und redaktionellen Bearbeitung der Textstelle einmal außer Acht gelassen, reflektiert die Rede des Propheten das durch rhetorische Transzendentalität bewirkte Ursprungsereignis, um sich seiner erneut zu vergewissern und andere von ihm zu überzeugen. Als erinnernde Rede von der Macht der göttlichen ‚Überredung' stellt sie somit den redereflexiven Versuch einer narrativ-memorierenden Rekonstruktion der Urkonstruktion identitätsstiftender göttlicher Rede dar.

Verallgemeinernd lässt der Blick auf das prophetische Paradigma bei Jeremia folgende Basiskonzeption der Konstitution des religiösen Selbstes gewinnen, das die drei Momente der rhetorischen Transzendentalität, Reflexivität und Sozialität umfasst. Die eigentliche Erfindung des religiösen Selbstes gründet demnach in der Dualität der rhetorischen Transzendentalität des Absoluten einerseits und der rhetorischen Reflexivität des religiösen Ich andererseits. Diese ermöglicht dann die öffentliche Selbstdarstellung des religiösen Ich in seiner geschichtlichen Lebenswelt. Aufgrund der konstitutiven Dualität von rhetorischer Transzendentalität und Reflexivität besitzt das religiöse Selbst im Prozess seiner Erfindung demnach einen doppelten Charakter:

a) Das religiöse Selbst als Auditor: Ausgehend vom Moment übermächtiger rhetorischer Transzendentalität stellt sich das religiöse Selbst als passionierte Existenz dar, die sich als Hörer des kerygmatischen Anspruchs göttlicher Rede betroffen und leidenschaftlich bewegt vorfindet. Der Ausgangspunkt ihrer Selbsterfindung ist die von der Transzendenz bewirkte Affektivität, die wortwörtlich ein ‚Gemachtwerden' von der Übermacht der göttlichen Rede darstellt. Diese von der Transzendenz bewirkte Affektivität – rhetoriktheoretisch gesprochen das religiöse Pathos – bildet die unhintergehbare Basis, von der die Erfindung des religiösen Selbstes anhebt. Es ist diese von der rhetorischen Transzendenz bewirkte Passioniertheit, die die spezifische Differenz der Invention religiöser Existenz zur Autopoiesis rein egologisch konstituierter Subjektivität ausmacht.

b) Das religiöse Selbst als Orator: Ausgehend vom Moment rhetorischer Reflexivität erfindet sich das religiöse Selbst in selbstvergewissernder, narrativ-memorierender Darstellung seines Überzeugtseins vom Absoluten. Von dieser Seite her gesehen findet es sich nicht nur als von göttlicher Rede betroffener Hörer vor, sondern wird selbst zum Autor religiöser Rede. Überdies bedarf die religiöse Identität der fortgesetzten rhetorisch-reflexiven Überzeugung vom eigenen Überzeugtwordensein, um sich durch die Zeit hindurch zu erhalten. Das Gelingen des permanenten Prozesses redereflexiver Selbstvergegenwärtigung bildet dann das Ausgangspotential für die öffentliche Konfession, die der religiösen Überzeugung anderer dient.

c) Der synthetische Charakter des religiösen Selbst: Die (Er-)Findung des religiösen Selbst geschieht im Zusammenwirken von rhetorischer Transzendentalität und Reflexivität. Sie verlangt die Vermittlung zwischen dem unmittelbaren Erlebnis der persuasiven Selbstdarstellung und Offenbarung des Absoluten einerseits und seiner reflexiven Aneignung im vermittelnden Medium menschlicher Rede andererseits. Anders ausgedrückt: Die rhetorische Erfindung des religiösen Selbstes ereignet sich in der gelungenen Konvenienz der Rhetorik des Absoluten (*rhetorica divina*) und der auf sie bezogenen, mehr oder weniger artifiziellen menschlichen Rede (*rhetorica humana*). Sie beruht somit auf der gelingenden Synthesis von göttlicher und menschlicher Rhetorik, rhetorischer Transzendentalität *und* Reflexivität.

Dagegen kann die Abstraktion vom konstitutiven Moment rhetorischer Reflexivität, die einseitig die geradezu automatisch wirkende kerygmatische Macht der göttlichen Rede betont, nur bis zu Formen naiver und augenblickshafter Frömmigkeit führen. Umgekehrt degradiert die Verabsolutierung der rhetorischen Reflexivität, die einseitig die rhetorische Artifizialität religiöser Selbsterfindung betont, das religiöse Selbst zu einer bloßen rhetorischen oder literarischen Fiktion, die keinen anderen Wahrheitsanspruch erheben kann als z.b. eine Sciencefiction-Figur. Einen genaueren Einblick in den synthetischen Charakter der Konstitution des religiösen Selbstes und damit der spezifischen Kooperation von *rhetorica divina* und *rhetorica humana* finden wir bei Augustinus, dessen *Bekenntnisse* wohl das beste Beispiel für eine elaborierte und selbstreflexive Rhetorik religiöser Selbsterfindung bilden.

3. Die Erfindung des religiösen Selbstes in den Bekenntnissen des Augustinus

Die *Bekenntnisse* des Augustinus bilden ein rhetorisch meisterhaftes Beispiel der Schilderung des religiösen Selbstwerdungsprozesses in der Form einer Autobiographie. Gemäß den drei konstitutiven Momenten religiöser Selbsterfindung richtet sie sich an ein dreifaches Publikum. Hinsichtlich der rhetorischen Reflexivität bilden sie eine erinnernde rhetorische Selbstvergegenwärtigung des Autors vor sich selbst (*coram seipso*). Ferner lassen sie sich hinsichtlich der rhetorischen Transzendentalität – wie gleich der erste Satz der *Bekenntnisse*: „Groß bist Du, Herr, und hoch zu preisen, und groß ist Deine Macht und Deine Weisheit unermeßlich"[7] bezeugt – als bekenntnishafte Selbstdarstellung des religiösen Ich vor Gott (*coram Deo*) verstehen. Drittens legt das bekennende Ich nicht nur vor Gott, sondern auch den anderen Menschen (*coram hominibus*), gemeint sind alle Leser des Buches, Zeugnis ab. Ausdrücklich betont das auktoriale Ich „daß ich vor Deinem Angesicht auch den Menschen mit diesem Buch bekenne"[8].

Dementsprechend entwickeln die *Bekenntnisse* neben der appellativen Anrufung Gottes noch zwei weitere persuasive Sinnrichtungen. Außer der Anrufung des Absoluten dienen sie sowohl der religiösen Selbstvergewisserung des Autors sowie der Überzeugung seiner Hörer: „Damit ich und jeder, der es liest, bedenke, daß man aus jeder Tiefe, noch so groß, zu Dir rufen soll."[9]

Die rhetorische Dynamik der autobiographischen Selbstwerdung in den ersten zehn Büchern der *Bekenntnisse* gestaltet sich ferner als Parallelvorgang: Die fortschreitende rhetorische Selbstvergegenwärtigung der eigenen religiösen Bestimmung korreliert dem Prozess wachsender Gottesvergegenwärtigung. Daher verbindet die religiöse Autobiographie des Augustinus in sich das Sündenbekenntnis

---

[7] Augustinus, *Confessiones/Bekenntnisse*, lat.-dt., hg. u. übers. v. J. Bernhart, München ³1966, 13.
[8] A.a.O., 491.
[9] A.a.O., 71.

(*confessio peccati*) mit dem Gotteslob (*confessio laudis*).[10] Als *confessio peccati* vollzieht sich religiöse Selbsterfindung als narrativ memorierende Vergegenwärtigung des eigenen religiösen Selbstprozesses in fortschreitender Abscheidung des uneigentlichen sündigen Ich von seinen biographischen Verirrungen, z.b. dem Manichäismus. Parallel dazu gestaltet sich die *confessio laudis* als progressive Vergegenwärtigung und Klärung der anfänglich nur diffus im ,unruhigen Herzen' bemerkbaren Konpräsenz Gottes.[11] Dass der zweite Teil der *Bekenntnisse*, der die lehrhaften Bücher XI–XIII umfasst, schließlich den andersartigen Charakter einer *confessio scientiae* gewinnt, erklärt sich zudem daher, dass das religiöse Selbst nach vollendeter autobiographischer Selbsterfindung in den ersten zehn Büchern sich ganz der lehrhaften Darstellung seines Glaubens widmen kann.

Der Text der *Bekenntnisse* bildet deshalb ein besonders aufschlussreiches Beispiel für die rhetorische Konstitution des religiösen Selbstes, weil er den Anteil menschlicher Redekunst, die römische *ars rhetorica*, am Prozess religiöser Selbstwerdung eigens thematisiert. Er klärt uns über das fragliche Verhältnis von *rhetorica humana* und *rhetorica divina* im Prozess religiöser Selbsterfindung auf. Vorweg sei gesagt, dass aus den Ausführungen des Augustinus ein kooperatives Modell sichtbar wird, das die Identität des religiösen Selbstes aus dem Zusammenwirken von menschlicher rhetorischer Induktion einerseits und gnadenhaft initiierter persuasiver Fluktuation andererseits hervorgehen lässt.

3.1 Verbalistische gegen integrale Rhetorik: Faustus contra Ambrosius

In den rhetorik-reflexiven Passagen seiner *Bekenntnisse* setzt Augustinus der Konzeption eines rhetorischen Verbalismus, die durch den Manichäer Faustus repräsentiert wird, die integrale Rhetorik des Mailänder Bischofs Ambrosius entgegen. Der rhetorische Verbalismus, dem Augustinus in seiner Frühzeit als römischer Rhetor selbst verfallen war, legt sein Hauptgewicht auf die elokutionäre Wohlgeformtheit des sprachlichen Ausdrucks und zielt statt auf das Seelenheil,

---

[10] Zur Verbindung von *Confessio peccati* und *Confessio laudis* in den ersten zehn Büchern der *Confessiones* siehe G. Pfligersdorffer, Augustins Confessiones und die Arten der Confessio, in: *Salzburger Jahrbuch für Philosophie* 14 (1970) 15–28. Zur Frage des literarischen Genus und zur Kompositionsstruktur der Confessiones s.: A. Augustinus, Was ist Zeit? (*Confessiones XI/Bekenntnisse 11*), hg. v. N. Fischer, Hamburg 2000, XXV–XLII.

[11] Gottes Anwesenheit im Menschen ist nicht fester Besitz, sondern der Beweggrund all der von sich her chaotischen Bewegungen, von denen die *Confessiones* exemplarisch zeigen, wie Gott sie im Hinblick auf die jenseitige Bestimmung des Einzelnen ordnet. Dies sagt Augustins berühmtester Satz: „,Und unruhig ist unser Herz, bis es ruht in Dir', et inquietum est cor nostrum, donec requiescat in te" (K. Flasch, Augustin. Einführung in sein Denken, Stuttgart [2]1994, 257).

auf den Beifall der Menge. Wichtig ist nicht der sachliche Gehalt (*res*), sondern die äußere Wortgestalt (*verbum*), die durch ihre eingängliche und gefällige Form das Erfreuen (*delectare*) und damit die Zustimmung der Menschen hervorrufen soll. In dieser verbalistischen Sicht kann ein einziger Barbarismus ein Verstoß gegen die korrekte Aussprache (*puritas*), wenn z.b. der Redner statt ‚homo' ‚omo' sagt, die Wirkung einer ganzen Rede zerstören. Augustin hat die dem Rednerruhm verfallene Existenz des römischen Rhetors, die er aus eigener Anschauung kannte, eindrücklich folgendermaßen geschildert: „Da hascht ein ‚homo' nach Rednerruhm, er tut es vor einem ‚homo' Richter, umringt von einer Menge ‚homines', haßerfüllt fällt er über seinen Gegner her, nur ängstlich in Sorge, daß er ja sich nicht verspreche und sage ‚inter omines', und – macht sich keine Sorge darum, ob er nicht vor Wut verrückt einen ‚homo' wegfege aus der Gesellschaft der ‚homines'."[12]

In diesen Kontext des rhetorischen Verbalismus säkularer Rhetorik, deren scheinbar kultiviertes Vermeiden sprachlicher Barbarismen sich mit einer äußersten menschlichen Brutalität und Rücksichtslosigkeit verbindet, die jeden Anflug von Humanität vermissen lässt, stellt nun Augustinus auch die Rhetorik des Manichäers Faustus. Auch Faustus erweist sich für ihn als ein Verbalist, der nicht durch den sachlichen Wahrheitsgehalt seiner Rede zu überzeugen, sondern lediglich durch das Anziehende (*suavitas*) seiner Worte und seines persönlichen Vortrags andere Menschen zu überreden sucht. „Als er nun kam, fand ich an ihm einen angenehmen Mann, dem gut zuzuhören war, und der über die gewöhnlichen Gesprächsstoffe dieser Leute viel anziehender als die andern zu plaudern wußte. Aber was halfen meinem Durst die edlen Becher von der Hand des artigsten Schenken? Solcher Dinge hatte ich schon lang die Ohren voll, und sie schienen mir nicht darum besser, weil sie nun besser vorgetragen wurden, noch deshalb schon richtig, weil sie aus beredtem Munde kamen, auch nicht die Seele deshalb schon weise, weil das Mienenspiel angemessen, die Ausdrucksweise gefällig war."[13]

Dem negativen Gegenbild der verbalistischen Rhetorik des Faustus kontrastiert bei Augustinus das positive Vorbild der integralen Rhetorik des Ambrosius. Dabei sticht die Bestform christlicher Rhetorik, die Ambrosius repräsentiert, gerade nicht durch ein Defizit elokutionärer Sprachgestaltung von der verbalistischen Verfallsform römischer Rhetorik ab. Im Gegenteil, Augustinus bekennt ausdrücklich, dass er zunächst nicht von der Sache, die der christliche Redner

---

[12] Augustinus, *Bekenntnisse*, 59.
[13] A.a.O., 205.

Ambrosius vertritt, sondern vom Ruf seiner außerordentlichen Redefähigkeit und dem Anziehenden seiner Sprache (*suavitas sermonis*) angezogen wurde: „Ich hörte ihn, wenn er zum Volke sprach, voll Interesse, freilich nicht in der gehörigen inneren Verfassung, vielmehr um mir ein Urteil zu bilden, ob seine Rednergabe ihrem Ruf entspräche oder stärker, vielleicht schwächer hervorkäme, als es die öffentliche Meinung war. So hing ich wohl gespannt an seiner Sprache, im übrigen stand ich unter den anderen als ein Hörer, den die Sache selbst nichts anging, ja dem sie verächtlich war. Ich freute mich nur an der einnehmenden Art seines Vortrags."[14]

Die vorbildliche rhetorische Kompetenz des christlichen Redners Ambrosius umfasst also nicht bloß das innere Verstehen der göttlichen Wahrheit, sondern auch die Kunst ihrer äußeren rhetorischen Darstellung vor dem Volke. Ambrosius entspricht dem von Augustinus in *De doctrina Christiana* entworfenem Ideal des christlichen Lehrers, der sowohl über die Kompetenz der Auffindung der Sache (*modus inveniendi*) sowie die professionelle Fähigkeit ihrer öffentlichen Darstellung (*modus proferendi*) verfügt.[15] Die integrative christliche Rhetorik des Ambrosius kann somit ebenso wie die klassische römische des Cicero und Quintilian unter das Motto ‚ *res et verba* ' gestellt werden. Das Wort lässt sich vom Sinn innerhalb der integralen Rhetorik des Ambrosius nicht trennen.

Es ist diese Unzertrennlichkeit von *res* und *verbum*, die den zunächst nur am anziehenden Äußeren des Wortes interessierten Hörer Augustinus schließlich geradezu gegen seinen Willen zum Verständnis des inneren Sinnes der christlichen Botschaft bewegt. „Denn während ich ohne alles Verlangen war, mir anzueignen, was er sprach, und nur hören wollte, wie er sprach – ja bei aller Verzweiflung an einem Weg vom Menschen zu Dir war mir dieses nichtige Interesse geblieben –, kam in meinen Geist zugleich mit der Sprache, die ich liebte, auch die Sache, die für mich doch das Geringste dabei war; beides voneinander zu trennen war mir nicht möglich. Ich hielt mein Herz nur aufgetan, um zu hören, wie beredt er sprach, indessen trat zugleich die Erkenntnis ein, wie wahr er sprach – allerdings nur Schritt um Schritt."[16] In der integralen Rhetorik des Ambrosius sind das Wie und das Was in der Rede unzertrennlich verbunden. Die anziehende ästhetische Darstellungsform bildet hier geradezu den Türöffner für das Eintreten der christlichen Weisheit in das Herz der Hörer. Somit erweist sich die *ars rhetorica,* von

---

[14] A.a.O., 235.
[15] Vgl. *De doc. chr.*, IV,1.
[16] Augustinus, *Bekenntnisse,* 235ff.

Ambrosius im christlichen Sinne gebraucht, als notwendiges Mittel der wirksamen Induktion und Hinführung zur christlichen Wahrheit.

3.2 Die Konvenienz von menschlicher Induktion und gnadenhaft initiierter Fluktuation

Die religiöse Selbstwerdung des Augustinus setzt nun eine ganze Reihe menschlicher rhetorischer Induktionen voraus, die schließlich zu seiner Bekehrung führen. Neben der Predigt des Ambrosius gibt das Gespräch des Augustinus mit Simplicianus ein weiteres Beispiel für eine kunstvolle rhetorische Induktion. Simplicianus führt Augustinus die Geschichte der Bekehrung und des öffentlichen Bekenntnisses des berühmten römischen Rhetors Victorinus vor Augen. Es ist mitreißende rhetorische *evidentia* dieses narrativ vor Augen geführten Beispiels, die in Augustinus den neuen Willen zu einem Gott gefälligen Leben erweckt. Sie ruft in ihm die Krisis, den Beginn jenes dramatischen inneren Willenskonfliktes hervor, die am Ende zu seiner Bekehrung führen wird. „So kämpften zwei Willen miteinander, beide die meinigen, der eine alt, der andere neu, vom Fleische der eine, vom Geiste der andre, und ihre Zwietracht zerriß mir die Seele."[17]

Besonders aufschlussreich für die Augustinische Einschätzung des Zusammenwirkens von *rhetorica divina* und *rhetorica humana* ist ferner die Schilderung seines Gespräches mit Pontician. Dessen Erzählung stellt einen weiteren Schritt rhetorischer Induktion dar. Er berichtet vom Beispiel zweier kaiserlicher Beamter, die beim Spaziergang auf eine Hütte stoßen, in der sie ein Buch vorfinden, das das Leben des Antonius beschreibt: „Der eine von ihnen begann zu lesen, zu staunen und Feuer zu fangen, ja über dem Lesen packte ihn schon der Gedanke, selber solch ein Leben zu ergreifen, den Hofdienst zu verlassen – sie gehörten zu der Klasse von Beamten, die man kaiserliche Agenten nennt – und Dir zu dienen [...] und aufgewühlt vom Gebärdrang eines neuen Lebens schaute er wieder in die Blätter und las und ward im Innern andern Sinnes."[18] Diese Erzählung des Pontician, die die spätere Bekehrung des Augustinus durch ein Leseerlebnis präfiguriert, bewirkt bei ihm eine intellektuelle Kehrtwendung, die ihm sein eigenes sündiges Ich vor Augen stellt.

Bemerkenswert ist nun, dass dieser Akt der rhetorisch induzierten Selbsterkenntnis von Augustinus nicht nur als Werk der narrativen Rhetorik des Pontician, son-

---

[17] A.a.O., 381.
[18] A.a.O., 391.

dern primär als die Wirkung einer in ihr mit anwesenden göttlichen Rhetorik interpretiert wird: „So erzählte Pontician. Du aber, Herr, Du wandest mich während seines Redens zu mir selbst herum, Du holtest hinter meinem eigenen Rücken mich hervor, wo ich mich eingerichtet hatte, dieweil ich mich nicht anschaun wollte, und stelltest mich meinem Angesicht gegenüber, damit ich sähe, wie häßlich ich sei, wie verkrüppelt und schmutzig, voll Sudel und Geschwür."[19] An dieser Stelle wird deutlich, dass die rhetorische Induktion des Pontician nicht hinreichend ist, die kritische Selbstzuwendung des Augustinus zu bewirken. Zum gelingenden Vollzug der Augustinischen Selbsterkenntnisses bedarf es darüber hinausgehend der in der menschlichen Rede Ponticians mit anwesenden persuasiven Macht des Absoluten.

Die Darstellung der Pontician-Episode, die den Vollzug und die Fluktuation von Selbsterkennen auf eine im menschlichen Reden konpräsente *rhetorica divina* zurückführt, entspricht der in *De magistro* von Augustinus geäußerten Überzeugung, „daß Gott allein Menschen belehrt"[20]. Dass Gott allein der wahre innere Lehrer des Menschen sei, gilt auch für jenes rhetorische *docere*, das in den *Bekenntnissen* einen wichtigen weiteren Schritt in Richtung auf die endgültige Bekehrung des Augustinus darstellt. Dabei bildet die menschliche rhetorische Induktion jedes Mal lediglich die Basis, aufgrund derer sich die gnadenhaft initiierte rhetorische Fluktuation ereignen kann.

Die von der Pontician-Rede angestoßene kritische intellektuelle Selbsterkenntnis der eigenen Sündhaftigkeit bedeutet allerdings noch keine wirkliche Bekehrung. Den Weg dorthin bahnt in den *Bekenntnissen* ein weiterer, neuer Typus menschlicher rhetorischer Induktion. Es ist die innerseelische Selbstinduktion, die sich nicht mehr in der Form der Predigt oder des äußeren Gesprächs, sondern in der Form eines innerseelischen Redewettstreites vollzieht. In der schulrhetorischen Form der Kontroverse streiten und argumentieren im Herzen des Augustinus die personifizierte Eitelkeiten (*vanitates*) gegen die Keuschheit (*continentia*).[21] Von dieser Kontroverse in seinem Herzen (*controversia in corde*) berichtet Augustinus bezüglich des Auftretens der Eitelkeiten: „Noch hielten sie mich auf, Torheit über Torheit und Eitelkeit über Eitelkeit, sie meine alten Freundinnen, und zupften heimlich am Gewande meiner Sinnlichkeit und raunten: ‚Schickst du uns weg?'

---

[19] A.a.O., 393.
[20] B. Kursawe, *docere, delectare, movere, Die officia oratoris bei Augustinus in Rhetorik und Gnadenlehre*, Paderborn 2000, 107.
[21] Zur Bedeutung der Kontroversen und Suasorien (Controversiae et suasoriae) innerhalb des Übungsbetriebes der kaiserzeitlichen Schulrhetorik s.: M. Fuhrmann, *Die antike Rhetorik. Eine Einführung*, München/Zürich 1984, 65–73.

Und dann: ‚Von jenem Augenblick darfst du das und jenes nicht mehr tun, nicht in alle Ewigkeit.'"[22]

Dagegen führt ihn die Keuschheit die vielen Beispiele gelungener Bekehrung vor Augen und argumentiert: „Du solltest es nicht vermögen wie diese Männer, diese Frauen? Ja vermögen sie es denn aus sich und nicht vielmehr im Herrn, ihrem Gott? Der Herr, ihr Gott, hat mich ihnen gegeben. Was stehst du auf dir, und stehst doch nicht? Wirf dich auf Ihn! Hab keine Angst; er wird nicht weichen, daß du fällst: getrost wirf dich auf Ihn, er fängt dich auf und macht dich heil!"[23] Diese innere rhetorische Selbstinduktion in der Form der schulrhetorischen Kontroverse führt zwar zu einer Vertiefung der inneren Krisis des Augustinus, aber nicht zur existentiellen Entscheidung für ein Gott zugewandtes Leben. Das Defizit des inneren Redestreites zwischen den Eitelkeiten und der Keuschheit besteht darin, dass sie als menschliche rhetorische Selbstinduktion keinen Transzendenzbezug besitzt, sondern sich rein im selbstbezüglichen Inneren der Subjektivität konstituiert: „So ging im Streit die Rede, aber nur von mir zu mir"[24]. Die Verinnerlichung der rhetorischen Induktion und ihre Verlagerung vom *forum externum* des zwischenmenschlichen Gespräches zum *forum internum* der egologisch konstituierten inneren *controversia* erreicht nicht jene rhetorische Fluktuation, die den eigentlichen Vollzug der Bekehrung bedeutet.

Der eigentliche Akt der Bekehrung kann nach Augustinus schließlich wiederum nur durch die rhetorische Transzendentalität, d.h. die Rede und das Wort Gottes, initiiert werden. Allerdings lässt der Bekehrungsbericht des Augustinus auch das induktive Moment von Seiten menschlicher Subjektivität sichtbar werden, das der rhetorischen Fluktuation und dem entscheidenden Vollzug der Bekehrung vorhergeht. Zunächst einmal beginnt der Bekehrungsprozess mit einem äußeren rhetorischen Anstoß, einer Kinderstimme: „Da auf einmal höre ich aus dem Nachbarhaus die Stimme eines Knaben oder Mädchens im Singsang wiederholen: ‚Nimm es, lies es, nimm es, lies es!'"[25] Der Übergang zur eigentlichen Bekehrung ist ferner durch eine subjektive Deutungsleistung von Seiten des Augustinus vermittelt. Er interpretiert die Aufforderung der menschlichen Kinderstimme als göttlichen Befehl: „[…] ich wußte keine andere Deutung, als daß mir Gott befehle, das Buch zu öffnen und die Stelle zu lesen, auf die zuerst ich träfe."[26] Die eigentliche rhetorische Selbstfindung des religiösen Ich wird somit bei Augustinus

---

[22] Augustinus, *Bekenntnisse*, 411.
[23] A.a.O., 413.
[24] Ebd.
[25] A.a.O., 415.
[26] Ebd.

durch eine menschliche Vokation (Kinderstimme) und ihre Interpretation als Befehl Gottes vorbereitet. Erst danach setzt mit der entscheidenden Lektüre der Heiligen Schrift die Bekehrung des Augustinus durch die *rhetorica divina* in der Form augenblicklicher, gnadenhafter Fluktuation ein: „Nicht in Schmausereien und Trinkgelagen, nicht in Schlafkammern und Unzucht, nicht in Zank und Neid, vielmehr ziehet an den Herrn Jesus Christus und pfleget nicht des Fleisches in seinen Lüsten. Weiter wollte ich nicht lesen, und weiter war es auch nicht nötig. Denn kaum war dieser Satz zu Ende, strömte mir Gewißheit als ein Licht ins kummervolle Herz, daß alle Nacht des Zweifelns hin und her verschwand."[27] Das eigentlich bekehrende *movere*, das über die intellektuelle Belehrung hinausgehend den Willenskonflikt im Herzen des Augustinus endgültig für Gott entscheidet, geht von der *rhetorica divina* der Bibel aus. Die Bekehrung des Augustinus gestaltet sich als Redesieg der rhetorischen Transzendenz.[28]

Insgesamt stellen die rhetorikreflexiven Passagen der *Bekenntnisse* des Aurelius Augustinus die Formenvielfalt menschlicher Induktionen dar, die die gnadenhaft initiierte Fluktuation der Bekehrung einleiten. Zu ihnen gehören auf dem *forum externum* die Predigt sowie das freundschaftliche Gespräch und auf dem *forum internum* die Kontroverse im eigenen Herzen. Hinzu kommt, dass die *Bekenntnisse* als Ganzes auch ein artifizielles Kunstwerk religiöser Rhetorik darstellen, das auch auf die Seite der *rhetorica humana* gehört. Allerdings bleibt festzuhalten, dass alle induktiven Aktivitäten menschlicher Rhetorik bei Augustinus über sich hinausweisen. Sie zielen auf eine von ihnen allein nicht bewirkbare und für sie deshalb kontingent bleibende gnadenhafte Fluktuation religiöser Überzeugung, die nur die überwältigende Macht der *rhetorica divina* zu bewirken vermag.

4. Die Erfindung des religiösen Selbst zwischen artifiziellem Entwurf und authentischer Entdeckung

,Erfindung' kann einerseits ,Entdeckung' und andererseits ,Entwurf' bedeuten. Diese semantische Ambivalenz des Wortes ,Erfindung' erweist sich beim Thema der religiösen Selbst(er)findung, wie die Ausführungen zu Augustinus gezeigt haben, durchaus als sachdienlich. Die Erfindung des religiösen Selbstes setzt näm-

---

[27] A.a.O., 417.
[28] Mit Cicero ist Augustinus der Überzeugung, dass den eigentlichen Redesieg nicht das bloße Belehren (*docere*) oder Erfreuen (*delectare*), sondern das Rühren (*flectere*) sei, das über das Gefühl – hier die Liebe zu Gott – dem Willen eine andere Richtung zu geben vermag. Deshalb sei es auch die Aufgabe des eloquenten kirchlichen Lehrers, nicht allein zu lehren, um zu unterrichten, zu erfreuen, um zu fesseln, sondern auch anzurühren, um zu siegen (vgl. *De doc. chr.*, IV,29).

lich einerseits eine Kette mehr oder weniger artifizieller rhetorischer Induktion
voraus; aber auf der anderen Seite vollendet sie sich nur in einer persuasiven
Fluktuation, die so verstanden werden muss, dass sie durch eine gnadenhafte rhetorische Intervention der Transzendenz initiiert wird. Religiöse Identität entspringt
somit einer kooperativen Konvenienz von *rhetorica humana* und *rhetorica divina*.
Sie entsteht im gelungenen Augenblick – oder rhetoriktheoretisch gesprochen dem
Kairos – des Zusammenwirkens menschlicher rhetorischer Induktion und göttlicher Intervention.

Welche Implikationen diese fundamentalrhetorische Sicht religiöser Identität enthält, wird deutlich, wenn wir nach den Bedingungen der Möglichkeit gelingender
religiöser Selbst(er)findung fragen. Insofern diese eine synergetische Synthesis
von *rhetorica humana* und *rhetorica divina* darstellt, setzt sie nämlich voraus,
dass die dem Menschen zugewandte Seinsweise Gottes selber rhetorisch ist. Oder,
in den Worten Luthers ausgedrückt, dass der Heilige Geist der beste Redner sei
(*„spiritus sanctus optimus Rhetor"*[29]). Religiöse Identität im fundamentalrhetorischen Sinne präsupponiert somit einen redenden Gott. A contrario argumentiert
heißt das: Ein Gott, der kein Wortgott wäre, wäre für die Konstitution religiöser
Selbsterfindung irrelevant.

Das religiöse Selbst setzt somit die Existenz eines in die Geschichte eingreifenden
Wortgottes voraus. Erst aufgrund dieser Voraussetzung wird die analoge Beziehung von rhetorischer Transzendentalität auf der einen Seite und rhetorischer Reflexivität auf der anderen Seite, die die Konvenienz des religiösen Selbst(er)fin-
dungsereignisses ermöglicht, erklärbar. Dieses analoge Verhältnis von *rhetorica
divina* und *rhetorica humana* setzt z.B. Thomas von Aquin in seinem Traktat über
den charismatischen christlichen Lehrer voraus, wenn er sagt, dass der Heilige
Geist auf erhabene Weise dasjenige bewirkt, was die menschliche Kunst nur auf
niedere Weise bewirken kann.[30] Erst die Annahme einer solchen Analogie erklärt,
wie die Selbst(er)findung des *homo rhetoricus religiosus* als die menschliche rhetorische Nachkonstruktion einer göttlichen rhetorischen Urkonstruktion, d.i. der
Selbstoffenbarung des Absoluten, überhaupt gelingen kann.

Genauer betrachtet ist dabei nicht nur die Intervention der *rhetorica divina*, sondern auch ihre synergetische Konvenienz mit der *rhetorica humana* gnadenhaft
ermöglicht. Allerdings bleibt gegen ein rein gnadenhaftes Verständnis religiöser

---

[29] *WA* 31 II,83,12.
[30] „[…] ita etiam Spiritus Sanctus excellentius operatur per gratiam sermonis id quod potest ars
operari inferiori modo" (*S. th.* I–II 111.4).

Selbstfindung, aus fundamentalrhetorischer Sicht die Seite der aktiven menschlichen Induktion, wie sie sich gerade im Text der *Bekenntnisse* in vielfältiger Form bezeugt, festzuhalten. Religiöse Selbsterfindung muss daher insgesamt als Kooperation göttlicher *und* menschlicher Freiheit verstanden werden; sie resultiert aus der Konvenienz von freien Akten menschlicher rhetorischer Reflexivität *und* rhetorischer Transzendentalität. Es ist somit nicht nur die göttliche Freiheit der gnadenhaften Intervention allein, sondern auch die der menschlichen rhetorischen Induktion, die die religiöse Selbstfindung im Sinne einer *religio libera* ausmacht.

Allerdings kann die Philosophie im Element ihrer Begiffsrede nur lediglich die Möglichkeit des religiösen Selbstes definieren, aber nicht seine Wirklichkeit beweisen. Ebenso bleibt das fundamentalrhetorische Argument für die Existenz eines personalen Wortgottes eine Annahme, das lediglich eine *Möglichkeits*bedingung gelingender religiöser Selbst(er)findung formuliert Sie behauptet lediglich, dass von der rhetorischen Konstitution des religiösen Selbstes nur unter der Bedingung der gnadenhaften Intervention einer *rhetorica divina* sinnvoll gesprochen werden kann. Die Fundamentalrhetorik behauptet also nicht, dass das religiöse Selbst *de facto* existiert. Sie behauptet nur, dass, wenn das religiöse Selbst, so wie es sich paradigmatisch in der Konfession des Jeremia oder in den *Bekenntnissen* des Augustinus darstellt, fundamentalrhetorisch begriffen werden soll, es dann aus der gnadenhaft gestifteten synergetischen Konvenienz von menschlicher rhetorischer Reflexivität und göttlicher rhetorischer Transzendentalität hervorgegangen erklärt werden muss.

Die fundamentalrhetorische Rekonstruktion des religiösen Selbstes bleibt somit zunächst hypothetisch. Die in ihm liegende Präsupposition eines sich offenbarenden Wort Gottes ebenso. Die Darstellung der religiösen Selbst(er)findung, die wir bei Augustinus finden, könnte schließlich auch als täuschende literarische Fiktion oder als autobiographische Autosuggestion verstanden werden. Sie erbringt als philosophische Rede somit eine nur negativ-begriffliche Darstellung des religiösen Selbstes. Die Frage nach der positiven geschichtlichen Wirklichkeit der von ihr dargestellten religiösen Selbst(er)findung lässt sich auf dem Boden der Philosophie nicht abschließend beantworten. Eine Verifikation der Wirklichkeit religiöser Selbst(er)findung ist prinzipiell nicht auf dem Felde der Wissenschaft, sondern nur in der positiven Realität des geschichtlichen Lebens selbst möglich. Die objektive Realität des religiösen Selbstes erweist sich letztlich nur in seiner authentischen rhetorischen Realisation. Die Wirklichkeit des philosophisch nur begrifflich dargestellten Prozesses religiöser Selbstwerdung kann sich selbst nur in der Vollzugsevidenz (*evidentia*) gelingender religiöser Sebst(er)findung selbst zeigen, in der sich die persuasive Energie der Rede (*energeia*) sich mit der Klarheit (*enargeia*) der Selbstvergewisserung verbindet.[31]

Schließlich ist, wie jeder rhetorisch konstituierte Glaube, auch der religiöse Glaube durch die Gefahr seiner Verflüchtigung bedroht. So kann z.b. selbst ein Priester im Laufe seines Lebens seinen Glauben verlieren. Es bedarf deshalb immer erneut der gelingenden Wiedervergegenwärtigung der Offenbarung des Absoluten in rhetorischer Reflexivität, damit sich das religiöse Selbst von seiner Überzeugung neu überzeugen und vergewissern kann. So ergibt sich am Ende, dass die Wirklichkeit des religiösen Selbstes in seinem Ineinander von rhetorisch vermittelter Selbst- und Gottesgegenwart nicht den Charakter einer apriorischen, d.h. situations- und publikumsinvarianten logisch-apodiktischen Selbstgewissheit besitzt. Das religiöse Selbst entspringt vielmehr dem permanenten Prozess der Selbstvergewisserung in der Form eines rhetorisch-konjekturalen Wissens, das sich nur durch ständige rhetorische Aktualisierung und Erneuerung gegen die zentrifugalen Kräfte der Zeit und ihrer wechselnden Umstände erhalten kann.[32] So muss sich das religiöse Selbst am Ende immer wieder neu (er)finden, um sich im Strom der Zeit bewahren zu können.

5. Für ein neues Bündnis von Philosophie, Theologie und Rhetorik

Nietzsches Wort ‚Gott ist tot' scheint das Motto für eine bis heute andauernde Krise der Theologie in der (Post-)Moderne zu sein.[33] Hinter diesem Schlagwort vom ‚Tod Gottes' und der Rede vom europäischen Nihilismus verbirgt sich aus fundamentalrhetorischer Sicht allerdings weniger eine Krise der theologischen oder metaphysischen Wahrheit selbst, sondern ihrer Glaubwürdigkeit und Akzeptanz in einer radikal veränderten Welt. Gemeint ist nicht nur der sich beschleunigende Säkularisierungsprozess der westlichen Welt, sondern vor allem auch die Wiederkehr einer geradezu vorkonstantinischen Pluralität und Konkurrenz von

---

[31] Zur rhetorischen Evidenz bzw. Enargeia s.: B.F. Scholz, *Ekphrasis* and *Enargeia* in Quintilian's *Institutionis Oratoriae Libri XII*, in: *Rhetorica Movet. Studies in Historical and Modern Rhetoric in Honour of Heinrich F. Plett*, hg. v. P.L. Oesterreich/Th.O. Sloane, Leiden 1999, 3–24.

[32] Der Gedanke der konjekturalen Endlichkeit allen menschlichen Wissens geht auf Cusanus zurück: „consequens est omnem humanam veri positivam assertionem esse coniecturam" (Nicolaus de Cusa, *De coniecturis/Mutmassungen*, lat.-dt., hg. v. J. Koch/W. Happ, Hamburg ²1988, 2). Die spezielle rhetoriktheoretische Bedeutung der konjekturalen Form menschlicher Vernunft hat in jüngster Zeit – unter Rekurs auf die *Rhetorik* des Aristoteles – G.K. Mainberger (*Reden mit Vernunft. Aristoteles, Cicero, Augustinus*, Stuttgart-Bad Cannstadt 1987) herausgearbeitet.

[33] Vgl. O. Kaiser, Die Rede vom Gott am Ende des 20. Jahrhunderts, in: *Die Rede von Gott und der Welt. Religionsphilosophie und Fundamentalrhetorik*, hg. v. K. Giel/R. Breuninger, Ulm 1996, 9–32.

Sinnangeboten, die das einstige Deutungs- und Orientierungsmonopol der christlichen Kirchen in Europa abgelöst hat.

Wenn der ‚tolle Mensch' bei Nietzsche seinem provokativen Ausruf ‚Gott ist tot' den Vorwurf ‚Und wir haben ihn getötet!' hinzusetzt, so meint das fundamentalrhetorisch gedeutet: Der ‚Tod Gottes' bedeutet ebenso wie die Rede vom ‚Ende der Metaphysik' nicht den Tod des Absoluten oder der Vernunft selbst, sondern des menschlichen Glaubens an sie, ohne den beide kein Dasein in der geschichtlichen Lebenswelt der Menschen mehr besitzen. Der europäische Nihilismus bedeutet somit nicht eine Krise der philosophischen oder theologischen Wahrheit selbst, sondern ihrer Glaubhaftigkeit und Akzeptanz unter den Bedingungen der (post-)modernen Welt. Für die Theologie bedeutet dies: Es gelingt ihr immer weniger, die religiöse Wahrheit für die Menschen glaubwürdig darzustellen und überzeugend mitzuteilen. Dies liegt nicht – wie gesagt – allerdings allein an ihr, sondern auch an der radikal veränderten pluralistischen Situation der (Post-)Moderne, in der die rhetorische Differenz zwischen religiöser Wahrheit und den Glaubwürdigkeitsstandards der sie umgebenden Lebenswelt immer größer geworden ist.

Dennoch liegt es auch an der derzeitigen Verfassung der Theologie, dass es ihr kaum mehr gelingt, ihrer eigentlichen Aufgabe, überzeugende Rede von Gott zu sein, gerecht zu werden. Sicherlich kann – wie die vorangegangenen Ausführungen zeigen – gelingende religiöse Selbstwerdung nicht durch die rein menschliche Rede von Gott erzwungen werden, da sie der gnadenhaften Intervention rhetorischer Transzendentalität bedarf. Dies ist allerdings andererseits keineswegs ein Anlass, untätig in religiösem Fatalismus zu verharren. Durch die Krise der Gegenwart ist vielmehr die Theologie herausgefordert, alles Mögliche zu tun, um durch vielfältige und vor allem neue Formen rhetorischer Induktion eine mögliche Kette rhetorischer Fluktuationen und religiöser Erfindungen vorzubereiten, um so das geschichtliche Leben des ‚Volk Gottes' in der Welt zu erhalten und zu erneuern.

Dabei ist es nicht nur ein Mangel an gutem Willen, der einer solchen neuen rhetorischen Anstrengung zur Lösung der Glaubwürdigkeitskrise der Theologie am Anfang des 21. Jahrhunderts entgegensteht. Es könnte vielmehr sein, dass das größte Defizit der heutigen Theologie darin begründet liegt, dass sie sich an einem falschen wissenschaftlichen Paradigma orientiert. So wird eine rein an der Logik orientierte Philosophie den rhetorischen Prozessen der persuasiven Selbsterfindung und dem konjekturalen Charakter religiöser Selbstvergewisserung sicherlich nicht gerecht werden können. Die philologisch oder poetologisch orientierten Literaturwissenschaften werden ferner dazu neigen, die religiöse Rede mit der literarischen Fiktion gleichzusetzen und so in ihrem spezifisch religiösen Wahrheitsanspruch aufzuheben. Auch eine der reinen Hermeneutik verpflichtete Philosophie wird sich am Ende für die Theologie als ungeeignete Partnerin erweisen, weil sie – versunken im unendlichen Prozess der Wirkungs- und Rezeptionsgeschichte oder (post-)modern verstrickt in die Vieldeutigkeit eines unentscheidbar gewordenen Sinnes – nicht vermag, produktiv an der Erzeugung und Erneuerung des religiösen Glaubens mitzuwirken. Dagegen wäre die natürliche Partnerin einer zukunftsorientierten Theologie, die sich entschieden der Aufgabe stellt, wieder überzeugende Rede von Gott zu sein, eine an der Rhetorik, der traditionellen Wissenschaft von der überzeugenden Rede orientierte Philosophie. Das Bündnis von Theologie und rhetorisch geprägter Philosophie wäre dabei keineswegs eine völlige Innovation, sondern, wie schon der Blick auf Augustinus zeigt, zugleich auch die Restitution eines alten und überaus erfolgreichen Bündnisses.

Literatur

A. Augustinus, Was ist Zeit?, (Confessiones XI/Bekenntnisse 11), hg. v. N. Fischer, Hamburg 2000.

---, Confessiones/Bekenntnisse, lat.-dt., hg. u. übers. v. J. Bernhart, München ³1966.

D.S. Cunnigham, Theology as Rhetoric, in: Theological Studies 52 (1991) 407–430.

N. de Cusa, De coniecturis/Mutmassungen, lat.-dt., hg. v. J. Koch/W. Happ, Hamburg ²1988.

K. Flasch, Augustin. Einführung in sein Denken, Stuttgart ²1994.

M. Fuhrmann, Die antike Rhetorik. Eine Einführung, München/Zürich 1984.

O. Kaiser, Die Rede vom Gott am Ende des 20. Jahrhunderts, in: Die Rede von Gott und der Welt. Religionsphilosophie und Fundamentalrhetorik, hg. v. K. Giel/R. Breuninger, Ulm 1996, 9–32.

S. Kierkegaard, Werkausgabe, Bd. I, Düsseldorf 1971.

B. Kursawe, docere, delectare, movere, Die officia oratoris bei Augustinus in Rhetorik und Gnadenlehre, Paderborn 2000.

G.K. Mainberger, Reden mit Vernunft. Aristoteles, Cicero, Augustinus, Stuttgart – Bad Cannstadt 1987.

G. Pfligersdorffer, Augustins Confessiones und die Arten der Confessio, in: Salzburger Jahrbuch für Philosophie 14 (1970) 15–28.

H.F. Plett (Hg.), Die Aktualität der Rhetorik, München 1996.

P.L. Oesterreich, Rhetorische Anthropologie. Studien zum Homo rhetoricus, hg. v. J. Kopperschmidt, München 2000.

---, ,Allein durchs Wort'. Rhetorik und Rationalität bei Martin Luther, in: Religion und Rationalität, hg. v. R. Breuninger/P. Welsen, Würzburg 2000, 31–50.

---, Verstehen heißt Verbindenkönnen. Die Erfindung des Selbst in der topischen Lebenswelt, in: Die Formel und das Unverwechselbare. Interdisziplinäre Beiträge zu Topik, Rhetorik und Individualität, hg. v. I. Denneler, Frankfurt a.M. 1999, 15–25.

---, Rhetorik. Ein internationales Jahrbuch, Bd. 18 (Rhetorik und Philosophie), Tübingen 1999.

---, Fundamentalrhetorik. Untersuchung zu Person und Rede in der Öffentlichkeit, Hamburg 1990.

G. Otto, Rhetorik, in: TRE 29 (1998) 177–191.

B.F. Scholz, Ekphrasis and Enargeia in Quintilian's Institutionis Oratoriae Libri XII, in: Rhetorica Movet. Studies in Historical and Modern Rhetoric in Honour of Heinrich F. Plett, hg. v. P.L. Oesterreich/Th.O. Sloane, Leiden 1999, 3–24.

J. Teuffel, Von der Theologie. Die Kunst der guten Gottesrede in Entsprechung zur gelesenen SCHRIFT, Frankfurt a.M. 2000.

J. Villwock, Die Sprache – Ein „Gespräch der Seele mit Gott". Zur Geschichte der abendländischen Gebets- und Offenbarungsrhetorik, Frankfurt a.M. 1996.

Sprachliche Perspektive

Reinhard Zecher

Leistungsfähigkeit und Grenzen sprachlicher Information – Gedanken zur Wortlosigkeit in der Philosophie und zu ihrer Überwindung

1. Einleitung

Der folgende Beitrag versteht sich als eine Antwort auf die Frage „Welche Philosophie braucht die Theologie?". Diese Frage war zugleich das Thema des Symposions, dessen Beiträge nunmehr im vorliegenden Sammelband der wissenschaftlichen Öffentlichkeit zur Verfügung stehen. Die Leitfrage geht von einer als selbstverständlich erachteten Voraussetzungen aus: 1. Die *Theologie* braucht die Philosophie. 2. Die Theologie *braucht* die Philosophie. 3. Die Theologie braucht die *Philosophie*. Danach bedarf die Theologie notwendigerweise der Philosophie. Es bleibt dabei zunächst unreflektiert, warum die Theologie überhaupt die Hilfe einer Wissenschaft braucht, weshalb gerade die der Philosophie und auf welche Weise. Statt dessen liegt der Schwerpunkt auf der Frage: „Welche Voraussetzungen muß die Philosophie erfüllen, damit sie das leisten kann, was die Theologie von ihr erwartet?" Damit hängt zusammen, daß nicht jede Philosophie für die Theologie geeignet ist. Denn nicht jede läßt theologische Problemlösungen zu. Was also sind die Eignungskriterien? Um diese Frage beantworten zu können, soll unter Verwendung sprachphilosophischer Positionen der Unterschied zwischen Information und Sprache verdeutlicht werden und im Mittelpunkt der Argumentation und Antwort stehen.

Die Antwort auf die Frage nach der „richtigen" Philosophie muß bei den Fragen eins bis drei beginnen, was sowohl historisch-systematische Überlegungen einschließt als auch, daß zuvor geklärt ist, von welchem Theologieverständnis ausgegangen wird. Ich gebe daher zunächst eine Begriffsbestimmung von Theologie. Anschließend gehe ich in Schwerpunkten auf den radikalen Wechsel im Verhältnis von Gott, Mensch und Welt bzw. Natur ein, der nach Karl Löwith im Übergang vom ‚Theismus' zum ‚Deismus' und anschließend zum ‚Atheismus' faßbar wird. Diesem Teil stelle ich als erste These voran, daß die Entwicklung hin zur Gottlosigkeit auf den steigenden Einfluß der Naturwissenschaften zurückzuführen ist und daß diese ein entscheidender, wenn nicht der Grund dafür sind, daß die Theologie die Philosophie braucht. Denn das „Weltbild" der Erfahrungswissenschaften ist reduktionistisch, kommt ohne Transzendenzbezug aus und steht damit in schärfstem Widerspruch zur Theologie. Die zweite These geht davon aus, daß der erfahrungswissenschaftliche Einfluß großenteils auf einem Fehlschluß beruht, der darin besteht, daß der naturwissenschaftliche Explikations- und Geltungsanspruch unstatthaft auf Wirklichkeitsbereiche übertragen wird, die experimentalmethodisch unerschließbar sind. Allerdings sind weder für diese Sichtweise noch für ihren gesellschaftsbestimmenden und denkgeschichtlichen Einfluß die Naturwissenschaften alleine verantwortlich zu machen. Aus beiden Thesen folgt die dritte: Der Philosophie fällt eine Mittlerrolle zu. Sie ist der Brückenschlag von den Erfahrungswissenschaften zur Theologie. Ich stelle im Anschluß an den historisch-systematischen Teil die Methode der Experimentalwissenschaften näher vor, weil ihre Kenntnis Aufschluß über die Weise der Gegenstandsbetrachtung durch diese Wissenschaften liefert. Denn die Wahl der Methode bestimmt das Urteil über den Gegenstand und seine Qualitäten. Schließlich gehe ich unter Verwendung sprachontologischer Positionen auf eine Charakterisierung der Philosophie ein, die für das in diesem Aufsatz vorausgesetzte Theologieverständnis sinnvoll und hilfreich ist. Dies wird zugleich die Antwort auf die eingangs gestellte Kernfrage beinhalten.

2. Zur Definition der Theologie und zu ihrem Wissenschaftscharakter

Die Wissenschaft von Gott heißt Theologie. Im Falle der natürlichen Erkenntnisfähigkeit des Menschen wird sie theologia naturalis genannt. Als Teil der Metaphysik untersucht sie das Seiende auf seinen transzendenten Grund, d.h. auf Gott hin. Das setzt die Erkennbarkeit Gottes aufgrund der Analogie des Seins voraus, jedoch nicht mit den Mitteln der Erfahrungswissenschaften. Insbesondere im Rahmen der natürlichen Theologie findet auch die (schöpfungs)theologische Auseinandersetzung mit dem Naturbegriff statt. Gegenstand der Offenbarungstheologie ist dagegen die übernatürliche Offenbarung. Hier geht es wesentlich um den Heilsgedanken und um Gott als den Heilsstifter und Heilsgaranten.

Diese Definition verdeutlicht, daß das Gegenstandsgebiet der Theologie die Gesamtheit des Seins und des Seienden zum Gegenstand hat. Gott, Mensch, Welt (Natur), Schöpfung und Heil sind die Themen der Theologie. Sie ist damit eine Fundamental- und Universalwissenschaft und stellt in der Eigenschaft als „Rede von und über Gott" die grundlegenden Fragen nach Ursprung, Sinn und Ziel sowohl jedes einzelnen Wesens und Phänomens als auch des Weltganzen. Theologie ist eine synthetische, auf Gesamtheit, auf die Totalität des Seins ausgerichtete Wissenschaft, die den Menschen als Gattungs- und personales Wesen in jeder Hinsicht seiner Lebensführung, seines Denkens und Handelns ernst nimmt. Somit ist Theologie die Disziplin, die allem und jedem sub specie aeternitatis, also unter dem Gesichtspunkt des absoluten, persönlichen Seins und d.h. Gottes nachgeht. Das Materialobjekt der Theologie ist demnach universell, thematisch uneingeschränkt. Infolgedessen ist sie auch nicht streng methodisch festgelegt. Sie arbeitet weder empirisch, noch analytisch noch deduktiv(-nomologisch).[1] Daher kommt ihren Erkenntnissen kein ausschließlicher Erklärungscharakter zu. Ihre Resultate zwingen den Verstand nicht zur uneingeschränkten Zustimmung. Sie sind auch nicht existentiell unverbindlich wie naturwissenschaftliche Daten. Die Theologie entwirft keine auf Messungen gestützte Modelle und Theorien. Ihre Forschungsresultate mögen auch zielgruppenspezifisch sein und Fachinteresse voraussetzen. Aber in der Verkündigung des Wortes Gottes wendet sie sich immer an jeden und den ganzen Menschen. Sie muß Wissen, Gewißheit und Glauben so vermitteln, daß die Gesamtheit dessen, was dem Menschen in allen seinen Auslegungen[2] jemals zum Gegenstand seiner volitiven, intellektiven und emotionalen Akte werden kann, vor Gott zur Sprache kommt.

Die Theologie ist auch keine Methodologie und Erkenntnistheorie im strengen Sinne. Sie reflektiert nicht über die Formalobjekte der Naturwissenschaften. Empirische Forschungsergebnisse sind für sie immer dann von Interesse, wenn z.B. die Erfahrungswissenschaften und ihre Errungenschaften zur Ersatzreligion (Szientismus) zu werden drohen, wenn das gottverheißene Heil materialistisch uminterpretiert (Fortschrittsgläubigkeit, Verheißungsmaterialismus), wenn die Schöpfung vernutzt wird (Technizismus, ökologische Krise) und die Gottesebenbildlichkeit des Menschen auf dem Spiel steht (gentechnologische Manipulation). D.h. die Theologie hat weder den Forschungsgegenstand der anderen Wissenschaften noch ihren eigenen zum Objekt wie diese oder die Philosophie. Deshalb ist Theologie auch Ontotheologie, Philosophie „nur" Ontologie, und die Erfahrungswissenschaften sind experimentalanalytisch-orientierte, „regionale Phänomenologien". Denn das theologische „Forschungsobjekt" ist der lebendige, persönliche, dreifaltige Gott, der sich in seinem Wort dem Menschen offenbart, um den dieser wissen, den er erleben kann und an den er glauben soll. Theologische Aussagen sind deshalb nie frei von der Notwendigkeit zur persönlichen Stellungnahme. Sie enthalten immer ein dialogisches Moment, weil das Objekt ein Subjekt ist, das Versöhnung und Gemeinschaft mit dem Menschen will. Sie sind

---

[1] ‚Empirisch‘ bedeutet hier, daß das Experiment im Mittelpunkt methodischen Vorgehens steht. ‚Analytisch‘ heißt, daß die Methode sich des Quantifizierens und des Detektierens kleinster funktioneller Einheiten und ihres naturgesetzlichen Zusammenwirkens bedient. ‚Deduktiv‘ meint, daß das Erkennen vom Bekannten zum Unbekannten über Hypothesenbildung fortschreitet. ‚Nomologisch‘ steht für ein Vorgehen, das die Kenntnis von Naturgesetzlichkeiten einschließt oder intendiert.

[2] Zu denken ist hierbei vor allem an die vielen Selbstauslegungen, zu deren Erhellung die Philosophische Anthropologie einen nicht unwesentlichen Beitrag geleistet hat. Darunter zählen z.B. der homo viator, creator, pictor, sapiens, faber, oeconomicus, absconditus und technicus.

in erster Linie du- und erst dann sachorientiert. Die Begriffs- bzw. Wissenschaftssprache der Theologie ist daher jederzeit offen für das Wort (Gottes) und die Wortsprache. Sie muß es sein wegen des absoluten Wahrheitsanspruchs dieses Wortes, und weil der Mensch es vernimmt, niederschreibt und ausspricht. Es geht „um die Beziehung des Menschen zu *Gott* [...] und dass [...] das *Wort* Gottes [...] kein menschliches, kein zufälliges, kein hinfälliges, sondern eben Gottes ewiges und absolutes Wort ist [...] [Dieses ist] das Wort des Endes und des Anfangs, des Schöpfers und Erlösers, des Gerichts und der Gerechtigkeit – aber das Wort *Gottes* gehört von *Menschen*ohren und ausgesprochen von *Menschen*lippen"[3]. Die Theologie muß auch deshalb „wortsprachlich" sein, weil sie alle Weisen des Verhältnisses Gott-Mensch zum Gegenstand hat, wobei insbesondere auf das Gebet verwiesen werden soll. D.h. sie steht und fällt mit dem Wort- und Schriftzeugnis Gottes. Hier kommt dem Begriff des Bedeutens nach jasperschem Verständnis[4] auch und gerade im Sinne des Bedeutens-für-Mich, des Angesprochenseins des Menschen im Heilsangebot und in seiner Entscheidung für oder gegen Gott mit allen ihren Konsequenzen eine unvergleichliche Tiefe und Ernsthaftigkeit zu.[5]

Was die Theologie unter dem Aspekt des Formalobjektes zur Wissenschaft macht, ist, daß sie über ein Begriffssystem verfügt, das mit den Mitteln der natürlichen Vernunft erstellt und in dessen Rahmen Urteilsbildungen möglich sind. Insofern kann sie auch wie z.B. die Rechtswissenschaften auf sprachliche Information[6] nicht verzichten, zumal da sie auch auf Hilfswissenschaften zurückgreift. Dies bedeutet, daß zumindest Teile des theologischen Gegenstandsfeldes formalisierbar sind.[7] Dazu bedarf es der Sprache. Denn diese verfügt über eine (logische) Form, wodurch formale Sachverhalte der Wirklichkeit darstellbar sind und formale Aspekte der Kommunikation[8] bewältigt werden können.[9] Wichtig ist in die-

---

[3] Karl Barth, Der Römerbrief, Zürich [13]1984, 325f.

[4] Vgl. dazu Fußnote 41.

[5] Sünde, Reue, Vergebung, Schuld, Gewissen, Erlösung, Gnade, Barmherzigkeit, Fürbitte, Gebet sind Beispiele für theologische Begriffe, die in einer abstrakten Begrifflichkeit aber niemals ihre eigentliche Bestimmung finden können. Dazu müssen sie erlebt und persönlich erfahren werden. Sie sind wesentlicher Bestandteil menschlicher Lebensentscheidung und Lebenserfahrung.

[6] Es gibt noch andere Informationsarten, nämlich die biologische Information, was eine Differenzierung des Informationsbegriffs notwendig macht. Vgl. dazu Reinhard Zecher, Die Sprache der Sprache. Untersuchungen zur Klärung des Informations- und Sprachbegriffs, Würzburg 1999, 45-105.

[7] Die Existenz z.B. theologischer Wörterbücher und einer theologischen Fachsprache belegen dies hinreichend. Es gilt allerdings zu bedenken, daß Eindeutigkeit der Begriffe, wie sie z.B. in den Naturwissenschaften gegeben ist, in der Theologie und auch in den meisten Bereichen der Philosophie nicht vorliegt.

[8] Sprachliche Information bedeutet wesentlich Mitteilung zwischen Personen. Sie ist ein Teil menschlicher Kommunikation, aber auf der niedrigsten Stufe.

[9] Dies geschieht, indem nach genauen Regeln gedankliche Beziehungen und Abhängigkeiten in einem System von Morphemen abgebildet werden können. D.h. vermittelst der Sprache werden die Regeln des Denkens in solche des Sprechens übertragen.

sem Zusammenhang, daß sprachliche Information an die (Wort)Sprache gebunden bleibt. Diese ist der umfassende Horizont, in den menschliches Denken und Handeln an jedem geschichtlichen und geographischen Ort hineinzuwachsen vermögen und das Medium für Gottes Offenbarung.

Sprachliche Information ist Sprache im eingeschränkten Sinne. Dies zeigt sich an der Begriffsbildung, durch die der Bedeutungsreichtum eines Wortes mit dem Ziel der Eindeutigkeit reduziert wird. Im Begriff werden Bestimmtheit und Klarheit unter Konzentrierung auf das Wesentliche bei gleichzeitigem Verlust des Speziellen, Individuellen und Persönlichen angestrebt.[10] Begriffsbildung ist sach- und fachbezogen und intendiert das Interesse einer bestimmten Personengruppe unter einer gemeinsamen Hinsicht. Dabei stellt sich die Frage des Interesses nicht im existentiellen Anspruch des Menschen. Am Interesse ist immer nur ein Teil des Menschen beteiligt, nie der ganze Mensch. Im Begriff ist er bei der Sache, weder bei sich noch beim Mitmenschen oder bei Gott, aber stets auch in der Distanz, die die Subjekt-Objektbeziehung fordert.

Die Sprache läßt sich in der Zeicheninformation nochmals reduzieren. ‚Zeichen' soll hierbei heißen, daß es sich um eine Chiffre handelt, die einen entsprechenden Wortbegriff ersetzt. Es ist deshalb vom Zeichen mit Symbolcharakter strikt zu trennen, dem gerade in der Theologie große Bedeutung zukommt. Zeichen werden willkürlich gesetzt, erfunden für einen ganz bestimmten Sachverhalt. Außerhalb dieses sind sie gegenstands-, d.h. beziehungslos. Zeichen sind deshalb systemgebunden und haben daher keinen universellen Wirklichkeitsbezug.[11] Sie stellen das Minimum von Sprache dar.[12] Sie führen zu einem Zustand der Unverrückbarkeit und Ungeschichtlichkeit. Doch Theologie ist weder Mathematik noch Naturwissenschaft und Logik, bei denen die Zeicheninformation mehr oder weniger unverzichtbar ist. Ihre Wissenschaftssprache handelt trotz der auch hier angestrebten systematischen Strenge zuletzt immer von Gott, Mensch, Welt und ihren Beziehungen zueinander. Der Theologie geht es wahrhaft immer um das Ganze. Sie ist in weit höherem Maße als die Philosophie *die* Wissenschaft, der es nicht um Exaktheit und eindeutige Erfüllbarkeit geht, sondern um Lebensnähe und Problemtiefe. Sprachphilosophisch entspricht diesem Sachverhalt die Metaphorik des Wortes und seines Weltbezugs. Denn die Theologie betreibt keine thematisch begrenzte Sachverhaltsforschung. Theologie und Naturwissenschaften beschreiten methodisch getrennte Wege, weshalb die Integration zu einer Einheitswissen-

---

[10] Siehe dazu Reinhard Zecher, a.a.O., 109ff. Die Abstraktion ermöglicht die Definition eines Objektes durch Abgrenzung seiner Wesensmerkmale.
[11] Vgl. dazu die Zweckgebundenheit der Verkehrszeichen.
[12] Karl Jaspers, Von der Wahrheit, München ⁴1991, 402.

schaft, die verschiedene Identitätsmodelle vorschlagen[13], von der Sache her unstatthaft und abzulehnen ist.

Die Theologie ist aus philosophischer Perspektive in besonderem Maße den kantischen Fragen „Was darf ich hoffen?" und „Was ist der Mensch?" bzw. in der Terminologie Schelers der „Stellung des Menschen im Kosmos" verpflichtet. Für sie ist die Wortsprache mit ihrer Weltoffenheit unverzichtbar. Auf diese „Sprache" komme ich bei der für die Theologie angemessenen Philosophie noch zu sprechen. Diese Philosophie nenne ich ‚Philosophie der Wortsprache' oder ‚Philosophie des Wortes'.

3. Der Perspektivenwechsel im Verhältnis von Gott, Mensch und Welt (Natur) –
   Von der Ontologie zum Prozeßdenken, von der Gottesebenbildlichkeit zum
   genmanipulierten Menschen, vom Transzendentalismus zum Naturalismus

Aristoteles führte den Begriff der theologia in die Philosophie ein. Er tat dies im Wissen darüber, daß philosophisches Denken ohne Einbeziehung einer prima philosophia, der es um einen ersten Ursprung alles Seienden geht, bruchstückhaft ist. Dies schließt für ihn nicht aus, daß Vernunfterkenntnis mit Erfahrung anfängt. Auch Thomas von Aquin unterstreicht die Bedeutung der Sinneserkenntnis, betont ihr gegenüber aber den höheren Wahrheitsgehalt der Vernunft.[14] Denn ihre Aussagen sind gottgegründet. Der Natur kommt Eigenständigkeit, ein Telos zu. Dieses ist gottgewirkt. Es herrscht ein Dualismus aus Natur und Geist unter dem Primat göttlichen Seins. Gott, Mensch und Welt (Natur) bilden in dieser Reihenfolge eine harmonische, hierarchisch aufgebaute Ordnung.

Nikolaus von Kues wertet im Zuge wachsender Fortschritte auf dem Gebiet der Naturforschung die Natur weiter auf. Denn sein Gottesbegriff beinhaltet die unitas, das unum als Urheber von allem. Gott erhält und enthält alles. In ihm ist die coincidentia oppositorum.[15] Gott und Welt trennt eine Wesensdifferenz. Denn die Dinge sind ohne Gott nichts, dieser ist aber auch ohne jene. Cusanus gelingt die Rettung des idealistischen Dualismus vor jeder pantheistischen Vereinnahmung.

Der Humanismus der Renaissance entzieht dem Ordobegriff des scholastischen Denkens durch die Betonung der Größe und Unendlichkeit des Menschen die

---

[13] Vgl. dazu die Darstellung und Kommentierung solcher Modelle in Reinhold Esterbauer, Verlorene Zeit - wider eine Einheitswissenschaft von Natur und Gott, Stuttgart/Berlin/Köln 1996, 32ff.

[14] De Veritate, Q.I, Art.IX.

[15] „Omnia enim, quaecumque sensu, ratione aut intellectu apprehenduntur, intra se et ad invicum taliter differunt, quod nulla est aequalitas praecisa inter illa" (De docta ignorantia I, Cap.IV). Diese Differenzen werden in Gott aber aufgehoben: „Deitas [...] est unitas infinita" (ebd. II, Cap.III).

Grundlage.[16] Mit der Autonomisierung des Menschen läuft auch die Aufwertung der Natur parallel. Was schließlich in der Erkenntnistheorie die Reihenfolge im Primat der certitudo obiecti vor der certitudo modi procedendi umkehrt, ist nicht das formale, mathematische Element der empirischen Methode. Denn Mathematik und Logik sind ohne Materialobjekt. Thomas' Feststellung, daß die Naturwissenschaften nie zur vollständigen Erkenntnis ihres Gegenstandes gelangen,[17] trifft sie nicht. Ihr Platz ist über der Physik und unter der Theologie.[18] Entscheidend ist schließlich die Einsicht, daß die Mathematik deswegen auf die Natur anwendbar ist, weil diese strukturiert und berechenbar, demnach ein Gegenstand höchster Erkenntnis ist. Die Natur wird göttlich.

Aus der rückhaltlosen Entscheidung für die naturwissenschaftliche Methode folgt die Universalität ihres Erkenntnisvermögens und Erkenntnisgegenstandes. D.h. menschliche Erkenntnis nähert sich der göttlichen. Natur und Mensch verbindet in der Folge die empirische Methode, was verheerende Auswirkungen haben wird. Die Metapher vom „Buch der Natur" als der zweiten Erkenntnisquelle neben der Bibel wird naturwissenschaftlich ausgelegt. So schreibt Galileo Galilei: „Posuit Deus omnia in numero, pondere et mensura."[19] Gott ist zwar Schöpfer der Welt, aber einer solchen, wie sie die Erfahrungswissenschaften sehen.

Das empirische Methodenparadigma hebt den ontologisch-erkenntnistheoretischen Gegensatz auf. Denn die Quantifizierbarkeit der Erscheinungen verleiht diesen einen ontisch höheren Status und der naturwissenschaftlichen Methode Exklusivität. Nutznießer ist der Mensch. Denn seit Bacon dient das Experiment zum Wohle der Menschheit,[20] als Schlüssel zur Beherrschbarkeit der Natur auf der Basis quantitativ-mechanistischer und empiristisch-utilitaristischer Überlegungen und als Waffe gegen die Metaphysik. Die „interpretatio naturae"[21] trägt den Programmcharakter einer Einheitswissenschaft mit dem Ziel universellen Wissens.[22]

Für die Naturwissenschaften ist die Natur lediglich Objekt. Das Experiment schafft Distanz. Der Gesetzesformalismus unterstreicht den Herrschaftsanspruch des Intellekts. Die Kehrseite dieser Medaille ist die Ernüchterung darüber, daß der Mensch als Naturglied nur ein Anwendungsfall der Naturgesetzlichkeit ist. Folgerichtig fordert Thomas Hobbes, daß, in kantischer Terminologie gesprochen, theoretische und praktische Vernunft ihre Grundlage in den methodischen Prinzipien

---

[16] So heißt es in Giovanni Pico della Mirandolas Werk ‚De dignitate hominis' (hg. v. August Buck, Hamburg 1990, 2): „Miraculum est homo [...] Tandem intellexisse mihi visus sum, cur felicissimum proindeque dignum omni admiratione animal sit homo".
[17] De Trinitate, Q.V, Art.II ad 3.
[18] Ebd., Q.V, Art.III ad 6.
[19] Dialogo, in: Opere, Ristampa della edizione nazionale, Bd. IV, Florenz 1929-39, 52.
[20] Neues Organon, Bd. 1, hg. v. Wolfgang Krohn, Hamburg 1990, 6.
[21] Ebd., 40 und 68.
[22] Ebd., 36ff.

der Naturwissenschaften haben sollen. Der Mensch ist Sinnenwesen, nur graduell vom Tier verschieden.

Die Substitution Gottes durch die Natur ermöglicht jetzt eine zweifache Auslegung der Stellung des Menschen. Er bleibt höchster Bezugs- und Wertmittelpunkt des Erkennens, aber sein Intellekt wird naturbedingt relativiert, so daß Wahrheit und Werte perspektivisch ausgelegt werden. So versucht Michel de Montaigne, in der Anatomie und Physiologie die Abhängigkeit des Intellekts vom Leib und die Ähnlichkeit von Mensch und Tier nachzuweisen. Der Mensch ist ein biologisches Wesen, zugleich lebensweltlich durch Gesellschaft und geographische Lebensräume geprägt. Werte sind nicht absolut, sondern Kulturprodukte.

Diese Richtung der Betonung der Sinnlichkeit setzt sich in einer romantischen Protestbewegung innerhalb der Aufklärung unter strikter Ablehnung des kartesischen Rationalismus und unter teilweiser Abkehr von der Mathematik durch. Dies liegt zum einen an der Trennung der Welt in die beiden kartesischen res, was zur Diskreditierung der Natur und zur Zerstörung des Rangs der sinnlichen Wahrnehmung im Erkenntnisprozeß führt. Zum anderen gelingt eine Systematisierung der organischen Natur nach dem Vorbild der Physik (noch) nicht.[23]

Bei aller Heterogenität der Aufklärungsepoche ist für sie begriffsbestimmend, gegenüber der traditionellen theologisch-metaphysischen Weltauslegung eine säkular-immanente Welterklärung anzustreben. Erkenntnistheoretische Grundlagen sind die Erfahrung, eine starke Verflechtung von Geist und Sinnlichkeit sowie der „natürliche" Mensch. Die Natur nimmt die Stelle Gottes ein. Die Verselbständigung der Materie wird zum Programm erhoben. Ihre Autonomie ersetzt den primus motor und die Schöpferkraft. Dasein, Sosein und die Kulturleistungen des Menschen geraten unter den Explikationsanspruch der empirischen Methode.[24] Im 18. Jhdt. schwillt das Datenmaterial über die organische Lebenswelt beträchtlich an. Damit rücken das Problem der Eigenbewegung der Materie und der Übergang vom anorganischen zum organischen Bereich in den Brennpunkt materialistischer Interessen. Daß das Phänomen der ontologischen Aufwertung der Materie innerhalb der Biologie viel ausgeprägter als in Physik und Chemie ist, liegt nicht zuletzt daran, daß der Leib mit seinen Lebensfunktionen dem Menschen der unmittelbarste Gegenstand ist und daß die biologischen Grundthemen weltanschauliche Fragestellungen geradezu herausfordern. So vertritt Julien Offray de

---

[23] Bezeichnenderweise taucht der Begriff der Biologie erstmals 1797 bei Theodor Georg August Roose auf. 1774 erhebt Antoine Laurent Lavoisier die Chemie in den Stand einer Wissenschaft. Dies gelingt ihm durch den gravimetrischen Nachweis der Massengleichheit von Quecksilberoxid und seinen thermischen Zersetzungsprodukten Sauerstoff und Quecksilber. Die Wissenschaftlichkeit der Chemie wurde von Kant wegen fehlender Exaktheit angezweifelt.

[24] So fordert Julien Offray de La Mettrie: «L'expérience et l'observation doivent donc seules nous guider ici» (L'homme machine, hg. v. Claudia Becker, Hamburg 1990, 26).

La Mettrie eine radikal materialistische Anthropologie. Leben und Materie sind untrennbar. Es gibt nur eine Substanz[25], nämlich die organisierte Materie, die mit einem Selbstbewegungsprinzip ausgestattet ist[26] und unendliche Organisationsmöglichkeiten besitzt[27], von denen eine die Maschine ‚Mensch' ist.[28]

Der Materialismus der französischen Aufklärung bringt eine Entwicklung zum vorläufigen Abschluß, die sich immer stärker von der Gottesidee entfernte und schließlich deshalb unter dem Druck naturwissenschaftlicher Forschung damit enden mußte, den Menschen restlos zu „naturalisieren". Die Vertikale in der Dreiecksbeziehung Gott-Mensch-Welt (Natur) bricht endgültig zusammen. Quantifizierbarkeit wird zum Maßstab von Wissenschaftlichkeit, Funktionalität wird zur Bestimmungsgröße der Natur und Operationalität wird zum Charakteristikum der Vernunft. Davon abweichende Positionen, die in der Folge immer wieder auftreten werden, beeinflussen diese Grundausrichtung nicht mehr nachhaltig. Der Naturalismus wird Weltanschauung und Ideologie zugleich. Wie die weitere Entwicklung zeigen wird, ist der idealistische Dualismus keine offene Frage mehr.

Mit den Begriffen der Anpassung und der natürlichen Auslese „erklärt" Charles Robert Darwin die Artenentstehung, ein grundlegendes Problem der Entwicklungsbiologie, und zwar auf kausalanalytisch-mechanistische Weise. Physik, Chemie und Biologie sind fortan gleichberechtigte Fundamentalwissenschaften zur Naturerklärung. Mit dem Einsatz physikalischer und chemischer Analyseverfahren dringt die Biologie in die molekularen Strukturen der organischen Lebenswelt ein. Mit der Aufklärung der zellulären Replikationsmaschinerie, mit der Entschlüsselung des genetischen Kodes, mit der Entwicklung von Nährmedien zur extrakorporalen Züchtung von Zellkulturen und mit der Entdeckung der Restriktionsenzyme zur programmierten Spaltung von DNS-Sequenzen gelingt der Sprung in die Gentechnologie und damit die Manipulierbarkeit der organischen Natur und des Menschen in einem noch nie dagewesenen Umfang. Parallel dazu arbeiten die Komputerwissenschaft und die Robotik an der informationstechnologischen Reproduktion des Menschen. Diese Hochtechnologien rücken dem Menschen immer mehr zu Leibe. Er selbst gerät zu ihrem Produkt. Die ethischen, anthropologischen und gesellschaftlichen Folgen sind unabsehbar.

Die naturwissenschaftliche Vernunft dominiert heute mehr denn je die übrigen Denkweisen der natürlichen Vernunft.[29] Der Weg dahin wurde nachgezeichnet, um Bedeutung, Geltung und Herrschaftsanspruch des methodenanalytischen Den-

---

[25] Ebd., 136.
[26] Ebd., 118.
[27] Ebd., 50.
[28] Ebd., 34 und 136.
[29] Allerdings gibt es mittlerweile gerade auch aus den Reihen der Wissenschaftstheorie gegen diese Dominanz kritische Stimmen, worauf ich weiter unten noch eingehen werde.

kens darzustellen. Er beweist, daß der Gedanke an eine mathesis universalis bestimmend ist.[30] Klone, Fraktale, Singularitäten, Selbstorganisation, Multiversumtheorien, maschinelle Intelligenz, der gläserne Mensch, „genetic engineering" zum „human designing", Chaosforschung, Evolutionstheorie, Biosemantik, Autopoiese und radikaler Konstruktivismus bezeichnen Forschungsrichtungen, Denkmodelle, Themenhorizonte, Theorieentwürfe und Begriffe, die zwar teilweise konträre Positionen wiedergeben, aber paradigmatisch für einen Weltentwurf und für ein Menschenbild sind, die ohne Gott, ohne Transzendenz und ohne Eschaton auszukommen meinen und den Tod des Menschen riskieren. Denn gegen seine vernunftbedingte Sonderstellung, die ein feines Differenzierungsmuster lebensweltlicher Beziehungen zwischen Natur und Mensch gewährleistete, richtet sich jetzt der experimentelle (Weg)Erklärungsanspruch. Zurück bleiben die Monotonie und der Reduktionismus einer ‚Der-Mensch-ist-nichts-als ...-‘ bzw. ‚Der-Mensch-ist-bloß ...-Beziehung‘, eine Verödung der Welt, Vermassung, Verdinglichung, Vernutzung.

Von diesen Entwicklungen bleibt auch die Philosophie nicht verschont. Es braucht an dieser Stelle darauf nicht näher eingegangen zu werden. Es genügt die Feststellung, daß im Begriff der Analytischen Philosophie weite Teile dieser Disziplin sich der naturwissenschaftlichen Methode verschrieben haben, was eine Änderung ihres ursprünglich universellen Wissenschaftsverständnisses nach sich gezogen hat. D.h. daß auch die Philosophie sich weitgehend der sprachlichen Information bedient und in dem Maße, wie sie dies tut, auf die Wortsprache verzichtet und in regionale Philosophien[31] zerfällt, denen ein ontologischer Gesamtbezug fehlt. Dies gibt Anlaß, auf die empirische Methode näher einzugehen und stellt umso eindringlicher die Frage nach der für die Theologie „richtigen" Philosophie. Die eben geschilderte Entwicklung ist ein weiterer und gewichtiger Rechtfertigungsgrund dafür, daß die Theologie eine solche Philosophie braucht. Denn sie greift beide Disziplinen gleichermaßen dadurch an, daß sie durch Methodensubstitution ihre Materialobjekte grundstürzend umdeutet.

---

[30] Vgl. dazu Gottfried Wilhelm Leibnizens Vorstellung von einer characteristica universalis: „[Es] gibt nichts, was der Zahl nicht unterworfen wäre. Die Zahl ist daher gewissermaßen eine metaphysische Grundgestalt, und die Arithmetik eine Art Statistik des Universums" (Hauptschriften zur Grundlegung der Philosophie, hg. v. Ernst Cassirer, Bd. 1, Hamburg [3]1966, 30).

[31] Damit sind nicht die klassischen philosophischen Subdisziplinen gemeint, sondern Philosophien, die naturwissenschaftliche Forschungsschwerpunkte zum Gegenstand haben, wie z.B. eine Philosophie der Neuronen.

4. Die Beschreibung der naturwissenschaftlichen Methode

Diese steht für einen experimentalanalytisch-deduktiven Zugriff auf die Natur unter operationalen Gesichtspunkten. Wissenschaftliches Interesse an formalem Wissen stellt die Frage nach dem Funktionieren des Naturgegenstandes. Das Experiment als ein Informationsprozeß ist dabei der typisierte und einzige Zugang zur Natur, die damit zum Informanten wird.[32] Dies ist möglich, weil es in der Natur Strukturen und Prozesse gibt, die in Formalismen, d.h. als Informationen beschreibbar sind. Dies besagt jedoch nicht, daß die Natur *ausschließlich* über formale Eigenschaften verfügt.

Unter formalem Aspekt läßt sich die Natur in Arbeitsgebiete einteilen. Sie wird zum Gegenstand der Analytik, zum Substrat systematisch-fachwissenschaftlicher Zergliederung unter operationalen Mittel-Zweck-Überlegungen. Die Sache ,Natur' wird rational überschaubar, nach Forschungsinstrumenten und Experimentalvorschriften definierbar und in Theorien nachkonstruierbar gemacht.[33] Was dadurch nicht erfaßbar wird, besitzt für die naturwissenschaftliche Methode keine Wirklichkeitsgeltung. D.h. es gilt nur „das Bild der Natur [...], das sich ergibt, wenn unsere gegenwärtigen naturwissenschaftlichen Theorien wahr sind"[34].

Worin besteht der Zusammenhang zwischen empirischer Methode und Information, genauer gesagt sprachlicher Information? Zunächst gilt, daß sämtliche Wirklichkeitsbereiche, soweit sie dem Denken des Menschen zugänglich sind, durch die Sprache erschlossen werden. Die Begründung lautet: Das Denken stellt die Wirklichkeit in Begriffen und logischen Zusammenhängen dar. Weil Experimentalsysteme einen formalen Aufbau besitzen,[35] und weil die Sprache selbst über eine Form verfügt,[36] sind empirisch-deduktive Verfahren Weisen sprachlicher Information. Denn die Form der Sprache ist ihr logischer Aufbau. Deshalb besteht eine Analogie zwischen ,empirisch-deduktiv' und ,logisch-deduktiv'.

---

[32] Es sei in diesem Kontext an die Richtermetapher Kants erinnert.

[33] Vgl. dazu Martin Heidegger: „Die Wissenschaften kennen den Weg zum Wissen unter dem Titel der Methode" (Unterwegs zur Sprache, Pfullingen [9]1990, 178).

[34] Andreas Bartels, Grundprobleme der modernen Naturphilosophie, Paderborn/München/Wien/Zürich 1996, 16.

[35] Bezeichnend dafür ist die Schrittfolge der Planung, Durchführung und Auswertung. Zum Experimentieren werden (Meß)Apparate benötigt, die in Funktion und Konstruktion an die spezielle Fragestellung und an den Sachverhalt, der aufgeklärt werden soll, angepaßt sind. Ihr Einsatz im Rahmen des Experimentes zielt darauf ab, in einer definierten Sequenz methodischer Schritte möglichst eindeutige Resultate zu erhalten. Die Anordnung dieser Schritte folgt der Wenn-Dann-Relation. Denn es kann erst mit dem nächsten Methodenteil begonnen werden, wenn der vorauffolgende erfolgreich abgeschlossen wurde. Vgl. dazu Reinhard Zecher, Das Ziel der Einheit. Verwirklichung einer Idee oder Ergebnis eines Selbstorganisationsprozesses? Schellings spekulative „Naturphilosophie" und die Evolutionstheorie: Gesprächspartner in der Frage nach einer Rückbesinnung auf die Naturphilosophie?, Frankfurt a.M./Berlin/Bern/Brüssel/New York/Wien 2000, 45-56.

[36] Vgl. dazu den 2. Abschnitt.

Information bedeutet Eindeutigkeit. Diese wird in der naturwissenschaftlichen Forschung angestrebt. Das geschieht durch Begriffsbildung.[37] Wichtig ist in diesem Zusammenhang und zur Klärung der Methodenunterschiede zwischen Naturwissenschaft, Philosophie und Theologie folgendes: 1. Die empirische Methode bleibt sprachgebunden. In ihrer Eigenschaft als einem Informationsgeschehen und als „Informationslieferant" verkörpert sie jedoch einen Sprachreduktionismus. 2. Sprache hingegen ist mit Wilhelm von Humboldt welterschließend[38] und persönlichkeitsbildend[39], mit Martin Heidegger[40] und Karl Jaspers[41] seinsoffenbarend. Als Schöpfung des Menschen ist sie der umfassende Horizont des Verstehens zur Sinngebung, Wahrheits- und Seinsfindung. 3. Daraus folgt, daß die naturwissenschaftliche Methode, auf welches Forschungsgebiet einschließlich des Menschen sie auch immer angewandt werden mag, dieses immer operational und damit verkürzt auslegt. D.h. das Weltbild der Sprache ist der offene Rahmen und der hermeneutische Ort für jedes empirisch-methodisch erschlossene Naturbild. 4. Diese Methode ist zum nahezu unwidersprochenen Gradmesser für Wissenschaftlichkeit und zur Welterschließung avanciert. Ziel ist die Subsumtion aller Phänomen unter ein metrisches Einheitsprinzip. 5. Erkenntnistheoretische Relativierungen der Methode etwa durch Poppers Falsifikationsargument oder durch Kuhns Verweis auf Paradigmenwechsel berühren die Grundsätzlichkeit und Ausschließlichkeit ihres Erkenntnispostulats nicht.

---

[37] Daß jede empirische Wissenschaft ihr eigenes Begriffs- und Methodenspektrum besitzt, liegt am jeweiligen Sachgebiet des zu erforschenden Naturgegenstandes und steht nicht im Widerspruch zum formalen Charakter der naturwissenschaftlichen Methode.

[38] Die Sprache begleitet alle menschlichen Tätigkeiten „zur Gewinnung einer Weltanschauung" (Werke, hg. v. Andreas Flitner/Klaus Giel, Bd. 3, Schriften zur Sprachphilosophie, Stuttgart⁶1988, 390), weil es „die Natur der Sprache [ist], sich an alles Vorhandene, Körperliche, Einzelne, Zufällige zu heften" (ebd., 158).

[39] Es geht darum „in der Eigenthümlichkeit ihres Baues Hülfsmittel zur Erforschung und Erkennung der Wahrheit, und Bildung der Gesinnung, und des Charakters aufzusuchen" (ebd., 24).

[40] Das Wesen der Sprache besteht nach ihm darin, „daß sie das Haus der Wahrheit des Seins ist" (Über den Humanismus, Frankfurt a.M. 1949, 9).

[41] Für ihn ist die Sprache „ein Umgreifendes, aus dem wir nicht heraustreten" (Von der Wahrheit, München/Zürich⁴1991, 396). Ferner: „Das Offenbarwerden des Seins geschieht in Bedeutungen [...] Bedeutung ist ein Urphänomen, nicht eine Beziehung wie die des Verursachtseins im Realen oder des Begründetseins im Denkzusammenhang; er ist nicht Gegensatz und nicht Identität von zweien, sondern dieses durch nichts anderes zu erhellende Ineinandersein zweier im Bedeuten [...] Es genügt nicht zu sagen, eines verweise auf das andere, eines werde im anderen gemeint, eines repräsentiere das andere: immer ist das Bedeuten darüber hinaus ein Mehr und ein Ursprüngliches" (ebd.).

5. Zur sprachapriorischen Grundlegung der Philosophie

Die Naturwissenschaften – dies gilt ebenso für die formal-operationalen bzw. Strukturwissenschaften und für alle die Wissenschaften, die sich der empirischen Methode bedienen – quantifizieren, analysieren, kalkulieren, stellen funktionale Zusammenhänge her und entwerfen darauf aufbauend Theorien. Für sie ist daher im besonderen Maße der Zeichengebrauch verbindlich. Weil bestimmte Bereiche der Wirklichkeit einer solchen Darstellungs- und Beschreibungsweise gegenüber nicht nur offen sind, sondern sie auch fordern, liegen die Stärke der Zeichenanwendung und allgemein der sprachlichen Information in der Übertragung ihrer Verfahren auf diese Phänomenbereiche. Mehr noch: Es gibt zur Erfassung dieses Teils der Wirklichkeit keine bessere Methode. Hier zeigt sich die Unverzichtbarkeit und Leistungsfähigkeit empirischer Forschung für die Erkenntnistheorie. Das aber heißt, daß z.B. zur Bedeutung des Wortes ‚Natur' auch ihre Quantifizierbarkeit gehört. Die metrische Durchdringung und Erfassung formal darstellbarer Gegenstandsgebiete mit Hilfe von Zeichen, Begriffen und Instrumenten sowie die daraus gewonnenen Resultate sind also Teil des Bedeutungsumfangs der Worte, die im Rahmen der Sprache diese Sachgebiete erfassen. Unter ‚Leben', ‚Natur' oder ‚Ordnung' muß daher *auch, aber nicht nur*[42] das verstanden werden können, was die (Natur)Wissenschaften dazu zu sagen haben.

Die Reduktion des Wortes auf den Begriff, die Definition und darüber hinaus auf das Zeichen wird nicht nur durch einen Bedeutungsverlust, sondern auch durch Sinnverlust erkauft. Dies heißt aber keineswegs, daß empirische Forschung sinnlos ist. Ihr Wirken ist sinntragend und sinngebend, aber reicht nicht bis zur Sinnfülle des in Worten ausdrückbaren Weltbezugs. Deshalb gilt es, zwischen Natur- und Weltbild zu unterscheiden, obwohl Zeichen und Worte von derselben Wirklichkeit handeln. Solange unterschieden wird, ist die Reduktion des Wortes auf Begriff und Zeichen auch kein Reduktionismus, sondern eine von der Sache

---

[42] Sowohl die Naturwissenschaften als auch ihre Resultate sind daher nicht nur sinnerschließend, sondern auch sinnvoll. Dies gilt unabhängig davon, daß die Naturwirklichkeit nur in dieser Sinnbestimmung nicht gänzlich aufgeht. Vgl. dazu Hans-Dieter Mutschler, Physik – Religion – New Age, Würzburg ²1992, 39ff. Die Theologie bzw. eine Theologie der Natur ist keineswegs gezwungen, die Ergebnisse der Naturwissenschaften zu berücksichtigen und sich dabei gegebenenfalls auf die Vermittlungsfunktion der Philosophie zu stützen. Sie kann auch den direkten Weg der vorwissenschaftlichen Naturerfahrung gehen. Vgl. dazu Reinhold Esterbauer, a.a.O., 226. Die Legitimation eines solchen Vorgehens geht daraus hervor, „daß diese neuzeitliche Thematisierung von Natur [gemeint ist, sie unter dem Gesetzesbegriff zu betrachten] eine besondere ist, d.h. eine unter mehreren Alternativen" (Gernot Böhme, Naturphilosophie als Arbeit am Begriff „Natur", in: Thomas Arzt, Roland Dollinger, Maria Hippius-Gräfin Dürckheim (Hrsgg.), Philosophia Naturalis. Beiträge zu einer zeitgemäßen Naturphilosophie, Würzburg 1996, 352). Dann läuft sie aber Gefahr, die Seite der Natur auszublenden und ihre Sinnhaftigkeit in Frage zu stellen, die unbestrittenermaßen zum Naturverständnis dazugehören.

gerechtfertigte und geforderte Forschungsweise. Dieser liegt erst dann vor, wenn behauptet wird, daß die Sprache der Wirklichkeit sich in diesen Reduktionen erschöpft, was einem inflationären Informationsgebrauch gleichkommt.[43] Hier stößt die sprachliche Information an ihre Grenzen.

Sprachliche Information und Wortsprache sind 1. zwei verschiedene, allerdings komplementäre Wege, die Wirklichkeit zu erfassen. Wesenserkenntnis ist zwar die ranghöhere Erkenntnis, weil sie das Phänomen von seiner substantiellen Seite begreift. Was aber das Phänomen zum Phänomen macht, erschließt sich erst umfassend durch empirische Forschung und damit durch informationsbegriffliche Analyse. 2. Die Wortsprache ist der Sinnhorizont und die Grundlage von Zeichen und Begriffen. 3. Sie ist Ausdrucksweise des ganzen Menschen, Ort der Begegnung zwischen ihm und der Welt. Deutlich äußert sich Wilhelm von Humboldt zur Unterscheidung zwischen beiden Sprachformen und zu dem Abhängigkeitsverhältnis, in dem die sprachliche Information zur Wortsprache steht: „Will man diesen zwiefachen Gebrauch der Sprache in Gattungen einander gegenüberstellen [...], so lässt sich der eine der wissenschaftliche, der andre der rednerische nennen. Der erstere ist zugleich der der Geschäfte, der letztere der des Lebens in seinen natürlichen Verhältnissen [...] Der wissenschaftliche Gebrauch [...] ist nur auf die Wissenschaften der reinen GedankenConstruction, und auf gewisse Theile und Behandlungsarten der Erfahrungswissenschaften anwendbar; bei jeder Erkenntnis, welche die ungetheilten Kräfte des Menschen fordert, tritt der rednerische ein. Von dieser Art der Erkenntniss aber fliesst gerade auf alle übrigen erst Licht und Wärme über; nur auf ihr beruht das Fortschreiten in allgemeiner geistiger Bildung [...][,] Poesie, Philosophie und Geschichte."[44]

Im Gegensatz zu Begriff und Zeichen ist das Wort nie auf nur eine Bedeutung beschränkt. Dies liegt daran, daß Worte kulturgeschichtlich entstandene Bedeutungsträger sind. Dabei kommt unter den Weisen des Bedeutens der Sprache eine absolute Vorrangstellung zu. Denn „sie allein ist universal, sie vermittelt zwischen allen Bedeutungen, bezieht sich auf alle anderen [...], ist für sie unentbehrlich."[45] In den Worten spiegeln sich Fülle und Lebendigkeit der menschlichen Lebenswelt und des menschlichen Lebensvollzugs wider. Nur mit dem Wort kann der ontologische Wahrheitsbegriff in Beziehung gebracht werden. Worte können über den Menschen verfügen, Zeichen nicht.

---

[43] Dazu Martin Heidegger: „Wir sind sehr lässig und rechnerisch geworden im Verständnis und Gebrauch von Zeichen" (Unterwegs zur Sprache, a.a.O., 165). Sprache wird dadurch zum „gestellte[n] Sprechen [Heidegger deutet hier den Bezug zum Ge-Stell an] [...], zur Information" (ebd., 263). Er wendet sich gegen eine „Ver(natur)wissenschaftlichung" der Philosophie (ebd., 160).

[44] A.a.O., Bd. 3: Schriften zur Sprachphilosophie, 22f.

[45] Karl Jaspers, a.a.O., 397.

Der Sprache fällt also eine universale und fundamentale, eine ontologische Bedeutung zu. Wie sonst könnte Aristoteles von der Ontologie als von einer Wissenschaft sprechen, die mit keiner Einzelwissenschaft zusammenfällt, weil sie das Seiende als Seiendes, d.h. von seinem Wesen her erforscht?[46] In seinen drei Kritiken charakterisiert Kant die verschiedenen Weisen der Vernunft, bestimmt ihr Verhältnis zueinander und unterteilt das theoretische Erkenntnisvermögen in einen empirischen und in einen transzendentalen Zweig. Dies geschieht nicht nur im Medium der Sprache, was alleine schon ihre Unverzichtbarkeit und Wichtigkeit unterstreicht. Auch das kategoriale Apriori der Verstandesbegriffe, der letzten zur Urteilsbildung notwendigen Bausteine des Denkens ist nur erkennbar und deduzierbar, weil Bedeutungen sich dem Menschen allein innerhalb der Sprache erschließen. Sie ist das für ihn Unvordenkbare, so daß Apriorität auch die Apriorität der Sprache einschließt.

6. Notwendigkeit und Bedeutung einer ‚Philosophie der Wortsprache'

Aus dem bisherigen Gedankengang wird klar, daß die Philosophie hinter ihrem selbstgenannten Ziel, „Weltweisheit" zu sein, zurückbleibt, wenn und solange sie ihr Wissenschaftsverständnis an den Naturwissenschaften orientiert und damit sich restlos der sprachlichen Information verschreibt. Diesen Zustand bezeichne ich als Wortlosigkeit. Die Philosophie ist eine Wissenschaft. Dies hat sie mit den empirischen Wissenschaften und mit der Theologie gemein. Mit dieser verbindet sie die prinzipielle[47] Übereinstimmung in der Universalität des Materialobjekts und die Methodendifferenz gegenüber den Naturwissenschaften sowie den metaphysischen Wahrheitsbegriff. Unter diesem Gesichtspunkt können auch philosophische Aussagen die Vernunft nicht zur uneingeschränkten Zustimmung zwingen.[48] Es ist nach alledem gerechtfertigt, von der empirisch-instrumentell-analyti-

---

[46] Met. IV, 1, 1003a.

[47] Diese Einschränkung gilt es deshalb zu machen, weil die Subjekt-Objekt-Beziehung der Theologie nicht die „erkenntnistheoretische und ontologische Neutralität und Autonomie" wie in der Philosophie besitzt. Ferner: Daß es beispielsweise keine Theologie des Sports, der Mathematik oder der Naturwissenschaften gibt, liegt daran, daß die Theologie die Universalität der Welt aus dem Begriff Gottes und seiner Wirkmächtigkeit heraus begreift, der als Weltgrund alles umfaßt, erhält und über allem steht. Insofern thematisierte z.B. eine Theologie der Mathematik eine Selbstverständlichkeit und ist daher überflüssig. Denn Gott ist auch der Schöpfer der Logik, der Zahl und ihrer funktionellen Abhängigkeiten. D.h. daß sich die Theologie vornehmlich an der certitudo obiecti orientiert. Schließlich: Es gibt die jede menschliche (natürliche, philosophische) Vernunft an Erkenntnisfähigkeit übertreffende göttliche Vernunft. Die natürliche Vernunft hat die Möglichkeit, zum Glauben in Beziehung zu treten, ohne daß beide „Erkenntnisweisen" in Konflikt geraten müßten. Vgl. dazu das zweite Kapitel.

[48] Dies steht keineswegs im Gegensatz dazu, daß es der Philosophie um rationale, von jedem Vernunftwesen nachvollziehbare, einsichtige und prinzipiell überzeugungsfähige Erkenntnis geht.

schen Vernunft der Erfahrungswissenschaften, von der philosophischen und theologischen Vernunft zu sprechen.

Für die Philosophie existiert kein Phänomen, das grundsätzlich nicht zum Gegenstand philosophischer Reflexion werden kann. Weil die Philosophie im methodischen Zweifel nicht nur die Methoden der anderen Wissenschaften, sondern
auch ihre eigenen immer wieder kritisch hinterfragt und damit ihre Grundlagen
fraglich werden läßt, wird sie zur Methodologie. Dies unterstreicht gegenüber der
Theologie ihre Voraussetzungslosigkeit, ihre besondere Nähe zu anderen Wissenschaften und deren Erkenntnisverfahren und eröffnet ihr einen differenzierteren
Zugang zu den Materialobjekten.

Der Theologie ist wegen ihrer ontotheologischen Fundierung und wegen ihres
„heteronomen" Wissenschaftscharakters methodenstabiler. Die Philosophie besitzt eine vergleichbare Orientierungsgröße wie z.b. die Apodiktizität des Wortes
Gottes nicht. Sie ist im Vergleich dazu eine „autonome" Wissenschaft, die sich
ihre Sprache und ihre Erkenntnisse selbst erarbeiten muß. Sie ist daher auch me-
thodenanfälliger, was darin zum Ausdruck kommt, daß Erkenntnisverfahren gewählt werden können, die dem Erkenntnisgegenstand unangemessen sind. Dies
ist der Preis der certitudo modi procedendi[49], den die Philosophie für ihre Eigenständigkeit, aber auch dafür zu bezahlen hat, daß sie im Laufe ihrer Geschichte
immer stärker auf eine Erkenntnisweise setzte, von der sie sich Klarheit, stringen-
te Ableitbarkeit, universelle Gültigkeit, Eindeutigkeit, Exaktheit und Unwiderleg-
barkeit versprach. Doch dieses „Informationsprogramm" ist gescheitert.[50]

Aus dem methodischen und inhaltlichen Vergleich zwischen Naturwissenschaften, Theologie und Philosophie sowie unter Berücksichtigung der Charakterisierung der Sprache lassen sich folgende Hauptaussagen treffen: Die Theologie
steht der Philosophie viel näher als den empirischen Wissenschaften. Theologie
und Philosophie sind wegen ihrer ganzheitlich-universalme thodischen Ausrichtung auf fundamentale Weise der Wortsprache verbunden. Die Naturwissenschaften bedienen sich dagegen der sprachlichen Information. Die ontologisch-, nicht
ontotheologisch-universelle Erkenntnisrichtung der Philosophie fordert von ihr die
Aufgeschlossenheit gegenüber der empirischen Methode. Daraus ergibt sich in
dreierlei Hinsicht die Vermittlungsfunktion der Philosophie: 1. Die Schöpfungstheologie kann auf den Kenntnisstand der Naturwissenschaften nicht verzichten,
so daß sie auf die Naturphilosophie angewiesen ist. 2. Die Offenbarungstheologie
ist u.a. auf den Kenntnisstand der Humanwissenschaften und der Sozialwissen-

---

[49] Doch auch diese läßt sich ontologisch begründen. Denn die verschiedenen Erkenntnisweisen und
Eigenschaften der Vernunft wie z.B. die instrumentelle, praktische, theoretische, wissenschaftliche,
ästhetische usw. gehören zur Wesensbestimmung des Menschen und damit zu seinem Seinsbestand.

[50] Man denke nur an die sprachanalytisch motivierte Wirklichkeitsbeschreibung in sog. Protokoll-
sätzen durch den Wiener Kreis.

schaften angewiesen, weshalb sie die Philosophische Anthropologie braucht. 3. Wegen des einheitswissenschaftlichen Anspruchs der empirischen Wissenschaften und der damit verbundenen Forderung, neue Ontologie und Metaphysik zu sein, bedarf die Theologie der Ontologie. D.h. daß der Theologie, will sie weiterhin Aussagen über Gott, Mensch und Welt (Natur) machen, die gegenüber einzelwissenschaftlich-einheitswissenschaftlichen Argumentationen und einer aufgeklärten Vernunft bestehen können und ernst genommen werden sollen, dies nur im Schulterschluß mit der Philosophie gelingt. Abschließend geht es unter Berücksichtigung der ersten These darum zu zeigen, daß und wie *die* Philosophie die für die Theologie „richtige" ist, die sich dem universellen Erkenntnis- und Erklärungsanspruch der empirischen Methode widersetzt. Dies tut sie, wenn sie „diejenigen Fragen [stellt], die nicht gestellt zu haben die Erfolgsbedingungen des wissenschaftlichen Verfahrens war"[51]. Damit wird zugleich ein Beitrag zur Überwindung der Wortlosigkeit in der Philosophie geleistet.

Im folgenden soll zu diesem Zweck exemplarisch auf durch die empirische Methode „versteckte und uneingestandene Seinsvoraussetzungen"[52] hingewiesen werden. Es soll verdeutlicht werden, daß die Exklusivität methodenexakter und eine die Disziplinen vereinheitlichende Wissenschaftlichkeit nicht mehr im ursprünglichen, wie z.B. vom logischen Empirismus angestrebten Umfang aufrechterhalten werden kann.

Weil Methode und Erkenntnisgegenstand unmittelbar voneinander abhängen, beschreibt z.B. die Methode A diesen anders als die Methode B, bzw. mit Methode A lassen sich völlig andere Erkenntnisse gewinnen als mit Methode B. Beide Methoden können sich also ergänzen. Die Frage ist nun die: Welche Erkenntnismethode muß für welchen Erkenntnisgegenstand gewählt werden bzw. welche Ergebnisse sind mit welcher Methode zu erwarten? Weil die Philosophie die Gesamtheit und Gänze der erkennbaren Welt zum Gegenstand hat, gehört es zu ihren Aufgaben, auch die naturwissenschaftliche Methode und ihre Resultate zu berücksichtigen. Zwar kann sie den Erfahrungswissenschaften nicht vorschreiben, wie sie zu experimentieren haben, aber sie soll die Resultate ihrer Forschungsmethode und diese selbst stets kritisch hinterfragen. Damit durchschreitet sie den erkenntnistheoretischen Horizont dieser Wissenschaften. Doch wie soll sie anders sinnvoll und ganzheitlich über Weisen sprachlicher Information, wozu die naturwissenschaftliche Methode gehört, reflektieren als von einem Standpunkt außer-

---

[51] Carl Friedrich von Weizsäcker, Deutlichkeit. Beiträge zu politischen und religiösen Gegenwartsfragen, München ²1979, 167.
[52] Heinz Heimsoeth, Metaphysik der Neuzeit, in: Sonderausgabe aus dem Handbuch der Philosophie, München 1929, 196-239, 201.

halb dieser, also im Medium der Wortsprache? Denn wie könnte die Welt anders verstanden werden als durch sie und in ihr?[53] Die Philosophie muß folglich auch analytisch und formal vorgehen.[54] Sie hat aber noch mehr zu leisten. Dazu zählt nach kantischem Verständnis, daß die Metaphysik im Kanon philosophischer Disziplinen stets ihren festen Platz haben wird.[55] In diesem Fall geht es um die metaphysischen Urteile ‚wahr' oder ‚nichtwahr'. Dieser Verpflichtung entsprechen auf der Objektseite das Wesen, die substantiellen Verschiedenheiten im Aufbau der realen Welt, die Tatsache, daß nur die wenigsten Bereiche der Wirklichkeit zum Gegenstand von Zahlen, Funktionen und Berechnungen werden können.[56] Alle diese Gegenstandsfelder können erschöpfend nur im Medium der Wortsprache behandelt werden, weil die Sprache der umfassende Horizont menschlichen Verstehens ist. Sprache ist demnach Bedingung der Möglichkeit von Erkenntnis. Dies ist jedoch – und das gilt auch für die sprachliche Information und muß an dieser Stelle nochmals erwähnt werden – nicht so zu verstehen, daß beide Methodenbereiche sich grundsätzlich gegenseitig verdrängen. Da beide wirklichkeitserschließend sind, stehen sie oft auch in einem komplementären Verhältnis zueinander.

Daß nach Kant alle unsere Erkenntnis mit der Erfahrung anfängt, unterstreicht aus erkenntnistheoretischer Perspektive eindrucksvoll die Bedeutung der naturwissenschaftlichen Forschung und ihrer beispiellosen Erkenntnisfortschritte, die zu einem immensen Wissen und Wissenszuwachs führten. Darüber, wie sich das Sein auslegt, wie groß dabei seine Erscheinungsvielfalt in Strukturen, Prozessen, qualitativen Bestimmungen und Gesetzmäßigkeiten ist, belehren die Naturwissenschaften. Darin liegt ihr Beitrag zur Seinserhellung. Denn sie öffnen der Ontologie neue Perspektiven zu einem differenzierteren und umfassenderen Wirklichkeitsverständnis.

Die Naturwissenschaften stellen dazu Theorien auf. Diese sind formale Systeme, die das bekannte Wissen jeweils bestimmter Forschungs- und Gegenstandsbereiche in funktionalen Abhängigkeiten darstellen und noch zu entdeckendes Wissen solange in einer Theorie zu integrieren versuchen, bis diese durch eine andere ersetzt wird, die die Sachverhalte besser wiedergibt. Die Summe dieser Theorien liefert ein Naturbild, das den Wissensstand einer bestimmten Forschungsgenera-

---

[53] D.W. Theobald, Grundzüge der Wissenschaftsphilosophie, Stuttgart 1973, 16.

[54] Das beste Beispiel dafür ist die Logik, die wie die Mathematik ohne Materialobjekt auskommt. Sie macht insbesondere auf diesem Gebiet von der sprachlichen Information intensiven Gebrauch. Wann immer diese Erkenntnisform eingesetzt wird, geht es um die aussagenlogischen Urteile ‚richtig' oder ‚nicht-richtig'.

[55] Dasselbe gilt für die teleologische Urteilskraft.

[56] Es sei dabei auf Nicolai Hartmanns Kategorialanalyse, auf den Stufenbau des realen Seins sowie auf die Begriffe der Überformung und Überbauung verwiesen (Der Aufbau der realen Welt. Grundriss der allgemeinen Kategorienlehre, Berlin ³1964, 182, 228ff., 262ff., 441).

tion in der Terminologie der sprachlichen Information bereithält. Mit dem Wachsen des Erklärungsumfangs einer Theorie wächst auch das Phänomen der Grundlagenproblematik der jeweiligen Naturwissenschaft. Dies bedeutet nicht, daß diese Problematik durch einen Paradigmenwechsel lösbar ist, sondern daß die Leitbegriffe einer empirischen Wissenschaft ohne fachfremde Hilfe nicht mehr explikabel sind. Hier ist der Schnittpunkt, wo naturwissenschaftliches Forschen und philosophisches Denken ineinandergreifen. Aber auch auf diese Weise tragen die Erfahrungswissenschaften zur Seinserhellung bei.

Das ist aber nur dann möglich, wenn die Philosophie als Philosophie des Wortes ihre methodische Unabhängigkeit gegenüber den Einzelwissenschaften behauptet.[57] In diese Richtung weisen z.B. Untersuchungen von Kurt Hübner, der klar zeigt, daß es keine experimentalmethodische Legitimation empirischer Theorien gibt[58], was heißt, daß nicht-empirische Entscheidungen in eine Theoriebewertung mit eingehen.[59] Andererseits kann Hübners „kontingente Apriorität" als Antwort auf eine Überbetonung der (natur)wissenschaftlichen Vernunft nicht befriedigen[60], obwohl sein Rückgriff auf den Mythos und seine Betonung der Unverzichtbarkeit der Sinndimension und des Telos' zeigen, daß es ihm mit einer erkenntnistheoretischen Fundierung dieser Vernunft ernst ist.[61]

Hübners Betonung des Mythos' für das Wirklichkeitsverständnis der Naturwissenschaften wertet trotzdem wortphilosophisches Denken auf. Denn sieht man einmal davon ab, daß die mythische Erzählung nichts mit systematisch-begrifflicher philosophischer Durchdringung zu tun hat, werden feste Bezugspunkte des Denkens und Handelns angestrebt, wird die Berücksichtigung der Ganzheitlichkeit des menschlichen Lebensvollzugs gefordert, werden die Grundfragen menschlichen Daseins und menschlicher Weltbewältigung thematisiert und Antworten darauf wiederentdeckt.

Experimentell gesichertes Wissen wird ergänzt durch Deutungen, Spekulationen. Diese überschreiten den üblichen Diskussionsrahmen, der wissenschaftliche Arbeiten abschließt. Die Forderung nach methodischer Präzision, Eindeutigkeit und Klarheit, ein wissenschaftstheoretischer Programmpunkt seit Descartes, wird

---

[57] Tut sie das nicht, zerfällt sie in Partikularitäten, verliert sich in Detailfragen, verfällt in Vorläufigkeiten, wird selbst zum Hypothesen- und Theorienbildner und geht am Ende restlos in sprachlichen Informationsinhalten auf. Sie wird ihrer Rolle der empirisch-methodenkritischen Bestandsaufnahme nicht mehr gerecht.

[58] Kritik der wissenschaftlichen Vernunft, Freiburg/München ²1979, 70.

[59] In diesem Zusammenhang sei auf die Unabgeschlossenheit der empirischen Methode gegenüber dem Erkenntnissubjekt, auf die ontologische Fundierung dieser Methode durch das Erkenntnisobjekt und auf Grenzen und Möglichkeiten methodischer Erkenntnis verwiesen. Vgl. zur näheren Ausführung Reinhard Zecher, Das Ziel der Einheit, a.a.O., 57-70.

[60] Ebd., 164f., 190ff.

[61] Die Wahrheit des Mythos, München 1985, 397.

ergänzt durch die Stellungnahme, die Überzeugung des Wissenschaftlers, durch *Vor*wissenschaftlichkeit. Die Subjekt-Objekt-Dimension schrumpft zusammen. Der Wissenschaftler muß Stellung beziehen. Wissen bleibt nicht mehr länger isoliert, sondern wird in den Wortkontext und damit in die Lebenswelt des Forschers eingebettet.

Hier eröffnet sich die Möglichkeit eines Sachlichkeitsdenkens, das den Gegenstand um seiner selbst willen sein läßt und dadurch Objektivität mit „Selbständigkeit" des jeweils Untersuchten austauscht. Der Sachlichkeitsbegriff schließt die Überzeugung ein. In dieser vereinigen sich methodisch erlerntes und erworbenes (Fach)Wissen, lebensgeschulte Gewißheit und philosophische Weltweisheit.[62] Das beinhaltet, daß es kein isoliertes Wissen gibt. Wenn es sich so verhielte, bestünde z.b. Interdisziplinarität in einem bloßen „Stapeln von Wissenspaketen". Statt dessen besteht ein wesentlicher Unterschied darin, ob Forscher A Forscher B Datenmaterial aus seinem Fachgebiet überläßt und ihm das dazu notwendige Hintergrundwissen mitteilt oder ob Forscher B aufgrund der Tatsache, daß er über die Ausbildung von Forscher A verfügt, in der Lage ist, dieses Material selbst zu beurteilen. Noch anders stellt sich die Situation dar, wenn Forscher B die Möglichkeit besitzt, durch eigene Forschungen das für ihn erforderliche Wissen zu gewinnen. Es gibt „erlebtes Wissen" und „persönlichkeitsgeprägtes Wissen". Es gibt Nicht-Mitteilbarkeit und Unübertragbarkeit[63], es gibt die Einmaligkeit des Menschen in Gestalt der Personen[64] sowie die Einmaligkeit und Überzeichenhaftigkeit in der Individualität des Wortes[65].

Diese Differenzierungen reden keiner Beliebigkeit, keinem Relativismus das Wort. Sie unterstreichen, daß im Sachlichkeitsbegriff der Wissenschaftler als „ganzer", in die Lebenswelt eingebundener Mensch angesprochen ist. Anders for-

---

[62] In diesem Ergänzungsverhältnis zeigt sich die Überlegenheit und Unerreichbarkeit einer Forscherpersönlichkeit und eines Spezialisten gegenüber jedem programmierten Expertensystem.

[63] Es ist ein Grundirrtum, wie Nils J. Nilsson z.B. in Anlehnung an das Kommunikationsmodell der „künstlichen" Intelligenzforschung folgendes zu behaupten: „It's [gemeint ist die Sprache] primary use is for transmitting a bit of ‚mental structure' from one brain to another under circumstances in which each brain possesses large, highly similar, surrounding mental structures that serve as a common context" (Principles of Artificial Intelligence, Berlin/Heidelberg/New York 1982, 2).

[64] Dazu die folgenden, an Deutlichkeit nicht mehr zu übertreffenden Belegstellen: Bei Richard von St. Viktor lautet die Definition der Person „proprietas qui non convenit nisi uni soli" (De trinitate, 4,6, zitiert nach Robert Spaemann). Duns Scotus nennt die Person eine „ultima solitudo" (Op. Ox IIId. 1,1 Nr.17, zitiert nach ebd., Personen. Versuche über den Unterschied zwischen ‚etwas' und ‚jemand', Stuttgart ²1998, 44). Thomas von Aquin spricht von der „incommunicabilitas" (2 Sent. 3,1,2, zitiert nach ebd.).

[65] Die Schöpferkraft der Sprache, ihr geschichtlicher und von dem Charakter der Person beeinflußbarer Wandel zeigt sich in der „Individualität der Wörter, in deren jedem immer noch etwas andres, als bloss seine logische Definition liegt" (Wilhelm von Humboldt, a.a.O., 87). „Dies zu verkennen, und die Wörter als blosse Zeichen anzusehen, ist der Grundirrtum, [...] der alle richtige Würdigung der Sprache zerstört" (ders., Gesammelte Schriften, Bd. 5, 428).

muliert: Die Bereiche der sprachlichen Information und der Wortsprache stehen immer in irgendeiner Weise im Zusammenhang. Dies zeigt sich in der Vorgängigkeit und Voraussetzungslosigkeit der Grundbegriffe einer Wissenschaft[66] ebenso wie in der „Grenzwertigkeit" und „Grenzhaftigkeit" einer Theorie, d.h. dort, wo aus welchen Gründen auch immer „gesicherte" Daten nicht mehr vorliegen oder vorliegen können.[67]

Doch was drückt sich darin anderes aus als die bleibende Aktualität und der Sinnbestand der Fragen, die den Menschen, solange es ihn geben wird, immer wieder bewegen werden. Die Apriorität der Fragen nach dem ‚Woher', ‚Warum', ‚Wohin' und ‚Wozu' ist unbestritten. Denn sie verweisen auf das Sein, auf Konstanten, die jedem Prozeß, sei er reversibel oder irreversibel, stetig oder diskontinuierlich zugrundeliegen und ihn umgreifen. Bezogen auf die empirische Forschung heißt dies, daß die Forderung nach einer hermeneutischen (Natur)Wissenschaft erhoben werden muß. ‚Hermeneutisch' ist hier so zu verstehen, daß der Charakter der Offenheit der Erfahrungswissenschaften gegenüber der Lebenswelt und gegenüber Seinsfragen angemahnt wird.

Es liegt im Wesen des Apriorischen, zeitlos, kulturunabhängig und nicht an individuelle Auslegung gebunden zu sein. Es ist weder Gegenstand von Experimenten noch von naturwissenschaftlichen Theorien und verhält sich z.B. in der Form der Kategorien „neutral" gegenüber den philosophischen Systemen.[68] Dies bedeutet, daß die Grundprädikate des Seins nicht zur Disposition stehen, nicht fraglich sind. Darauf hinzuweisen, die Konstanz im Wandel zu bewahren, zu verteidigen und jederzeit mitteilbar und verständlich zu machen, ist die eine Aufgabe der Philosophie. Daß Philosophie auch philosophia perennis bedeuten kann, erfährt dadurch seine Berechtigung. Ihre Begriffssprache zielt hier zunächst genauso auf das Formale ab, wie dies bei jeder anderen Disziplin auch der Fall ist. Doch ihr Gegenstand bleibt universell, nicht regional. Er ist das Sein und die Welt als die Auslegung dieses Seins in der Ganzheitlichkeit, Mannigfaltigkeit und Vielfalt seiner Erscheinungen.

Daraus erwächst eine andere Bestimmung der Philosophie, nämlich die, die Universalität des Seins, die in den Seinsprinzipien[69] zum Ausdruck kommt, auch inhaltlich zu bestimmen. Dazu – und darauf wurde bereits hingewiesen - bedarf

---

[66] Begriffe wie Leben, Kraft, Energie, Materie oder Seele sind Kernbegriffe der Biologie, Physik, Chemie und Psychologie, die zwar ständig verwandt, aber trotzdem weder umfassend reflektiert werden noch in ihrer Bedeutung restlos klar sind und deren Ursprung aus der Wortsprache stammt.

[67] Beispiele dafür sind grundsätzlich sog. Entstehungstheorien, die z.B. den Ursprung des Kosmos' und des Lebens zum Gegenstand haben.

[68] So spricht Nicolai Hartmann von der „weitgehende[n] standpunktliche[n] Indifferenz der Kategorienlehre" (a.a.O., 14f.).

[69] Es ist hier unerheblich, ob von Kategorien, Wesenheiten, Universalien, simplices, requisita usw. die Rede ist.

sie der Naturwissenschaften, dazu wird sie aber auch durch diese gezwungen. Denn für beide sind jene Prinzipien gültig, so daß es im Grunde genommen keine strenge Trennung zwischen den Einzelwissenschaften und der Philosophie geben kann. Diese Tatsache ist ein weiterer Beleg dafür, daß es nur eine Wirklichkeit gibt. Die Unterschiede liegen in der Verschiedenheit des Formalobjektes und darin, daß die Philosophie *auch*, aber nicht nur das Gegenstandsgebiet der empirischen Wissenschaften umfaßt.[70] D.h. aber, daß ihr Materialobjekt an Umfang das der Fachwissenschaften übersteigt, so daß der Philosophie die Bedeutung einer Einheitswissenschaft zukommt.[71] Dies steht keineswegs in Widerspruch zu ihrer Funktion einer Mittlerin zwischen Naturwissenschaft und Theologie. Denn die Philosophie soll sowohl zum Wissen als auch zum Glauben hin offen sein. Darin liegt ihr denkgeschichtlicher Beitrag. Dies ist ihr erkenntnistheoretisch-systematischer Auftrag.

Literatur

Aquin, Thomas von: De Veritate, Bd. 2, (Opera omnia, Bd. 22), Rom 1970-72.

Aquin, Thomas von: De Trinitate, hrsg. v. Bruno Decker, Leiden 1965.

Aristoteles: Metaphysik, hrsg. v. Horst Seidel, Hamburg 1978.

Bacon, Francis: Neues Organon, Wolfgang Krohn, Hrsg., Hamburg 1990, Bd. 1.

Bartels, Andreas: Grundprobleme der modernen Naturphilosophie, Paderborn/München/ Wien/Zürich 1996.

Barth, Karl: Der Römerbrief, Zürich [13]1984.

Böhme, Gernot: Naturphilosophie als Arbeit am Begriff „Natur", in: Thomas Arzt, Roland Dollinger, Maria Hippius-Gräfin Dürckheim (Hrsgg.), Philosophia Naturalis. Beiträge zu einer zeitgemäßen Naturphilosophie, Würzburg 1996.

Esterbauer, Reinhold: Verlorene Zeit – wider eine Einheitswissenschaft von Natur und Gott, Stuttgart/Berlin/Köln 1996.

Galilei, Galileo: Opere, Ristampa della edizione nazionale, Bd. IV, Florenz 1929-39.

Hartmann, Nicolai: Der Aufbau der realen Welt. Grundriss der allgemeinen Kategorienlehre, Berlin [3]1964.

Heidegger, Martin: Unterwegs zur Sprache, Pfullingen [9]1990.

---: Über den Humanismus, Frankfurt a.M. 1949.

Heimsoeth, Heinz: Metaphysik der Neuzeit, in: Sonderausgabe aus dem Handbuch der Philosophie, München 1929.

---

[70] „Wie die Wissenschaften alle sich einst von der Philosophie abgespalten haben, so bleiben sie für diese dauernd das immer weiter sich ausbreitende Feld der Gegebenheiten [...] Da es sich [...] in den Kategorien um die Seinsgrundlagen derselben Gegenstandsgebiete handelt, mit denen es auch die Einzelwissenschaften zu tun haben, so ist es klar, daß sich hier eine feste Grenzscheide der Philosophie gegen die letzteren gar nicht ziehen läßt" (ebd., 2).

[71] Vgl. ebd.

Hübner, Kurt: Die Wahrheit des Mythos, München 1985.

---: Kritik der wissenschaftlichen Vernunft, Freiburg/München [2]1979.

Humboldt, Wilhelm von: Werke, hg. v. Andreas Flitner/Klaus Giel, Bd. 3, Stuttgart [6]1988, (Schriften zur Sprachphilosophie).

---: Gesammelte Schriften, hg. v. Königlich-Preussische Akademie der Wissenschaften, Berlin 1968.

Jaspers, Karl: Von der Wahrheit, München [4]1991.

Kues, Nikolaus von: De docta ignorantia, hgg. v. Paul Wilpert/Ernst Hoffmann/Karl Bormann, Hamburg 1964-77.

La Mettrie, Julien Offray: L'homme machine, hg. v. Claudia Becker, Hamburg 1990.

Leibniz, Gottfried Wilhelm: Hauptschriften zur Grundlegung der Philosophie, hg. v. Ernst Cassirer, Bd. 1, Hamburg [3]1966.

Mirandola, Giovanni Pico della: De dignitate hominis, Hamburg 1990.

Mutschler, Hans-Dieter: Physik – Religion – New Age, Würzburg [2]1992.

Nielsson, Niels J.: Principles of Artificial Intelligence, Berlin/Heidelberg/New York 1982.

Spaemann, Robert: Personen. Versuche über den Unterschied zwischen ,etwas' und ,jemand', Stuttgart [2]1998.

Theobald, D.W.: Grundzüge der Wissenschaftsphilosophie, Stuttgart 1973.

Weizsäcker, Carl Friedrich von: Deutlichkeit. Beiträge zu politischen und religiösen Gegenwartsfragen, München [2]1979.

Zecher, Reinhard: Das Ziel der Einheit. Verwirklichung einer Idee oder Ergebnis eines Selbstorganisationsprozesses? Schellings spekulative „Naturphilosophie" und die Evolutionstheorie: Gesprächspartner in der Frage nach einer Rückbesinnung auf die Naturphilosophie?, Frankfurt a.M./Berlin/Bern/Brüssel/New York/Wien 2000.

---: Die Sprache der Sprache. Untersuchungen zur Klärung des Informations- und Sprachbegriffs, Würzburg 1999.

Klaus Wiegerling

Die mediale Ordnung der Welt
und das Transzendente

Derzeit scheint die theologische Praxis vor einem Vermittlungsproblem zu stehen, das auch durch einen medialen Paradigmenwechsel bedingt erscheint. Dabei ist die Bestimmung dieses Paradigmenwechsels keineswegs so einfach wie es die Zampanos der digitalen Medienrevolution suggerieren. Man wird sich sicher darauf einigen, daß die Schrift nicht mehr die zentrale mediale Kodierung ist, auf die sich unsere Gesellschaft anlegt und die unsere Welt ordnet. Welchen Stellenwert die Schrift heute aber hat, auch im Kontext digitaler und multimedialer Trägersysteme, darüber ist es schon weit schwieriger Einigkeit zu erzielen. Allein die populäre Gegenüberstellung der ‚alten' Kulturtechniken des Lesens und Schreibens und der neuen des ‚Navigierens' und des ‚Programmierens' verschleiert mehr die Bedeutung des besagten Paradigmenwechsels, als daß es sie verdeutlicht.

Folgendes Problem soll hier erörtert werden: Hängt die Krise der christlichen Vermittlung in einer von visuellen und vernetzten digitalen Medien dominierten Zeit nicht auch mit der konstatierten Krise der Schrift zusammen? Impliziert diese Krise nicht auch eine Krise der Welt- und Wirklichkeitsordnung, die nicht nur säkulare, sondern auch theologische Auswirkungen zeitigt?

Die entscheidende Frage ist also, ob die Kodierung der Heiligen Schriften, in denen das Christentum wie alle Offenbarungsreligionen gründen, ersetzbar ist. Können die Botschaften der Offenbarungsreligionen also prinzipiell in einer anderen Kodierung als der alphabetischen Schriftlichkeit fundiert sein?

Auch wenn es vordergründig den Anschein hat, handelt es sich hier gewiß nicht um ein konfessionell gebundes, im engeren Sinne evangelisches Thema. Auch das Lehramt, das im Katholizismus für die Vermittlung der christlichen Botschaft eine zentrale Rolle spielt, bleibt in seinen Vermittlungsbemühungen letztlich auf die Schrift bzw. den Schriftsinn bezogen. Zudem scheinen sich in der praktischen Seelsorge, unabhängig von konfessionellen Bindungen die Probleme, die aus einer allgemeinen Schriftferne resultieren, anzugleichen. Es ist nicht allein der augenfällige Kontemplationsverlust in unserer medial beschleunigten Zeit, welche die Schrift im wahrsten Sinne des Wortes hinter sich zu lassen scheint, der bei der Vermittlung der christlichen Botschaft Probleme bereitet. Es ist einmal gewiß auch die medial bedingte Fixierung auf neue, insbesondere visuelle Weltzugänge, die hier die Kommunikation erschwert. Zum anderen scheint mit der offenbar mühelosen Konvertierbarkeit von Kodierungsweisen auch eine gewisse Beliebigkeit in der Vermittlung von Inhalten Einzug zu halten. Aber ist es wirklich bedeutungslos wie Inhalte vermittelt werden, ob in visueller, akustischer oder schriftlich kodierter Weise?

Es ist unmöglich, diese tatsächlich vielschichtige Frage nach der Ersetzbarkeit der Kodierung der Heiligen Schrift im Rahmen einer knappen Abhandlung erschöpfend zu beantworten. Ich will mich deshalb hier vor allem zum einen auf die Begründung konzentrieren, warum diese Frage für eine Theologie in einer medial veränderten Situation von zentraler Bedeutung ist; zum anderen will ich zu zeigen versuchen, auf welchem Weg man diese Frage einer Lösung zuführen könnte.

Das Vorhaben soll anhand der Bearbeitung einiger Arbeitsfragen umgesetzt werden:
– Was heißt Symbol und was heißt Medialität?
– Was heißt Ordnung der Welt?
– Was charakterisiert die symbolische Kodierung der Schrift?
– Was ist die Bedeutung des Transzendenten für diese mediale Ordnung?

1. Was heißt Symbol und was heißt Medialität?

Die erste Arbeitsfrage fokussiert zum einen die Methode, mit deren Hilfe man die genannte Schlüsselfrage beantworten kann, denn die schriftliche Kodierung ist tatsächlich nur eine mögliche mediale Kodierung; zum zweiten fokussiert sie die Einbettung der Schlüsselfrage in einen grundlegenden anthropologischen Zusammenhang.

Symbolizität und Medialität fokussieren ein- und dasselbe Phänomen und sind auf die gleiche anthropologische und kulturelle Struktur bezogen. Während Symbolizität stärker die Erscheinung ins Zentrum rückt, hebt Medialität den Systemzusammenhang und den Vermittlungsaspekt hervor. Welterkenntnis und Weltorientierung gründen in der medialen Verfaßtheit des menschlichen Geistes, in seiner Fähigkeit zu zentrieren, zu vermitteln und zu bewahren. Medialität heißt hier, daß menschliche Erkenntnis und menschliches Orientierungsvermögen auf Vermittlung angewiesen sind, auf leiblich-sinnliche ebenso wie auf kulturelle und instrumentelle. Bereits Nikolaus von Kues hat im 15. Jahrhundert in seiner Schrift

De Beryllo[1] diese grundlegende mediale Bedingtheit des Menschen zum Gegenstand der Untersuchung gemacht.

Die Ordnung der Welt ist immer auch medial erfahren. Medialität ist als Bedingung menschlicher Welterschließung mehr als eine Kategorie des Apparativen, wenngleich Medialität im Apparativen einen neuen, sozusagen entindividualisierten Status erlangt. Für Ernst Wolfgang Orth ist Medialität sozusagen eine Metapher für die menschliche Orientierung und damit für die menschliche Ordnung der Welt.[2] Die drei grundlegenden Ideen, die der Begriff des Mediums impliziert, die Ideen der Vermittlung, der Zentrierung und der Bewahrung charakterisieren zugleich die Erscheinungform von Weltordnungen. Letztere sind der Horizont, in dem uns Weltbestände als prinzipiell erkennbare begegnen. Alles Erkannte ist Ergebnis einer Vermittlungsleistung, einer Zentrierung vor dem Hintergrund eines letztlich unerreichbaren und nicht repräsentierbaren Horizontes und Ausdruck einer Bewahrung, denn ich kann auf das Erkannte als Identifizierbares zurückkommen und an es anschließen.

Mit Hilfe der von Cassirer begründeten[3] und Autoren wie Goodman, Bourdieu, Orth, Schwemmer, Margreiter u.a. fortentwickelten Symboltheorie kann der Blick auf spezifische Verknüpfungs- und Ordnungsleistungen medialer Trägersysteme gerichtet werden, womit zugleich ein Beitrag zur funktionalen Differenzierung unterschiedlicher Trägersysteme erbracht ist.

Die Universalität des Symbols gründet in seiner Übertragbarkeit und universalen Einbindbarkeit in einen Systemzusammenhang. Das stoffliche Moment, die Hyle, ist dabei bis zu einem gewissen Grad austauschbar. Symbole sind nicht einfach Zeichen, die für anderes stehen. Sie betten vielmehr dieses andere erst in einen Horizont ein, der es verständlich macht und sie machen aus einer sinnlichen Affizierung ein geistiges Produkt, ein Substrat, an das andere Symbole angeschlossen werden können. Eine symbolische Ordnung ist darüber hinaus eine Handlungsanweisung, die zeigt, wie wir von einem Phänomen zum anderen gelangen und wie wir Phänomene miteinander verknüpfen können.

---

[1] Nikolaus von Kues: Über den Beryll (1458/59). Hamburg 1987f.
[2] Vgl. Orth, Ernst Wolfgang: Was ist und was heißt „Kultur"? – Dimensionen der Kultur und Medialität der menschlichen Ordnung. Würzburg 2000. S. 13ff. und S. 29ff. Interessanterweise erinnert auch Jochen Hörisch in seiner jüngst erschienenen Mediengeschichte *Der Sinn und die Sinne – Eine Geschichte der Medien*, Frankfurt/M. 2001 auf Seite 128 an die Orientierungsfunktion der Medien, die er neben der Koordination von Interaktionen für das Hauptkriterium einer Mediendefinition hält.
[3] Vgl. Cassirer, Ernst: Philosophie der symbolischen Formen. Bd. I-III. Darmstadt 1994.

Desweiteren sind Symbole Knotenpunkte in einem Netz von Verweisungen. Das heißt, ein Symbol ist ein Funktionswert, der mehr ist als das jeweils Bezeichnete. Es ist nicht nur ein Zeichen, das auf einen bestimmten Gegenstand verweist, sondern zugleich eine Gegenstand-mit-Gegenständen verbindende Form. Ein Symbol transzendiert also das, was es bezeichnet. Es leitet auf die Ordnung, in der uns das Bezeichnete begegnet, auf. In gewisser Weise transzendiert es sogar noch diese Systemordnung, denn ein Symbol kann in eine andere Sinnsphäre übertragen werden. Es transzendiert also seine jeweils konkrete Anwendung. Es schafft die Bedingung der Möglichkeit des Verstehens von Welt und Wirklichkeit, insofern es eine Aufleitungsregel auf das Kategoriale impliziert. Verstehen ist selbst eine Weise des Überschreitens des unmittelbar Gegebenen, eine Weise etwas in einen Horizont einzubetten. Die Welt als symbolisch geordnet begreifen, heißt, sie als hermeneutisches Problem zu verstehen.

Die Symboltheorie kann also die Lücke zwischen präsentiertem Inhalt und medialem Trägersystem schließen. In einem symboltheoretischen Verständnis können Inhalt und das ihn tragende System nicht radikal voneinander getrennt werden. Das tragende System verknüpft Inhalte in je eigener Weise, schafft in eigener Weise Horizonte und präsentiert im gegebenen Inhalt das gesamte mediale System. Das heißt der präsentierte Inhalt kann nicht jenseits seiner medialen Bedingtheit verstanden werden.

2. Was heißt Ordnung der Welt?

Die Medialität der Wirklichkeitserfahrung zeigt, daß Welt und Wirklichkeit nicht nur ein Horizont- und Verknüpfungs-, sondern auch ein Transzendierungsphänomen sind. Medialität verweist auf etwas, was nicht in die mediale Präsenz zu bringen ist. Wir sind sozusagen immer auf eine bestimmte symbolische Zentrierung verwiesen, auf ein überschaubares Blatt, auf einen Bildschirm, ein Bühnenszenarium. Aber wir haben immer mehr als diese Zentrierung, ja die präsente Zentrierung wird erst durch das Abwesende verständlich. Dies ist wohl auch das zentrale Problem Derridas Schrifttheorie[4], daß einerseits Präsenz zur logischen Struktur des schriftlich Kodifizierten gehört, daß andererseits diese Präsenz sich im eigenen Medium aber nicht herstellen läßt.

---

[4] Vgl. Derrida, Jacques: Grammatologie. Frankfurt/M. 1974 (De la grammatologie. Paris 1967); ders.: Die Schrift und die Differenz. Frankfurt/M. 1976 (L'écriture et la différence. Paris 1967).

Daß die Welt medial geordnet ist, besagt, daß Welt und Wirklichkeit nicht an sich, sondern in einer bestimmten Vermittlung gegeben sind. Da Wirklichkeit ein Problemtitel der modernen Philosophie ist, der nicht mehr ohne weiteres zum Gegenstand erkenntnistheoretischer Überlegungen gemacht werden kann, hat sich die Frage nach der Wirklichkeit – nicht zuletzt aus praktischen Gründen - in eine Frage nach der Ordnung verwandelt, in der uns die Welt erscheint bzw. in eine Frage nach dem Geltungsanspruch, der von einer als wirklich aufgefaßten Welt ausgeht.[5] Die Frage nach der Möglichkeit der Bestimmung von Wirklichkeit ist identisch mit der Frage nach der Möglichkeit der Bestimmung von Seins- oder Lebensordnungen. Unsere Wirklichkeit besteht aus einer Mischung von im engeren Sinne realen und mit technischer Hilfe erzeugten simulativen und fiktionalen Momenten. Sie ist weniger an eine physisch fundierte bewußtseinsunabhängige Außenwelt gebunden als vielmehr an eine innere Erfahrung, die mediale Erzeugungen einschließt. Diese innere Erfahrung impliziert allerdings einen allgemeingültigen Anspruch, das heißt, sie ist mehr als nur eine subjektive Erfahrung; sie impliziert, daß sie dem Willen ein Widerstand ist und daß jeder von der Wirkung dieser Erfahrung betroffen sein könnte, sofern er sich an meiner Stelle befände.

Ordnung entsteht durch Hinzufügungen zu sinnlichen Phänomenen und durch symbolische Verknüpfungen. Es ordnet also erst der, der der Welt etwas hinzufügt und sie deutet. Die Besonderheit moderner Weltordnungen besteht darin, daß mediale Zwischenschaltungen eine gewisse Autonomie erlangt haben, sozusagen untereinander interagieren. Es ordnen heute nicht nur Sprache, Wissenschaft, Kunst, Mythos und Religion die Welt, sondern auch sich in technischen Apparaturen objektivierende mediale Trägersysteme. Es ordnet also auch das, was die sprachlichen, wissenschaftlichen, künstlerischen und religiösen Artikulationen trägt. Die medialen Technologien scheinen also ein eigener moderner Sinnstiftungsbezirk zu sein, der neben den von Cassirer genannten – nämlich Sprache, Mythos und Religion, Wissenschaft, später auch Kunst, Geschichte und Technik – bestehen kann. Genau dies ist aber ein grundlegendes Problem für die Vermittlung der christlichen Botschaft.

Ehedem getrennte Sphären der Weltordnung werden in neuer technologischer Art miteinander verknüpft. So wird in der Kunst mit Virtual-Reality-Techniken gear-

---

[5] Vgl. Wiegerling, Klaus: Medienethik und die mediale Ordnung der Welt, in: J. Becker/W. Göhring (Hg.): Kommunikation statt Markt – Zu einer alternativen Theorie der Informationsgesellschaft. GMD Report 61. November 1999. Ders.: Virtuelle Realität. Handeln im Zeitalter der künstlichen Welterzeugungen und Weltordnungen. Vortrag beim VI. Kongress der Österreichischen Gesellschaft für Philosophie. 1.-4. Juni 2000 in Linz a.d. Donau. Philosophie - Wissenschaft - Wirtschaft „Miteinander Denken - Voneinander Lernen". Kongressakten. Linz 2001.

beitet. Im Netz ist eine eigene Mythologie entstanden: Man redet von Cybergno-
stik, betreibt eine neue Form der Angelologie. Die Welt der Kunst und des Mythos wird technisch, die der Wissenschaft künstlerisch, die des Mythos wissenschaftlich. Getrennte Sinnsphären fließen über eine medientechnologische Verbindung ineinander. Es sind also die Präsentationen, Verknüpfungen und Speiche-
rungen medialer Technologien, die heute wesentlich die Welt ordnen, u.z. latent
als Trägersysteme von wissenschaftlichen, künstlerischen und religiösen Artikulationen, als Erwartungshaltungen erzeugende und habitualisierende Dispositive.

Aber auch unter den Prämissen moderner medialer Apparaturen gilt, daß Wirklichkeit nichts isoliert Gegebenes ist. Wirklichkeit ist eine Horizontordnung, die
freilich auch von anonymen und komplexen medialen Apparaturen geprägt ist. Es
kommt also nicht auf das einzelne Realitätsstück an, sondern auf dessen Funktion
innerhalb eines symbolischen Zusammenhangs, der längst auch von symbolischen
Maschinen erzeugt wird.

Wenn Wirklichkeit als symbolische Ordnung begriffen wird, so bedeutet das
nicht, daß es sich um eine letztlich subjektive Hervorbringung handelt, wie es gewisse Positionen des radikalen Konstruktivismus suggerieren. Natürlich ist Wirklichkeit durch einen hyletischen Widerstand gegen die Formbarkeit gekennzeich-
net, dieser Widerstand kommt aber nur in einer konkreten Form in den Blick. Das
hyletische Moment ist logischer Bestandteil der Erscheinung.

Cassirer nennt als exemplarisches Beispiel einer symbolischen Ordnung das chemische Periodensystem, das die chemische Wirklichkeit als Systemzusammenhang darstellt, der über das nur sinnlich Gegebene hinausschreitet. Mit Hilfe des
chemischen Periodensystems war es möglich, Aussagen über Elemente zu machen, die noch nicht entdeckt, also empirisch noch nicht nachgewiesen waren. Es
kommt also weniger auf das einzelne Realitätsstück an, als vielmehr auf dessen
Funktion innerhalb eines symbolischen Zusammenhangs.

Das chemische Periodensystem dient Cassirer in gewisser Hinsicht als ein Paradigma menschlicher Medialität. Der Mensch kann nichts in der Welt erfahren
ohne die Zwischenschaltung von Medien. Dies heißt aber auch, daß Cassirer jeglicher Form des Sensualismus oder Positivismus eine Absage erteilt: „Ich betone
aufs schärfste", schreibt er in *Zur Logik des Symbolbegriffs*, „daß die ‚bloße‘, die
gewissermaßen nackte Wahrnehmung, die frei von jeder Zeichenfunktion wäre,
kein Phänomen ist, das uns unmittelbar, in unserer ‚natürlichen Einstellung‘ gegeben ist. Was wir hier erfahren und erleben – das ist kein Rohstoff einfacher
‚Qualitäten‘, sondern es ist immer schon durchsetzt und [...] beseelt von be-

stimmten Akten der Sinngebung"[6]. Reine Tatsachen sind also Ergebnisse einer abstrahierenden Leistung, die einer besonderen Symbolsphäre wie der der Physik beispielsweise angehören. Das Symbolische ist es, das alle Ausdrucksformen des Bewußtseins durchdringt und zuletzt auch Erkenntnisfortschritt ermöglicht. Erst die symbolische Fassung eines Problems, also die Verdichtung, in der die Bedeutung im Verweis auf anderes und in einer Handlungs- und Deutungsregel liegt, bringt Erkenntnisfortschritt.

Wirklichkeit ist also erstens kein isolierbarer Bestand; zweitens ist sie eine Horizontordnung - der Begriff des Horizonts zeigt die prinzipielle Unabschließbarkeit dieser Ordnung an und somit ihren transzendierenden Charakter; drittens ist sie als intersubjektiver Geltungsanspruch ein Übereinstimmungsphänomen; und viertens und letztens ist sie etwas, das der Gestaltung Widerstand leistet.

Als Medien wirkten auf gesellschaftsbildender Ebene lange Zeit, wie etwa Jan Assmann[7] nachgewiesen hat, Rituale, in denen ein Geschehen zentriert, vermittelt und aufbewahrt wurde, ehe schriftliche Kodierungssysteme die Funktionen des Rituellen weitgehend, wenn auch nicht vollständig – man denke hier nur an liturgische Formen - ablösten. Mit der Verschriftlichung der Überlieferung vollzieht sich der Übergang von der Dominanz der Wiederholung zur Dominanz der Vergegenwärtigung, von der rituellen zur textuellen Kohärenz. Und damit tritt der Mensch auch erst in ein im engeren Sinne hermeneutisches Verhältnis zur Welt, das Anschlüsse an Vergangenes zuläßt, auch wenn das unmittelbare Überlieferungsgeschehen unterbrochen wurde.

Obwohl Gadamer in bewußtem Anschluß an Formen der antiken, um Verstehen ringenden Dialektik die Rede bzw. das Gespräch als den Ort bezeichnet, an dem sich die hermeneutische Wahrheit ereignet, ist dieser Ort doch wesentlich durch die schriftliche Überlieferung fundiert. Die Schrift wird insofern zur Möglichkeitsbedingung des Wahrheitsereignisses. Fragen wir also nach der Besonderheit dieser Möglichkeitsbedingung.

---

[6] Cassirer, Ernst: Zur Logik des Symbolbegriffs. In: Ders. (Hg.) Wesen und Wirkung des Symbolbegriffs. Darmstadt 1994. S. 214.
[7] Assmann, Jan: Religion und kulturelles Gedächtnis. München 2000. Sechstes Kapitel: Text und Ritus. Die Bedeutung der Medien für die Religionsgeschichte. S. 148ff.

3. Was charakterisiert die symbolische Kodierung der Schrift?

Vilém Flusser schreibt in seiner Monographie *Die Schrift*: „Die vorgeschichtliche Bewußtseinsebene artikuliert sich in Bilderkodes, die geschichtliche alphabetisch, die neue digital."[8] Und an anderer Stelle heißt es: „ [...] denn vor der Erfindung der Schrift ist nichts geschehen, alles hat sich nur ereignet."[9] Bildkodierungen werden also in den Kontext des Ereignishaften und Zufallenden gestellt. Dies ist ein Ausdruck mythologischer Weltwahrnehmungen. Das Schreiben hat für Flusser Bilder aufgebrochen und sie in kritisierbare Begriffe verwandelt. Bildkodierungen sind hinzunehmen, Begriffe nicht, sie können in Frage gestellt, verändert, differenziert werden. Ob eine digitale Kodierung ohne weiteres der von Flusser als linear, teleologisch und auch kalkulatorisch bestimmten Schrift gegenübergestellt werden kann, ist allerdings zu bezweifeln. Auch digitale Kodierungen in Bits und Bytes müssen ja als linear und kalkulatorisch begriffen werden. Insbesondere müßte unterschieden werden zwischen dem, was die sichtbare Oberfläche präsentiert und dem, was in der unsichtbaren informationellen Unterschicht geschieht. Auf der Oberfläche erscheinen nach wie vor schriftliche und bildliche Kodierungen. Der mediale Paradigmenwechsel hat also offensichtlich keinen ausschließenden Charakter.

Schrift ist ein relativ zeitbeständiges, räumlich objektiviertes Zeichensystem zur Wiedergabe der gesprochenen Sprache, das sich aus unterschiedlichen Notationssystemen zu Pikto-, Ideo- und Logogrammen und schließlich zu Silben- und Lautschriften entwickelte. Bild und Schrift bilden wie Kunst und Technik im Ursprung eine Einheit. In gewisser Weise ist die moderne Lautschrift aus der Entgrenzung und Formalisierung von Bildern entstanden. Zunehmende Formalisierungen und Annäherungen an lautliche Notationen ließen Schrifttypen wie die alphabetischen Schriftsystem entstehen, in denen abbildliche Ursprünge kaum mehr erkennbar, wenn auch nicht vollständig verschwunden sind. Alphabetische Schriften sind historisch gesehen eine Art Zwischenglied zwischen Bild und akustischer Notation.

Eine andere Wurzel der Schrift liegt in ihrer gedächtnisunterstützenden Funktion. Schrift entwickelte sich aus Erinnerungsbildern und Erinnerungszeichen, mit deren Hilfe Gedächtnisleistungen veräußerlicht, gesteigert und damit eine komplexere und differenziertere kulturelle Umgebung geschaffen werden konnte.

---

[8] Flusser, Vilém: Die Schrift - Hat Schreiben Zukunft? Frankfurt/M. 1992. S. 142 (Erstveröffentlichung 1987).
[9] Ebd., S. 12.

Die schriftliche Fixierung löst die Bedeutung einer Aussage vom zufälligen Akt des Sprechens. Schrift in ihrer entwickelten Form ordnet die Welt und das Denken linear und diskursiv in horizontaler und vertikaler Richtung. Historisch gesehen entwickelt sich die Schrift weitgehend parallel zum Komplexitätsgrad einer Gesellschaft. Je vielfältiger und differenzierter eine Gesellschaft ist, desto notwendiger ist die Ausbildung einer Symbolsphäre, mit deren Hilfe das differenzierte Gesellschaftsgefüge gefaßt, gedacht und weiterentwickelt werden kann. Dies hat seine Ursprünge zunächst in notwendigen Verwaltungsaufgaben und kaufmännischen Notationen und schließlich in religiös-mythologischen Zusammenfügungen und Einbindungen. Schrift richtet die Welt und unser Denken in einem historisch-teleologischen Sinn. Die Anfänge des historischen Bewußtseins decken sich weitgehend mit den Anfängen der Schriftkultur. Dies heißt nicht, daß es nicht auch in oralen Kulturen ein Geschichtsbewußtsein gibt, dieses Bewußtsein ist ja von grundlegender Bedeutung für die Identität und das Selbstverständnis einer Kultur. Der entscheidende Unterschied liegt freilich in einem neuen, prozessualen Verständnis des Historischen, in dessen Teleologie einerseits und in dessen Interpretierbarkeit andererereseits.

Des weiteren findet durch die schriftliche Fixierung von Aussagen eine gewisse Entindividualisierung der Bedeutung statt. Schriftliche Fixierungen schaffen eine gewisse Distanz zu konkreten Sprechsituationen und zur Persönlichkeit des sich Artikulierenden. Zuletzt schaffen sie aber auch eine neue Qualität der Bezeugung von Aussagen, die nicht an zufällige örtliche und zeitliche Nähen gebunden ist. Die Anfänge der Philologie in den schriftbasierten Offenbarungsreligionen sind zugleich Ausdruck einer neuen Bezeugungskultur. Neben der Augenzeugenschaft entwickelt sich das Zeugnis der Schrift zu einem eigenständigen, nicht minder würdigen Bereich der Bezeugung, ohne den keine Offenbarungsreligion ihren Bestand sichern könnte.

Was Flusser für das Sehen von Bildern gesagt hat[10], gilt freilich auch für das Lesen von Schriften. Durch den Einfluß neuer medialer Apparaturen wie vernetzten Rechnern bzw. dem Internet verändert sich auch das Lesen im Sinne einer äußerst selektiven und sprunghaften Lektüre. Die Lektüre wird ungenauer. Erst das wiederholte auftauchen umfangreicherer Texte innerhalb einer Hypertextkonfiguration nötigt uns zur genaueren Lektüre.[11] Generell scheint derzeit eine Tendenz zur

[10] Vgl. Flusser, Vilém: Bilderstatus. In: Ders.: Die Revolution der Bilder – Der Flusser-Reader zu Kommunikation, Medien und Design. Mannheim 1995. S. 83-86.
[11] Vgl. Wenz, Karin: Vom Leser zum User? Hypertextmuster und ihr Einfluß auf das Leseverhalten. In: Sprache und Datenverarbeitung. Bd. 24, Heft 1. Institut für angewandte Kommunikations- und Sprachforschung. Bonn 2000.

oberflächlichen Lektüre vorzuherrschen. Unterhaltungen in sogenannten Chatrooms geben dafür beredte Beispiele. Die meisten dieser Unterhaltungen wirken monadisch. Man artikuliert sich zwar, tauscht sich aber in den seltensten Fällen in einem um Verstehen bemühten Sinne aus. Der Austausch läßt sich weitgehend an bestimmten Reizbegriffen festmachen, auf die in irgendeiner Weise mehr oder weniger expressiv reagiert wird. Diese Reizbegriffe werden meist völlig entkontextualisiert aufgegriffen. Die Unterredung ist eher assoziativ, eine Art Brainstorming, also durchaus anregend, wenn auch nicht eingehend in der Weise einer platonisch-sokratischen dialektischen Dialogführung. Daß im Netz ein neues Leseverhalten entsteht, hat natürlich auch Auswirkungen auf die Wirkung von Schriften, nicht zuletzt auch auf die Heilige Schrift. Es stellt sich die Frage, welche Rolle ein möglicherweise zunehmender selektiver Gebrauch der Heiligen Schrift für die christliche Botschaft bedeutet.[12]

Schrift ordnet die Welt und das Denken linear und diskursiv in horizontaler oder vertikaler Richtung. Schrift richtet Welt und unser Denken in einem historisch-teleologischen Sinn. Die Anfänge des historischen Bewußtseins decken sich mit den Anfängen der Schriftkultur. Damit ist nicht gemeint, daß es nicht auch in oralen Kulturen so etwas wie Geschichtsbewußtsein gibt, das ja für die Identitätsbestimmung eines Individuums wie auch eines Volkes unabdingbar ist. Mit der Schriftkultur vollzieht sich aber zum ersten eine neue Bezeugungskultur des Vergangenen, zum zweiten eine ungeheure Steigerung der Erinnerungskapazität einer Gemeinschaft und zum dritten die Möglichkeit trotz Lücken in der unmittelbaren Tradierung zu Anschlüssen an Vergangenes zu gelangen.

Flusser bezeichnet die alphabetischen Lautschriften als alphanumerische Kodierungssysteme und meint damit, daß sie nicht nur als lautbezeichnend, sondern zugleich als kalkulatorisch zu begreifen sind, mit deren Hilfe auch komplexe Sachverhalte ökonomisch dargestellt werden können. Das heißt, daß auch mathematische und informatische Kodierungssysteme bereits in der Schrift angelegt sind. Flussers Rede von einem nachschriftlichen, posthistorischen Zeitalter ist also problematisch, insofern das Kalkulatorische, das seiner eigenen Theorie zufolge die modernen informatischen Kodierungen kennzeichnet, in der historisch-linearen Schrift bereits enthalten ist. Schrift entfaltet Regularien, Anschluß- und Ausschlußverfahren und sie differenziert und erweitert die gesprochene Sprache. Grammatikalische Formen können als Kalküle verstanden werden, mit deren Hilfe

---

[12] Eine Theorie einer durch maschinelle und kollektive Formungen bedingte selektiven und gebrauchsorientierten Lektüre haben G. Deleuze und F. Guattari bereits in ihrem gemeinsamen Buch: Kafka. Pour une littérature mineur. Paris 1975 (dt. Frankfurt/M. 1977) vorgelegt.

wir Sachverhalte und Gedanken effizient und ökonomisch zur Darstellung bringen. Die Verschriftlichung der Sprache differenziert die Grammatik und gestaltet sie aus. Insbesondere erfährt die Satzstrukturierung eine Erweiterung. Das Numerische am alphanumerischen Kode der Schrift verweist auf die Diskretheit der Buchstabenwerte, die durch ihre Verknüpfung allerdings sozusagen linear gedehnt werden. Schrift ist insofern ein Versuch, diskrete Klangwerte zu einem fließenden Kontinuum zu formen.

Wilhelm Genazino stellt in seinem Band *Auf der Kippe*[13] Photographien einseitige Kurzessays gegenüber. Die Schrift wird dabei zur imaginären Zahl, mit deren Hilfe die Lücken auf dem Zahlenstrahl geschlossen werden. Sie verwandelt das diskrete Bild in ein lebendiges Kontinuum. Schrift verkörpert hier die Idee der Kontinuität, die der Diskretheit des statischen Bildes widerstreitet. Im Verhältnis zum Bild übernimmt Schrift die Rolle des Emulgators, der die Spannung der gefrorenen Bewegung auflöst. Schrift dehnt hier nicht nur die Kommunikationssituation, sie dehnt auch das entlarvende und schockierende Moment der Photographie. Dem Autor dient sie als Projektionsinstrument, mit dessen Hilfe Indizien benannt und in größere Zusammenhänge gesetzt werden können. Genazinos Kurzessays verflüssigen den photographischen Zeitschnitt. Während Photographien die Realität also festzulegen scheinen, verflüssigt die Schrift sie bzw. hebt die in ihr liegenden Wirkmomente und Potentialitäten hervor, macht aus Realität Wirklichkeit, was ja nicht dasselbe ist.

Die historische Dimension – und da scheint tatsächlich ein entscheidender Unterschied zur Schrift zu liegen – ist in mathematisch-informationellen Kodierungen gelöscht. Sie dienen im Gegensatz zur Schrift der Darstellung logischer, nicht genetisch-zeitlicher Sachverhalte. Die Spannung zwischen den informatischen Kodierungen und den alphanumerischen der Schrift liegen zwischen dem, was die sichtbare Oberfläche bietet und dem, was ein unsichtbarer kalkulierender, submedialer Bereich bietet. Symbolische Maschinen, die unser Zeitalter beherrschen, wirken nicht im Bereich des Sichtbaren.

Die an der Schrift orientierte Sicht und Ordnung der Welt ist also, wie Flusser feststellt, eine lineare und historische. Bildorientierte Weltbilder scheinen das Historische wie das Begriffliche hinter sich zu lassen und erzeugen mythologische Weltordnungen. Das Historische resultiert aus einer teleologischen Gerichtetheit, die uns in den schriftbasierten Offenbarungsreligionen begegnet. Aber auch die Vorgeschichte der abendländischen Philosophie, beispielsweise die Texte der Or-

---

[13] Genazino, Wilhelm: Auf der Kippe. Reinbek 2000.

phiker und Hesiods astronomische Dichtungen aus dem 8. und 7. vorchristlichen Jahrhundert, macht deutlich, daß sich das zyklisch-mythische Zeitverständnis langsam zu einem linearen, teleologischen oder historischen richtet. Schon in dieser Vorgeschichte zeigt sich, wie das Bildhafte abstrakt wird und das Rational-Begriffliche in das Weltbild der Menschen eindringt. Offenbar entsteht mit dem medialen Paradigmenwechsel zur Schrift ein neues im eigentlichen Sinn diskursives Weltbild, eine symbolische Erweiterung zum Historischen. Im Gegensatz zum situativen Gedächtnis des Bildes ist das der Schrift ein prozessuales. Die Schrift steht für das, was uns das Situative erst verstehen läßt. Sie sprengt das situative Ereignis und bettet es in einen auf Vermittlung beruhenden historischen Zusammenhang ein.[14]

Schrift entfernt von der situationsbedingten Redesituation, zugleich disponiert sie weitere Redesituationen. Nicht zuletzt ist die Predigt dafür ein Paradebeispiel. Die Dehnung der Redesituation in Raum und Zeit ist zugleich Grundlage neuer, wiederum situativ gebundener Redesituationen.

Anders als das Bild kann Schrift unmittelbar an Schrift angeschlossen werden. In der schriftlichen Artikulation gibt es streng genommen kein letztes Wort. Das letzte Wort ist immer nur eine Sache der Entscheidung. Schrift ist ein Vorgriff auf das Unendliche aus dem Unendlichen. In diesem Sinne gibt es, wie Derrida meint, keine Urschrift. Der Anschluß, den die Schrift bietet, ist erstens ein grammatikalischer; zweitens ein Begriffe differenzierender und variierender; drittens ein hermeneutischer, weil jeder Anschluß Ausdruck eines Verständnisses ist, und viertens ein pragmatischer, weil jedes Anschließen eine Handlung ist. Schriften antworten auf Schriften und setzen Schriften fort. Schrift ist in diesem Sinne eine Metapher unendlicher Verweisung.

Schrift als Verknüpfungs- und Anknüpfungssystem wiederholt und variiert, sie verfestigt Strukturen der Welt und verändert sie zugleich. Sie stiftet Identitäten und löst sie zugleich wieder kontinuierlich auf. Durch die Anknüpfungsmöglichkeiten, die sie bietet, entsteht der Text. Der Text ist eine bestimmte Anordnung schriftlicher Symbole. Die Entscheidung der Begrenzung dieser Anordnung ist nicht nur die Voraussetzung für die Benennung der Textsorte, sondern zugleich die Bedingung der Kanonisierung von Texten.

---

[14] Vgl. Wiegerling, Klaus: Aspekte medialer Weltordnungen – Schrift versus Bild. In: B. Kiefer/W. Nell: Das Gedächtnis der Schrift. Perspektiven der Komparatistik. Wiesbaden 2001.

Schrift zentriert eine Denkbewegung, einen Diskurs, den Verlauf einer Geschichte. Methoden der Zentrierung sind die Erstellung von Textformen.

Schriften sind in einem engeren Sinne symbolische Kodierungen als Bilder. Mit ihrer Hilfe können wir die sinnlich fundierte Situations- und Sachgebundenheit verlassen. Bilder, insbesondere solche mit naturalistischem Anspruch sind nur schwer übertragbare Symbole. Die begriffliche Kodierung der Schrift ist dagegen sehr leicht übertragbar in unterschiedliche Sinnbezirke, sie ist universal verwendbar und transzendiert ihren jeweiligen Gebrauchskontext. Schriftliche Symbole sind im eigentlichen Sinne kategorial.

Schrift kann als eine Art kantisches Schema verstanden werden, das zwischen Verstand und Sinnlichkeit vermittelt. Mit Hilfe der Schrift läßt sich das Denken verobjektivieren. Aber der sinnliche Anteil der Schrift wird formal und abstrakt. Schrift präsentiert ohne zu versinnlichen und damit einer Entsymbolisierung Vorschub zu leisten. Wenn das Denken und Ordnen der Welt eine symbolstiftende Tätigkeit ist, dann ist die Schrift ihr bevorzugtes Organon. Schrift präsentiert ohne sinnlich zu realisieren, dies ist das wesentliche Merkmal des Symbols.

4. Was ist die Bedeutung des Transzendenten für diese mediale Ordnung?

Der Begriff des Symbols beinhaltet eine systemtranszendierende Komponente. Die Welt als symbolische zu erfassen heißt, sie auch in einer ständigen Verweisung begreifen, heißt das System, in dem das Symbol in Erscheinung tritt, zu übersteigen. Mediale Kodierungen sprengen die jeweilige Systemimmanenz, ja die Weltimmanenz selbst. „Das Symbolische", schreibt Cassirer, „ist [...] Immanenz und Transzendenz in Einem: sofern in ihm ein prinzipiell überanschaulicher Gehalt in anschaulicher Form sich äußert."[15] Es liegt also etwas in jeder symbolischen Gegebenheit, das nicht in der Immanenz auflösbar ist.

Wie kommt es aber, daß ausgerechnet die Schrift in allen Offenbarungsreligionen zur Metapher des transzendierenden Symbols, ja zum Ausdruck schlechthinniger Wahrheit geworden ist? Kommt der Schrift eine besondere symbolische Funktion zu? Steht sie in einer besonderen Beziehung zum Transzendenten?

Nun war die früheste christliche Tradierung eine mündliche. Mündliche und bildliche Überlieferungen haben in Zeiten weitgehender Schriftunkundigkeit eine zen-

---

[15] Cassirer, Ernst: Philosophie der symbolischen Formen. Bd. III. Darmstadt 1994. S. 450.

trale Rolle für die Tradierung der christlichen Botschaft gespielt. Über lange Zeit war christliche Frömmigkeit an bildliche Darstellungen und mündliche Botschaften gebunden. Dennoch scheint die Beziehung mündlicher und bildlicher Botschaften zur Schrift keine gleichrangige zu sein. Zwar ist in der Ikonenmalerei der Verweis auf das Transzendente ein konstitutives Moment, aber das Eigentliche dieser Bilder ist nicht das, was sie abbilden, sondern das, auf was diese Abbildung an Unabbildbarem verweist. Diese Bilder beziehen ihre transzendierende Kraft letztlich aus einem Überlieferungsgeschehen, das nicht jenseits der Schrift gedacht werden kann.

Die Schrift, stellten wir fest, fixiert ohne zu konkretisieren. Dies scheint ein wichtiger Hinweis zu sein, warum die Botschaften der Offenbarungsreligionen auf schriftliche Kodierungen angewiesen sind. Konkretisieren kann letztlich nur die lebendige Situation, also das konkrete Leben dessen, was in der Schrift als Heilsgeschehen festgehalten wurde. Aus der schriftlichen Kodierung folgt also eine praktische Konsequenz. Die Konkretisierung des fixierten Geschehens findet jenseits der Schrift statt.

Damit will ich zu meinen Schlußbemerkungen kommen:
Wenn die jeweilige Ordnung der Welt an einen bestimmten medialen Status gebunden ist, dann verändert sich diese Ordnung mit dessen Wandel. Wenn also die Schrift als Leitmedium abgelöst wird, wenn Bildkonfigurationen - seien sie statisch oder kinematographisch, virtuell oder einen bestimmten Oberflächenkode präsentierend - die Weltwahrnehmung dominieren, führt dies zum einen zu einer Mythologisierung der Welt und damit zu einer Enthistorisierung derselben. Die Welt wird zunehmend nicht mehr in einem begrifflich vermittelten Diskurs erlebt, sondern aufgelöst in mehr oder weniger schockartig verbundene Bildsequenzen. Eine Welt, die nur noch in Oberflächenkodierungen erfahren wird, entgleitet der begrifflichen Fassung. Letztere scheint aber ein wesentlicher Aspekt des vermittelten Heilsgeschehens zu sein.

Ist die Schrift nicht mehr Leitmedium, besteht die Gefahr einer Mythologisierung der Welt. Die mythologische Welt muß nicht konkretisiert werden, sie ist immer konkret. Die Schrift fordert nicht nur ein anderes Verständnis der Dinge, sondern auch ein anderes Handeln. Es geht nicht um die Wiederholung eines rituellen Vorganges, sondern um eine verstehende, also realisierende Praxis. Schriftliche Kodierungen eröffnen einen pragmatischen Horizont, in dem es nicht um Wiederholungen und Variationen geht, sondern um Anwendungen des strukturell Erfaßten. Schrift hält weder, wie die Photographie, die Situation noch die äußere Erscheinung eines Ereignisses fest, sondern vielmehr dessen innere Struktur. Sie fixiert letztlich das, was jenseits der Konkretisierung liegt. Aus dem zufälligen Ereignis wird ein Geschehnis, etwas was bewirkt ist und weitere Wirkung zeitigt.

Der Begriff des logos impliziert bereits eine besondere Ordnungsidee. Die Rede, der Ausdruck, was die Grundbedeutung von logos am ehestes faßt, beinhaltet schon die Idee einer Ordnung der Dinge. Indem die Dinge benannt werden, werden sie geordnet. Die Ordnung der Welt hängt also offensichtlich eng mit der Idee ihrer Benennung zusammen. Die Schrift nun scheint aber mehr zu tun als zu benennen, sie schafft über die Zeit hinweg Anschlußmöglichkeiten. Die schriftliche Kodierung löst die Botschaft vom Zufälligen und Situativen, sie transzendiert das Ereignis und macht es zum Geschehen. Das heißt, sie fokussiert etwas, was über die Situation hinaus wirksam ist. Eine Ordnung der Schrift kann nicht als abgeschlossen und konkretisiert verstanden werden. Damit impliziert diese Ordnung einen Imperativ.

Literatur

Assmann, Jan: Religion und kulturelles Gedächtnis. München 2000.

Cassirer, Ernst: Philosophie der symbolischen Formen. Bd. I-III. Darmstadt 1994.

---: Zur Logik des Symbolbegriffs. In: Cassirer, Ernst: Wesen und Wirkung des Symbolbegriffs. Darmstadt 1994.

Deleuze, Gilles/Guattari, Félix: Kafka. Pour une littérature mineur. Paris 1975 (dt. Frankfurt/M. 1977).

Derrida, Jacques:: Die Schrift und die Differenz. Frankfurt/M. 1976 (L'écriture et la différence. Paris 1967).

---: Grammatologie. Frankfurt/M. 1974 (De la grammatologie. Paris 1967).

Flusser, Vilém: Bilderstatus. In: Ders.: Die Revolution der Bilder – Der Flusser-Reader zu Kommunikation, Medien und Design. Mannheim 1995.

---: Die Schrift - Hat Schreiben Zukunft? Frankfurt/M. 1992. (Erstveröffentlichung 1987).

Genazino, Wilhelm: Auf der Kippe. Reinbek 2000.

Havelock, Eric: Schriftlichkeit – Das griechische Alphabet als kulturelle Revolution. Weinheim 1990.

Hörisch, Jochen: Der Sinn und die Sinne – Eine Geschichte der Medien. Frankfurt/M. 2001.

Krämer, Sybille: Symbolische Maschinen – Die Idee der Formalisierung in geschichtlichem Abriß. Darmstadt 1988.

Kerchhove, Derrick de: Schriftgeburten – Vom Alphabet zum Computer. München 1995.

Kuckenburg, Martin: Die Entstehung von Sprache und Schrift – Ein kulturgeschichtlicher Überblick. Köln 1989.

Nikolaus von Kues: Über den Beryll (1458/59). Hamburg 1987f.

Orth, Ernst Wolfgang: Was ist und was heißt „Kultur"? – Dimensionen der Kultur und Medialität der menschlichen Ordnung. Würzburg 2000.

Wenz, Karin: Vom Leser zum User? Hypertextmuster und ihr Einfluß auf das Leseverhalten. In: Sprache und Datenverarbeitung, Bd. 24, Heft 1, Institut für angewandte Kommunikations- und Sprachforschung, Bonn 2000.

Wiegerling, Klaus: Aspekte medialer Weltordnungen – Schrift versus Bild. In: B. Kiefer/ W. Nell: Das Gedächtnis der Schrift. Perspektiven der Komparatistik, Wiesbaden 2001.

---: Virtuelle Realität. Handeln im Zeitalter der künstlichen Welterzeugungen und Weltordnungen. Vortrag für den VI. Kongress der Österreichischen Gesellschaft für Philosophie. 1.-4. Juni 2000 in Linz a.d. Donau. Philosophie - Wissenschaft - Wirtschaft „Miteinander Denken - Voneinander Lernen". Kongressakten. Linz 2001.

---: Medienethik und die mediale Ordnung der Welt. In: J. Becker/W. Göhring (Hg.): Kommunikation statt Markt – Zu einer alternativen Theorie der Informationsgesellschaft, GMD Report 61, November 1999.

---: Medienethik. Stuttgart 1998.

Matthias Koßler

Grenzbestimmungen des Erkennens und ihre Bedeutung für das Verhältnis von Philosophie und Theologie

Die dem Symposion zugrundeliegende Frage „Welche Philosophie (ge)braucht die Theologie" ist vielfältig interpretierbar. Es kann in ihr nach bestimmten gegenwärtigen philosophischen Lehren oder Methoden gefragt sein, die in der Theologie gewinnbringend verwendet werden können, oder allgemein nach einem Verständnis von Philosophie überhaupt, das die Theologie in ihrer theoretischen Grundlegung unterstützt, so daß, wie Ulrich Willers es formuliert, die Philosophie als Partnerin und Verbündete der Theologie im Kampf gegen eine reduzierte Sicht der Wirklichkeit auftritt. Es kann auch eine ideale, noch zu verwirklichende Form von Philosophie, an der eine ebenfalls noch zu entwickelnde Theologie anknüpfen könnte, gesucht sein. Die letztgenannte Möglichkeit hängt mit der zweiten insofern zusammen, als bei einer solchen Untersuchung zuerst festgestellt werden müßte, was die Philosophie in dieser Hinsicht überhaupt zu leisten vermag. Schließlich kann bei der Suche nach einer im Sinne der Partnerschaft idealen Philosophie auch der Blick auf die Geschichte geworfen werden. Alle diese Auslegungen des Themas kommen in den Beiträgen zum Symposium zu Wort[1]. Im folgenden soll aus bestimmten Gründen das Thema unter dem zweiten Aspekt angegangen werden, jedoch mit dem deutlichen Hinweis, daß von einer Unterstützung und Partnerschaft in sehr weitem Sinne gesprochen wird.

Seit dem Ausgang des Mittelalters und unübersehbar seit Beginn der Aufklärung ist die Philosophie eher als eine Geistesrichtung aufgetreten, die zur Aufhebung von Religion und Theologie führt, und nach Kant kann die Frage, die zum Thema des Symposiums gemacht wurde, nicht unbefangen gestellt werden. Die Theologie verdankt ihre gegenwärtige prekäre Lage, die ja im Hintergrund des Symposiums steht, vor allem der philosophischen Aufklärung, und es scheint auf den ersten Blick, als wolle man den Bock zum Gärtner machen - oder um ein pas-

---

[1] Freilich sind damit nicht alle Nuancen und Möglichkeiten, das Thema aufzufassen, erschöpft. So kann durchaus auch der Blick auf andere Kulturen, wie ihn Raúl Betancourt fordert, die Thematik bereichern. Dann allerdings müßte eine Diskussion zwischen Vertretern verschiedener Kulturen stattfinden, die Arbeitsgruppe also ganz anders zusammengesetzt sein. Die Forderung, daß innerhalb der bestehenden Gruppe die Diskussion ‚feminisiert' und ‚internationalisiert' werden solle, zeugt gerade von dem „kontextuellen Analphabetentum", gegen das sich Betancourt wendet. Im übrigen ist das Buchstabieren von Kontexten ein eher monologisches Verfahren.

senderes Bild zu wählen: den Teufel mit Beelzebub austreiben -, wenn man ausgerechnet von der Philosophie Unterstützung für die Sache der Theologen erwartet. Diese Tatsache, die dem Wunsch nach einer Neubestimmung des Verhältnisses der Philosophie zur Theologie zweifellos zugrundeliegt, kommt, abgesehen
von den Thesen Hans-Joachim Sanders, in den Beiträgen erstaunlich wenig zur
Sprache. Eine postmoderne Beliebigkeit in der Verwendung von Begriffen und
Methoden scheint Theologie und Philosophie zu unproblematischen Partnern zu
machen oder gar ineinander fließen zu lassen. Die deutliche Unterscheidung zwischen Theologie und Philosophie ist aber notwendig, um eine trügerische Vereinnahmung der einen durch die andere zu vermeiden.

An der Gegenüberstellung der Positionen von Jörg Disse und Joachim Kügler
zur Exegese läßt sich diese Gefahr illustrieren. Bei Kügler wird die Bibelexegese
unter ein (konstruktivistisches) Modell philosophischer Hermeneutik subsumiert.
Die Heilige Schrift unterscheidet sich dann als Text nicht von anderen Texten.
Das trifft ja zweifellos auch zu, insofern es sich um einen von Menschen für Menschen geschriebenen Text handelt, der als solcher wie andere Schriften auch behandelt werden muß. Aber neben dieser Ebene der Vermittlungsleistung menschlicher Sprache gibt es im theologischen Verständnis eine vorgängige Vermittlung
zwischen Gott und den historischen Autoren der Heiligen Schrift, der den Text zu
einem heiligen, zum Wort Gottes macht.

Dieser genuin theologische Aspekt der Exegese, der bei Kügler in philosophische Hermeneutik aufgelöst scheint, wird von Disse ins Zentrum gerückt. Hierbei
geschieht jedoch ein Umgekehrtes, nämlich eine Vereinnahmung philosophischer
Methoden zugunsten dieses theologischen Aspekts. Nach Disse ist die theologische Exegese des Menschenworts auf das Wort Gottes hin „genauso wissenschaftlich wie eine historisch kritische". Daß damit nicht nur ein gleicher Grad an einer
möglicherweise neu zu bestimmenden Wissenschaftlichkeit gemeint ist, sondern
dieselbe Art und Weise von Wissenschaftlichkeit, die das empirische Verfahren
kennzeichnet, wird in der Berufung auf die Wissenschaftstheorie Poppers deutlich. Mit Recht ist an dieser Berufung von mehreren Seiten Kritik geübt worden,
weil es kein entsprechendes Kriterium zur Überprüfung der Aussage „die Schrift
ist das Wort Gottes" gibt. Dahinter steht aber der noch fundamentalere Einwand,
daß diese Aussage keine Hypothese, sondern ein Glaubenssatz ist[2]. Eine wissenschaftliche Hypothese ist die Behauptung eines Sachverhalts, der bis zum Beweis
des Gegenteils für wahr gehalten wird. Der Glaube an Gott und sein Wort ist aber
kein Fürwahrhalten eines Sachverhalts, sondern bezieht sich auf etwas, das jen-

---

[2] Vgl. Josef Simon: Zum wissenschafts-philosophischen Ort der Theologie. In: Zeitschrift für Theologie und Kirche 77 (1980) S. 435-452, hier S. 437f.; Ludger Honnefelder: Wissenschaftliche Rationalität und Theologie. In: Rationalität und ihre Grenzen (Grenzfragen Bd. 16, ed. L. Scheffczyk). Frei-
burg/München 1989, S. 289-314, hier S. 304, 310.

seits der Möglichkeiten menschlichen Erfassens liegt und zu dem sich der Mensch daher nicht auf die Weise des Feststellens, sondern nur der Zuwendung, des Strebens nach Annäherung, des Flehens um Einsicht usw. verhalten kann[3].

Der vorausgesetzte Theoriezusammenhang, den Disse heranzieht, um zu zeigen, daß die Wissenschaftlichkeit der Theologie sich nicht von der der empirischen Wissenschaften unterscheidet, ist hierfür gerade nicht geeignet. Denn was die Theologie, wenn ich es richtig sehe, voraussetzt, ist kein Theoriezusammenhang, sondern eine Praxis, eine Lebenseinstellung. Es mag durchaus sein, daß auch den empirischen Wissenschaften eine bestimmte Einstellung zum Leben zugrundeliegt, aber dieses Moment des Ethos ist eine Voraussetzung, die nicht in das empirische Verfahren eingeht und auch nicht eingehen darf; es gehört zu den Voraussetzungen, deren Thematisierung zu vermeiden, wie Reinhard Zecher mit Carl Friedrich von Weizsäcker zutreffend festgehalten hat, Erfolgsbedingung der empirischen Wissenschaften ist[4]. Wenn man die Rede vom Erfolg auf die Theologie übertragen will, dann ist es für ihn umgekehrt Bedingung, daß diese Voraussetzung thematisiert und ins Zentrum der Überlegungen gestellt wird.

Die Auseinandersetzung mit Kügler und Disse zeigt, daß es notwendig ist, sich bei der Behandlung spezifischer Probleme über die Eigentümlichkeit theologischer, philosophischer und einzelwissenschaftlicher Herangehensweisen Rechenschaft abzulegen, andernfalls man sich die Frage gefallen lassen muß, ob Kügler philosophische Hermeneutik betreibt und Popper Theologie. So ist auch dem Versuch einer Beantwortung der Frage, die dem Symposium gestellt ist, in allen ihren

[3] Das ist auch gegen den Versuch von Wolfhart Pannenberg: Wissenschaftstheorie und Theologie. Frankfurt/M. 1977, einzuwenden, der den wissenschaftstheoretischen Überlegungen Disses recht nahe ist. Um den Aussagen der Theologie im Sinne der Theorie Poppers Wissenschaftlichkeit zusprechen zu können, werden sie als Behauptung von Sachverhalten dargestellt (S. 334), obwohl sie sich auf eine wesentlich „offene" Sinntotalität (S. 343) beziehen. Sachverhalte in der empirischen Wissenschaft sind aber, auch wenn sie implizit in Zusammenhängen stehen, keine offenen, sondern begrenzte und diskrete Erfahrungselemente, die dadurch definierbar und kontrolliert überprüfbar sind. Um Sachverhalte eindeutig zu machen, bedient sich die empirische Wissenschaft der experimentellen Zurichtung von Erfahrung und der Formalisierung der Sprache, wie sie von Pannenberg seinem eigenen hermeneutischen Ansatz gegenübergestellt wird. Die Konzentration auf Sachverhalte, die der Exaktheit der Wissenschaften dient, steht der Reflexion auf eine offene Sinntotalität gerade entgegen. Die Offenheit der Sinntotalität hat zur Konsequenz, daß eine Behauptung über sie kein rein theoretischer Akt ist. Bezeichnend für unseren Zusammenhang ist, daß Pannenberg da, wo er auf die Unterschiedlichkeit theologischer und philosophischer Aussagen zu sprechen kommt (S. 344ff.), auffallend kurz und schwammig wird, weil der paradoxe Ausdruck einer unvollendeten Totalität keine logische Erläuterung erhält. Eine Weiterentwicklung des Grundgedankens von Pannenberg, die auf die Bezugnahme auf Popper und damit auf die Rede von Sachverhalten und Theoriezusammenhängen verzichtet, stattdessen aber die Geheimnishaftigkeit Gottes und den Glaubencharakter der Annahme seiner Offenbarung zu integrieren sucht, findet sich bei Honnefelder, a.a.O., vgl. dort S. 290f., der dabei u.a. auf Josef Simon: Zur philosophischen Ortsbestimmung theologischer Wissenschaft von ihrem Gegenstand her. In: Theologische Quartalsschrift 157 (1977) S. 204-207, zurückgreift.

[4] Vgl. Carl Friedrich von Weizsäcker: Deutlichkeit. Beiträge zu politischen und religiösen Gegenwartsfragen. München [2]1979, S. 167f.; Honnefelder, a a.O., S. 308f.

Interpretationsmöglichkeiten die Aufgabe vorangestellt, die Differenz von Theologie und Philosophie darzulegen.

Äußerungen über „die" Theologie überhaupt oder gar über das Wesen der Philosophie werden in unserer Zeit der Spezialisierung der Einzelwissenschaften und der Disziplinen in der Regel mit der Bemerkung abgetan, daß es so etwas wie „die" Theologie oder „die" Philosophie gar nicht gibt. Aber es kann natürlich auch von den vielen Disziplinen der Theologie und von verschiedenen Philosophien nicht ohne übergreifende Bestimmungen gesprochen werden, wie auch ohne einen allgemeinen Begriff von Wissenschaft die Rede von Einzelwissenschaften nicht möglich ist. Um dem mit traditionellen Wesensdefinitionen verbundenen Vorwurf des Essentialismus oder des Dogmatismus von vornherein zu begegnen, soll die Klärung der Begriffe auf die Weise von Charakterisierungen geschehen, die hinreichen, um prinzipielle Differenzen sichtbar werden zu lassen[5]. Freilich kann es sich dabei nur um eine sehr abstrakte Bestimmung handeln, bei der je nach der Zielsetzung viele Aspekte nicht zur Sprache kommen. Allerdings müssen diese Aspekte, wenn es sich um eine treffende Charakterisierung handeln soll, prinzipiell mit ihr vereinbar sein.

Im vorliegenden Fall besteht das Ziel in einer Betrachtung des *Verhältnisses* von Theologie und Philosophie. Um eine mögliche Beziehung zwischen beiden herstellen zu können, ist es zunächst erforderlich, ihre Differenz zu präzisieren. Nur wenn ich mir im klaren darüber bin, was das Spezifische der Theologie gegenüber der Philosophie ist, kann ich die Frage, welche Philosophie die Theologie braucht, behandeln. Gewöhnlich wird eine Differenz zwischen zwei Gegenständen oder Sachverhalten festgestellt, indem diese analysiert und miteinander verglichen werden. Im Fall von Philosophie und Theologie ist das aber nicht so einfach, weil beide Seiten problematisch sind: Weder über das, was „die" Philosophie ist, noch über das, was „die" Theologie ist, besteht Einigkeit. Das ist im Symposium einmal mehr deutlich geworden. Aus dieser Schwierigkeit heraus habe ich in meinem Beitrag versucht, einen umgekehrten Weg zu gehen: nicht von Definitionen der Theologie und der Philosophie als gegebenen auszugehen, um zu einer präziseren Differenzierung und damit zu einer Grenzziehung zwischen beiden Bereichen zu kommen; sondern umgekehrt von einer philosophischen Betrachtung der Grenze aus Aufschluß über die Differenzen und über die Bestimmungen von Theologie und Philosophie zu erhalten suchen. Es zeigt sich nämlich, daß eine bestimmte Auffassung von Grenze von vornherein unfruchtbar ist, das Verhältnis von Philosophie und Theologie zu fassen.

---

[5] Ob die Wesensbestimmungen in der Tradition tatsächlich immer in dem dogmatischen Sinne zu verstehen sind, der dem wohlfeilen Essentialismusvorwurf entspricht, wäre im Einzelfall sehr genau zu prüfen. Bei Leibniz z.B. ist der Wesensbegriff mit einem Konzept der Charakterisierung verknüpft; vgl. dazu Friedrich Kaulbach: Philosophie der Beschreibung. Köln 1968, S. 170ff.

Man kann grundsätzlich zwei Weisen der Grenzbestimmung unterscheiden, die ich in z.T. lockerer Anknüpfung an die von Hegel entwickelte Terminologie als „interregionale" und „immanente" bezeichnen möchte[6]. In einer interregionalen Grenzziehung hat die Grenze die Aufgabe, gegebene Gebiete voneinander abzuschließen, wie es bei Staatsgrenzen der Fall ist, bei denen der Grenzstreifen eine Art Niemandsland bildet und verhindert, daß die Staaten Anspruch auf den Grenzstreifen selbst erheben und so die Grenze immer weiter hinausschieben könnten. Eine solche Art, die Grenze aufzufassen, kann man auch anschaulich-vorstellend nennen, da sie letztlich, auch wenn sie in ideellen Zusammenhängen gebraucht wird, auf der räumlichen Ausdehnung der Grenze durch die Einbildungskraft beruht. Denn die begrenzten Sphären werden dadurch auseinandergehalten, daß die Grenze zwischen ihnen wie eine ausgedehnte Region *vorgestellt* wird, die eine Berührung der Sphären verhindert.

Im Bereich der Grenzbestimmung von Wissenschaften tritt das interregionale Prinzip einerseits bei der Differenzierung der Einzelwissenschaften auf[7]. Die voneinander abgegrenzten Gebiete sind dabei die Gegenstandsgebiete der Wissenschaften, während das Verständnis von Wissenschaft überhaupt aufgrund der übereinstimmenden empirisch-analytischen Methode einheitlich ist und allenfalls infolge der Gebietsaufteilung unwesentlich variiert. In diesem Sinn kann die Theologie nicht von der Philosophie abgegrenzt werden, da der prinzipiell einheitliche Wissenschaftsbegriff weder für die Theologie noch für die Philosophie zutrifft.

Etwas anderes ist es, wenn die Wissenschaft als solche, nämlich als Sphäre des menschlichen Erkennens, auf dieselbe Weise gegen andere Bereiche menschli-

---

[6] Vgl. Georg Wilhelm Friedrich Hegel: Wissenschaft der Logik I (Werke in zwanzig Bänden Bd. 5). Frankfurt/M. 1969, S. 138f. Die Entwicklung der logischen Bestimmungen des Begriffs der Grenze, die hier nicht in der Reinheit dargelegt werden können, wie sie in einer Betrachtung der Grenze als Kategorie erforderlich wäre, finden sich im wesentlichen in dem Abschnitt „B. Endlichkeit" (S. 125ff.). Dieser Abschnitt zählt auch heute noch zu den eingehendsten Erörterungen zum Begriff der Grenze. Es wäre auch denkbar gewesen, auf die terminologische Unterscheidung zwischen Grenze und Schranke bei Immanuel Kant: Prolegomena zu einer jeden künftigen Metaphysik die als Wissenschaft wird auftreten können. In: Werke (ed. W. Weischedel) Bd. 5. Frankfurt/M. 1977, S. 109-264, hier § 57ff. zurückzugreifen, bei der dem Begriff der Grenze die Vorstellung eines Raumes zugeordnet wird, „der außerhalb einem gewissen Platze angetroffen wird und ihn einschließt", während Schranken „bloße Verneinungen [sind], die eine Größe affizieren, so fern sie nicht absolute Vollständigkeit hat" (S. 227). In der an diese Unterscheidung anschließenden Erörterung der Grenze der reinen Vernunft wird aber nicht deutlich, was Kant will, indem er zunächst den Begriff der Grenze terminologisch darauf anwendet und einen Raum der Dinge an sich annimmt, dann jedoch resümiert, er habe sich „des Sinnbildes einer *Grenze* bedient, um die Schranken der Vernunft [...] festzusetzen" (S. 236). Da diese Unklarheit bei der Grenzbestimmung der reinen Vernunft, die sich in der Problematik des Begriffs vom Ding an sich bei Kant niederschlägt, die Unterscheidung, um die es in der vorliegenden Abhandlung geht, wieder unterläuft, wurde der Rückgriff auf die Termini Grenze und Schranke vermieden.

[7] In diesem Sinne dürfte auch die Rede von den „regionalen" Wissenschaften bei Simon: Zur philosophischen Ortsbestimmung theologischer Wissenschaft von ihrem Gegenstand her, a.a.O., S. 205, 207, zu verstehen sein.

chen Verhaltens, z.B. gegen die Sphäre des Gefühls, abgegrenzt wird.[8] Solcherart ist die Abgrenzung der Wissenschaft oder Philosophie gegen die Religion als eine Sache des Gefühls bzw. subjektiver innerlicher Erfahrungen. Auch hier hat die Theologie keinen Ort, wenn sie sich in irgendeiner Weise als Wissenschaft versteht. Daß insbesondere die christliche Theologie als der Versuch, die Glaubenswahrheiten vor der unabhängigen menschlichen Vernunft zu rechtfertigen, sich zumindest in einem weiteren Sinne als Wissenschaft versteht, ist, wie auch in dem Eröffnungsreferat von Alexius Bucher deutlich gesagt wurde, unumstritten[9]. Andernfalls würde das Thema des Symposiums auch keinen Sinn ergeben, denn wie sollte ein reiner Gefühls- oder Überzeugungsglaube der Philosophie in irgendeiner Weise bedürfen? Wird aber die Religion derart von der Sphäre des Wissens abgegrenzt, so sind auch die bestimmten religiösen Überzeugungen im Sinne der interregionalen Grenzziehung voneinander geschieden, indem die Gegenstände ihres Glaubens die verschiedenen Götter sind und die religiösen Gemeinschaften gegeneinander abgegrenzte spirituelle Reiche bilden. Monotheistische Religionen haben dann die bekannten Schwierigkeiten, solchermaßen gezogene Grenzen zu respektieren und andere Überzeugungen zu tolerieren.

Daß die Theologie weder von der Philosophie noch von den Wissenschaften überhaupt auf die Weise einer interregionalen Grenzbestimmung unterschieden werden kann, hängt mit der besonderen Form von Wissenschaftlichkeit zusammen, die mit der Theologie und mit der Philosophie zu verbinden ist. Wissenschaftlichkeit pflegt heute, wie das Referat von Reinhard Zecher auch deutlich gemacht hat, an einen bestimmten und einheitlichen methodischen Standard gebunden zu werden, zu dem neben der Kohärenz auch die Überprüfbarkeit als Bedingung der intersubjektiven Gültigkeit gehört[10]. Die Einheitlichkeit der Methode ist die Voraussetzung dafür, daß die Wissenschaften allein durch ihre Gegenstandsgebiete voneinander geschieden werden können; sie ermöglicht, daß die Wissenschaft gleichsam wie eine Fläche aufgefaßt werden kann, in die die Gebiete eingezeichnet sind. Während die Einzelwissenschaften in der Regel innerhalb des empirisch Überprüfbaren und im Rahmen einer die Wissenschaftlichkeit definierenden Methode bleiben, bewegen sich Philosophie und Theologie im Grenzbereich des Empirischen oder überschreiten ihn. Wissenschaftlich in einem weite-

---

[8] Beispielhaft ist eine derartige Aufteilung in „Lebensgebiete" von Rudolf Carnap: Der logische Aufbau der Welt. In: Der logische Aufbau der Welt/Scheinprobleme in der Philosophie. Hamburg ²1961, S. 256ff., vorgenommen worden.

[9] Simon: Zur philosophischen Ortsbestimmung theologischer Wissenschaft von ihrem Gegenstand her, a.a.O., S. 205 geht so weit, die Theologie als „paradigmatische Wissenschaft" zu bezeichnen; vgl. dazu ders.: Zum wissenschafts-philosophischen Ort der Theologie, a.a.O., S. 439ff.

[10] Vgl. die von Pannenberg, a.a.O., S. 271f. und Honnefelder, a.a.O., S. 290, angeführten, von Heinrich Scholz übernommenen formalen Mindestanforderungen an Wissenschaftlichkeit, die durch das Satz-, das Kohärenz- und das Kontrollierbarkeitspostulat ausgedrückt werden.

ren Sinne wird dieses Transzendieren des Empirischen allein dadurch, daß es sich auf die Methode der Wissenschaften bezieht, indem es die Bedingtheit ihrer Voraussetzungen in den Blick nimmt. Die Methoden, mit denen die Methode der Wissenschaften kritisch untersucht wird, können nicht selbst in der gleichen Weise wissenschaftlich sein und bilden deshalb auch keinen einheitlichen Standard, innerhalb dessen - wie in den Einzelwissenschaften - nach Gebieten differenziert werden kann.

Wenn die Art und Weise der Grenzziehung zwischen Philosophie und Theologie bedingt ist durch die besondere Form von Wissenschaftlichkeit, die den Grenzbereich des empirischen Erkennens thematisiert, dann stellt sich vor der Betrachtung der Differenz von Theologie und Philosophie die Frage nach der Erfassung und Bestimmung der Grenze wissenschaftlicher Erkenntnis.

Die Grenze wird daher in zweierlei Hinsicht zu erörtern sein: zunächst die Grenze des Erkennens, deren Bestimmung theologische und philosophische Wissenschaftlichkeit überhaupt erst begründet, und dann die auf dieser Grenzbestimmung beruhende Abgrenzung von Theologie und Philosophie. Da die erste Bestimmung nicht im Sinne des interregionalen Prinzips geleistet werden kann, muß eine andere Art und Weise der Grenzbestimmung in Betracht gezogen werden, die oben schon als immanente Grenzbestimmung bezeichnet wurde.

Von immanenter Grenzbestimmung ist dann zu sprechen, wenn die Grenze nicht als räumlich ausgedehnte zwischen gegebenen Gebieten angesehen, sondern als bloßes Begrenztsein einer Sache aufgefaßt wird. Ist die Auffassung der Grenze im Sinne der Interregionalität als anschaulich-vorstellend charakterisiert worden, so ist im anderen Fall vom Denken der Grenze zu sprechen. Denn es ist klar, daß, wenn ich die räumlich ausgedehnte Grenze denken will, sie selbst wiederum ein Gebiet darstellt, das seine Grenze hat, und daß, wenn man dieses Denken fortsetzt, die Anschauung einer Grenze unmöglich wird.

Die Grenze scheint so gar nicht das etwas Ab- und anderes Ausschließende zu sein, sondern vielmehr der sich immer weiter hinausschiebende Berührungspunkt. In diesem Hinausschieben ist allerdings die Grenze noch nicht vollständig, sondern sozusagen erst auf die Weise der Anschauung gedacht: Es wird versucht, die angeschaute Grenze zu denken, dabei tritt der Widerspruch zwischen der räumlichen Vorstellung und dem Begriff der Grenze auf, und dieser logische Widerspruch wird wieder auf die Weise einer räumlichen Vorstellung, der Ortsbewegung, aufgefaßt.

Die Grenze kann aber nicht das Übergehen in ein anderes Gebiet sein, weil das andere Gebiet als solches erst durch die Grenze bestimmt wird. Etwas ist von

etwas anderem erst durch die Grenze zu unterscheiden[11]; daher muß die Grenzbestimmung immanent bleiben. Die Grenze des Erkennens bzw. der menschlichen
Vernunft immanent bestimmen bedeutet also keine reinliche Abscheidung gegen
Anderes, das das Erkennen einschränkt und bestimmt, sondern ist Selbstbegren-
zung des Erkennens, d.h. das (An)Erkennen der *wesentlichen* Beschränktheit menschlichen Erkennens. Nicht das Gebiet des Erkennens ist begrenzt, sondern das
Erkennen begrenzt sich selbst. Diese immanente Grenze des Erkennens zu bestimmen, ist traditionell Aufgabe der Philosophie. Der dem Gedanken der Immanenz zugrundeliegenden Logik zufolge darf sie dabei nicht auf ein außerhalb Lie-
gendes, etwa auf andere Lebensgebiete wie Glaube oder Gefühl zurückgreifen,
denn schon die Rede von einem Jenseits des Erkennens bedeutet eine Überschrei-
tung und setzt eine bereits immanent bestimmte Grenze, die überschritten wird,
voraus[12]. Das einzelwissenschaftliche Erkennen kennt keine wesentliche Beschränkung. Es ist, wie sich gleich näher zeigen wird, in seinem jeweiligen äußerlich begrenzten Gebiet unbeschränkt[13].

Das Denken der immanenten Grenze des Erkennens ist Reflexion, Selbstbezug
des Denkens. Das Denken denkt sich selbst als beschränktes Erkennen. In der Reflexivität der immanenten Grenzbestimmung ist der Anhaltspunkt gegeben, um
die besondere Weise der Wissenschaftlichkeit von Philosophie und in der Folge
auch der von Theologie zu charakterisieren. Indem sie die Bedingtheit der Voraussetzungen des im engeren Sinne wissenschaftlichen Verfahrens methodisch in
den Blick nehmen, gehen ihre Methoden wie gesagt über die einheitliche Methode
der Wissenschaften hinaus, bzw. sie bleiben - wenn man es vom Gesichtspunkt
der Exaktheit und Verbindlichkeit aus betrachtet - hinter deren Anspruch zurück.
Unter dem Gesichtspunkt der reflexiven Beziehung, oder anders ausgedrückt: unter dem Gesichtspunkt, daß sie die Grenze des wissenschaftlichen Erkennens, die
diesem als menschlichem, d.h. endlichem Erkennen wesentlich (und nicht etwas

---

[11] Innerhalb eines qualitativ Bestimmten wie einer Fläche oder einer bestimmten wissenschaftlichen Methode ist die Grenzziehung nur die quantitative Bestimmung von Etwas. Das „andere", das
abgegrenzt wird, ist nur eine Quantität, ein Teil des qualitativ Selben. Wenn das Erkennen gegen etwas
anderes abgegrenzt wird, dann ist dieses Andere in keiner Weise Dasselbe, sondern es ist das Nicht-
Erkennen, das nur dadurch zustandekommt, daß das Erkennen begrenzt ist. Von dieser qualitativen
Unterschiedlichkeit ist auch das Verhältnis von Theologie und Philosophie zu den Einzelwissenschaften geprägt: Theologie und Philosophie sind keine anderen Wissenschaften, sondern sie sind als Wissenschaften andere.
[12] Zu weiteren Ausführungen über die Bedeutung der immanente Grenze des Erkennens für das
Verhältnis von Vernunft und Glaube vgl. Matthias Koßler: Empirische Ethik und christliche Moral.
Zur Differenz einer areligiösen und einer religiösen Grundlegung der Ethik am Beispiel der Gegenüberstellung Schopenhauers mit Augustinus, der Scholastik und Luther. Würzburg 1999, S. 211ff.,
411ff., 423ff., 457ff., und ders.: Grenzbestimmungen der Vernunft bei Luther und Schopenhauer. In:
Schopenhauer-Jahrbuch 78 (1997) S. 11-29.
[13] Vgl. Carnap, a.a.O., S. 253ff. Bezeichnend ist, daß Carnap hier das Gleichnis einer unbegrenzten
Fläche verwendet.

was ihm noch von irgendwoher gesetzt werden könnte) ist, thematisieren und zu bestimmen suchen, sind sie selbst wissenschaftlich. Philosophie und Theologie realisieren Wissenschaft unter der Bedingung der Endlichkeit menschlichen Erkennens, und sie sind in anderem, aber nicht minderem Sinne verbindlich, da diese Bedingung unbestreitbar ist.

Die Reflexivität des Denkens hat ein negierendes und ein affirmatives Moment: Das Erkennen wird bestimmt als beschränktes und es wird zugleich als das bestimmende über seine Beschränktheit und Endlichkeit hinausgehoben[14]. An der Art und Weise, wie die beiden Momente gewertet und in Beziehung gesetzt werden, lassen sich einzelwissenschaftliches, philosophisches und theologisches Denken unterscheiden, ohne eine Gebietsaufteilung vorzunehmen. In dieser *philosophischen* Unterscheidung ist jede der Formen wesentlich beschränktes Denken, aber sie ist es nicht durch die Abgrenzung gegen die anderen. Da es sich hierbei nur um einen Ansatz zur Charakterisierung der drei Formen wissenschaftlicher Tätigkeit handelt, der wie gesagt der Zielsetzung entsprechend von vielem abstrahiert, was sonst an den verschiedenen Wissenschaften wesentlich erscheint, habe ich die vorsichtigere Formulierung „einzelwissenschaftliches", „philosophisches" und „theologisches Denken" gewählt.

Das *einzelwissenschaftliche* Denken läßt die Momente beziehungslos nebeneinander bestehen. Es findet innerhalb dieses Denkens[15] keine Reflexion in dem Sinne statt, wie er das Denken der immanenten Grenze kennzeichnet. Daher werden die Moment der Endlichkeit und der Unendlichkeit des Erkennens nicht durch das Denken miteinander vermittelt, sondern auf anschauliche Weise aufgefaßt. Das geschieht einmal in der Weise räumlicher Anschauung, indem das Gesamtgebiet der Wissenschaft im Sinne der interregionalen Grenzbestimmung von anderen Lebensgebieten abgegrenzt, zugleich aber als in sich unbegrenzt angesehen wird, so daß es grundsätzlich keine Frage gibt, die nicht mit der Methode der Wissenschaft beantwortet werden kann[16]. Zum anderen wird im Gedanken des wissen-

---

[14] Zu dieser Problematik im allgemeinen vgl. die Beiträge in: Grenzbestimmungen der Vernunft. Philosophische Beiträge zur Rationalitätsdebatte. Festschrift für H. M. Baumgartner (ed. P. Kolmer/H. Korten). Freiburg/Br. 1994

[15] Das heißt natürlich nicht, daß Wissenschaftler nicht auch über die Bedingtheit ihrer Erkenntnisse und über die Endlichkeit des Erkennens reflektieren. Aber es gehört wie gesagt zur Methode der positiven Wissenschaften, daß diese Reflexionen aus ihr ausgeschlossen sind. Als Personen können Wissenschaftler auch philosophisches und theologisches Denken praktizieren, aber als Wissenschaftler müssen sie vermeiden, daß dieses Denken die wissenschaftliche Methode beeinflußt.

[16] Vgl. Anm. 13. Daher kann z.B. innerhalb der Biologie aus methodischen Gründen nicht zu der Erkenntnis durchgedrungen werden, daß Erkenntnistheorie, Bewußtsein, Person, Ethik und Glaube nicht vollständig evolutionstheoretisch erklärt werden können. Demgegenüber müssen das philosophische und das theologische Denken daran festhalten, daß dies insofern spezifische Gegenstände ihrer Wissenschaften sind, als sie zu den Voraussetzungen wissenschaftlichen Erkennens gehören und als

schaftlichen Fortschritts die grundsätzliche Fallibilität menschlicher Erkenntnis mit dem vollkommenen unbegrenzten Wissen durch die Vorstellung einer Bewegung in der Zeit zusammengebracht. In dieser Anschauung sind die beiden widersprüchlichen Bestimmungen verträglich, nicht aber dann, wenn beide zusammen gedacht werden sollen. So ist auch mit dem Eingeständnis der prinzipiellen Fehlbarkeit wissenschaftlichen Erkennens noch nicht eine Erkenntnis der wesentlichen Beschränktheit menschlichen Erkennens gegeben. Als solche wird sie erst in der philosophischen Betrachtung offenbar, in der die Fragen gestellt und zu beantworten gesucht werden, die dem Funktionieren der wissenschaftlichem Methode hinderlich sind.

Das *philosophische* Denken bemüht sich darum, die Momente dadurch zusammenzuhalten, daß es die Erkenntnis immer an ihre Grenze treibt, zunächst, indem es das, was im einzelwissenschaftlichen Denken als selbstverständlich und gegeben vorausgesetzt wird, in Frage stellt. Diese negative, die Begrenztheit des Erkennens durch die Thematisierung der Voraussetzungen entlarvende Seite führt zugleich eine affirmative Seite mit sich. Denn das philosophische ‚in Frage Stellen‘ bedeutet, daß das, was sonst als selbstverständlich hingenommen wird, für das Verstehen einsichtig gemacht und vor der Vernunft gerechtfertigt werden soll. Es wird also unter dem affirmativen Aspekt der Grenzreflexion in der Philosophie eine Begründung in einem weiteren Sinne für das gesucht, was im einzelwissenschaftlichen Denken unbegründet vorausgesetzt wird. Solchermaßen geht das philosophische Denken in historisch variierenden Anläufen den Dingen auf den Grund, indem es sich z.B. mit den ersten Prinzipien, den apriorischen Grundlagen von Erkennen und Handeln, dem Sein und Wesen der Dinge, der Sprache, der Existenz und sich auch mit Gott beschäftigt. Daß die Begründung oder rationale Rechtfertigung in einem weiteren Sinne zu verstehen ist, charakterisiert die eigentümliche Wissenschaftlichkeit der Philosophie von ihrer Methode her. Gerade weil die negative Seite mit der affirmativen im Denken zusammengehalten wird, können die Methoden der Philosophie nicht von der gleichen Art sein wie die der Einzelwissenschaften. Sie stehen hinter ihr an Klarheit und Exaktheit zurück, weil die Aufhebung der Selbstverständlichkeit der Erkenntnisprinzipien die wissenschaftliche Methode modifiziert; aus diesem Grunde gibt es auch nicht eine einheitliche Methode der Philosophie, sondern viele verschiedene. Auf der anderen Seite ist das philosophische Denken in logischer Hinsicht konsequenter, weil es die wesentliche Beschränktheit des Erkennens nicht verdrängt, sondern für und in der wissenschaftlichen Methode geltend macht. Da das philosophische Denken somit das negative Moment der Kritik des Erkennens mit dem affirmativen Moment verbindet, das im Erkenntnischarakter oder der Rationalität dieses Vor-

solche nicht von diesem thematisiert werden können.

stoßens zu den Prinzipien liegt und die Vernunft des Menschen selbst zu einem
unendlichen Denken macht, sind die Begriffe, zu denen sie gelangt und insbesondere der Gottesbegriff bloße Grenzbegriffe[17]; sie bezeichnen nichts als das affirmative Moment der Vernunft, das als affirmatives Moment der *menschlichen*
Vernunft nicht von dem negativen zu trennen ist. Im philosophischen Denken begrenzt sich die menschliche Vernunft selbst, indem sie Begriffe verwendet, die
sich zugleich ausdrücklich der Erfassung durch die Vernunft entziehen, die nur
in Beziehung auf das endliche menschliche Erkennen eine Bedeutung haben und
ohne diesen Bezug leer sind. In ihm kann, wenn man die Unterschiedlichkeit einzelwissenschaftlicher und philosophischer Methode beachtet, von Gott als einer
Art Hypothese, etwa für eine Erkenntnistheorie, gesprochen werden, die so lange
gelten mag, wie die Erkenntnistheorie für die philosophische Zielsetzung zurei-
chend ist. Im theologischen Denken ist eine solche Rede aus den im folgenden genannten Gründen ungeeignet.

Wird so in der Philosophie das affirmative Moment der Vernunft unter Berücksichtigung des negativen zu fassen gesucht, so beruht, von der Betrachtung der
Grenze des Erkennens ausgehend, die Möglichkeit *theologischen* Denkens auf der
stärkeren Gewichtung des negativen Moments: Wenn die beschränkte Vernunft
in der Lage sein soll, sich selbst zu begrenzen und damit sich über sich selbst zu
erheben, so kann sie das nur, indem sie ein höheres oder anderes Wissen annimmt
und anerkennt, das sie nicht aus sich selbst hervorbringen kann, sondern das ihr
gleichsam von außen offenbart wird. Es muß also von einer derartigen Deutung
der Grenze aus die Existenz Gottes, der durch sein Sichoffenbaren die Einsicht in
die Endlichkeit menschlichen Wissens ermöglicht, vorausgesetzt werden. In der
klassischen Tradition der christlichen Theologie findet die Offenbarung durch die
Heilige Schrift als das Wort Gottes und auf die Weise einer mystischen Erfahrung

---

[17] In diesem Sinne verwendet z.B. Immanuel Kant: Kritik der reinen Vernunft. Hamburg 1956, B
310f. den „Begriff eines Noumenon, d.i.eines Dinges, welches gar nicht als Gegenstand der Sinne,
sondern als ein Ding an sich selbst [...] gedacht werden soll" als bloßen „Grenzbegriff, um die An-
maßung der Sinnlichkeit einzuschränken". Jedoch ist Kant, auch wenn er betont, daß ein solcher Begriff „nur von negativem Gebrauche" ist, wegen der in Anm. 6 angedeuteten Unklarheit seiner Grenzbestimmung der Vernunft auch hier inkonsequent. Denn der Begriff des Noumenon ist nur deshalb
nicht widersprüchlich, weil man von der Sinnlichkeit nicht behaupten kann, „daß sie die einzige mögliche Art der Anschauung sei". Obwohl also die Möglichkeit einer anderen Anschauung und somit
einer anderen Erkenntnisart Voraussetzung für den Grenzbegriff des Noumenon ist, wird zugleich festgehalten, daß wir „auch nicht einmal den Begriff einer möglichen Anschauung" außerhalb der Sinnlichkeit haben (ebd.). Kant schwankt so zwischen der Annahme und der Nichtannahme der Möglichkeit einer anderen Erkenntnisweise, mit der natürlich das göttliche Erkennen intendiert ist; er halst
sich damit das bis in die Gegenwart umstrittene Problem des Dinges an sich auf und kann den Grund
für die Eingrenzung der menschlichen Vernunft nicht präzisieren, wenn er ihn in ein Erkenntnisgebiet
legt, das einmal angenommen und einmal nicht angenommen wird. Deutlich wird in diesem Schwan-
ken, wie in Kants Grenzbestimmung der Vernunft Immanenz und Interregionalität miteinander streiten.

des Göttlichen statt. Dabei handelt es sich allerdings nicht um zwei alternative Weisen der Offenbarung, sondern beides gehört zusammen, auch wenn verschiedene Gewichtungen der beiden Seiten möglich sind. Denn ohne Wort oder Schrift enthält die religiöse Erfahrung nicht die Offenbarung eines Wissens; reine Gefühlsmystik bringt keine wissenschaftlich-theologische, sondern erbauliche Literatur hervor. Auf der anderen Seite hat das Wort nicht den Charakter, ein *höheres* Wissen zu offenbaren, wenn nicht der, der es aufnimmt, durch eine Erfahrung des Göttlichen in den Stand gesetzt ist, es als Wort Gottes aufzufassen[18]. Eine Schriftreligion, die auf das Erfahrungsmoment verzichtet, bringt ebenfalls keine Theologie hervor, sondern Sammlungen von Vorschriften und Gesetzen. Durch die Verbindung der Annahme des Wortes und der Erfahrung des Göttlichen im Glauben erhalten sowohl die Schrift als auch die Erfahrung den Charakter des Heiligen, in dem Gott sich als etwas anderes als nur der affirmative Aspekt der ihre Grenze erfassenden Menschenvernunft offenbart[19]. Daher ist, so wie an der formalen Gleichbehandlung der Heiligen Schrift und beliebiger anderer Texte durch Kügler, auf der anderen Seite auch die fehlende Spezifizierung der Erfahrung des Heiligen gegenüber anderen Formen der Erfahrung bei Reinhold Esterbauer mit gutem Grund Anstoß genommen worden.

Der Unterschied zwischen philosophischem und theologischem Denken, der sich an der Betrachtung der Grenze und der Endlichkeit des Erkennens zeigt, läßt sich an der Stellung und Funktion des Gottesbegriffs demonstrieren. Für die Philosophie kommt der Begriff Gott als eine Möglichkeit in Frage, die Reflexion der Grenze des Erkennens in einem dieser Reflexion entsprechenden Modus der Rationalität auszudrücken. Dieser Modus unterscheidet sich von dem des wissenschaftlichen Erkennens im engeren Sinne, hat aber nichts mit dem religiösen Glauben zu tun. Ein Philosoph muß (als Philosoph) nicht an Gott glauben, seine Annäherung an den Gottesbegriff aus den Verwicklungen der sich selbst zu fassen suchenden Vernunft steht dem eher im Wege[20]. Außerdem ist die Bezugnahme auf

---

[18] Daraus entsteht das die Geschichte der Theologie durchziehende Problem von Geist und Buchstabe der Heiligen Schrift, das zwar auch in der allgemeinen Hermeneutik wiederkehrt, aber doch dadurch unterschieden bleibt, daß es in dieser nicht um ein höheres Wissen und um das Wort Gottes geht. Für Luther hat das zur Folge, daß die Aufnahme des Wortes Gottes nur durch Gott selbst im Menschen geschehen kann, so daß selbst die Hinnahme des von außen Geoffenbarten ein der begrenzten Menschenvernunft Äußeres im Menschen ist; vgl. dazu Koßler: Empirische Ethik und christliche Moral, a.a.O., S. 407ff.; Friedrich Beißer: Claritas Scriptura bei Martin Luther. Göttingen 1966.

[19] Vgl. Josef Simon: Das absolute Zeigen. In: Fides quaerens intellectum. Beiträge zur Fundamentalontologie. M. Seckler zum 65. Geburtstag (ed. M. Kessler/W. Pannenberg/H.-J. Pottmeyer). Tübingen 1992, S. 113-124, hier S. 115f.; Rudolf Otto: Das Heilige. Über das Irrationale in der Idee des Göttlichen und sein Verhältnis zum Rationalen. München 1947, S. 193f.

[20] Sehr deutlich wird das bei Kant: Kritik der reinen Vernunft, a.a.O., wenn er in der theoretischen Philosophie Gott als regulatives Prinzip der Vernunft bestimmt (B 647f.). Es dürfte schwer sein, einen religiösen Glauben mit dieser „sehr nützliche[n] Idee" (B 629) zu verknüpfen.

Gott nur eine Möglichkeit neben anderen, durch die sich das philosophische Denken artikulieren kann. Ob der Gottesbegriff oder z.b. der der Materie, der Sprache, der Existenz gewählt wird, hängt damit zusammen, wie sich die mit der philosophischen Reflexion verbundene Modifikation wissenschaftlicher Rationalität argumentativ rechtfertigen läßt, und ist Ausdruck der historischen Bedingtheit philosophischer Entwürfe.

Demgegenüber ist im theologischen Denken Gott nicht von der menschlichen Reflexion abhängig, sondern er bestimmt die Reflexion. Das bedeutet nicht, daß damit ein objektives Wissen von Gott und seinem Wort vorausgesetzt wäre. Die Inkommensurabilität der göttlichen Weisheit zum menschlichen Wissen ist so grundsätzlich wie die des göttlichen Willens zum menschlichen Handeln und bringt das theologische Denken dem philosophischen sehr nahe. Aber im Unterschied zu diesem legt der Glaube an Gott die Möglichkeiten der Reflexion der Endlichkeit des Erkennens fest. Das theologische Denken setzt voraus, daß Gott existiert und daß es Zeugnisse wie die religiösen Schriften und Erfahrungen gibt, die auf ihn hinweisen. Wenn es unter dieser Voraussetzung die Aufgabe der Theologie ist, den christlichen Glauben vor der allgemeinen Vernunft zu rechtfertigen[21], dann dient die Betrachtung der Endlichkeit der Vernunft und der Bedingtheit wissenschaftlichen Erkennens dem Ziel, die Wahrheit der Existenz Gottes in Übereinstimmung mit den bestimmten konkreten Zeugnissen darzulegen, während in der Philosophie umgekehrt, wenn sie überhaupt auf den Gottesbegriff rekurriert, dieser dazu dient, die Endlichkeit des Erkennens zu reflektieren, und dabei gleichgültig gegenüber den konkreten Formen des Glaubens bleibt. Kommt so im philosophischen Denken das unendliche Erkennen der menschlichen Vernunft, insofern sie sich in der Reflexion auf sich selbst gegenübertritt, zu, so ist es im theologischen Denken als Erkennen Gottes das ganz Andere zur menschlichen Vernunft. Gerade deswegen aber, weil das Erkennen Gottes unendliches Erkennen ist, kann es nicht als ein Äußeres zum menschlichen Erkennen im Sinne der interregionalen Grenzbestimmung aufgefaßt werden, und das theologische Denken bleibt wie das philosophische auf die immanente Grenze bezogen. Beide stimmen darin überein, daß in der Grenze nicht zwei Endliche aneinanderstoßen, sondern Endliches und Unendliches miteinander vermittelt werden. Die Philosophie geht von dem endlichen Erkennen aus, das sich durch das Denken seiner Endlichkeit über diese erhebt und unendlich wird; die Theologie geht von dem geglaubten Unendlichen aus, das sich selbst verendlicht und so dem Menschen offenbart[22].

---

[21] Vgl. Honnefelder, a.a.O., insbes. S. 292.
[22] Vgl. Simon: Das absolute Zeigen, a.a.O., S. 115.

Wie also Philosophie und Theologie in ihrer Beziehung auf die immanente Grenze des Erkennens in größter Nähe zueinander stehen[23], so sind sie durch die Art und Weise dieser Beziehung und durch die Deutung der Grenze klar voneinander geschieden. Aus dieser sehr abstrakten Bestimmung des eigentümlichen Verhältnisses von Philosophie und Theologie lassen sich nun abschließend Folgerungen für die Leitfrage des Symposiums und für einige Aspekte der Diskussion ziehen.

Zunächst ist die Frage in der zu Beginn der Untersuchung benannten einschränkenden Auslegung zu beantworten. Die Philosophie kann dann in einem sehr weiten Sinne als Partnerin der Theologie angesehen werden, wenn sie sich der für sie spezifischen und sie von allen anderen Wissenschaften unterscheidenden Aufgabe der rationalen Erfassung und logischen Bestimmung der Bedingtheit und Begrenztheit wissenschaftlichen Erkennens besinnt. Indem sie somit die Reduktion des Weltverständnisses auf die an der wissenschaftlichen Methode im engeren Sinne beschränkte Sicht vermeidet und dies auf rationale Weise tut, schafft sie die logische Möglichkeit einer Wissenschaft von Gott[24]. Sie tut das, indem sie die vor dem Verstand nicht ausgewiesenen Voraussetzungen der Wissenschaften in Frage stellt. Gerade in diesem zunächst negativen Verfahren, das der Theologie Raum schafft, wird sie dieser aber auch zugleich zur Gefahr, da es ihr selbstverständlich ist, auch die Voraussetzung der Theologie, den Glauben an die Existenz Gottes und seine Offenbarung, in Frage zu stellen; wenn es sich hierbei auch, wie gezeigt, um eine andere Art von Voraussetzung handelt. Die Partnerschaft von Philosophie und Theologie ist also eine recht ungleiche, denn die Theologie ist zwar hinsichtlich ihrer Aufgabe, den christlichen Glauben vor der Vernunft zu rechtfertigen, auf die Philosophie angewiesen, aber umgekehrt gilt das keineswegs, vielmehr darf im Gegenteil das philosophische Denken aus seinem Selbstverständnis heraus die Voraussetzung der Theologie nicht anerkennen. Die Philosophie kann im besten Falle Resultate theologischen Denkens heuristisch gebrauchen, indem sie sie der Voraussetzung des Glaubens entkleidet[25]. Es ist daher illusionär, die Partnerschaft von Philosophie und Theologie zu deuten im Sinne der

---

[23] Vgl. Simon: Zur philosophischen Ortsbestimmung theologischer Wissenschaft von ihrem Gegenstand her, a.a.O., S. 207.

[24] Was die Philosophie in ihrem historisch bedingten affirmativen Ausdruck als Anknüpfungspunkt anbietet, ist Metaphysik in dem allgemeinen Sinne einer die Methode der Einzelwissenschaften überschreitenden Wissenschaft und kann konkret in unterschiedlicher Weise gefaßt werden, so etwa als „Sinntotalität" bei Pannenberg, a.a.O., als das „Ganze der Wirklichkeit" bei Honnefelder, a.a.O., oder als „Sinndimension des Lebens" bei Simon: Zum wissenschafts-philosophischen Ort der Theologie, a.a.O., S. 448.

[25] Ein Beispiel für eine derartige Adaption theologischer Überlegungen bietet die Entwicklung des Personenbegriffs. Wenngleich die Philosophie hier durch die Trinitätsdebatten erheblich beeinflußt wurde, ist der philosophische Personenbegriff doch ganz unabhängig von der Theologie konzipierbar.

Hoffnung auf die Philosophie als eine solidarische analytische Gefährtin bei der Aufgabe, die Gegenwartsrelevanz der christlichen Botschaft zu entdecken, wie es im Thesenpapier von Rainer M. Bucher hieß; indem die Philosophie die Gegenwart in Begriffe zu fassen, geht es ihr gerade nicht um die christliche Botschaft. Wird aber die Disharmonie dieser eigentümlichen Partnerschaft bedacht, so kann bei sorgfältiger Wahrung der grundsätzlichen Differenz aufgrund der Nähe der Problemstellung und der methodischen Offenheit ein fruchtbares Gespräch zwischen Theologie und Philosophie stattfinden, aus dem sich dann auch ein Gebrauch von philosophischen Konzepten durch die Theologie ergeben kann. Dieser Gebrauch muß aber im Einzelfall entsprechend der herausgestellten Differenz geregelt werden, um Vereinnahmungen zu vermeiden, wie sie bei der Auseinandersetzung mit Kügler und Disse dargelegt wurden. Zunächst ist festzuhalten, daß die Theologie zwar hinsichtlich der rationalen Rechtfertigung der Möglichkeit des von ihr vorausgesetzten Glaubens auf die Philosophie zurückgreifen kann und muß, hinsichtlich der Voraussetzung selbst aber nicht bei der Philosophie um Beistand suchen darf. So können philosophische Gottesbeweise nicht die Funktion einer Fundierung der Theologie als Theologie übernehmen, und auch wenn die Philosophie etwa im Sinne Kants Platz für den Glauben schaffen will, so bringt sie damit doch nicht das Spezifische der Theologie hervor. Dieses Spezifische besteht in der Voraussetzung, daß Gott ist und in die Verhältnisse der Menschen hinein wirkt, sich in irgendeiner Weise äußert und dem - und nur dem - offenbart, der an ihn glaubt.

Wenn nun philosophische Methoden wie Hermeneutik, Phänomenologie, Semiotik von der Theologie herangezogen werden, so ist diese Spezifik eigens zu bedenken. Eine Hermeneutik des Vertrauens, wie sie im Anschluß an Ricoeur von Disse vorgebracht wird, oder die phänomenologische Beschreibung durch existenzielle Bedeutsamkeit bei Esterbauer stellen zwar notwendige Bedingungen der Erfassung theologischer Gegenstände dar, nicht aber eine hinreichende Charakterisierung derselben; denn in ihnen kommt noch nicht das Spezifische dieser Gegenstände zum Ausdruck. Das Vertrauen in den Literalsinn eines Textes ist eine Sache, eine andere ist es, daß der Text als Wort Gottes die Eigenschaft hat, die Auslegungskraft des Menschen zu überwältigen. Ebenso ist der Anspruchscharakter der Wirklichkeit, der Entscheidungen über das eigene Leben hervorruft als allgemeinere Charakterisierung von dem personalen Angesprochenwerden von Gott zu unterscheiden. Auch die metaphorische Verwendung philosophischer Begriffe in der Theologie, die Thomas Böhm in seinem Beitrag anspricht, ist hinsichtlich ihrer theologischen Spezifik zu präzisieren. Denn schon innerhalb der Philosophie selbst werden Begriffe metaphorisch verwendet, und es ist eine philosophisch umstrittene Frage, ob es überhaupt einen Sprachgebrauch gibt, der frei von Metaphorik ist.

Der Gebrauch philosophischer Konzepte und Begriffe in der Theologie führt leicht dazu, daß theologische Gegenstände in philosophische umgewandelt werden und birgt damit in der durch die Aufklärung bestimmte Gegenwart die Gefahr der Aufhebung der Theologie. Wird dieser Gebrauch im Hinblick auf die Spezifik des theologischen Ansatzes differenziert vorgenommen, dann kann er für die Aktualisierung der Theologie in der Gegenwart von großem Wert sein. Denn indem die Philosophie sich in ihrer kritischen Reflexion auf die geltende wissenschaftliche Methode bezieht und dabei selbst Methoden entwickelt, die dem aktuellen Rationalitätsanspruch genügen[26], baut sie Brücken zwischen dem an der empirisch-analytischen Methode orientierten und dem unter der Voraussetzung des Glaubens stehenden Wirklichkeitsverständnis. Die Philosophie bietet, um an dieser Stelle den Ansatz Sanders aufzugreifen, in dieser Brückenfunktion nicht Sprachen an, die die Theologie ohne weiteres verwenden könnte, aber sie bietet Sprachen an, aus denen die Theologie ihre eigene Sprache entwickeln kann und muß. Daß die Philosophie dabei ihren eigentümlichen Standpunkt sowohl gegen die Einzelwissenschaften als auch gegen die Theologie behauptet, liegt nicht nur in ihrer Bestimmung und ihrem Interesse; es verhindert auch, daß sich „der faule Frieden zwischen Wissenschaft und Glauben als verschiedenen Fächern" etabliert, der letztlich die „Resignation der Theologie" bedeutet[27].

Daß die immanente Grenzbestimmung des Erkennens in der Philosophie nicht nur Konsequenzen für die theoretische Grundlegung einer Theologie, sondern auch praktische Auswirkungen hat, sei zum Schluß nur noch angedeutet. Diese Auswirkungen sind nicht unmittelbarer Natur, es lassen sich aus ihr keine Handlungsanleitungen für Ethik und Politik gewinnen. Aber indem die reduzierte wissenschaftliche Weltsicht als reduzierte nicht nur behauptet, sondern im Sinne der wesentlichen Beschränktheit menschlichen Erkennens begriffen und in Relativität zu anderen Formen der Weltauffassung gesetzt wird, wird auch den wissenschaftlichen Resultaten widersprechenden Annahmen beispielsweise der moralischen Freiheit oder der nicht auf soziales Verhalten reduzierbaren christlichen Liebe ein gleichwertiger Wirklichkeitsanspruch eingeräumt[28].

So ist die im Eröffnungsreferat des Symposiums gestellte Frage nach der Notwendigkeit eines neuen Cusanus aus der vorangegangenen Untersuchung heraus in dem Sinne zu bejahen, daß die Theologie einer Entwicklung ihres Standpunkts

---

[26] In diesem Sinne ist die Philosophie, wie Alexius J. Bucher: Hat die Theologie ein Projekt? In: Das 20. Jahrhundert. Konfigurationen der Gegenwart (ed. J. Pfeiffer). Regensburg 1998, S. 147-164, hier S. 148, formuliert, „Advokat der Möglichkeiten und Unmöglichkeiten menschlicher Rationalität".

[27] Max Horkheimer: Religion und Philosophie. In: Zur Kritik der instrumentellen Vernunft. Frankfurt/M. 1974, S. 229-238, hier S. 230f.

[28] Zum praktischen Aspekt der immanenten Grenzbestimmung s. Koßler: Empirische Ethik und christliche Moral, a.a.O.

aus der Reflexion der Grenze des Erkennens unter den Bedingungen der Gegenwart bedarf. Nikolaus Cusanus hatte angesichts der aufstrebenden selbständigen Wissenschaften die Theologie aus dem Denken der Grenze des Erkennens entfaltet, wie im Beitrag von Martin Thurner zu sehen ist. Das Denken der Grenze des Erkennens ist auf die Wissenschaften, in denen das Erkennen sich vollzieht, bezogen und daher, auch wenn es ihn notwendig überschreitet, mit deren jeweiligem Zustand und dem Anspruch wissenschaftlicher Argumentation verknüpft. Die Theologie müßte also immer wieder aufs Neue ihren Standpunkt vermittelt durch die philosophische Reflexion aber dennoch selbständig bestimmen[29]. Wenn dieser Standpunkt systematisch bestimmt ist, lassen sich auch die theologischen Disziplinen der entsprechenden Gestalt theologischen Denkens gemäß reformieren und gegen die profanen Wissenschaften profilieren[30]. Und zuletzt wäre dann auch an eine gewandelte Bereitschaft zur Akzeptanz theologischen Denkens in der durch Wissenschaft und Aufklärung geprägten Kultur zu denken. Ob und wie das in concreto möglich sein wird, ist eine Frage, die vom Standpunkt der Philosophie aus nicht beantwortet werden kann.

Literatur

Apel, Karl-Otto/Kolmer, Petra (Ed.), Grenzbestimmungen der Vernunft. Philosophische Beiträge zur Rationalitätsdebatte. Festschrift für H.M. Baumgartner. Freiburg/Br. 1994.

Beißer, Friedrich: Claritas Scriptura bei Martin Luther. Göttingen 1966.

Bucher, Alexius J.: Hat die Theologie ien Projekt? In: Das 20. Jahrhundert. Konfigurationen der Gegenwart (ed. J. Pfeiffer). Regensburg 1998, S. 147-164.

Carnap, Rudolf: Der logische Aufbau der Welt. In: Der logische Aufbau der Welt/Scheinprobleme in der Philosophie. Hamburg ²1961.

Hegel, Georg Wilhelm Friedrich: Wissenschaft der Logik I (Werke in zwanzig Bänden Bd. 5). Frankfurt/M. 1969.

Honnefelder, Ludger: Wissenschaftliche Rationalität und Theologie. In: Rationalität und ihre Grenzen (Grenzfragen Bd. 16, ed. L. Scheffczyk). Freiburg/München 1989, S. 289-314.

Horkheimer, Max: Religion und Philosophie. In: Zur Kritik der instrumentellen Vernunft. Frankfurt/M. 1974, S. 229-238.

Kant, Immanuel: Prolegomena zu einer jeden künftigen Metaphysik die als Wissenschaft wird auftreten können. In: Werke (ed. W. Weischedel) Bd. 5. Frankfurt/M. 1977, S. 109-264.

---: Kritik der reinen Vernunft. Hamburg 1956.

Kaulbach, Friedrich: Philosophie der Beschreibung. Köln 1968.

---

[29] Vgl. Honnefelder, a.a.O., S. 311ff.
[30] Vgl. Bucher, a.a.O., S. 156ff.

Koßler, Matthias: Empirische Ethik und christliche Moral. Zur Differenz einer areligiösen und einer religiösen Grundlegung der Ethik am Beispiel der Gegenüberstellung Schopenhauers mit Augustinus, der Scholastik und Luther. Würzburg 1999.

---: Grenzbestimmungen der Vernunft bei Luther und Schopenhauer. In: Schopenhauer-Jahrbuch 78 (1997) S. 11-29.

Otto, Rudolf: Das Heilige. Über das Irrationale in der Idee des Göttlichen und sein Verhältnis zum Rationalen. München 1947.

Pannenberg, Wolfhart: Wissenschaftstheorie und Theologie. Frankfurt/M. 1977.

Simon, Josef: Das absolute Zeigen. In: Fides quaerens intellectum. Beiträge zur Fundamentalontologie. M. Seckler zum 65. Geburtstag (ed. M. Kessler/W. Pannenberg/H.-J. Pottmeyer). Tübingen 1992, S. 113-124.

---: Zum wissenschafts-philosophischen Ort der Theologie. In: Zeitschrift für Theologie und Kirche 77 (1980) S. 435-452.

---: Zur philosophischen Ortsbestimmung theologischer Wissenschaft von ihrem Gegenstand her. In: Theologische Quartalsschrift 157 (1977) S. 204-207.

Weizsäcker, Carl Friedrich von: Deutlichkeit. Beiträge zu politischen und religiösen Gegenwartsfragen. München [2]1979.

Hans-Joachim Sander

Philosophie im Zeichen der Rede von Gott.
Sieben Thesen über eine Machtfrage der Theologie

Theologie gibt es nicht ohne ein intensives Verhältnis zur Philosophie. Das ist für jeden Kenner der Theologiegeschichte eine banale Aussage, aber sie ist intellektuell und theologisch nicht belanglos. In ihr verbirgt sich nämlich auf verschiedenen Ebenen eine Machtfrage. Intensität, so ein Wort von Alfred North Whitehead, ist die Belohnung für Nähe.[1] Aber in jeder Nähe steckt ein Gewaltproblem. Die Nähe zur Philosophie betrifft deshalb den Charakter des geistigen und sprachlichen Unternehmens Theologie und ist entsprechend für sie sowohl Not wie Segen.

Die Not entsteht dadurch, dass theologische Entwürfe gegenüber philosophischen Entdeckungen unweigerlich nachklappen. Das war die Situation in der Antike und während der gesamten Moderne. Und im europäischen Mittelalter war die Theologie nur solange in der Vorhand, bis sich die Universität als beherrschende Institution des Wissenshandwerks etablierte. Theologie musste seither geistig immer aufholen, um mit ihrer Sache sprachfähig zu bleiben. Damit ist aber auch der Segen schon benannt, den philosophische Auseinandersetzungen für die Theologie bedeuten. Sie halten sie sprachfähig und deshalb kommt ihre liebe Not mit der Philosophie ihr selbst zu gute. Schließlich besteht Theologie selbst aus Sprache und sucht beständig nach einer Sprache, die den Glauben, den sie zu benennen hat, verständlich machen kann. Deshalb meine erste These:

(1) Von der Theologie her wird ein Verhältnis zur Philosophie um der Sprache des Glaubens an Gott willen hergestellt. Dieses Verhältnis ist deshalb auch von den Zeichen bestimmt, mit denen dieser Glaube zu Wort kommt. Einen anderen Zugang als über Zeichen gibt es nicht zu dem Gott, von dem die Bibel spricht; für deren Gottesperspektive gilt: „im Anfang war das Wort" (Joh 1,1). Die Zeichen, mit denen sich christlicher Glaube präsentiert oder zu denen er sich gezwungen sieht, stellen aber das Machtproblem der Theologie dar. Gott ist nämlich eine Macht, die nur dann bezeichnet wird, wenn seine Macht zur Darstellung gelangt. Das lastet in einem doppelten Sinn auf der Theologie. Zum einen muss sie diese

---

[1] „Intensity is the reward of narrowness." (Process and Reality. An Essay in Cosmology. Corrected Edition. Edited by David R. Griffin and Donald W. Sherburne. New York: Free Press, 1978, 112 (dt. 217)).

Macht erreichen, um den menschenfreundlichen Gott in Erfahrung zu bringen, zum anderen bereitet sie aber dann unter Umständen den Boden dafür, dass diese Macht sich als Gewalt realisiert und die Darstellung von Gottes Erlösung konterkariert wird. Um Theologie vor diesem Gewaltgehalt zu schützen, der sie unweigerlich begleitet, ist die Kritik von Seiten der Philosophie unverzichtbar.

Gemeinsam ist Philosophie und Theologie, dass sie jeweils ein Handwerk und eine Kunst sind. Sie arbeiten mit dem gleichen handwerklichen Instrument, der Sprache (langue). Was sie zu sagen haben, müssen sie ausdrücken und beide tun das mit Zeichen. Das ist die Basis, beide aufeinander zu beziehen. In ihrer Kunst sind beide jedoch sehr verschieden. Philosophie ist die Kunst des Denkens, Wahrheit methodisch nachvollziehbar und logisch präzise zu erzeugen und zu besprechen. Ihre Themen werden von den Problemen gebildet, die aus dem Verhältnis von Idee und Wirklichkeit jeweils für das Selbstverhältnis von Menschen entspringen. Sie zielt nicht auf die überzeugende Tat, sondern auf den wahrheitsfähigen Begriff. Theologie ist dagegen die Kunst des Glaubens, von einer Größe zu sprechen, die es als vorhandene Realität nicht gibt und die doch mit Macht existiert. Ihr fehlen in ihrem ureigenen Bereich, der Gottesrede, die Worte, um logische Paradoxien und methodische Brüche zu vermeiden. Deshalb haben alle theologischen Aussagen ein Problem mit der Wahrheit. Ihre Ideen drücken Selbstverhältnisse von Menschen aus, aber ihre Aussagen müssen die Wirklichkeit erst noch erzeugen, mit der die Wahrheit ihrer Standpunkte falsifizierbar wird. Diese Wirklichkeit ergibt sich aus der Macht, von der sie spricht: Gott. Ihn in Sprache zu fassen, bedeutet, die Realität zu verändern, andernfalls ist nicht von seiner Macht die Rede und der Begriff von ihm bleibt tot. Um diese Wirklichkeit wenigstens unscharf ins Präsens des Lebens von Menschen zu heben, dafür gibt es Theologie. Ihre Aussagen zielen daher nicht primär auf den überzeugenden Begriff, sondern auf die wahrheitsfähige Tätigkeit, die der Begriff Gottes bedeutet. Diese Tätigkeit hat in der Theologie den Primat gegenüber dem Begriff, aber sie ist ohne den Begriff nicht zu vollziehen. Sie ist die Wirklichkeit, die Theologie benötigt, um wahrheitsfähige Aussagen über Gott treffen zu können.

Diese Tätigkeit vollzieht sich allerdings in der Regel nicht gegenüber der Philosophie und der Vollkommenheit geistiger Vollzüge, sondern gegenüber der Religion und der Macht religiöser Zeichen. Entsprechend finden sich im Neuen Testament nur sporadisch Auseinandersetzungen mit philosophischen Positionen. Sowohl die synoptischen Erzählungen von Jesus und über das Reich Gottes wie auch die paulinischen Briefe über Christus und von der Auferstehung können sich vollziehen ohne unmittelbaren Kontakt oder gar Auseinandersetzungen mit philosophischen Theoremen. Aber alle ihre Aussagen stehen im Kontext von jüdischen und hellenistischen religiösen Positionen. Am ehesten wird man für philosophische Anklänge noch im johannäischen Schrifttum fündig. Aber auch dort sind die

Erkenntnispositionen, von denen es sich absetzt, eine eigene Form antiker Religiosität, eben die gnostische.

Das primäre Problem theologischer Erkenntnis hat eine negative Natur. In der Theologie geht es nicht primär um die Erkenntnis Gottes, die sich in einer überzeugenden Idee niederschlägt. Es um geht vielmehr die Erkenntnis dessen, wie nicht von Gott gesprochen werden darf, weil sonst zerstörerische Gewalt ohne gleichen ausbricht. Der Schrecken aller Theologen ist deshalb auch nicht der Nichtwissende, sondern der Irrlehrer. Jenem fehlt es nur an Erkenntnis über Gottes Gegenwart, diesem jedoch an geistigen Widerständen gegen die Versuchungen, vor denen Menschen mit der Macht Gottes stehen. Gefährlich ist nicht die Theologie, die nicht ausreichend über Gottes Macht berichten kann, sondern diejenige, die zu viel über sie zu wissen vorgibt.

Gewalt und Religion sind Geschwister.[2] Es gibt keine Religion, die nicht aus sich heraus Gewalt entrollen kann. Auch wenn die meisten Religionen in ihren Traditionen Strategien entwickelt haben, um dieser Gewalt zu wehren, so kann keine Religion das Gewaltproblem ein für alle Mal überwinden. Die Geschichte des Christentums belegt diesen Zusammenhang. Es gab und gibt leider mehr als genug sprachfähige christliche Theologen, die wortmächtig für Kreuzzüge und Heilige Kriege warben. Religion war niemals rational und ist schon gar kein Zivilisationsprodukt, sondern eine zutiefst existentiell entgrenzende und sozial archaische Angelegenheit.[3] Rationalität ist ihre Sache nicht. Aber der Rationalisierungsprozess ist eine theologische Sache, weil hier die geistigen Widerstände entstehen, um Unwahrheiten über Gott aufdecken und damit den eigenen religiösen Gewaltversuchungen widerstehen zu können. Erst um dieser Widerstände willen sucht Theologie philosophische Auseinandersetzungen; aber um dieser Widerstände willen gehört die Beziehung zur Philosophie wesentlich zu ihr.

In dieser Beziehung gibt es folgliche eine nicht aufzuhebende Ambivalenz. Auf der einen Seite lernt es Theologie eben nicht von philosophischen Ausblicken her, von Gott zu sprechen. Ihre Sprache über Gott entwickelt sie vielmehr gegenüber

---

[2] Das ist die Basisaussage der Religionstheorie von René Girard (vgl. Das Heilige und die Gewalt, Zürich: Benziger, 1987). Ich halte den analytischen Teil der Aussage für richtig, teile allerdings nicht das mimetische Gesamtkonzept Girards.

[3] Deshalb idealisiert Kant die Religion auch allein innerhalb der Grenzen der reinen Vernunft. Das soll sie vor dem Schicksal bewahren, was er ,Afterreligion' nennt (vgl. Die Religion innerhalb der Grenzen der blossen Vernunft. Hg. von Karl Vorländer. 9. Aufl., Hamburg: Meiner, 1990). Doch macht seine Religionskritik klar, dass gerade diese Form der religiöse Normalfall darstellt. Auf die Irrationalität von Religion hinzuweisen, bedeutet keine Kritik an Religion, sondern lediglich das nüchterne Begreifen ihres nicht ableitbaren Phänomens. Man vgl. dazu den Klassiker Rudolf Otto, Das Heilige. Über das Irrationale in der Idee des Göttlichen und sein Verhältnis zum Rationalen. Nachdruck, Beck: München, 1991. Für die enge Verbindung der elementaren Architektonik von Gesellschaft mit der Religion steht die Soziologie im Gefolge von Emile Durkheim (vgl. Die elementaren Formen des religiösen Lebens, Frankfurt: Suhrkamp, 1994).

der Macht religiöser Zeichen. Sie findet zu dieser Sprache, wenn sie in der Repräsentanz der Macht Gottes wider die Ambivalenz von Religion eindeutige Zeichen für die Humanisierung des Lebens setzt. Die Wirklichkeit, die Theologie für ihre eigene Wahrheitsfähigkeit benötigt, findet sich folglich in den Zeichen, die Gott zum Thema machen - oder ihn verfehlen. Diese Zeichen sind das Machtproblem der Theologie; sie kann bei der Repräsentanz dieser Macht leicht in Gewalt übergleiten oder Anlaß zu ihrem Ausbruch geben. Um dieses Problem lösen zu können, hat sie deshalb auf der anderen Seite das Wahrheitswissen der Philosophie nötig. Es ist kritischer Natur und kann entsprechend auf die Probleme in den Zeichen bezogen werden, mit denen Theologie arbeitet. In diesem Sinn kann es eine Theologie, welche die Botschaft vom christlichen Gott in eine verständliche Sprache fassen will, nicht jenseits eines Verhältnisses zur Philosophie geben. Dieser Kontakt zwischen Theologie und Philosophie ist deshalb ein spezielles theologisches Anliegen, kein allgemein philosophisches. Deshalb meine zweite These:

(2) Philosophie hat Theologie nicht nötig, wie sich vor allem nach dem Tod Gottes gezeigt hat. Sie ist ein intellektuelles Unternehmen, das auch ohne eine Darstellung Gottes Erkenntnisse gewinnen kann. Theologie dagegen hat Philosophie nötig, um weiter von Gott sprechen zu können. Der Grund dafür liegt im Tod Gottes, der eine philosophische Erkenntnis darstellt.[4] Ohne ein Verhältnis zu dieser Erkenntnis verkümmert die Theologie im Binnenraum einer Glaubensgemeinschaft und zöge diese mit in eine belanglose Nische des postmodernen pluralen Lebens. Der Tod Gottes ist aber ein Ohnmachtsproblem der Theologie; denn die selbstverständliche Sprache über Gottes Macht ist damit unwiederbringlich verloren gegangen.

Nietzsches Aussage, dass Gott tot ist und wir ihn getötet haben, wird im kirchlich-religiösen Bereich in der Regel als religionskritische Polemik verstanden.[5] Sie hat diese religionskritische Seite, aber daraus lassen sich weiterführende religionsanalytische Feststellungen destillieren, die eine produktive theologische Bedeutung besitzen. Der Wahrheitswert, den Nietzsches Aussage besitzt, lautet dann:

---

[4] „Gott ist tot! Gott bleibt tot! Und wir haben ihn getötet!" (Friedrich Nietzsche, Fröhliche Wissenschaft. In: Sämtliche Werke. Kritische Studienausgabe in 15 Bänden. Hg. von G. Colli/M. Montinari. Berlin: de Gruyter, Band IV, 1967, 102).

[5] Dazu gibt es eine lehrreiche Auseinandersetzung zwischen Eugen Biser und Rainer Bucher; vgl. dazu die zweite und ergänzte Auflage von Rainer Bucher, Nietzsches Mensch und Nietzsches Gott. Das Spätwerk als philosophisch-theologisches Programm, Frankfurt: Lang, 1993. - Für eine andere katholisch-theologische Rezeption von Nietzsches Philosophie mit Augenmaß steht Ulrich Willers, Friedrich Nietzsches antichristliche Christologie. Eine theologische Rekonstruktion, Innsbruck: Tyrolia, 1988, sowie ders., „Die evangelische Praktik allein führt zu Gott, sie eben ist Gott". Friedrich Nietzsches hintergründige theologische Aktualität, Regensburg: Pustet, 1994 (Eichstätter Hochschulreden 91).

Menschen können Gott töten. Das bedeutet nicht, sie seien ebenso mächtig wie Gott oder gar ihm überlegen. Aber je danach, was sie tun, löst sich der Ort auf, an dem Gott erfahrbar ist. Menschen können Gott nicht erzeugen, aber sie können seine Existenz mit dem antasten, was sie sich antun. Das hat sich besonders im 20. Jahrhundert gezeigt, dem gewalttätigsten der gesamten Menschheitsgeschichte. Bei dessen ‚Verlust der Menschlichkeit'[6] spielte es in der Regel keine Rolle, ob von Gott gesprochen wurde oder nicht. Religiöse Dissidenten wie Dietrich Bonhoeffer, Edith Stein, Franz Jägerstätter, deren Gottesrede diesem Verlust dezidiert und unter Opferung des eigenen Lebens widerstanden, waren die Ausnahme. Der Normalfall war eine Gottesrede, die diesen Verlust nicht aufhalten konnte und auf seine gesellschaftliche Realität hin belanglos geblieben ist, bzw. eine Rede von Gott, welche die Enthumanisierung auch noch anfachte. Nimmt man Nietzsches Satz, dass wir Gott getötet hätten, religionsanalytisch, so kann man mit ihm darauf hinweisen, dass die Zeichen, die gewöhnlich über Gott entwickelt werden, keine Realität verändern und Menschen nicht über sich hinausführen können. Der Gott dieser Zeichen ist entsprechend tot; seine Macht kommt nicht zur Darstellung. Er war allerdings auch in diesen Zeichen nie lebendig, sondern nur ein religiöses Konzept ohne schöpferische, aber mit viel gewalttätigen Qualitäten.

Nach Nietzsche ist der Gott dieser Zeichen nicht nur nicht mehr lebendig, sondern sein Tod hängt als Damoklesschwert über jeder Theologie, die ihren geschichtlichen Ort ernst nimmt. Sie kann dieser Bedrängung nicht entgehen, indem sie nur Nietzsches Polemik sieht und seine Analyse übersieht. Sie muss sich schon um ihre eigenen Zeichen kümmern und deren Wahrheitstauglichkeit überprüfen. Das bedeutet aber die schmerzliche Erkenntnis, dass sie nicht mit dem, was sie über Gott zu sagen gelernt hat, schon über seine Macht verfügt, die Realität im Sinn der Humanität menschlichen Lebens zu verändern. Diese Konfrontation geht über den früheren apologetischen Diskurs mit der Religionskritik hinaus. Es genügt hier eben nicht mehr, sich nur mit den Gegnern zu befassen und bei ihnen mögliche Schwachstellen in der Argumentation zu entdecken; die eigene Sprache und ihre mögliche Bedeutung ist vielmehr der primäre Ort der Auseinandersetzung. Diese neue Sprachlosigkeit ist die Last der Theologie, aber sie ist auch ihre Chance. Sie muss außerhalb ihrer eigenen Welt nach neuen Zeichen suchen. Dazu benötigt sie eine Philosophie, die die heutigen Probleme des Denkens benennen kann. Deshalb meine dritte These:

(3) Die Sprache, die Theologie für Gott benötigt, kann sie nicht allein aus ihrer eigenen Tradition erhalten. Gott ist schließlich eine Macht nicht nur im Innen der

---

[6] Alain Finkielkraut, Verlust der Menschlichkeit. Versuch über das 20. Jahrhundert, Stuttgart: Klett-Cotta, 1998.

Kirche, sondern steht ihr im Außen gegenüber. Diese Differenzerfahrung verschärft das Machtproblem; Gott ist kein Talent, mit dem die Theologie in irgendeiner Weise wuchern könnte. Deshalb wird jeder Versuch von Seiten der Theologie, eine erstphilosophische oder letztgültige Hermeneutik für die Gottesrede zu präsentieren, bestenfalls philosophisches Achselzucken hervorrufen.[7] Er bedeutet das Ausweichen vor dem Machtproblem Gott in die Intellektualität; dieser Gott ist eine in sich stimmige Idee, aber gibt kein Lebenszeichen. Er verkümmert in der Dualität eines Subjekt-Objekt-Denkens, mit dem der Ort seiner Existenz über einen Denkvorgang hinaus nicht zu bestimmen ist. Um diesen Ort aufzuspüren, ist man auf den fundamentalen dritten Bereich des Denkens und Handelns angewiesen, ‚the Third‘, wie es Peirce genannt hat.[8] Gott kann hier mit der Macht von Zeichen zum Thema werden; seine Macht ist selbst semiotischer Natur.

Die Ohnmacht, Gott nicht fassen zu können und doch von seiner Macht sprechen zu müssen, gibt der Theologie ein Kriterium für ihre Auseinandersetzung mit Philosophien. Theologie benötigt solche Philosophien, die mit der genannten Differenz von Macht und Ohnmacht arbeiten können. Philosophien, die nur von der Dualität von Subjekt und Objekt ausgehen, sind dafür nicht tauglich. Sie kommen nicht über die Kantsche Differenz hinaus, dass Gott für die theoretische Vernunft keine Erkenntnis sein kann und für die praktische Vernunft ein Postulat sein muss. Diese Differenz selbst kann von solchen zweiwertig ansetzenden Philosophien nicht mehr bewältigt werden. Für sie wird die Existenzfrage nach Gott von der Frage nach der Existenz Gottes konterkariert; die ist aber in einem empirischen Sinn nicht zu beantworten. Entsprechend können solche Philosophien sich nicht mehr zur Macht, die Gott darstellt, im Sinne einer Realität verhalten. Sie wird dann zur Idee, zur Projektion, zur Sublimation. Da Gottes Wirklichkeit nicht wie andere vorhandene Realitäten nachzuweisen ist und als Kriterium gegen falsche Gottesvorstellungen mithin ausfällt, wird eine rationale Argumentation, die auf der Dualität von Subjekt und Objekt beruht, dann aber ohnmächtig gegenüber jeder Art von Gottesrede. Die Konsequenz ist, dass es auf

---

[7] Damit spiele ich auf die Positionen von Thomas Pröpper und Hansjürgen Verweyen an. Sie folgen dem gemeinsamen hermeneutischen Anliegen, mit einem Argument, das die aufgeklärte Moderne endgültig in die Theologie verortet, die philosophische Gesprächsfähigkeit der Theologie zu sichern. Untereinander setzen sich beide Positionen jeweils voneinander ab; vgl. dazu die Debatte „Erstphilosophischer Begriff oder Aufweis letztgültigen Sinnes?" (Thomas Pröpper, in Theologische Quartalsschrift 174 (1994) 272-287) und „Glaubensverantwortung heute" (Hansjürgen Verweyen, ebd. 288-303). Ich kann hier nur auf die Positionen anspielen; die intensive Auseinandersetzung, die beide Ansätze verdienen und die nötig wäre, muss ich hier schuldig bleiben.

[8] Peirce unterscheidet drei Fundamentalkategorien, ‚das Erste‘, ‚das Zweite‘ und ‚das Dritte‘. Sie unterliegen allem Denken und Handeln, weil sie selbst Realitäten darstellen, und können nicht voneinander oder von einer anderen Realität hergeleitet werden. Vgl. dazu die dritte der Pragmatismus-Vorlesungen von 1903 in Charles S. Peirce, Semiotische Schriften, Bd. 1, hg. U. übers. Von Christian Kloesel und Helmut Pape, Frankfurt: Suhrkamp, 1986, 431-462.

diesem Weg nur eine Gottesrede in jener religiöser Form geben kann, die sich um die Rationalität dieser Rede nicht sorgt. Für eine theologische Gottesrede, die ihr eigenes Wahrheitsproblem mit Gott zu lösen sucht, sind deshalb solche philosophischen Positionen nicht weiterführend.

Geht man jedoch von einer dreiwertigen Struktur allen Denkens und Handelns aus, verändert sich die Sache zum Vorteil der Theologie. Dann werden nicht nur Subjekte und Objekte berücksichtigt, sondern ebenso eine eigenständige Größe, die beide verbindet und zugleich differenziert. Peirce hat sie einfach das Dritte genannt; es enthält die Zeichen.[9] In ihnen werden Subjekt und Objekt in einer Weise auseinandergehalten, die Handlungspotentiale bedeutet. Deshalb eignet sich dieser Ansatz, um die Polarität der Gottesrede darzustellen. In der theologischen Tradition ist Gott eine Größe, die über die Realität bestimmbar ist und zugleich diese Realität verändert. Seine Macht wird von den Zeichen gefaßt, die von ihm gebildet werden können. Solche Zeichen sind eine eigene machtvolle Realität. Philosophien, die von der Macht der Zeichen einen Begriff haben, sind für die Theologie äußerst hilfreich. Traditionell waren das die Metaphysiken, ein gegenwärtiger Ansatz ist die Semiotik. Auf dem Boden ihres Ansatzes kann gesagt werden: Gott ist selbst ein Lebenszeichen und die Zeichen, die seine realitätsverändernde Macht erfassen, sind seine eigene Wirklichkeit. Damit wird es für die Theologie möglich, ihr Machtproblem zu lösen. Deshalb meine vierte These:

(4) Eigenartigerweise bildet gerade die Erfahrung, auf Gottes Macht nicht in der Dualität von Subjekt und Objekt zugreifen zu können, für die Theologie die Basis, das Machtproblem zu lösen, welches sie mit Gott hat. Sie befindet sich bei dieser Erfahrung in einer Ohnmachtsposition gegenüber ihrem ureigenen Thema, das sie jedoch zur Ausbildung von Zeichen zwingt. Alle Zeichen sind jeweils eine Eigenrealität,[10] aber keines kann jenseits der anderen diese Realität darstellen. Das verstärkt die Ohnmachtsposition der Theologie. Sie kann sich aus der Not mit ihrem eigenen Thema nicht dadurch befreien, dass sie sich in Zeichen flüchtet, die sie allein erzeugt und die letztlich nur sie versteht. Gerade dann verlieren ihre Zeichen für Gott die Eigenrealität; sie werden zu nicht entzifferbaren Hieroglyphen, für die es keinen Stein von Rosette geben wird. Es bleibt der Theologie nichts anderes übrig, als aus ihrer Not mit Gott eine Tugend zu machen. Ihre Zeichen werden nur dann nicht über seine Wirklichkeit verstummen, wenn Theologie Spra-

---

[9] Zeichen sind dreiwertige Gebilde nach Peirce; sie repräsentieren die drei Fundamentalkategorien der Realität. Vgl. den knappen Text über die Zeichenklassen in Dieter Mersch (Hg.), Zeichen über Zeichen. Texte zur Semiotik von Charles Sanders Peirce bis zu Umberto Eco und Jacques Derrida, München: dtv, 1998, 37-56.
[10] Vgl. dazu Max Bense, Die Eigenrealität der Zeichen. Aus dem Nachlaß hg. v. Elisabeth Walther, Baden-Baden: Agis, 1992.

chen zu sprechen lernt, welche sie nicht selbst erarbeiten kann. Eine dieser Sprachen ist die Philosophie. Das ist auch der Grund, warum die Hochzeiten der Theologie und die Hochzeiten ihrer Auseinandersetzung mit Philosophien identisch sind; die Scholastik ist dafür das sprechendste Beispiel.

Philosophien, die die Eigenrealität der Zeichen begreifen, sind für die Theologie ein Gottesgeschenk; sie taugen dafür, Gott ins Wort zu bringen. Im neuzeitlichen Methodenkonzept der Dogmatik, den Loci theologici des Melchior Cano von 1563, ist die Philosophie entsprechend auch ein eigener Ort der Theologie.[11] Sie gehört zu den ‚loci theologici alienii‘, den Orten im Außen der Theologie. Dieser Ort wird in der Regel nicht von den philosophischen Gottesbegriffen gebildet, wohl aber von den Sprachen der Philosophie, die neue Realitäten erzeugen. Sie erzwingen von der Theologie Auseinandersetzung mit der Differenz zwischen ihrem *sujet,* Gott, und ihrer Sprache darüber.

In der theologischen Tradition ist die Metaphysik die wichtigste philosophische Sprache gewesen, welche die Theologie über die Eigenrealität der Zeichen zu sprechen gelehrt hat. Wenn Theologie heute die Metaphysik meidet, dann verliert sie den Sinn für ihre eigene Tradition. Diese Tradition behält jedoch nur dann Bedeutung, wenn ihre Zeichen mit der heutigen Realität in Beziehung gesetzt werden. Dabei kann Theologie sich nicht auf Metaphysiken der Vergangenheit verlassen, denen elementare Grunddaten der Realität nicht bekannt sind. Eine Metaphysik, die zumindest mit der relativistischen Natur des Universums vertraut ist, ist die Prozessphilosophie Alfred North Whiteheads.[12] Sie bietet der Theologie einen frischen Zugang zu ihrer eigenen Tradition. Zugleich zeigt sie den Ort, an dem von Gottes Macht gesprochen werden kann: die Dynamik der Differenzerfahrungen.

Systematische Theologie, die über diese Dynamik verfügt, ist weder ein sinnloses noch ein bedeutungsarmes Projekt. Ihr Sinn ist die Rede von Gott, ihre Bedeutung die Unterscheidung von Gutheit und Bosheit in Sachen Gott. Sie ist entsprechend ein religionskritisches Unternehmen, das die gefährliche Macht von religiösen oder religionsähnlichen Idealismen freilegt und überwindet. Dafür hat sie in ihrer Tradition einige Meilensteine vorzuweisen: die christologischen Lehren in der Alten Kirche, die den elitären Idealismus der antiken Mysterienreligionen hinter sich läßt, die Schöpfungstheologie des Mittelalters, die den leibfeindlichen Idealismus des platonischen Ewigkeitsglaubens hinter sich läßt, die Rechtferti-

---

[11] Melchior Cano, De locis theologicis. Ed. Hyacintho Serry, Padua, 1762. – Zu dieser Herkunft der Dogmatik vgl. Elmar Klinger, Ekklesiologie der Neuzeit. Grundlegung bei Melchior Cano und Entwicklung bis zum 2. Vatikanischen Konzil, Freiburg: Herder, 1978.

[12] Process and Reality, a.a.O. – Zur darauf aufbauende Prozesstheologie vgl. neuerdings die Studie von Roland Faber, Prozeßtheologie. Zu ihrer Würdigung und kritischen Erneuerung, Mainz: Grünewald, 2000.

gungslehre des 16. Jahrhunderts, die den mythologischen Idealismus der feudalen Ordnung hinter sich läßt, die Pastorallehre des Zweiten Vaticanum, die den ekklesiologischen Idealismus gesellschaftlichen Allzuständigkeit hinter sich läßt.

In der Antike und im Mittelalter wurde die Theologie durch eine intensive Auseinandersetzung mit der neuplatonischen und aristotelischen Metaphysik zu diesen Differenzen befähigt, zu Beginn und am Ende der Neuzeit standen dagegen der Theologie Verfallsformen einer ideologisierten Metaphysik im Wege. Weder der Nominalismus noch die Neuscholastik kannten die Eigenrealität der Zeichen und hielten ihren Begriffsapparat für den einzig möglichen Weg zur Realität. Diese Metaphysiken verweigerten sich deshalb der Auseinandersetzung mit Realitäten, für die sie keine ausreichenden Zeichen zur Verfügung hatten. Weder das Subjekt und noch die Relativität wurden von ihnen als prinzipielle Probleme des Denkens begriffen. Was Theologie heute nötig hat, sind Metaphysiken, die diese Realitäten in ihren Begriffsapparat einbauen können. Deshalb meine fünfte These:

(5) Die Relativität des eigenen Ortes durch die Pluralität der anderen Prozesse ist ein metaphysisches Eckdatum der Realität; es ist ein Zeichen für eine universale Ohnmachtserfahrung. Diese Relativität ist kein Seinsgehalt, der die Realität feststellen kann, sondern ein Prozeß, der Zentralperspektiven überschreitet und jede Macht jenseits dieser Ohnmacht negiert. Entsprechend gehen der Tod Gottes und der Tod des Subjekts Hand in Hand.[13] Sie bilden nicht mehr die kategorealen Brennpunkte des Denkens, sofern ihnen der universale Ohnmachtsgehalt fehlt. Die Entdeckung der Relativität des Universums beschränkt sich nicht auf seine physikalische Natur, sondern ist signifikant für jede mögliche Beschreibung von Realität. Es gibt nicht die eine, in jeder Hinsicht den anderen überlegene Perspektive; jede weitere Perspektive relativiert durch ihre schiere Existenz bereits den Aussagewert der anderen. Nimmt man das ernst, dann fallen für die Theologie alle Absolutheiten aus, die nicht mit Relativitäten beschreibbar sind und die sich der eigenen Perspektivität verweigern. Gott ist keine Zentralperspektive des Denkens, sondern eine Macht, die ein bleibendes Geheimnis darstellt. Der Verlust der Zentralperspektive betrifft auch die modernen Theologien im Gefolge der Aufklärung.

---

[13] Für Michel Foucault gebiert der Riß, der von diesen beiden Toden ausgeht und die Ordnung der Diskurse strukturell verändert, das, was er das „Denken des Außen" nennt (vgl. Von der Subversion des Wissens. Hg. u. aus d. Französischen und Italienischen übertragen von Walter Seitter, Fischer: Frankfurt, 1974, 46-68). Das Denken des Außen, das von Canos Loci theologici her für die Theologie möglich ist, und das Foucaultsche Denken des Außen gehören ganz unterschiedlichen geistigen Welten an. Beiden ist aber das Machtproblem gemeinsam: bei Cano die Frage nach der Autorität von Glaubensaussagen, bei Foucault die Frage nach den eigentlichen Bestimmungsgrößen des Subjektdiskurses. Wenn man von dem Machtproblem als formaler Basis ausgeht, ergibt sich die Möglichkeit, diese beiden Denken des Außen in Beziehung zu setzen. Die folgenden Thesen stellen einen solchen Versuch dar.

Ihre Zentralkategorie, das Subjekt, ist nicht mehr nur psychologisch und soziologisch, sondern auch methodisch relativiert. Die Anerkennung dieser Ohnmachtserfahrung geschieht in der Theologie erst sehr zögerlich; darin hinkt sie der Philosophie signifikant hinterher. Dennoch muss sie dieser Vorgang nicht sprachlos machen. Deshalb meine sechste These:

(6) Das Subjekt taugt nicht mehr als die für den Glauben entscheidende Kategorie, aber es bleiben natürlich die Subjekte. Sie sind nicht das Zentrum des Glaubens, aber ihre Erfahrungen das Thema des Glaubens. Auch wenn das Subjekt als Zentralperspektive ausfällt, bleiben die Differenzerfahrungen der Subjekte, die Ohnmacht bedeuten. Menschen sind Subjekte in dem Sinn, dass sie sich als *sujets* erfahren.[14] Sie sind einer unübersehbaren Pluralität von Mächten und Gewalten unterworfen, werden von ihnen in dieser oder jener Hinsicht zum Thema gemacht und das bestimmt sie in ihren Handlungsmöglichkeiten. Dieser Zusammenhang von Thema, Macht und Handlung beschreibt den *locus theologicus,* den Philosophie weiterhin bedeuten kann. Er kann von solchen Philosophien besetzt werden, die eine Sprache für das *sujet* dieser Differenzerfahrungen ausbilden. Diese Erfahrungen sind von Macht und Ohnmacht bestimmt, die menschliche Lebensentwürfe durchkreuzen. Diese Erfahrungen sind das *sujet* der Theologie, nicht notwendig der Philosophie. Theologie ist ihnen unterworfen, weil sie von ihnen zu ihrem Ausgangspunkt, zur Lösung ihres Grundproblems und zu Meilensteinen ihrer eigenen Tradition zurückgeführt wird. Deshalb meine letzte These:

---

[14] Wenn das Subjekt als Zentralperspektive des Denkens wegfällt, dann wird auch die fortschreitende Herrschaft des Subjekts über sich selbst als Zentralperspektive des Handelns fragwürdig. Sie unterliegt der aufklärenden Geschichtsperspektive der Moderne und der von ihr ausgehenden Grundstrategien der praktischen Disziplinen der Theologie. Die hier gehegten Ideen von Gemeinden als den entscheidenden Subjekten kirchlichen Glaubens und der Seelsorge als Prozess des Mündigwerdens von Subjekten sind davon erheblich angefragt; man vgl. nur die bemühten Rettungsversuche des Subjektes bei Hermann Steinkamp, Die sanfte Macht der Hirten. Die Bedeutung Michel Foucaults für die Praktische Theologie, Mainz: Grünewald, 1999. Das Problem dieser Rettung liegt darin, dass sie die vorsubjektive antike Selbstsorge nahtlos in die moderne Subjektivität überführt und damit die Befremdungskraft der Foucaultschen Analysen überspielt. Steinkamps Ansatz steht hilflos vor dem Verlust der Zentralperspektive des Handelns. - Auch wenn die Subjektbasis praktischer Theologie fragwürdig wird, ist ihre theologische Strategie, die Bedeutung der Pastoral vor die Dogmatik zu setzen, noch nicht obsolet geworden. Was allerdings theologisch dabei nottut, ist ein methodisches Umdenken. Man wird die Bedeutung der Pastoral nicht dadurch gerecht, dass man einem begleitenden Verständnis gesellschaftlicher Entwicklungen folgt. Erforderlich ist die genealogische Perspektive gesellschaftlicher Entwicklungen, also die Aufmerksamkeit auf die Tiefenströmen der Macht, die sich in den Themen äußern, unter denen Menschen wahrgenommen werden. Hier öffnet sich jenseits der bürgerlichen Moderne ein Raum für die Widerständigkeit der Subjekte gegen ihren *sujet*-Charakter. Vgl. dazu die Herkunftsanalyse der modernen Gesellschaft von Michel Foucault, In Verteidigung der Gesellschaft. Vorlesungen am Collège de France (1975-76), Frankfurt: Suhrkamp, 1999.

(7) Gott ist das Thema, an dem sich eine Macht in jener Ohnmacht der *sujets* kristallisiert. Dabei wird die menschliche Ohnmacht in der heutigen Pluralität nicht aufgehoben, aber es wird der Gewalt dieser Ohnmacht widerstanden. Gott ist selbst ein *sujet;* seine Macht hat es also mit Unterworfenheit zu tun, die sich wie bei jedem *sujet* in dem zu Wort meldet, mit welchen Zeichen er zum Thema wird. Aber das *sujet* Gott hat ein spezifisches Merkmal, das ihn von anderen Machtgrößen unterscheidet. Seine eigene Macht geht nicht auf die über, die ihn zutreffend zum Thema machen. Je mehr das versucht wird, desto mehr entzieht sich diese Macht und vagabundiert von denen weg, die mit der Gottesrede öffentlich handeln wollen. Um diesem harten Kern der Gottesrede gerecht zu werden, hat die theologische Tradition der Bibel eigene Sprachformen entwickelt: das *passivum divinum* und das Bilderverbot. Hier wird Gott so zum Thema, dass ein direkter Zugriff auf seine Macht verhindert wird. Aber gleichwohl ist die Macht Gottes nicht einfach entzogen; er ist kein Geheimnis, das mysteriös bleibt und nur wenigen Eingeweihten zugänglich ist. Es steht vielmehr allen offen, weil es im Fall des *passivum divinum* mit allgemein zugänglichen humanen Erfahrungen zum Thema wird, und es wird auch vor aller Augen offenbar, weil es im Fall des Bilderverbots auf die repräsentative Signifikanz aller Orte verweist. Beides hängt mit dem Ort zusammen, an dem die Macht Gottes erscheint; es ist ein alltäglicher Ort und eine nur allzu weit verbreitete Tatsache. Es sind die Ohnmachtserfahrungen im menschlichen Leben; vor ihnen ist kein Mensch gefeit. Die Macht des *sujet* Gott ist bei den Menschen zu erfahren, in deren Ohnmacht dieses Thema im doppelten Sinn des Wortes not-wendig ist. Solche Menschen haben eine Macht, der auch das *sujet* Gott unterworfen ist. Sie können nicht jene Existenz Gottes erzeugen, die sie eben benötigen; das bedeutete nur seinen Tod in ihrer Ohnmacht. Aber ihre Ohnmachtserfahrungen können ihn in einer Weise zum Thema machen, dass er sich als der Schöpfer zeigt, der er wirklich ist. Gott ist nicht der Macht der Ohnmächtigen unterworfen, wohl aber ihrer Ohnmacht, weil sie in der Gewalt dieser Erfahrung unterzugehen drohen. Dagegen steht das, was sein Thema ausmacht: das Lebenszeichen wider die Gewalt von Ohnmachtserfahrungen zu sein. Der Macht, der dieses Thema unterworfen ist, ist also letztlich die schöpferische Bedeutung, die er selbst hat. Es gibt keine Notwendigkeit für Gott, eine Welt zu erschaffen. Aber wenn er sich mitteilt, dann erschafft er sie mit jener Machtperspektive in der Ohnmacht, die sein Thema bedeutet. Indem er sich dabei selbst zum Thema machen läßt, wird er zur Macht, welche die Realität zum Wohl der Geschöpfe verändert. Darin steckt das Moment der Personalität, das den christlichen Gott ausmacht; er ist ein Wesen in drei Personen, die das *sujet* der Verbindung von Macht und Ohnmacht ganz unterschiedlich präsentieren. Der Vater zeigt es in der Schöpfung, die das Universum insgesamt und zugleich jede partikulare Tatsache ausmacht. Der Sohn zeigt es mit der Erlösung, die mit dem Kreuz gegeben

wird. Der Geist zeigt es mit dem Leben, das die Todesgefahr überwinden muss. Aufgrund dieser Personalität kann man auch bei Gott von einem Willen zur Macht sprechen. Er hat einen Willen zur Macht der Ohnmächtigen. Dieser Wille macht sein Thema aus. Er bedeutet einen Widerstand gegen jene Mächte und Gewalten, die Menschen so zum Thema machen, dass sie in die Gewalt von Ohnmacht getrieben werden. Dieser Widerstand ereignet sich also mit der Sprache, die das *sujet* Gott repräsentieren kann. Stellt er sich nicht ein, ist nicht von Gott die Rede. Daher gibt es für die, die Gott zum Thema machen, ebenfalls einen Willensanteil in seinem *sujet*. Dem Willen zur Macht der Ohnmächtigen entspricht auf Seiten von Theologie und Kirche ein Wille zur Ohnmacht. Erst in der Solidarität mit denen, die unter der Gewalt von Ohnmacht leiden, können sie dem Thema gerecht werden, mit dem Gott sich zum *sujet* macht.

Literatur

Bense, Max: Die Eigenrealität der Zeichen. Aus dem Nachlaß hg. v. Elisabeth Walther, Baden-Baden: Agis, 1992.

Bucher, Rainer: Nietzsches Mensch und Nietzsches Gott. Das Spätwerk als philosophisch-theologisches Programm, 2., erg. Auflage, Frankfurt: Lang, 1993.

Cano, Melchior: De locis theologicis. Ed. Hyacintho Serry, Padua: Typis Seminarii, 1762.

Durkheim, Emile: Die elementaren Formen des religiösen Lebens, Frankfurt: Suhrkamp, 1994.

Faber, Roland: Prozeßtheologie. Zu ihrer Würdigung und kritischen Erneuerung, Mainz: Grünewald, 2000.

Finkielkraut, Alain: Verlust der Menschlichkeit. Versuch über das 20. Jahrhundert, Stuttgart: Klett-Cotta, 1998.

Foucault, Michel: In Verteidigung der Gesellschaft. Vorlesungen am Collège de France (1975-76), Frankfurt: Suhrkamp, 1999.

---: Von der Subversion des Wissens. Hg. u. aus d. Französischen und Italienischen übertragen von Walter Seitter, Frankfurt: Fischer, 1974.

Girard, René: Das Heilige und die Gewalt, Zürich: Benziger, 1987.

Kant, Immanuel: Die Religion innerhalb der Grenzen der blossen Vernunft. Hg. von Karl Vorländer. 9. Aufl., Hamburg: Meiner, 1990.

Klinger, Elmar: Ekklesiologie der Neuzeit. Grundlegung bei Melchior Cano und Entwicklung bis zum 2. Vatikanischen Konzil, Freiburg: Herder, 1978.

Mersch, Dieter (Hg.): Zeichen über Zeichen. Texte zur Semiotik von Charles Sanders Peirce bis zu Umberto Eco und Jacques Derrida, München: dtv, 1998.

Nietzsche, Friedrich: Fröhliche Wissenschaft, in: Sämtliche Werke. Kritische Studienausgabe in 15 Bänden. Hg. von G. Colli/M. Montinari, Berlin: de Gruyter, Band IV, 1967.

Otto, Rudolf: Das Heilige. Über das Irrationale in der Idee des Göttlichen und sein Verhältnis zum Rationalen. Nachdruck, München: Beck, 1991.

Peirce, Charles S.: Semiotische Schriften. Bd. 1, hg. u. übers. Von Christian Kloesel und Helmut Pape, Frankfurt: Suhrkamp, 1986.

Pröpper, Thomas: Erstphilosophischer Begriff oder Aufweis letztgültigen Sinnes?, in: Theologische Quartalschrift 174 (1994) 272-287.

Steinkamp, Hermann: Die sanfte Macht der Hirten. Die Bedeutung Michel Foucaults für die Praktische Theologie, Mainz: Grünewald, 1999.

Verweyen, Hansjürgen: Glaubensverantwortung heute, in: Theologische Quartalschrift 174 (1994) 288-303.

Whitehead, Alfred North: Process and Reality. An Essay in Cosmology. Corrected Edition. Edited by David R. Griffin and Donald W. Sherburne, New York: Free Press, 1978.

Willers, Ulrich: „Die evangelische Praktik allein führt zu Gott, sie eben ist Gott". Friedrich Nietzsches hintergründige theologische Aktualität, Regensburg: Pustet, 1994 (Eichstätter Hochschulreden 91).

---: Friedrich Nietzsches antichristliche Christologie. Eine theologische Rekonstruktion, Innsbruck: Tyrolia, 1988.

Namen

Aigner 190, 200
Albert 94, 108
Alston 195
Amberger 171, 185
Ammicht-Quinn 184, 185
Angel 192, 201
Arens 176, 177, 185
Arnold 164, 188
Assmann 86, 136, 147, 149, 157, 255, 263
Augustinus 27, 75, 77, 144, 208-215, 217, 218, 220, 272, 282

Bartels 235, 246
Barth 116, 228, 246
Basilius von Cäsarea 57-68
Bechmann 146
Beierwaltes 66, 67
Beißer 276, 281
Benveniste 197, 201
Bergsdorf 93, 108
Bessarion 49
Blanke 75, 89, 112, 132
Blumenberg 65, 67
Böckenförde 172, 187
Böckle 172, 187
Böhm 55, 60, 64-67, 184, 279
Bourdieu 86, 251
Brennecke 63, 67
Bruno 20
Bucher, A.J. 11, 15, 19, 57, 67, 94, 97, 105, 108, 164, 168, 183, 186, 270, 280, 281
Bucher, R. 12, 56, 135, 137, 146, 152, 158-160, 163-165, 170, 174, 178, 179, 181, 185, 186, 190, 193, 201, 279, 286, 294
Bultmann 113, 114, 117, 132, 147

Carnap 270, 272, 281
Cassirer 86, 234, 247, 251, 253-255, 261, 263
Childs 115-121, 123, 133, 136, 158, 159
Clark 21
Coreth 171, 185

Darwin 233

Daston 181, 186
Deleuze 258, 263
Derrida 86, 252, 260, 263, 289, 294
Descartes 24, 205, 243
Disse 111, 143, 146, 180, 266, 267, 279
Döllinger 81
Drecoll 57, 67
Drehsen 169, 186
Droysen 89, 90, 112
Düllo 181, 186
Duns Scotus 244
Durkheim 86, 285, 294

Ebertz 164, 186
Eliade 125
Esterbauer 175, 189, 190, 192, 200, 201, 230, 237, 246, 276, 279
Euler 43, 52
Eunomius 57-65, 67
Exeler 166, 186

Fichte 204
Flusser 256-259, 263
Fornet-Betancourt 14, 18, 55, 56, 146, 165
Forschner 18, 41, 63, 112
Foucault 86, 291, 292, 294
Freud 123-125, 133
Fromm 174, 186
Frühwald 181, 186
Fuchs 137, 141, 146, 152, 158, 160, 175, 178, 186, 188, 190, 192, 194, 195, 201
Fürst 163, 169, 186

Genazino 259, 263
Gerl-Falkovitz 34, 52
Gerrig 97, 108
Gnilka 111, 115, 133
Goethe 19
Goodman 251
Goppelt 132, 133
Graf 169, 171, 174, 187
Graumann 64, 67
Gregor von Nyssa 59, 67
Grethlein 164, 187
Groß 93, 108

Sachen

Autoren

Böhm, Thomas, Dr. theol., Dr. phil., Wissenschaftlicher Assistent am Lehrstuhl für Kirchengeschichte des Altertums und Patrologie, (Abteilung Historische Theologie), Department Katholische Theologie der Ludwig-Maximilian Universität München, Geschwister-Scholl-Platz 1, 80539 München.
Forschungsschwerpunkte: Theologiegeschichte des 4. bis 6. Jahrhunderts des griechischen Ostens; spätantike Philosophie: Neuplatonismus, Aristoteleskommentare; Orientalische Literatur: Syrisch, Armenisch, Georgisch.

Bucher, Alexius J., Prof. Dr. phil., lic. theol., Ordinarius für Praktische Philosophie und Geschichte der Philosophie an der Theologischen Fakultät der Katholischen Universität Eichstätt, Ostenstr. 26-28, 85072 Eichstätt.
Forschungsschwerpunkte: Grenzfragen Theologie/Philosophie; Ethikbegründung, Medienethik; Philosophie des 20. Jahrhunderts (Martin Heidegger), Postmoderne.

Bucher, Rainer, Prof. Dr. theol., Ordinarius für Pastoraltheologie und Pastoralpsychologie an der Katholisch-Theologischen Fakultät der Karl-Franzens-Universität Graz, Parkstraße 1, A-8010 Graz.
Forschungsschwerpunkte: Ekklessiologie - Geschichte - Handeln: die deutsche Katholische Kirche im 20. Jahrhundert; Katholische Kirche in modernen Gesellschaften: religionssoziologische und pastoraltheologische Perspektiven; Professionalisierung und Gesamtpastoral: Perspektiven kirchlicher Dienste und Ämter; die Praktische Theologie nach ihrem Status als Handlungswissenschaft.

Disse, Jörg, Dr. theol. habil., Dr. phil., PD, DFG-Forschungsprojekt in Fundamentaltheologie. Arlesheimer Str. 22, 79112 Freiburg/Br.
Forschungsschwerpunkte: Metaphysik, Religionsphilosophie und Fundamentaltheologie (19./20. Jahrhundert).

Esterbauer, Reinhold, Prof. Dr. theol., Dr. phil., Ordinarius für Philosophie an der Katholisch-Theologischen Fakultät der Karl-Franzens-Universität Graz, Universitätsplatz 3, A-8010 Graz.
Forschungsschwerpunkte: Religionsphilosophie, Naturphilosophie, Phänomenologie.

Kossler, Matthias, Dr. phil. habil., PD, Philosophisches Seminar der Johannes-Gutenberg-Universität Mainz, Saarstraße 21, 55099 Mainz.
Forschungsschwerpunkte: systematische Philosophie: Erkenntnistheorie, Ethik, Ästhetik, Metaphysik, Philosophiegeschichte, Philosophie des Sports; historische Philosophie: Mittelalter, Augustinus, Luther, Kant, Schopenhauer, Deutscher Idealismus.

KÜGLER, Joachim, Prof. Dr. theol., Ordinarius für Katholische Theologie I: Biblische Theologie an der Kulturwissenschaftlichen Fakultät der Universität Bayreuth, Universitätsstr. 30, Gebäude GW 2, 95440 Bayreuth.
Forschungsschwerpunkte: Johannesevangelium, Lukasevangelium; antike Kultur- und Religionsgeschichte; Theorie der Exegese; Kanonizität; Alltagsrelevanz und Identitätsbildung.

OESTERREICH, Peter L., Prof. Dr. phil., Ordinarius für Philosophie an der Theologischen Augustana-Hochschule der Evangelisch-Lutherischen Kirche in Bayern, Waldstr. 11, 91564 Neuendettelsau.
Forschungsschwerpunkte: systematische Schwerpunkte: Metaphysik, Anthropologie, Rhetorik, Ästhetik, Politische Philosophie; philosophiegeschichtliche Schwerpunkte: Antike Philosophie, Mittelalter (bes. Thomas von Aquin), Renaissance (Luther), Philosophie der Neuzeit (Deutscher Idealismus und 19. Jahrhundert), 20. Jahrhundert (Ryle, Heidegger, Gadamer); interdisziplinäre Grundlagenforschung: Philosophie und Rhetorik.

ROHRHIRSCH, Ferdinand, Dr. theol. habil., M.A., PD, Wissenschaftlicher Oberassistent am Lehrstuhl für Praktische Philosophie und Geschichte der Philosophie an der Theologischen Fakultät der Katholischen Universität Eichstätt, Ostenstr. 26-28, 85072 Eichstätt.
Forschungsschwerpunkte: Wissenschaftstheorie (Anwendungsprobleme in ausgewiesenen Fachwissenschaften); philosophische Grundfragen interdisziplinärer Forschung; Philosophie des 20. Jahrhunderts (Martin Heidegger); Ethik, -begründung, - im Unternehmenskontext (ethische Grundfragen in sozialen Unternehmen, Ethik und Führung).

SANDER, Hans-Joachim, Prof. Dr. theol., Ordinarius für Dogmatik an der Theologischen Fakultät der Universität Salzburg, Universitätsplatz 1, A-5020 Salzburg.
Forschungsschwerpunkte: Prozesstheologie; Semiotik; Pastoralkonstitution des Zweiten Vaticanum; Menschenrechte; Verbgehalt des Glaubens.

STEINHAUF, Bernhard, Dr. theol. habil., PD, Wissenschaftlicher Assistent am Lehrstuhl für Kirchengeschichte an der Fakultät Katholische Theologie der Otto-Friedrich-Universität Bamberg, An der Universität 2, 96049 Bamberg.
Forschungsschwerpunkte: Reformationsgeschichte; Theologie- und Geistesgeschichte des Mittelalters und der Neuzeit; Propädeutik und Wissenschaftstheorie der Kirchengeschichtsschreibung.

THURNER, Martin, Dr. theol. habil., PD, Grabmann-Institut (Vorstand: Prof. Dr. Richard Heinzmann, Lehrstuhl für Christliche Philosophie) der Katholisch-Theologischen Fakultät der Ludwig-Maximilians-Universität München, Geschwister-Scholl-Platz 1, 80539 München.
Forschungsschwerpunkte: Mittelalterliche Philosophie und Theologie.

WIEGERLING, Klaus, Dr. phil. habil., PD, FG Philosophie, FB Sozial- und Wirtschaftswissenschaften der Universität Kaiserslautern, Pfaffenbergstr. 95, 67663 Kaiserslautern. *Forschungsschwerpunkte:* Philosophie des 20. Jahrhunderts, Medienphilosophie.

ZECHER, Reinhard, Dr. rer.nat. Dr. phil. habil., PD, Philosophisches Seminar der Johannes-Gutenberg-Universität Mainz, Saarstraße 21, 55099 Mainz. *Forschungsschwerpunkte:* Natur-, Wissenschafts-, Sprachphilosophie; Ontologie; philosophische Anthropologie; Deutscher Idealismus.

Moderatoren

FORNET-BETANCOURT, Raúl, Prof. Dr. phil. Dr. theol., Leiter des Missionswissenschaftlichen Instituts Missio e.V. Aachen, Goethestr. 43, 52064 Aachen.
Forschungsschwerpunkte: Lateinamerikanische Philosophie, Interkulturelle Philosophie, Geschichte des Marxismus in Lateinamerika, Theologie der Befreiung.
Literatur (in Auswahl): Fornet-Betancourt, Raúl: Transformación intercultural de la filosofía, Bilbao 2001; Ders./Sandkühler, Hans Jörg (Hg.): Begründungen und Wirkungen von Menschenrechten im Kontext der Globalisierung. Dokumentation des VIII. Internationalen Seminars des Philosophischen Dialogprogramms Nord-Süd, Frankfurt 2001; Ders. (Hg.): Kulturen zwischen Tradition und Innovation. Stehen wir am Ende der traditionellen Kulturen? Dokumentation des III. Internationalen Kongresses für Interkulturelle Philosophie, Frankfurt 2000; Ders. (Hg.): Kapitalistische Globalisierung und Befreiung. Religiöse Erfahrungen und Option für das Leben, Frankfurt 2000.

FORSCHNER, Maximilian, Prof. Dr. phil., Ordinarius für Philosophie am Institut für Philosophie (Lehrstuhl III) der Universität Erlangen-Nürnberg, Bismarckstr. 1, 91054 Erlangen.
Forschungsschwerpunkte: Praktische Philosophie (griechische und römische Antike; Mittelalter, insbesondere: Thomas von Aquin, europäische Aufklärung).
Literatur (in Auswahl): Forschner, Maximilian: Über das Handeln im Einklang mit der Natur. Grundlagen ethischer Verständigung, Darmstadt 1998; Ders.: Die stoische Ethik. Über den Zusammenhang von Natur-, Sprach- und Moralphilosophie im altstoischen System, Darmstadt [2]1995; Ders.: Gesetz und Freiheit. Zum Problem der Autonomie bei Immanuel Kant, München 1974.

STRITZKY, Maria-Barbara von, Dr. theol., Dr. phil., Wissenschaftliche Mitarbeiterin am Lehrstuhl für Alte Kirchengeschichte und Patrologie der Katholisch-theologischen Fakultät der Universität Münster, Dozentin für Alte Kirchengeschichte und Patrologie an der Philosophisch-theologischen Hochschule der Kapuziner/Münster, Johannisstr. 8-10, 48143 Münster.
Forschungsschwerpunkt: Entwicklung der altkirchlichen Theologie vor dem Hintergrund spätantiken Denkens und ihre Umsetzung in der Kunst.
Literatur (in Auswahl): Stritzky, M.-B.: Das Kreuz Christi – Zeichen des Heils für den Kosmos, in: Garten des Lebens. (Festschrift für W. Cramer), Münster 1999, 309-327, (MthA; 60); Dies.: Die Darstellung der Philoxenie an der südlichen Langhauswand von Santa Maria Maggiore, in: RQ 93 (1998) 200-214; Dies.: Studien zur Geschichte und Interpretation des Vaterunsers in der frühchristlichen Literatur, Münster 1988.

WILLERS, Ulrich, Prof. Dr. theol., M.A., Professur für Fundamentaltheologie und Philosophie an der Fakultät für Religionspädagogik/Kirchliche Bildungsarbeit der Katholischen Universität Eichstätt, Ostenstr. 26-28, 85072 Eichstätt.
Forschungsschwerpunkte: Nietzsche und die Theologie, Nietzsche – Christentum – Jesus Theologie der Glaubenskommunikation, inkl. Gebetstheologie; Gespräch zwischen Theologie, Philosophie und Naturwissenschaften.
Literatur (in Auswahl): Willers, Ulrich: Beten bei Nietzsche – ein Exempel, in: Willers, Ulrich (Hg.): Beten: Sprache des Glaubens – Seele des Gottesdienstes. Fundamentaltheologische und liturgiewissenschaftliche Aspekte, Tübingen u.a. 2000, 377-401, (Pietas; 15); Ders.: Art. Nietzsche (Friedrich Wilhelm), in: Dictinnair critique de théologie, Paris 1998, 803-805; Ders.: Destruktive Montage oder Analyse der Wirklichkeit. Friedrich Nietzsches Rede vom finis christianismi, in: Werbick, Jürgen u.a. (Hg.): Traditionsbruch – Ende des Christentums?, Würzburg 1994, 27-54; Ders.: „Die evangelische Praktik allein führt zu Gott, sie eben ist Gott". Friedrich Nietzsche hintergründige theologische Aktualität, Regensburg 1994, (Eichstätter Hochschulreden; 91).